高等学校“十三五”规划教材|经济管理类

公司理财

主　编　王　涛

副主编　姜晓兵　王亚玲

西安电子科技大学出版社

内 容 简 介

本书系统介绍了公司理财的基本理论、原理和方法，在分析相关理论知识的基础上，进一步突出了实践性和应用性。全书分为十一章，各章按照公司价值管理的递进分析过程进行排列。为了提高读者对公司实际财务问题的分析能力和判断能力，本书采用以问题为导向的编写方法，按照各章主题提供引例和分析案例，使公司理财相关问题与各模块及知识点紧密联系，便于读者体会提出问题、分析问题、学习知识并解决问题的学习过程。

本书可作为高等院校金融学、财务管理、会计学、工商与企业管理等相关专业的教材和参考书，也可供金融从业人士和公司财务专业人士阅读参考。

图书在版编目(CIP)数据

公司理财/王涛主编. —西安：西安电子科技大学出版社，2016.7

高等学校“十三五”规划教材

ISBN 978-7-5606-4115-7

Ⅰ. ① 公… Ⅱ. ① 王… Ⅲ. ① 公司—财务管理—高等学校—教材 Ⅳ. ① F276.6

中国版本图书馆 CIP 数据核字(2016)第 116008 号

策　　划　戚文艳
责任编辑　马武装　夏凌云
出版发行　西安电子科技大学出版社(西安市太白南路 2 号)
电　　话　(029)88242885　88201467　　邮　　编　710071
网　　址　www.xduph.com　　电子邮箱　xdupfxb001@163.com
经　　销　新华书店
印刷单位　陕西天意印务有限责任公司
版　　次　2016 年 7 月第 1 版　2016 年 7 月第 1 次印刷
开　　本　787 毫米×1092 毫米　1/16　印张 20.5
字　　数　487 千字
印　　数　1～3000 册
定　　价　37.00 元

ISBN 978-7-5606-4115-7/F

XDUP 4407001-1

＊＊＊**如有印装问题可调换**＊＊＊

前　言

自20世纪中叶以来，金融理论蓬勃发展。投资组合理论开启了现代金融学崭新的研究领域；MM资本结构理论奠定了现代公司财务理论的学科基石；资本资产定价模型反映了收益与风险的量化关系；有效市场假说揭示了资本市场信息与价格的效率关系；代理理论形成了现代公司治理的基础。现代金融理论一般分为三大领域：① 金融市场与金融机构，主要研究货币市场、资本市场、外汇市场、黄金市场、利率、汇率、中央银行、商业银行等内容；② 投资学(或资产定价)，主要研究投资组合、资本资产定价、套利定价、期权定价与风险管理等内容；③ 公司理财或公司财务学，主要研究公司治理、现金流与现值、项目投资决策、风险与收益、资本成本、资本结构、筹资方式、股利政策、运营资本管理、公司并购等内容。

公司理财来源于英文corporate finance，也可称为公司财务或公司金融。公司理财主要研究资本的运作，即围绕资本进行考虑，也就是研究资本从何而来(融资)、投向哪里(投资)、利润如何分配(股利政策)、资本和资产如何运营(运营管理)等问题。随着21世纪以来对金融财务理论的深入研究，金融市场中创新工具不断涌现，公司理财的手段更加多样，内容更加丰富，范围也更加广泛，公司理财理论和方法已日益成为现代企业筹资、投资和提高企业价值的重要手段，成为企业决策的重要依据。

本书主要介绍公司理财学的相关理论、方法和应用。从公司理财基础理论观点出发，围绕资本筹集、资金运用、收益分配、财务活动分析以及公司并购等内容构建了全书的内容框架。

本书强调基于问题的学习方法，使读者在公司理财现实问题的牵引下，在分析问题和解决问题目标的驱动下，提升理论与方法学习效果。为了便于教师教学和学生自学，各章都给出了练习题，还提供了一些分析和思考案例。

本书是“公司理财”课程实践性教学改革的主要成果，得到了西安电子科技大学教材基金的资助；同时，本书的编写还得到了西安电子科技大学经济与管理学院和教务处相关领导和同事的大力支持；西安电子科技大学出版社的戚文艳、夏凌云编辑为本书的出版付出了大量的汗水和辛勤的劳动。在此向他们表示由衷的感谢。

王涛担任本书主编，姜晓兵、王亚玲担任副主编。王涛负责拟定全书框架和写作大纲。具体分工如下：第一章由王涛、滕青青编写；第二章由王涛、王朵编写；第三章、第四章由李涵编写；第五章、第七章由姜晓兵、王远编写；第六章、第八章由王涛编写；第九章、第十章由王亚玲、冯哲编写；第十一章由王涛编写。此外，夏焕焕和强莉参与了本书部分章节和习题的修订，全书由王涛统稿。

本书编写中参阅和借鉴了大量文献，其成果对于本书的出版功不可没，在此对所有引用的参考文献的作者表示感谢。限于编者水平，加之时间仓促，不妥之处在所难免，恳请广大专家、同仁和读者提出宝贵意见和建议。

编　者

2016 年 4 月

于西安电子科技大学

目 录

第一章　公司理财导论

学习目标

1. 掌握公司理财的基本概念
2. 熟悉公司理财的基本内容
3. 了解公司理财目标的主要观点和优缺点
4. 理解公司治理结构的内容和有关代理问题
5. 熟悉公司理财的税收环境和金融环境因素

引例

国美电器集团股份纠纷

国美电器集团的第一大股东黄光裕于2009年1月18日正式辞职，陈晓出任国美电器董事局主席，同时兼任总裁。国美电器在2010年8月5日起诉黄光裕，针对其在2008年1月至2月前后回购公司股份中被指违反公司董事的信托责任及信任的行为寻求赔偿，而黄光裕方面则呼吁投资者支持重组董事局。至此，作为大股东的黄光裕与国美电器现任管理层间的矛盾大白于天下，这也意味着以陈晓为代表的国美电器董事会与大股东黄光裕方面正式决裂。黄光裕通过二级市场增持2%(2%为增持上限)的股份，而陈晓和贝恩资本方面的策略是：在股东大会前夕由贝恩进行债转股；债转股后，贝恩持股9.98%，成为国美第二大股东，黄光裕则由原来的33.98%被摊薄至32.47%。贝恩合理利用规则，在债转股的时间点选择上既保证了债转股能够在股东大会前完成，获得对应的投票权，又不给黄光裕留下在股东大会前增持的机会。最终，国美电器集团董事局主席陈晓胜出。由黄光裕一方提出的五项决议案，除"即时撤销一般授权"这项获得通过外，其余四项均被否决；现任董事局主席陈晓留任，而由陈晓一方提出重选3名贝恩资本代表担任国美非执行董事的决议案悉数获得通过。

那么,在国美控股权争夺中，带给所有者和经营者的启示有哪些？为什么会出现董事和管理层的矛盾？当所有者和管理者发生利益冲突时，该如何解决？

通过本书的学习，你将不仅对以上问题有清楚的了解，还将对公司结构、筹资、投资、运营等内容有清晰的了解。

第一节　公司理财的内容

公司要进行生产经营活动，就必须具有人力、物资、资金、信息等各项生产经营要素并开展有关方面的活动。公司生产经营过程中的资金活动，就是公司的财务活动；而对公司财务活动的管理，则是公司理财。要深刻理解公司理财的概念，就必须首先对公司财务活动、财务关系以及公司理财的特点有一个全面的了解。

一、财务活动

公司在生产经营活动中，客观地存在着一种资金的活动，这同商品经济的存在和发展是分不开的。公司的再生产过程具有两重性，它既是使用价值的生产和交换过程，又是价值的形成和实现过程。在这个过程中，劳动者将生产中消耗掉的生产资料的价值转移到产品上去，并且创造出新的价值。这样，一切物资都具有一定的价值，它体现着用于物资中的社会必要劳动量。物资的价值是通过一定数额的货币表现出来的。在社会再生产过程中，物资价值的货币表现就是资金，资金的实质是社会再生产过程中运动着的价值。为了保证生产经营活动的正常进行，公司就要筹集一定数额的资金。公司拥有一定数额的资金，是进行生产经营活动的必要条件。

公司在生产经营过程中，物资不断地运动，物资的价值形态也不断地发生变化，由一种形态转化为另一种形态，周而复始，不断循环，形成了资金的活动。物资价值的运动就是通过资金活动的形式表现出来的。所以，公司的生产经营过程，一方面表现为物资运动(从实物形态来看)，另一方面表现为资金活动(从价值形态来看)。公司资金活动就价值方面，它以价值的形式综合地反映着公司的生产经营过程。公司的资金活动，构成公司经济活动的一个独立方面，具有自己的运动规律，这就是公司的财务活动。

随着公司生产过程的不断进行，企业资金总是处于不断的运动之中。一般来说，企业在生产过程中，公司资金从货币资金形态开始，顺次通过购买、生产、销售三个阶段，分别表现为固定资金、储备资金、生产资金、成品资金等各种不同形态，然后又回到货币资金形态。从货币资金开始，经过若干阶段，又回到货币资金形态的运动过程，叫做资金的循环。公司周而复始不断重复的循环，叫做资金的周转。资金的循环、周转体现着资金活动的形态变化。

公司的资金活动及公司的财务活动，是指资金的筹集、投放、使用、收回及分配等一系列行为。公司财务活动描述了公司财务的形式特征。从整体上讲，财务活动包括筹资活动、投资活动、资金营运活动和分配活动四个方面。

(一) 筹资活动

筹资是企业为了满足投资和资金运营的需要，筹集所需资金的行为。在筹资活动中，公司需要根据公司战略发展的要求和投资规划确定不同时期的筹资规模，并通过不同筹资渠道和筹资方式的选择，合理地确定筹资结构，降低筹资成本和风险，以保持和提升公司价值。公司通过筹资通常可以形成两种不同性质的资金来源：一是公司权益资金；二是公司债务资金。筹资活动应达到以下基本目标：① 所筹资金能满足公司不同时期的投资和经营需要；② 资金成本尽可能低；③ 财务风险控制在合理的限度内。

(二) 投资活动

投资是指企业根据项目资金需要，将所筹集的资金投放到所需要的项目中的行为。广义的投资包括企业投资购买其他公司的股票、债券，或与其他企业联营，或投资于外部项目等对外投资，以及购置固定资产、无形资产、流动资产等企业内部使用资金。狭义的投资仅指对外投资。企业在投资过程中，必须考虑投资规模，降低投资风险。投资是实现投资者财产价值增值的手段。投资活动的主要目标是：权衡投资报酬与风险的得失，达到投资项目在一定风险水平下取得最理想的报酬或者在取得一定报酬下风险最小。

（三）资金营运活动

资金营运活动是指企业日常经营活动中的资金收付行为。企业经营所需材料物资的采购、工资和相关费用等支付，构成了日常财务支出；企业产品销售和其他业务等所获得的相关收入，构成了日常财务收入。为了保证日常财务收支在时间上的平衡，企业需要利用筹集的资金垫付支出大于收入的缺口资金。企业为满足日常营业活动的需要而垫支的资金，称为营运资金。在一定时期内，营运资金周转速度越快，资金的利用效率就越高，企业就越有可能生产出更多的产品，取得更多的收入，获取更多的利润。

（四）分配活动

企业通过投资和资金的营运活动所获得的各项收入，在用于弥补生产经营消耗、缴纳税金后，需要依法对剩余收益进行分配。广义地说，分配是指对企业各种收入进行分割和分派的行为；而狭义的分配仅指对企业净利润的分配。企业实现的净利润可作为投资者的收益，分配给投资者或暂时留存企业。在分配净利润时，企业应合理确定分配规模和分配方式，以确保企业取得最大的长期利益。企业分配净利润的方式，也称股利政策。

二、财务关系

企业在筹资、投资、资金营运和分配活动中，与企业各方面有着广泛的财务关系。企业的财务关系因经济利益和责任的多样性而较为复杂，归纳起来主要有以下五个方面。

（一）企业与投资者之间的财务关系

企业投资者向企业投入权益性资本，又称“主权资本”，从而形成了履行投资义务，承担终极风险，享受投资收益分配的经济关系。在这个经济关系中，履行投资者义务是基础，只有完整地履行投资义务，才有资格享有收益的分配权。

（二）企业与债权人、债务人之间的财务关系

企业的债权人是借入资金的提供者，企业应按合同规定向债权人支付利息和归还本金；企业的债务人是企业资金的占有者，企业与债务人之间的财务关系，是因企业将其资金以购买债券、提供借款或商业信用等形式出借给其他单位而形成的。

（三）企业与受资者之间的财务关系

受资者是接受企业投资的经济实体，当企业采取直接投资或者购买股票的间接投资方式成为被投资单位的股东时，企业就随之享有相应的权利并承担相应的风险，因此，体现

的财务关系是股东与受资者之间的权利与义务关系。

（四）企业与内部各级单位之间的财务关系

在一个独立的企业组织内，内部各级单位表现为不同层次的基本生产经营部门和非生产经营部门。这些部门相互间既有分工又有合作，在生产经营各环节中相互提供产品或劳务。企业与内部各级单位之间的财务关系表现为企业内部所形成的资金结算关系。

（五）企业与政府管理部门之间的财务关系

政府是维持社会正常秩序、保卫国家安全、行使公共管理职能的社会管理者。企业与政府管理部门之间的财务关系是强制性的经济关系，体现在相关的法律中。企业必须向税务机关和其他部门依法纳税与缴纳法定费用。

企业财务关系揭示了企业财务的本质，因为企业财务活动是在不同主体的利益驱动下开展的。投资者的投资利润驱动，形成了权益性资本；银行的经营利润（利息收入）驱动，形成了银行信用资金；商家的商业利润驱动，形成了商业信用资金；经营者和职工的工薪收入驱动以及激励驱动，形成了活劳动；政府维持公共利益的驱动，维护了企业的合法经营。由此可见，只有不同主体的不同经济利益得到保证，企业财务活动才能顺利进行。

三、公司理财的重要性

一个企业的兴衰与理财息息相关，企业管理必须以公司理财为中心，其重要性主要体现在以下几个方面：

（1）公司理财是企业管理的基础，是企业内部管理的中枢。

公司理财是组织资金运动、协调财务关系的一项经济管理工作。它是一种价值管理，渗透和贯穿于企业一切经济活动之中。企业的资金筹集、使用和分配，一切涉及资金的业务活动都属于公司理财的范围。

企业的生产、经营、进、销、调、存每一环节都离不开财务的反映和调控，企业的经济核算、财务监督更是企业经济活动的有效制约和检查。

公司理财是一切管理活动的共同基础，它的中心地位是企业管理的一种客观要求。

（2）企业的管理从注重生产的管理转到公司理财，是社会的进步。

随着社会主义市场经济体制的逐步建立，理财工作在企业管理中占有越来越重要的地位。必须坚持一手抓生产发展，一手抓公司理财，既要向生产要效益，又要向管理要效益，管理也是生产力。公司理财与经济效益有着密切的联系。

企业的中心目标就是以较小的消耗取得尽量大的经济效益。加强公司理财能够促进企业控制费用、降低消耗；通过资金的筹集调度，合理运用资金，提高资金的使用效果，防止资金的浪费；通过对存货的管理可以优化库存结构，减少存货积压，做到经济库存；通过价格的拉动，可以增加企业的收入；通过对国有资产的管理，可以促使企业合理有效地使用国有资产，并且做到国有资产的保值、增值。因此，充分发挥公司理财的龙头作用，就能更加有效地提高经济效益。

（3）公司理财是实现企业和外部交往的桥梁。

通过会计核算，对原始数据进行收集、传递、分类、登记、归纳、总结、储存，将其处理成有用的经济管理信息；然后开展财务分析，对企业财务活动的过程和结果进行评价和分析，并对未来财务活动及其结果作出预计和测试。通过这一系列公司理财环节，使企业能够向外界提供准确、真实的信息，从而有助于国家宏观调控，投资人进行合理投资，银行做出信贷决策以及税务机关依法征税。

(4) 企业管理以公司理财为中心，公司理财以资金管理为中心，这是观念上的根本转变。

加强资金管理，提高资金的营运效益是公司理财的首要任务。资金是企业的“血液”，企业资金运动的特点是循环往复地流动，资金的生命在于“活”，资金活，生产经营就活，一“活”带百“活”，如果资金不流动，就会“沉淀”或“流失”，得不到补偿增值。只有提高资金使用效率，才能确保企业的经济效益，正因为如此，资金管理成为企业财务管理的中心是一种客观必然。

(5) 强化公司理财可以找出企业问题的根源，拿出解决问题的方法。

财务部门通过对财务指标的经常性计算、预测、整理、分析，肯定成绩、揭露问题、寻找原因，提出改进措施，促使企业不断提高经济效益。

第二节 企业的组织形式

企业组织形式是指企业财产及其社会化大生产的组织状态，它表明一个企业的财产构成、内部分工协作与外部社会经济联系的方式。认真研究并合理选择企业的组织形式，是建立与发展企业必需的基本条件。根据市场经济的要求，按照财产的组织形式和所承担的法律责任划分，国际上现代企业的组织形式通常可分为：个人独资企业、合伙企业和公司企业。

一、个人独资企业

个人独资企业是由一个自然人投资，财产为投资人个人所有，投资人以其个人财产对企业债务承担无限责任的经营实体，也被称为业主制。

个人独资企业的优点：

(1) 创立容易。例如，不需要与他人协商并取得一致，只需要很少的注册资本等。

(2) 维持个人独资企业的固定成本较低。例如，政府对其监管较少，对其规模也没有限制，企业内部协调比较容易。

(3) 不需要交纳企业所得税，只需交纳个人所得税。

个人独资企业的缺点：

(1) 业主对企业债务承担无限责任，有时企业的损失会超过业主最初对企业的投资，业主自己的财产也将被追索。

(2) 企业的存续年限受制于业主的寿命，存续的时间一般比较短。

(3) 企业规模一般比较小，难以从外部获得大量资本用于经营。

多数个人独资企业的规模较小，抵御经济衰退和承担经营失误的能力不强，其平均存续年限较短。有一部分个人独资企业能够发展壮大，规模扩大后会发现其固有缺点日益放大，于是转变为合伙企业或公司制企业。

二、合伙企业

合伙企业是由几个人、几十人、甚至几百人联合起来共同出资创办的企业。一般而言，合伙制企业均是按照书面协议组成的非法人组织。它是由各合伙人订立合伙协议，共同出资，共享收益，共担风险，并对合伙债务承担无限连带责任的营利性组织。通常，合伙人是两个或两个以上的自然人，有时也包括法人或其他组织。

合伙企业的优点和缺点与个人独资企业类似，只是程度有些区别。这两类企业属自然人企业，出资者对企业承担无限责任。如果一个合伙人没有能力偿还其应分担的债务，其他合伙人须承担连带责任，即有责任替其偿还债务。法律还规定合伙人转让其所有权时需要取得其他合伙人的同意，有时甚至还需要修改合伙协议，因此其所有权的转让比较困难。按照每个人的责任区别，又可以划分为一般合伙和有限合伙。前者中每一个合伙人都必须以自己的财产对企业负有无限的连带责任；后者只有一个合伙人负有无限责任，其他人负有有限责任，但是企业主导权在负无限责任的合伙人身上，其他人不得干预。这种形式的企业比较适合于规模刚刚起步的高科技行业，比独资企业有更大的发展空间。

三、公司企业

公司企业是指所有权和管理权分离，出资者按出资额对公司承担有限责任创办的企业。主要包括有限责任公司和股份有限公司。

有限责任公司指不通过发行股票，而由为数不多的股东集资组建的公司(一般由 2 人以上 50 人以下股东共同出资设立)，其资本无需划分为等额股份，股东在出让股权时受到一定的限制。在有限责任公司中，董事和高层经理人员往往具有股东身份，使所有权和管理权的分离程度不如股份有限公司那样高。有限责任公司的财务状况不必向社会披露，公司的设立和解散程序比较简单，管理机构也比较简单，比较适合中小型企业。

股份有限公司全部注册资本由等额股份构成并通过发行股票(或股权证)筹集资本，公司以其全部资产对公司债务承担有限责任的企业法人(应当由 2 人以上 200 以下为发起人，注册资本的最低限额为人民币 500 万元)。其主要特征是：公司的资本总额平分为金额相等的股份；股东以其所认购股份对公司承担有限责任，公司以其全部资产对公司债务承担责任；每一股有一表决权，股东以其持有的股份，享受权利，承担义务。

公司制企业的特点是：

(1) 永久存续性。不会因为股东的死亡和退出而影响到企业的存在。

(2) 容易转让所有权。公司所有权的每个份额可以单独转让，无需经过其他股东同意，流动性强于前两种企业。

(3) 有限责任。公司的债务与股东个人的财产无关。所有者对公司的债务以其出资额为限。

公司制企业的缺点是：

(1) 双重课税。公司作为独立的法人，其利润需缴纳企业所得税，企业利润分配给股东后，股东还需缴纳个人所得税。

(2) 公司的设立比较复杂。成立条件、设立程序都有着严格的要求，因此成立的成本较高，手续繁琐。

(3) 存在代理问题。经营者和所有者分开以后，经营者成为代理人，所有者成为委托人，代理人可能为了自身利益而伤害委托人利益。

第三节　公司理财的目标

从企业目标出发，在充分研究财务活动客观规律的基础上，根据实际情况和财务变量的未来变动趋势确定财务管理目标，是理财主体必须首先解决的一个理论和实践问题。

一、利润最大化

经营获利是企业生产发展的必要条件。如果企业长期亏损，势必会导致资不抵债，继而陷入破产、倒闭境地。以利润最大化作为公司的财务管理目标，有其科学成分。这是因为，公司追求利润最大化，就必须讲求经济核算、加强管理、改进技术，提高劳动生产率，降低产品成本，这些措施都有利于资源的合理配置，有利于经济效益的提高。但是，孤立地将利润最大化作为公司理财目标存在以下缺点：

(1) 没有考虑利润发生的时间，没有考虑资金的时间价值。例如，今年获利 100 万元和明年获利 100 万元，哪一个更符合企业的目标？如果不考虑资金的时间价值，就难以作出正确判断。

(2) 没有考虑获取利润和所承担风险的大小。例如，同样投入 500 万元，当年获利 100 万元，一个项目获利已全部转化为现金；另一个项目则全部是应收账款，可能发生坏账损失，哪一个项目更符合公司的目标？如果不考虑风险大小，就难以做出正确判断。

(3) 利润最大化往往会使公司财务决策带有短期行为的倾向，即只顾目前的最大利润，而不顾公司的长远发展。例如，忽视科技开发、产品开发、生产安全、履行社会责任等。

(4) 如果以利润总额为目标对象，则没有反映所创造的利润与投入资本之间的关系，因而不利于不同资本规模的公司或同一公司不同期间的比较。

应该看到，利润最大化的提法，只是对经济效益浅层次的认识，存在一定的片面性。所以，现代财务理论认为，利润最大化不是公司理财的最优目标。

二、股东财富最大化

股东财富最大化即基于委托代理条件下的受托财产责任，经营者应最大限度地谋求股东或委托人的利益——提高资本报酬，增加股东财富，实现权益资本的保值增值。这种理财目标常常采用的评价指标是股票市价。

我国市场经济的逐步完善及股份制的普遍推行，再加之西方财务理论的全面引入，股东财富最大化作为财务管理目标开始受到重视，被认为是比较科学的财务管理目标。股东财富最大化是指企业通过合理的经营，为股东带来最大的财富。在股份制经济条件下，股东的财富是由其所拥有的股票数量和股票市场价格两方面决定的。在股票数量一定时，当股票价格最高时，股东的财富达到最大。对于一个企业来讲，股票的数量增加并不是经常发生的，从而力图使股东财富最大化的财务管理就集中在使股票的价格最大化上。这样，股东财富最大化就演变成了股票价格最大化。这里的股票价格指的是现行市场价格。财务管理的目标就是使企业每股的现行市场价值最大。

与利润最大化目标相比，股东财富最大化目标的优点在于：

(1) 它考虑了风险因素和资金的时间价值。企业经营所面临的风险大小，对公司股票价格有重大影响，因而，公司在追求股票价格最大化的过程中，不能不考虑风险因素。股票的市场价格在利率上是指股票未来预期收益的现值之和。在现实的交易中，人们购买股票主要考虑的也是它所具有的未来预期收益，并与付出的现值(股票价格)相比较，看是否划算。理论和现实的股票价格形成都考虑了资金的时间价值，要使股票的价格最大化，当然得考虑资金的时间价值。

(2) 股东财富最大化有利于克服企业的短期行为。股票未来的收益决定现在的价格，旨在追求股票价格最大化的任何财务决策不能不考虑其对公司股东未来收益的影响，不能不考虑公司的长远发展。这无疑将减少公司经营的短期行为。

(3) 股东财富最大化目标容易量化，便于考核。股东财富用股票价格计量，这使得股东财富最大化目标非常容易量化，便于检验目标完成的情况。

股东财富最大化目标的显著优点，使它在西方财务管理中得到了广泛的认同，被认为是最为合理的财务目标，它在实践中也得到了广泛的应用。但是股东财富最大化作为财务目标仍有其不足之处：一是股票价格作为股东财富的度量，对上市公司可以，对非上市公司难以行得通。股东财富最大化容易使管理当局侧重于公司短期的管理行为，并可能导致其信息失真。而且，对于非上市公司来说，由于没有股票价格这一衡量标准，那么，股东财富最大化作为理财目标便失去了基础；二是从形式上只强调股东利益，对其他相关组织和人员的利益不够重视；三是股票价格受许多种因素影响，并非都在公司控制之中，把不可控因素引入财务管理目标不尽合理。

三、公司价值最大化

为了弥补股东财富最大化目标的不足，人们又提出了公司价值最大化的财务管理目标。即公司财务管理、公司经营的总目标是为了公司的成长和公司价值的不断增加。

公司价值的衡量可采用资产评估的方法确定。对整个公司的价值进行评估，一般有两种方法：一种是对公司的各种资产的价值分别进行估计，然后把各种资产的价值相加，便得到整个公司资产的价值，此即为公司价值；另一种方法是对公司未来收益进行估计、折现，把未来收益的现值加总，以此作为公司的价值。这两种方法，前一种一般用于公司破产清算时的资产评估，后一种适合于持续经营公司的资产评估。作为确定公司考核目标之需，对公司价值进行的评估，是以公司持续经营为前提的，用后一种方法比较合适。以公司未来收益现值计算的公司价值，可以用下式表示：

$$V=\sum_{t=1}^{n}\mathrm{FCT}_t\frac{1}{(1+i)^t} \tag{1-1}$$

式中：V——公司价值；

t——取得报酬的具体时间；

FCT_t——第 t 年的公司报酬，一般用现金流表示；

i——与公司风险相适应的折现率；

n——取得报酬的持续时间，在持续经营条件下，n 可以是无穷大。

从式 1-1 中可以看出，公司的总价值 V 与各年的收益 FCT_t 成正向变动关系，与折现率 i 成反向变动关系，并与时间有关。FCT_t 与风险有关，在市场经济条件下，报酬与风险是成正比的，即公司要想获得较高的报酬，就必须承受较大的经营风险。同样，折现率 i 也与风险有关。折现率 i 实际上是人们所认可的公司应该给其所有者带来的必要收益率，公司经营风险越大，公司所有者要求的必要收益率也越大，即 i 与风险呈正相关。从对经营报酬的影响看，经营风险有增大公司价值的作用；从对折现率的影响看，经营风险有减小公司价值的作用。因此，对公司价值最大化的追求，必须要考虑经营风险，使风险处于一个恰当的水平。

公司价值最大化目标克服了股东财富最大化目标的缺陷，吸取了股东财富最大化观念的长处，是人们对现代企业财务管理目标深层次认识的进一步拓展，因而成为现代公司理财目标的理想选择。公司价值最大化的真正实现，是建立在正确处理企业的各种利益关系及保证企业长期稳定发展基础之上的。它不仅考虑了股东的利益，使股东财富达到最大，而且也充分考虑了其他利害关系人的利益，使他们也得到了利益的最大满足。公司价值最大化目标的特点是：

(1) 充分尊重和满足了企业各相关利益主体的利益要求；

(2) 更好地体现了财务管理的本质：要求企业价值的大小，不仅与企业当前和未来的盈利能力相关，还与企业的产品开发能力、市场开拓能力、各种资源的运用能力、偿债能力、防范与控制风险能力、社会贡献能力等密切相关；

(3) 能促使企业更好地履行社会责任。如维护社会公众利益、保护生态平衡、防止环境污染、节约能源资源消耗、支持教育与福利事业、促进社会和谐发展等，都有助于企业经营目标的实现。

第四节　公司治理结构与委托代理问题

一、公司治理结构

（一）公司治理结构的概念

公司治理结构，或称法人治理结构、公司治理机制，是一种对公司进行管理和控制的体系。是指由所有者、董事会和高级执行人员即高级经理三者组成的一种组织结构。现代企业制度区别于传统企业的根本点在于所有权和经营权分离，或称所有与控制分离，从而需要在所有者和经营者之间形成一种相互制衡的机制，用以对企业进行管理和控制。现代企业中的公司治理结构正是这样一种协调股东和其他利益相关者关系的一种机制，它涉及激励与约束等多方面的内容。简单地说，公司治理结构就是处理企业各种契约关系的一种制度。

经济学家谈论公司治理结构时，狭义地讲是指投资者(股东)和企业之间的利益分配和控制关系，包括公司董事会的职能、结构、股东的权利等方面的制度安排；广义地讲是指关于公司控制权和剩余索取权，即企业组织方式、控制机制和利益分配的所有法律、机构、制度和文化的安排。公司治理结构的内容由一系列契约规定组成。这些契约包括正式契约和非正式契约。正式契约包括政府颁布的适用于所有企业的法律，如公司法、破产法、劳动法等等，也包括企业自己的正式规定，如公司章程以及各种合同。非正式契约指由文化、社会习惯而形成的行为规范。这些规范没有具体化为合同，从而不具有法律上的强制性，但却在实实在在地起作用，如一些企业的终身雇用制或者对在一定时期内保持工资不变的承诺。公司治理结构决定企业为谁服务(目标是什么)，由谁控制，风险和利益如何在各个利益集团中分配等一系列根本性问题。

(二) 公司治理结构的分类

1. 单层制模式

单层制模式也称为一元制模式，即董事会集执行职能与监督职能于一身，其中监督职能在很大程度上是通过独立董事制度来实现的，业务执行结构和监督机构不分离。主要特点是：

(1) 董事会大多由非执行董事(外部董事)组成，同时，董事会既是决策机构，又承担监督功能。

(2) 发达的证券市场收购接管机制和成熟的经理人市场约束了经理，这些外部市场对经理有很好的监管作用。

2. 双层制模式

双层制模式也叫二元制模式，这种模式同一元制模式的主要区别在于执行职能和监督职能是分开的，即董事会负责执行职能，监事会负责监督职能。双层制模式包括垂直的双层制模式和水平的双层制模式。德国公司就是垂直的双层制模式，其监事会在上，由股东代表和职工代表组成，主要发挥的是监督董事会(监事会)的作用；董事会在下，主要由执行董事组成，实际发挥的是执行董事会的作用。独特之处主要体现在监事会的职能和组成上，德国监事会具有经营决策和评价监督双重职能。日本是水平的双层制模式，监事会和董事会是平行的，都对出资人和股东代表大会负责。监事会主要行使监督执行董事和高级管理层的作用，而董事会则主要发挥执行的作用。日本公司治理结构的框架由股东大会、董事会、经理、独任监察人(相当于监事会)组成。经理是董事会的主要成员，对公司董事人选具有重要的影响。为了有效监督经营者，日本公司治理结构中设立了独立监察人制度。

(三) 公司治理结构的两个基本问题

一是如何保证投资者(股东)的投资回报，即协调股东与企业的利益关系。在所有权与经营权分离的情况下，由于股权分散，股东有可能失去控制权，企业被内部人(即管理者)所控制。这时控制了企业的内部人有可能做出违背股东利益的决策，侵犯了股东的利益。这种情况引起投资者不愿投资或股东"用脚表决"的后果，会有损于企业的长期发展。公司治理结构正是要从制度上保证所有者(股东)的控制权与利益。

二是企业内各利益集团的关系协调。这包括对经理层与其他员工的激励以及对高层管理者的制约。这个问题的解决有助于处理企业各集团的利益关系，又可以避免因高管决策失误给企业造成的不利影响。

二、委托代理理论的分析

委托代理理论在公司治理及其内部控制的理论基础中占据着主导的地位。当委托人将决策权授予代理人，得到代理人所提供的代理决策服务并支付代理人薪酬，代理人根据委托人意愿行使决策权时，委托代理关系就建立了。

(一) 股东和经营者的委托代理问题

公司经营权和所有权是分离的，股东将企业委托给经营者经营，经营者部分持有或不持有股票，其利益和股东财富最大化的利益不完全一致。随着内部经理人对公司拥有股票的份额减少，经理将更倾向于将公司的资源转向个人在职消费，如拥有豪华的办公室，高档汽车，用公司的款项办理私事等。他愿意为公司利益投入的劳动将减少，且会尽量避免风险项目，以减少在工作上的精力消耗以及给自己管理上带来的麻烦。双方利益冲突的一个突出表现就是管理层收购，是指管理层蓄意压低公司股价，再以自己的名义买进并控制企业，导致股东利益受损，自己从中渔利。

为了保证经营者为股东的利益努力工作，公司就必须花费代价，这就被称为代理成本。企业一般采用监督和激励相结合方法来促使经理层努力为股东工作，协调股东和经营者之间的利益。

(二) 债权人和股东的委托代理问题

债权人和股东也存在委托代理关系。债权人将资金借给公司，委托股东使用，希望到期可以收回本金和规定的利息；股东则是希望通过借入的资金扩大经营，最大限度地获得利润。同时，债权人的利息是固定的，而股东的收益视经营状况波动。

债权人同意将资金贷给公司一般会考虑公司现有资产的流动性、公司现存的资本结构、预期的业绩和风险等因素，这些决定了贷款的利息，合约一旦签订，债权人就丧失了主动性，股东的某些行为有时会损害债权人的利益。

1. 股东和债权人冲突的表现

(1) 股东不经债权人同意发行新债，企业财务风险增加导致旧债的价值下跌，使债权人遭受损失。原因在于：发行新债后，公司的负债比例增加，破产的可能性就加大了，如果公司破产，旧债权人和新债权人一起分享破产企业财产，旧债权人自然遭受了损失。

(2) 股东不经债权人同意，决定投资于比债权人预期风险要高的项目。风险的加大导致旧债价值降低。高风险的投资如果获得成功，所获得高额利润将归属于股东，债权人只获得固定收益。

(3) 向股东派发与当期利润不相符的红利，使公司现金、资产价值下降，危害债权人的利益。

2. 债权人维护权益的措施

(1) 借款合同中加入限制性条款。如规定资金的用途、规定不得发行新债或限制发行新债的数额、对资产的处置及分红设定一些限制等。

(2) 发现公司有损害债权人利益的行为时，拒绝进一步的合作，不再提供新的资金或是提高贷款利息。

第五节 税收环境

任何公司都有依法纳税的义务。税收作为企业的现金流出，是理财活动的重要外部因素。对于公司来讲，经过纳税后的利润才是股东的所得。有效的税收计划可以减少现金流出，提高经营业绩。

一、所得税税率

所得税是指对公司和个人在一定时期内的所得征收的税种。企业所得税的征收范围是我国境内企业的生产、经营所得和其他所得。企业的生产经营所得是指企业从事物质生产、交通运输、商品流通、劳务服务等方面取得的收益。企业的其他所得是指企业主营所得之外的所得，包括股息、利息、租金、转让各种资产、特许权使用费用及营业外收益等所得。

我国所得税法规定法定税率为25%，内资企业和外资企业一致。因此企业应交所得税为：

$$所得税=应纳税额\times 25\%$$

中央政府和地方政府又根据不同情况制定了所得税减免政策，如国家需要重点扶持的高新技术企业为15%，小型微利企业为20%。

企业所得税减免是指国家运用税收经济杠杆，为鼓励和扶持企业或某些特殊行业的发展而采取的一项灵活调节措施。企业所得税条例原则规定了两项减免税优惠，一是民族区域自治地方的企业需要照顾和鼓励的，经省级人民政府批准，可以实行定期减税或免税；二是法律、行政法规和国务院有关规定给予减税免税的企业，依照规定执行。对税制改革以前的所得税优惠政策中，属于政策性强，影响面大，有利于经济发展和维护社会安定的，经国务院同意，可以继续执行。国家产业政策倾斜的减免税、国家扶持行业的财政性补贴或减免税、开发区内的减免税等减免税政策会随着经济情况的不同做一些调整。因此公司在做财务决策的时候，应注意这些政策的变化，或征求税务专家的意见。

二、抵减所得税的折旧

税收对于企业财务活动的影响还体现在折旧“税蔽”作用上。“税蔽”(Tax Shield)也就是我们通常所说折旧会使成本支出增大，税前利润减少，导致应纳所得税相应减少。因此如何选择折旧方法，计提折旧使其达到减税的目的，就成为每位经营者必须考虑的问题。

目前，会计实务中常用的折旧方法有平均年限法、双倍余额折旧法和年数总和法，具体计算公式如下：

（1）平均年限法(直线法)。

$$所折旧额=\frac{固定资产原值-预计残值}{预计使用年限}$$

（2）双倍余额递减法(双倍余额折旧法)。

$$年折旧额=2\times\frac{1}{预计使用年限}\times年初固定资产账面价值$$

（3）年数总和法。

$$年折旧额=(固定资产原值-预计残值)\times\frac{尚可使用年限}{使用年数总和}$$

在上述各种折旧方法中，同一企业运用不同的折旧方法所计算出来的折旧额在量上是不同的，因此分摊到各期的固定资产成本也存在差异，进而影响各期营业成本和利润。下面通过一个具体的例子说明折旧的税蔽作用。

【例 1－1】　假设 B 企业购买了一台机器设备，购买价格 100 万元，预期的净残值 10 万元，设备可使用 5 年，同时，假设企业每年的税前利润为 120 万元(未扣折旧)，使用所得税率为 25％。三种折旧方法的比较结果见表 1－1。

表 1－1　不同折旧法下的纳税额　　万元

时间/年	平均年限法			双倍余额递减法			年数总和法		
	折旧额	应纳所得税额	应纳税额	折旧额	应纳所得税额	应纳税额	折旧额	应纳所得税额	应纳税额
1	18	102	25.5	40	80	20	30	90	22.5
2	18	102	25.5	24	96	24	24	96	24
3	18	102	25.5	14.4	105.6	26.4	18	102	25.5
4	18	102	25.5	5.8	114.2	28.55	12	108	27
5	18	102	25.5	5.8	114.2	28.55	6	114	28.5
总和	90	510	127.5	90	510	127.5	90	510	127.5

从比较结果可知，采用平均年限法在固定资产使用期内所计提的折旧额是相等的，企业 5 年内应纳税额是相等的。但在双倍余额递减法和年数总和法下，每年所计提的折旧额是不尽相同的，每年的折旧额呈递减趋势。由于在使用期内各年的折旧额不同，因此会对企业年度税后利润的计算产生影响。而实际中，企业对折旧方法的选择在很大程度上是出于获得财务收益的目的。

三、亏损结转

亏损结转又称盈亏抵免，指允许义务纳税人将其某一纳税年度的亏损，冲抵以后纳税年度的盈利从而减少相应的应纳税额，或是冲抵以前纳税年度的利润从而申请退还以前纳税年度部分已纳税款。简而言之亏损结转就是指缴纳所得税的纳税人在某一纳税年度发生经营亏损，准予在其他纳税年度盈利中抵补的一种税收优惠。

（一）亏损结转的类型

1. 年度亏损结转

企业发生年度亏损，可以用下一纳税年度的所得弥补。下一纳税年度所得不足弥补的，可以逐年延续弥补，但最长不得超过5年。

2. 企业合并亏损结转

企业发生合并，合并前各企业尚未弥补的亏损，可在税法规定亏损弥补年限的剩余期限内，由合并后的企业逐年弥补。一方面，公司合并时，对于被合并公司存在的亏损，存续公司或者新设公司可以用其以后年度的所得进行弥补。另一方面，公司合并后，被合并公司的权利由存续公司或者新设公司承继，那么，亏损结转权可以随着公司的合并而转移，即由存续公司或者新设公司承继。当然，为了不让亏损结转权被过分滥用，可以从亏损结转的期限上去限制它。

3. 企业分立亏损结转

分立前企业尚未弥补的经营亏损，按分立协议确定的数额分担，允许在税法规定的亏损弥补年限的剩余期限内，由分立后的各企业逐年延续弥补。

4. 转让资产和股权重组亏损结转

企业转让资产或进行股权重组，其资产转让前或股权重组前尚未弥补的经营亏损，可以在税法规定的亏损弥补年限的剩余期限内，逐年延续弥补。

（二）亏损结转的基本方法

亏损结转有两种方式：一种是用亏损冲抵以后纳税年度的盈利，称为“向前结转”；另一种是用亏损冲抵以前已经取得的纳税年度的盈利，称为“向后结转”。关于采用亏损结转的方式，有的国家既规定了向前结转，又规定了向后结转，如美国、德国和日本等；有的国家只规定了向前结转，如澳大利亚、波兰和俄罗斯等。中国现行的所得税法规定，纳税人发生年度亏损，可以用下一纳税年度的所得弥补；下一纳税年度的所得不足弥补的，可以逐年延续弥补，但最长不得超过5年。

第六节　金融市场与金融环境

一、金融市场的功能

金融市场是金融资产买卖或交易的一种媒介，是资金融通的场所，是把储蓄配置给实物资产最终投资者的场所。金融市场交易的对象是银行存款单、债券、股票、期货等证券。金融市场的功能有以下几方面：

（一）资金融通

金融市场的功能之一是融通资金。它提供一个场所，将资金提供者手中的富余资金转移到那些资金需要者手中。这种转移，使资金从那些没有生产性投资机会的人们手中，转移到那些拥有这些机会的人手中，从而提高了经济社会的效率，增进了社会的经济福利。与此同时，这种转移使消费者在最需要消费的时候得以购买商品，也使直接消费者受益。

（二）风险分配

将实际资产预期现金流的风险重新分配给资金提供者和资金需求者。集聚了大量资金的金融机构可以通过多元化分散风险，因此有能力向高风险的公司提供资金。金融机构创造出风险不同的金融工具，可以满足不同风险偏好的资金提供者。因此，金融市场在实现风险分配功能时，金融中介机构是必不可少的。

（三）价格发现

金融市场上买方和卖方的相互作用决定了证券的价格，也就是金融资产要求的报酬率。每一种证券的价格可以反映发行人的经营状况和发展前景。公司的筹资能力取决于它是否能够达到金融资产要求的报酬率。如果企业盈利能力达不到要求的报酬率，就筹集不到资金。这个竞争形成的价格，引导着资金流向效率高的部门和企业，使其得到发展。而效率差的部门和企业得不到资金，会逐步萎缩甚至退出。竞争的结果，促进了社会稀缺资源的合理配置和有效利用。

（四）调节经济

金融市场为政府实施宏观经济的间接调控提供了条件。政府可以通过实施货币政策对各经济主体的行为加以引导和调节。

政府的货币政策工具主要有三种：公开市场操作、调整贴现率、改变存款准备金率。

金融市场的结构调节功能主要是通过调节资金流量，进而调节资金存量而实现的。资金流量的增加与减少，将引起资金存量的增加与减少，资金在不同部门、企业间的流动将引起资金结构的调整与重新配置。例如，经济衰退时中央银行可以在公开市场买入证券，增加基础货币，增加货币供给；还可以降低商业银行从央行贷款的贴现率，增加贴现贷款数量，增加货币供应；也可以降低商业银行缴存央行的存款准备金率，扩大银行的信贷规模。增加货币供给的结果使得利率会下降，投资需求增加，就可以达到促进经济发展的目的。

央行货币政策的基本目的不止一项，通常包括高度就业、经济增长、物价稳定、利率稳定、金融市场稳定和外汇市场稳定等。有时候这些目标会有所冲突，因此操作的时候需要综合考虑各种因素及后果。

（五）节约信息成本

如果每一个资金提供者寻找适宜的资金需要者，而每一个资金需求者寻找适宜的资金供应者，其信息成本是非常高的。完善的金融市场提供了广泛的信息，可以节约寻找资金投资对象的成本和评估金融资产投资价值的成本。

一个理想的金融市场需要两个条件：一是完整、准确和及时的信息；二是市场价格完全由供求关系决定而不受其他力量干预。

二、金融市场的分类

一个国家有许多金融市场，其种类繁多，每个金融市场服务于不同的交易者，有不同的交易对象。这里所说的金融市场既可以是有形的金融市场，也可以是无形的金融市场。图 1－1 清楚地说明了金融市场的结构。

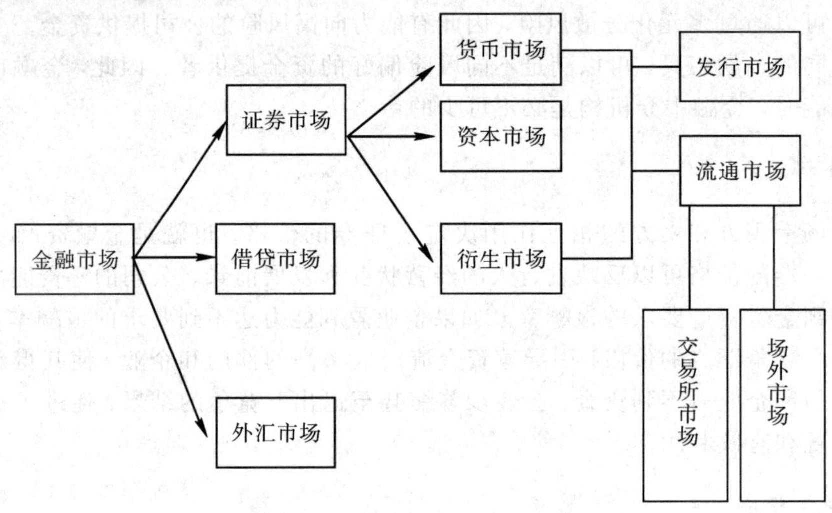

图 1－1 金融市场的分类

金融市场按照不同的标准可以有不同的分类，这里只介绍与企业筹资关系密切的几种类型。

（一）货币市场和资本市场

金融市场可以分为货币市场和资本市场，两个市场所交易的证券期限、利率和风险不同，市场的功能也不同。

货币市场经营一年以内到期的短期证券，其资金融通用于短期周转，融资期限短，是公司短期资金筹集的主要场所。由于这些短期证券变现能力强，因而投资风险也相对较小。货币市场包括银行短期信贷市场、短期证券市场、贴现市场和同业拆借市场。资本市场经营一年以上到期的长期债券，融通长期资金，是企业筹集长期资金的主要场所。资本市场包括银行长期信贷市场和长期有价证券市场。

（二）一级市场和二级市场

一级市场即为发行市场或初级市场。它是指新证券在发行者与购买者即投资者之间进行交易而形成的市场。它包括证券发行的规划、承购、销售等一系列活动过程。这一市场的特点是，它是新证券的市场，是一个抽象的无形市场。

二级市场也称次级市场或流通市场。它是指已发行在外的证券在投资者相互之间进行转让、买卖而形成的市场。在这个市场上，买卖对象是已发行在外的证券，这一市场的主要功能是为投资者提供证券的流通变现。二级市场在其结构上又可分为以下三类：一是交易所市场。交易所市场即是在证券交易所内部进行集中证券交易的市场；二是场外交易市场。场外交易市场又称柜台交易或店头市场，即是在证券交易所之外进行的证券交易的市场；三是第三市场和第四市场。第三市场是指已在正式的证交所上市、却在证交所之外进行交易的证券买卖市场。第四市场是指完全撇开交易所和经纪人，由买卖双方通过电讯网络直接进行交易的市场。

一级市场和二级市场有密切关系。一级市场是二级市场的基础。没有一级市场就不会有二级市场。二级市场的是一级市场存在和发展的重要条件之一。二级市场使得证券更具流动性，正是这种流动性使得证券受到欢迎，人们才更愿意在一级市场购买它。某公司证券在二级市场上的价格，决定了该公司在一级市场上新发行证券的价格。在一级市场上的购买者，只愿意向发行公司支付他们认为二级市场将为这种证券所确定的价格。二级市场上证券价格越高，企业在一级市场出售证券价格越高，发行公司筹措的资金越多。因此，与企业理财关系更为密切的是二级市场，而非一级市场。

（三）债务市场和股权市场

按照证券的索偿权不同，金融市场分为债务市场和股权市场。

债务市场交易的对象是债务凭证，例如公司债券、抵押票据等。债务凭证是一种契约，借款者承诺按期支付利息和偿还本金。债务工具的期限在 1 年以下的是短期债务工具，期限在 1 年以上的是长期债务工具。有时，人们还把 1～10 年的债务工具称为中期债务工具。

股权市场交易的对象是股票。股票是分享一个公司净收入和资产权益的凭证。持有人的权益按照公司总权益的一定份额表示，而没有确定的金额。股票的持有者可以不定期地收取股利，但是没有到期期限。

股票持有人与债务工具持有人的索偿权不同。股票持有人是公司排在最后的权益要求人，必须先向债权人进行支付，然后才可以向股票持有人支付。股票持有人可以分享公司盈利和资产价值增长。股票的收益不固定，因此风险比债务工具大。债权人只能按照约定的利率得到固定收益，风险比股票小。

（四）场内市场和场外市场

金融市场按照交易程序分为场内市场和场外市场。

场内交易市场是指各种证券的交易所。证券交易所有固定的场所、固定的交易时间和规范的交易规则。交易所按拍卖市场的程序进行交易。证券持有人拟出售证券时，可以通过电话或网络终端下达指令，该信息输入交易所，撮合主机按价格从低到高排序，低价者优先。拟购买证券的投资人，用同样方法下达指令，按照由高到低排序，高价优先。出价最高的购买人和出价最低的出售者取得一致时成交。证券交易所通过网络形成全国性的证券市场，甚至形成国际化市场。

场外交易市场没有固定场所，而由很多拥有证券的交易所分别进行。任何人都可以在交易所的柜台上买卖证券，价格由双方协商形成。这些交易所互相用计算机网络联系，掌握各自开出的价格，竞争也很充分，与有组织的交易所并无很大差别。场外市场包括股票、债券、可转让存单、银行承兑汇票、外汇交易市场等。

三、金融中介机构

金融中介机构分为银行和非银行金融机构两类。银行是指存款性金融机构，包括商业银行、邮政储蓄银行、农村合作银行等。非银行金融机构是指非存款性金融机构，包括保险公司、养老基金、金融公司、共同基金、证券市场机构等。

（一）商业银行

商业银行是指依照商业银行法和公司法设立的企业法人。它是以吸收存款方式取得资金，以发放贷款或投资证券等方式获得收益的金融机构。

业务包括：吸取公众存款；发放短期、中期和长期贷款；办理国内外结算；办理票据承兑与贴现；发行金融债券；代理发行、代理兑付、承销政府债券；买卖政府债券、金融债券；从事同业拆借；买卖、代理买卖外汇等。

（二）保险公司

保险公司是在投保人发生意外时进行支付的一种金融机构，是指以保险法和公司法设立的企业法人，有人身保险公司和财产保险公司两种基本类型。人身保险包括人寿保险、健康保险、意外伤害保险等保险业务。财产保险包括财产损失保险、责任保险、信用保险、保证保险等保险业务。它的资金来源是保费收入和资本金，资金主要用于赔付及长期证券投资。

（三）养老基金

养老基金是类似人寿保险公司的专门金融组织，它是为支付养老金设立的。对于养老基金的设立，通常各国政府均有立法要求，并给予税收优惠。养老金一般分为私人养老基金和政府退休基金两种。养老基金的资金来源于雇主和雇员的缴款，后者从雇员的薪酬中自动扣除或由雇员自愿交纳。由于养老基金掌握的资金庞大，所以在金融市场中的作用日益提高。就我国养老保险制度现状来看，它是在劳动者年老体弱丧失劳动能力时，为其提供基本生活保障的一种社会体系。如达到退休年龄办理退休审批手续后，就可以享受养老金待遇了。养老保险基金由国家、企业和劳动者共同负担，由社会保险事业中心筹集并管理。

（四）消费金融公司

消费金融公司是指不吸收公众存款，以小额、分散为原则，为中国境内居民个人提供以消费为目的的贷款的非银行金融机构，包括个人耐用消费品贷款及一般用途个人消费贷款等。由于消费金融公司发放的贷款是无担保、无抵押贷款，风险相对较高，银监会因而设立了严格的监管标准。

《试点办法》规定，消费金融公司可经营的业务包括：个人耐用消费品贷款、一般用途个人消费贷款、信贷资产转让、境内同业拆借、向境内金融机构借款、经批准发行金融债券、与消费金融相关的咨询、代理业务和银监会批准的其他业务。

（五）投资基金

投资基金是专业性证券投资机构，是一种利益共享、风险共担的集合投资制度，也称互助基金或共同基金。投资基金集中投资者的资金，由基金托管人委托职业经理人员管理，专门从事投资活动。人们平常所说的基金主要是指证券投资基金。它的特点是：汇集小额投资人的资金；专业化投资管理；有效分散投资风险。

公司型投资基金分为封闭式和开放式两种。封闭式基金发行的股票数量不变，发行期满基金规模就封闭起来，不再增加或减少股份。开放式基金，也称为共同基金，其股票数量和基金规模不封闭，投资人可以随时根据需要向基金购买股票以实现投资，也可以回售股票以撤出投资。

（六）证券机构

证券机构是指依法设立的，专门从事证券发行、买卖及相关业务的金融机构，欧美一些国家将其称为投资银行。证券机构服务业务包括：证券投资咨询；证券发行及交易的咨询、策划、财务顾问、法律顾问及其他配套服务；证券资信评估服务；证券集中保管；证券清算交割服务；证券登记过户服务；证券融资；经证券管理部门认定的其他业务。在中国，证券机构包括证券交易所、证券公司 、证券登记结算机构、证券服务机构、证券业协会、证券监督管理机构。这里我们主要分析证券交易所和证券公司。

1. 证券交易所

证券交易所是为证券集中交易提供场所和设施，组织和监督证券交易，实行自律管理的法人。中国有两家证券交易所，即 1990 年 12 月设立的上海证券交易所和 1991 年 7 月设立的深圳证券交易所。证券交易所的设立和解散，由国务院决定，并且证券交易所章程的制定和修改，必须经国务院证券监督管理机构批准。

证券交易所分为公司制和会员制两种。公司制证券交易所是以营利为目的，提供交易场所和服务人员，以便利证券商的交易与交割的证券交易所。会员制证券交易所是不以营利为目的，由会员自治自律、互相约束，参与经营的会员可以参加股票交易中的股票买卖与交割的交易所。

2. 证券公司

证券公司是指依照公司法的规定并经国务院证券监督管理机构审查批准而成立的专门经营证券业务，具有独立法人地位的金融机构。证券公司的设立必须经中国证监会依照法定的程序审查批准，未经中国证监会批准，不得经营证券业务。

证券公司的业务范围包括：证券经纪；证券投资咨询；与证券交易、证券投资活动有关的财务顾问；证券承销与保荐；证券自营；证券资产管理；其他证券业务。

四、利率

（一）利率的构成因素

企业在融资过程中，必须考虑使用资金的成本，这一成本就是利率。有人称利率是

“企业发展速度和国家繁荣的重要的调节器”。这就说明利率是有变化的，它的变化不仅影响个人和企业，而且影响整个国民经济，那么利率水平是怎样确定的呢？

通常我们所说的利率是指名义利率，银行的挂牌利率就是名义利率，一般来讲，它是由实际利率加通货膨胀率来确定的。从严格意义上讲，在金融市场上，利率是通货膨胀、违约风险、到期日的长短以及变现能力的函数，即：

利率＝F(通货膨胀，违约风险，到期日，变现能力)

在这些风险因素中，政府债券由于有充分的信用保证，均视为去违约风险，因此我们将政府债券的收益率视为无风险收益率，其他证券的收益率均高于政府债券。

(二) 利率的期限结构

利率期限结构是指利率的大小和期限的关系，通常用收益曲线来反映期限与收益率的对应关系。一般情况下，长期利率高于短期利率，期限越长，利率越高。如国库券与长期政府债券的收益率就取决于到期日，到期日越长，收益率就越高。在大多数情况下，利率水平是随着到期日的长短而提高或下降，因此收益曲线是一条向上倾斜的曲线。期限收益曲线 A 的利率期限结构斜率向上，如图 1－2 所示。

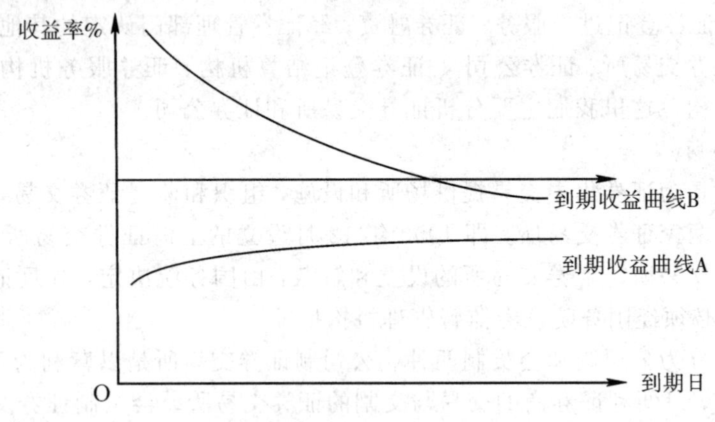

图 1－2 期限与收益率曲线

到期日较长的证券风险较大，这种风险依赖于预期的通货膨胀，因此如果其他条件相同，投资者要求以有较高的利率补偿承担的额外风险，这就是期限结构形成向上倾斜的基本思想。

有时利率期限结构也有向下倾斜的，如图 1－2 中期限收益曲线 B，这是一种少见的结构图。

投资者在提供资金的时候除关注上述两部分收益外，还关心他们的本金和收益是否安全收到。这方面不确定性越大(即风险越大)的金融工具，必须向投资者支付较高的收益率，投资者才肯购买，风险溢价是指收益率高于基本利率和通胀溢价的那部分收益。由于公司债券的风险比国债高，股票风险比公司债券高，所以，公司债券的收益率都高于国债收益率，股票收益率都高于公司债券的收益率。对于期限相同的金融工具，收益率中所包含的基本利率和通胀溢价部分都是相同的，差别只是在风险溢价上。

本章小结

(1) 对于公司概念的学习是学习公司理财学的起点，公司理财就是围绕融资、投资、资金运营和利润分配来进行的。

(2) 公司的目标就是实现公司价值最大化，公司理财的目标函数也与公司目标一致。

(3) 代理问题是由代理关系产生的，主要的代理问题是由所有者和经营管理者利益目标不一致而产生的代理问题以及债权人和股东利益冲突所产生的代理问题。有效的公司治理结构可以降低委托代理问题所带来的代理成本。

(4) 公司在财务运作中必须考虑税收因素和金融环境带来的影响。

重要概念：

公司理财　公司财务活动　筹资　投资　资金营运　有限责任公司　股份有限公司　公司价值最大化　公司治理结构　委托代理理论　税蔽　金融市场　利率

练　习　题

1. 企业有哪些财务活动及财务关系？
2. 企业有哪几种组织形式？分述其各自特点。
3. 企业管理目标有哪些？
4. 公司治理的基本原则是什么？公司治理结构的分类有哪些？
5. 企业为何会产生代理问题？试从以下两个代理问题来说明：

(1) 股东和经营者的委托代理问题。

(2) 债权人与股东之间的委托代理问题。

6. 金融市场有哪些分类？
7. 金融市场的功能有哪些？
8. 金融中介机构有哪些？
9. 利率水平是怎样确定的呢？

案例

雷曼兄弟破产对公司理财目标选择的启示

2008 年 9 月 15 日，拥有 158 年悠久历史的美国第四大投资银行——雷曼兄弟(Lehman Brothers)公司正式申请依据以重建为前提的美国联邦破产法第 11 章所规定的程序破产，即所谓破产保护。雷曼兄弟公司，作为曾经在美国金融界中叱咤风云的巨人，在此次爆发的金融危机中也无奈破产，这不仅与过度的金融创新和乏力的金融监管等外部环境有关，也与雷曼公司本身的理财目标有着某种内在的联系。本文将从公司内部理财的角度深入剖析雷曼兄弟公司破产的原因。

一、股东财富最大化：雷曼兄弟理财目标的现实选择

雷曼兄弟公司正式成立于1850 年，在成立初期，公司主要从事利润比较丰厚的棉花等

商品的贸易，公司性质为家族企业，且规模相对较小，其理财目标自然是利润最大化。在雷曼兄弟公司从经营干洗、兼营小件寄存的小店逐渐转型为金融投资公司的同时，公司的性质也从一个地道的家族企业逐渐成长为在美国乃至世界都声名显赫的上市公司。由于公司性质的变化，其理财目标也随之由利润最大化转变为股东财富最大化。其原因至少有：① 美国是一个市场经济比较成熟的国家，建立了完善的市场经济制度和资本市场体系，因此，以股东财富最大化为理财目标能够获得更好的企业外部环境支持；② 与利润最大化的理财目标相比，股东财富最大化考虑了不确定性、时间价值和股东资金的成本，无疑更为科学和合理；③ 与企业价值最大化的理财目标相比，股东财富最大化可以直接通过资本市场股价来确定，比较容易量化，操作上显得更为便捷。因此，从某种意义上讲，股东财富最大化是雷曼兄弟公司理财目标的现实选择。

二、雷曼兄弟破产的内在原因——股东财富最大化

股东财富最大化是通过财务上的合理经营，为股东带来最多的财富。当雷曼兄弟公司选择股东财富最大化为其理财目标之后，公司迅速从一个名不见经传的小店发展成闻名于世的华尔街金融巨头，但同时由于股东财富最大化的理财目标利益主体单一(仅强调了股东的利益)、适用范围狭窄(仅适用于上市公司)、目标导向错位(仅关注现实的股价)等原因，雷曼兄弟最终也无法在此次百年一遇的金融危机中幸免于难。股东财富最大化对于雷曼兄弟公司来说，颇有成也萧何，败也萧何的意味。

(1) 股东财富最大化过度追求利润而忽视经营风险控制是雷曼兄弟破产的直接原因。

在利润最大化的理财目标指引之下，雷曼兄弟公司开始转型经营美国当时最有利可图的大宗商品期货交易，其后，公司又开始涉足股票承销、证券交易、金融投资等业务。1899 年至 1906 年的七年间，雷曼兄弟公司从一个金融门外汉成长为纽约当时最有影响力的股票承销商之一。其每一次业务转型都是资本追逐利润的结果，然而，由于公司在过度追求利润的同时忽视了对经营风险的控制，从而最终为其破产埋下了伏笔。雷曼兄弟公司破产的原因，从表面上看是美国过度的金融创新和乏力的金融监管所导致的全球性的金融危机，但从实质上看，则是由于公司一味地追求股东财富最大化，而忽视了对经营风险进行有效控制的结果。对合成担保债务凭证(CDO)和信用违约互换(CDS)市场的深度参与，而忽视了信用违约互换市场相当于 4 倍美国 GDP 的巨大风险，是雷曼轰然倒塌的直接原因。

(2) 股东财富最大化过多关注股价而使其偏离了经营重心是雷曼兄弟破产的推进剂。

股东财富最大化认为，股东是企业的所有者，其创办企业的目的是扩大财富，因此企业的发展理所当然应该追求股东财富最大化。在股份制经济条件下，股东财富由其所拥有的股票数量和股票市场价格两方面决定，而在股票数量一定的前提下，股东财富最大化就表现为股票价格最高化，即当股票价格达到最高时，股东财富达到最大。为了使本公司的股票在一个比较高的价位上运行，雷曼兄弟公司自 2000 年始连续七年将公司税后利润的 92%用于购买自己的股票，此举虽然对抬高公司的股价有所帮助，但同时也减少了公司的现金持有量，降低了其应对风险的能力。另外，将税后利润的 92%全部用于购买自己公司而不是其他公司的股票，无疑是选择了“把鸡蛋放在同一个篮子里”的投资决策，不利于分散公司的投资风险；过多关注公司股价短期的涨和跌，也必将使公司在实务经营上的精力投入不足，经营重心发生偏移，使股价失去高位运行的经济基础。因此，股东财富最大化

过多关注股价而使公司偏离了经营重心是雷曼兄弟公司破产的推进剂。

(3) 股东财富最大化仅强调股东的利益而忽视其他利益相关者的利益是雷曼兄弟破产的内在原因。

雷曼兄弟自1984年上市以来，公司的所有权和经营权实现了分离，所有者与经营者之间形成委托代理关系。同时，在公司中形成了股东阶层(所有者)与职业经理阶层(经营者)。股东委托职业经理人代为经营企业，其理财目标是为达到股东财富最大化，并通过会计报表获取相关信息，了解受托者的受托责任履行情况以及理财目标的实现程度。上市之后的雷曼兄弟公司，实现了14年连续盈利的显著经营业绩和10年间高达1103%的股东回报率。然而，现代企业是多种契约关系的集合体，不仅包括股东，还包括债权人、经理层、职工、顾客、政府等利益主体。股东财富最大化片面强调了股东利益的至上性，而忽视了其他利益相关者的利益，导致雷曼兄弟公司内部各利益主体的矛盾冲突频繁爆发，公司员工的积极性不高，虽然其员工持股比例高达37%，但主人翁意识淡薄。另外，雷曼兄弟公司选择股东财富最大化，导致公司过多关注股东利益，而忽视了一些公司应该承担的社会责任，加剧了其与社会之间的矛盾，也是雷曼兄弟破产的原因之一。

(4) 股东财富最大化仅适用于上市公司是雷曼兄弟破产的又一原因。

为了提高集团公司的整体竞争力，1993年，雷曼兄弟公司进行了战略重组，改革了管理体制。和中国大多企业上市一样，雷曼兄弟的母公司(美国运通公司)为了支持其上市，将有盈利能力的优质资产剥离后注入上市公司，而将大量不良资产甚至可以说是包袱留给了集团公司，在业务上实行核心业务和非核心业务分开，上市公司和非上市公司分立运行。这种上市方式注定了其上市之后无论是在内部公司治理，还是外部市场运作，都无法彻底地与集团公司保持独立。因此，在考核和评价其业绩时，必须站在整个集团公司的高度，而不能仅从上市公司这一个子公司甚至是孙公司的角度来分析和评价其财务状况和经营成果。由于只有上市公司才有股价，因此股东财富最大化的理财目标只适用于上市公司，而集团公司中的母公司及其他子公司并没有上市，因而，股东财富最大化理财目标也无法引导整个集团公司进行正确的财务决策，还可能导致集团公司中非上市公司的理财目标缺失，理财活动混乱等事件。因此，股东财富最大化仅适用于上市公司是雷曼兄弟破产的又一原因。

请思考：

1. 根据案例分析公司理财目标的重要性。
2. 企业理财目标应该如何选择？
3. 雷曼兄弟破产对我国的企业有哪些启示？

第二章 财务报表分析

学习目标

1. 掌握财务报表的类型和具体内容
2. 掌握财务比率的计算方法
3. 掌握对于企业偿债能力、营运能力、盈利能力和市价价值的分析
4. 熟悉财务业绩的评价方法

引例

2001年，中央财经大学副教授刘姝威应编辑之约撰写一本名为《上市公司虚假会计报表识别技术》的书，需要选取上市公司作为案例进行研究，刘姝威说："我完全是在一个偶然的情况下选到了蓝田。对其分析研究所依据的材料是从蓝田股份的招股说明书到2001年中期财务报告的全部公司公开材料，其中并没有一点内部资料。"经过研究，刘姝威发现，蓝田有一个奇怪的财务组合。无论是按渔业还是食品饮料业，公司水产品收入异常高于渔业同行业平均水平，而短期偿债能力在两个行业同业企业中又都是最低的。从蓝田的资产结构来看，从1997开始，其资产拼命往上涨，与之相对应的流动资产却逐年下降，这说明其整个资产规模是由固定资产来带动的，公司在产品占存货百分比和固定资产占资产百分比异常高于同业平均水平。刘姝威说，这些对银行来说，并不是一个好现象。根据分析，她研究推理：蓝田股份的偿债能力越来越恶化；扣除各项成本和费用后，蓝田股份没有净收入来源；蓝田股份不能创造足够的现金流量以便维持正常经营活动和保证按时偿还银行贷款的本金和利息，银行应该立即停止对蓝田股份发放贷款。对蓝田股份得出这种结论，刘姝威说自己并没有用过于复杂的分析方法，所用方法是国际通用的基本的分析方法，都是最基础的。这些基本分析方法主要包括静态分析、趋势分析和同业比较，还包括一些财务比率，她只用了最基本的20个比率。比如流动比率、速动比率、现金负债比率等。

第一节 财务报表概述

财务报表是企业、单位会计部门在日常会计核算的基础上定期编制的、综合反映财务状况和经营成果的书面文件。一个企业日常发生的会计事项，基本上反映了企业在一定时期的财务状况和经营成果。但这些会计记录比较分散，不能集中概括地说明企业经济活动的总面貌。会计报表就是为企业的管理者、决策者、股东以及财政、银行、信贷等机构提供必要的财务资料，为现在和潜在的投资者、债权人提供有用的信息，以便帮助他们做出合理的投资和信贷决策。

财务报表按反映的经济内容一般分为资产负债表、利润表、现金流量表和股东权益变动表。为了便于本章节说明财务比率的计算和分析方法，本章将使用AE股份有限公司

(以下简称“AE 公司”)的财务报表数据作为案例。该公司的利润表、资产负债表、现金流量表和股东权益变动表如表 2-1、表 2-2、表 2-3 和表 2-4 所示。为计算简便，这些数据是人为假设的。

1. 利润表

利润表是反映企业一定会计期间(如月度、季度、半年度或年度)生产经营成果的会计报表，所以又称为动态报表。企业一定会计期间的经营成果既可能表现为盈利，也可能表现为亏损，因此，利润表也被称为损益表。它全面揭示了企业在某一特定时期实现的各种收入、发生的各种费用、成本或支出以及企业实现的利润或发生的亏损情况。

表 2-1　利润表

编制单位：AE 公司　　　　2013 年度　　　　万元

项　目	本年金额	上年金额
一、营业收入	3000	2850
减：营业成本	2644	2503
营业税金及附加	28	28
销售费用	22	20
管理费用	46	40
财务费用	110	96
资产减值损失	0	0
加：公允价值变动收益	0	0
投资收益	6	0
二、营业利润	156	163
加：营业外收入	45	72
减：营业外支出	1	0
三、利润总额	200	235
减：所得税费用	64	75
四、净利润	136	160

2. 资产负债表

资产负债表是反映企业在某一特定日期(如月末、季末、年末)全部资产、负债和所有者权益情况的会计报表，是企业经营活动的静态体现，根据“资产＝负债＋所有者权益”这一平衡公式，依照一定的分类标准和一定的次序，将某一特定日期的资产、负债、所有者权益的具体项目予以适当的排列编制而成。它表明企业在某一特定日期所拥有或控制的经济资源、所承担的现有义务和所有者对净资产的要求权。它是一张揭示企业在一定时点财务状况的静态报表。资产负债表利用会计平衡原则，将合乎会计原则的资产、负债、股东权益交易科目分为“资产”和“负债及股东权益”两大区块，在经过分录、转账、分类账、试算、调整等等会计程序后，以特定日期的静态企业情况为基准，浓缩成一张报表。其报表功用除了用于企业内部除错、经营方向、防止弊端外，也可让所有阅读者于最短时间了解企业经营状况。

表 2－2　资产负债表

编制单位：AE 公司　　　　2013 年 12 月 31 日　　　　万元

资　产	年末余额	年初余额	负债及股东权益	年末余额	年初余额
流动资产：			流动负债：		
货币资金	50	25	短期借款	60	45
交易性金融资产	6	12	交易性金融负债	0	0
应收票据	8	11	应付票据	5	4
应收账款	398	199	应付账款	100	109
预付账款	22	4	预收账款	10	4
应收股利	0	0	应付职工薪酬	2	1
应收利息	0	0	应交税费	5	4
其他应收款	12	22	应付利息	12	16
存货	119	326	应付股利	28	10
待摊费用(无)	32	7	其他应付款	14	13
一年内到期的非流动资产	45	4	预提费用	9	5
其他流动资产	8	0	预计负债	2	4
流动资产合计	700	610	一年内到期的非流动负债	50	0
			其他流动负债	3	5
			流动负债合计	300	220
			非流动负债：		
非流动资产：			长期借款	450	245
可供出售金融资产	0	45	应付债券	240	260
持有至到期投资	0	0	长期应付款	50	60
长期股权投资	30	0	专项应付款	0	0
长期应收款	0	0	递延所得税负债	0	0
固定资产	1238	955	其他非流动负债	0	15
在建工程	18	35	非流动负债合计	740	580
固定资产清理	0	12	负债合计	1040	800
无形资产	6	8	股东权益：		
开发支出	0	0	股本	100	100
商誉	0	0	资本公积	10	10
长期待摊费用	5	15	盈余公积	60	40
递延所得税资产	0	0	未分配利润	790	730
其他非流动资产	3	0	减：库存股	0	0
非流动资产合计	1300	1070	股东权益合计	960	880
资产总计	2000	1680	负债及股东权益总计	2000	1680

3. 现金流量表

现金流量表是财务报表的三个基本报表之一，所表达的是在一固定期间(通常是每月或每季)内，一家机构的现金(包含银行存款)的增减变动情形。现金流量表的出现，主要是要反映出资产负债表中各个项目对现金流量的影响，并根据其用途划分为经营、投资及融资三个活动分类。现金流量表可用于分析一家机构在短期内有没有足够现金去应付开销。

表 2-3　现金流量表

编制单位：AE 公司　　　　2013 年度　　　　万元

项　目	金　额
一、经营活动产生的现金流量：	
销售商品、提供劳务收到的现金	2810
收到的税费返还	0
收到其他与经营活动有关的现金	10
经营活动现金流入小计	2820
购买商品、接受劳务支付的现金	2363
支付给职工以及为职工支付的现金	29
支付的各项税费	91
支付其他与经营活动有关的现金支出	14
经营活动现金流出小计	2497
经营活动产生的现金流量净额	323
二、投资活动产生的现金流量：	
收回投资收到的现金	4
取得投资收益收到的现金	6
处置固定资产、无形资产和其他长期资产收回的现金净额	12
处置子公司及其他营业单位收到的现金净额	0
收到其他与投资活动有关的现金	0
投资活动现金流入小计	22
购置固定资产、无形资产和其他长期资产支付的现金	369
投资支付的现金	30
支付其他与投资活动有关的现金	0
投资活动现金流出小计	399
投资活动产生的现金流量净额	－377
三、筹资活动产生的现金流量：	
吸收投资收到的现金	0
取得借款收到的现金	270
收到其他与筹资活动有关的现金	0
筹资活动现金流入小计	270
偿还债务支付的现金	20
分配股利、利润或偿付利息支付的现金	152
支付其他与筹资活动有关的现金	25

续表

项　目	金　额
筹资活动现金流出小计	197
筹资活动产生的现金流量净额	73
四、汇率变动对现金及现金等价物的影响	0
五、现金及现金等价物净增加额	19
加：期初现金及现金等价物余额	37
六、期末现金及现金等价物余额	56
补充资料	
1.将净利润调节为经营活动现金流量：	
净利润	136
加：资产减值准备	0
固定资产折旧、油气资产折耗、生产性生物资产折旧	100
无形资产摊销	2
长期待摊费用摊销	－11
处置固定资产、无形资产和其他长期资产的损失(收益以“－”号填列)	0
固定资产报废损失(收益以“－”号填列)	0
公允价值变动损失(收益以“－”号填列)	0
财务费用(收益以“－”号填列)	110
投资损失(收益以“－”号填列)	－6
递延所得税资产减少(增加以“－”号填列)	0
递延所得税负债增加(减少以“－”号填列)	0
存货的减少(增加以“－”号填列)	207
经营性应收项目的减少(增加以“－”号填列)	－212
经营性应付项目的增加(减少以“－”号填列)	－3
经营活动产生的现金流量净额	323
2.不涉及现金收支的投资和筹资活动：	
债务转为资本	0
一年内到期的可转换公司债券	0
融资租入固定资产	0
3.现金及现金等价物净增加情况：	
现金的期末余额	56
减：现金的期初余额	37
加：现金等价物的期末余额	0
减：现金等价物的期初余额	0
现金及现金等价物净增加额	19
其他	0

4. 股东权益变动表

股东权益变动表解释在某一特定时间内，股东权益如何因企业经营的盈亏及现金股利的发放而发生的变化。它是反映管理阶层是否公平对待股东的最重要的信息。股东权益变动表包括在年度会计报表中，是资产负债表的附表。

股东权益变动表全面反映了企业的股东权益在年度内的变化情况，便于会计信息使用者深入分析企业股东权益的增减变化情况，并进而对企业的资本保值增值情况作出正确判断，从而提供对决策有用的信息。

表 2-4　股东权益变动表

编制单位：AE 公司　　　　2013 年度　　　　万元

项　目	本年金额						上年金额
	股本	资本公积	减：库存股	盈余公积	未分配利润	股东权益合计	（略）
一、上年年末余额	100	10		40	730	880	
加：会计政策变更							
前期差错更正							
二、本年年初余额	100	10		40	730	880	
三、本年增减变动金额							
（一）净利润					136	136	
（二）其他综合收益							
（一）和（二）小计					136	136	
（三）股东投入和减少资本							
1. 股东投入资本							
2. 股份支付计入股东权益的金额							
3. 其他							
（四）利润分配							
1. 提取盈余公积				60	−60	0	
2. 对股东的分配					−56	−56	
3. 其他							
（五）股东权益的内部结转							
1. 资本公积转增股本							
2. 盈余公积转增股本							
3. 盈余公积弥补亏损							
4. 其他							
四、本年年末余额	100	10	0	100	750	900	

第二节 财务比率分析

财务报表中有大量的数据，可以组成许多有意义的财务比率。这些比率涉及企业经营管理的各个方面。这些财务比率大体上可以分为四类：偿债能力比率、营运能力比率、盈利能力比率和市价比率。

一、偿债能力

由于债务按到期时间分为短期债务和长期债务，所以偿债能力比率分析也分为短期偿债能力分析和长期偿债能力分析两部分。

（一）短期偿债能力

1. 短期债务与可偿债资产的存量比较

企业短期债务的存量，是资产负债表中列出的各项流动负债年末余额。可以用来偿还这些债务的资产，是资产负债表中列示的流动资产年末余额。流动负债需要在一年内用现金偿还，流动资产将在一年内变成现金，因此两者的比较可以反映短期偿债能力。

流动资产与流动负债的存量比较有两种方法：一种是差额比较，两者相减的差额为营运资本；另一种是比率比较，两者相除的比率成为短期债务存量比率。

（1）营运资本。营运资本是指流动资产超过流动负债的部分，其计算公式如下：

营运资本＝流动资产－流动负债

根据 AE 财务报表数据：

本年营运资本＝700－300＝400(万元)，上年营运资本＝610－220＝390(万元)

计算营运资本使用的“流动资产”和“流动负债”，通常可以直接取自资产负债表。实际上资产负债表的基本结构，是按债权人的要求设计的。正是为了便于计算营运资本和分析其流动性，资产负债表项目才区分为流动项目和非流动项目，并且按流动性强弱排序。

如果流动资产与流动负债相等，由于债务的到期与流动资产的现金生成不可能同步同量，因此不足以保证偿债。企业必须保持流动资产大于流动负债，即保有一定数额的营运资本作为缓冲，以防止流动负债“穿透”流动资产。AE 公司现存 300 万元流动负债的具体到期时间不易判断，现存 700 万元的流动资产生成现金的数额和时间也不好预测。营运资本中 400 万元是流动负债“穿透”流动资产的“缓冲垫”。因此，营运资本越多，流动负债的偿还越有保障，短期偿债能力越强。

营运资本之所以能够成为流动负债的“缓冲垫”，是因为它是长期资本用于流动资产的部分，不需要在一年内偿还。

营运资本＝流动资产－流动负债

＝(总资产－非流动资产)－[总资产－股东权益－非流动负债]

＝(股东权益＋非流动负债)－非流动资产

＝长期资本－长期资产

根据 AE 公司的财务报表数据：

本年营运资本＝(960＋740)－1300＝1700－1300＝400(万元)

上年营运资本＝(880＋580)－1070＝1460－1070＝390(万元)

当流动资产大于流动负债时，营运资本为正数，表明长期资本的数额大于长期资产，超出部分被用于流动资产。营运资本的数额越大，财务状况越稳定。简而言之，全部流动资产都由营运资本提供资金来源，则企业没有任何偿债压力。

当流动资产小于流动负债时，营运资本为负数，表明长期资本小于长期资产，有部分长期资产由流动负债提供资金来源。由于流动负债在 1 年内需要偿还，而长期资产在 1 年内不能变现，偿债所需现金不足，必须设法另外筹资，否则财务状况会不稳定。

营运资本的比较分析，主要是与本企业上年数据的比较，通常称之为变动分析。AE 公司本年和上年营运资本的比较数据，如表 2－5 所示。

表 2－5　营运资本比较表

项　目	本　年		上　年		增　长		
	金额/万元	结构(%)	金额/万元	结构(%)	金额/万元	增长(%)	结构(%)
流动资产	700	100	610	100	90	15	100
流动负债	300	43	220	36	80	36	89
营运资本	400	57	390	64	10	2.6	11
长期资产	1300		1070		1230		
长期资本	1700		1460		240		

从表 2－5 的数据可以看出：

① 上年流动资产 610 万元，流动负债 220 万元，营运资本为 390 万元。从相对数看，营运资本的配置比率为 64%(营运资本/流动资产)，流动负债提供流动资产所需资金的 36%，即 1 元流动资产需要偿还 0.36 元的债务。

② 木年流动资产 700 万元，流动负债 300 万元，营运资本 400 万元。从相对数来看，营运资本的配置比率为 57%，1 元流动资产需要偿还 0.43 元的债务，偿债能力比上年降低了。

③ 本年与上年相比，流动资产增加 90 万元(增长 15%)，流动负债增加 80 万元(增长 36%)，营运资本增加 10 万元(增长 2.6%)。营运资本的绝对数增加，似乎“缓冲垫”增厚了，但由于流动负债的增加超过流动资产，使得债务的“穿透力”增加了，即偿债能力降低了。新增流动资产 90 万元没有保持上年配置 64%营运资本的比例，只配置了 11%，其余的 89%都靠增加流动负债解决。可见，由于营运资本政策改变使本年的短期偿债能力降低了。

营运资本是绝对数，不便用于不同企业之间比较。例如，A 公司的营运资本为 200 万元(流动资产 300 万元，流动负债 100 万元)，B 公司的营运资本与 A 相同，也是 200 万元(流动资产 1200 万元，流动负债 1000 万元)。但是，它们的偿债能力显然不同。因此，在实际使用中很少直接使用营运资本作为偿债能力的指标。营运资本的合理性主要通过流动性存量比率来评价。

(2) 短期债务的存量比率。短期债务的存量比率包括流动比率、速动比率和现金比率。

① 流动比率。流动比率是全部流动资产与流动负债的比值。其计算公式如下：

$$流动比率=\frac{流动资产}{流动负债}$$

根据 AE 公司的财务报表数据：

$$本年流动比率=\frac{700}{300}=2.33$$

$$上年流动比率=\frac{610}{220}=2.77$$

流动比率假设全部流动资产都可以用于偿还短期债务，表明每 1 元流动负债有多少流动资产作为偿债的保障。AE 公司的流动比率降低了 0.44(2.77－2.33)，即为每 1 元流动负债提供的流动资产保障减少了 0.44 元。

流动比率和营运资本配置比率所反映的偿债能力是相同的，它们可以互相换算：

$$流动比率=\frac{1}{1-营运资本/流动资产}$$

根据 AE 公司的财务报表数据：

$$本年流动比率=\frac{1}{1-57\%}=2.33$$

流动比率是相对数，排除了企业规模不同的影响，更适合同业比较以及本企业不同历史时期的比较。流动比率的计算简单，得到广泛应用。

不存在统一的、标准的流动比率数值。不同行业的流动比率，通常有明显差别。营业周期越短的行业，合理的流动比率越低。过去很长时期，人们认为生产型企业合理的最低流动比率是 2。这是因为流动资产中变现能力最差的存货金额约占流动资产总额的一半，剩下的流动性较好的流动资产至少要等于流动负债，才能保证企业最低的短期偿债能力。这种认识一直未能从理论上证明。最近几十年，企业的经营方式和金融环境发生很大变化，流动比率有降低的趋势，许多成功企业的流动比率都低于 2。

如果流动比率比上年发生较大变动，或与行业平均值出现重大偏离，就应对构成流动比率的流动资产和流动负债各项目逐一进行分析，寻找形成差异的原因。为了考察流动资产的变现能力，有时还需要分析其周转率。

流动比率有某些局限性，在使用时应注意：流动比率假设全部流动资产都可以变为现金并用于偿债，全部流动负债都需要还清。实际上，有些流动资产的账面金额与变现金额有较大差异，如产成品等；经营性流动资产是企业持续经营所必需的，不能全部用于偿债；经营性应付项目可以滚动存续，无需动用现金全部结清。因此，流动比率是对短期偿债能力的粗略估计。

② 速动比率。构成流动资产的各个项目的流动性有很大差别。其中的货币资金、交易性金融资产和各种应收、预付款项等，可以在较短时间内变现，称之为速动资产。另外的流动资产，包括存货、待摊费用、一年内到期的非流动资产及其他流动资产等，称为非速动资产。

非速动资产的变现时间和数量具有较大的不确定性：① 存货的变现速度比应收款项要慢得多；部分存货可能已损失报废还没做处理，或者已抵押给某债权人，不能用于偿债；存货估价有多种方法，可能与变现金额相差悬殊。② 待摊费用不能出售变现。③ 一年内到期的非流动资产和其他流动资产的数额有偶然性，不代表正常的变现能力。因此，将可偿债资产定义为速动资产，计算出来的短期债务存量比率更令人可信。

速动资产与流动负债的比值，称为速动比率，其计算公式为：

$$速动比率=\frac{速动资产}{流动负债}$$

根据 AE 公司的财务报表数据：

$$本年速动比率=\frac{50+6+8+398+22+12}{300}=1.65$$

$$上年速动比率=\frac{25+12+11+199+4+22}{220}=1.24$$

速动比率假设速动资产是可以用于偿债的资产，表明每 1 元流动负债有多少速动资产作为偿还保障。AE 公司的速动比率比上年提高了 0.41，说明为每 1 元流动负债提供的速动资产保障增加了 0.41 元。

如同流动比率一样，不同行业的速动比率有很大差别。例如，采用大量现金销售的商店，几乎没有应收账款，速动比率大大低于 1 是很正常的。相反，一些应收账款较多的企业，速动比率可能要大于 1。

影响速动比率可信性的重要因素是应收账款的变现能力。账面上的应收账款不一定都能变成现金，实际坏账可能比计提的准备要多；季节性的变化，可能使报表上的应收账款数额不能反映平均水平。这些情况，外部分析人不易了解，而内部人员却有可能做出估计。

③ 现金比率。速动资产中，流动性最强、可直接用于偿债的资产称为现金资产。现金资产包括货币资金、交易性金融资产等。它们与其他速动资产有区别，其本身就是可以直接偿债的资产，而非速动资产需要等待不确定的时间，才能转换为不确定数额的现金。

现金资产与流动负债的比值称为现金比率，其计算公式如下：

$$现金比率=\frac{货币资金+交易性金融资产}{流动负债}$$

根据 AE 公司的财务报表数据：

$$本年现金比率=\frac{50+6}{300}=0.19$$

$$上年现金比率=\frac{25+12}{220}=0.17$$

现金比率假设现金资产是可偿债资产，表明 1 元流动负债有多少现金资产作为偿还保障。AE 公司的现金比率比上年增加 0.02，说明企业为每 1 元流动负债提供的现金资产保障增加了 0.02 元。

2. 短期债务与现金流量的比较

短期债务的数额是偿债需要的现金流量，经营活动产生的现金流量是可以偿债的现金流量，两者相除称为现金流量比率。其计算公式为：

现金流量比率＝经营现金流量÷流动负债

根据 AE 公司的财务报表数据：

$$现金流量比率(平均负债)=\frac{323}{(300+220)/2}=1.24$$

$$现金流量比率(期末负债)=\frac{323}{300}=1.08$$

公式中的“经营现金流量”，通常使用现金流量表中的“经营活动产生的现金流量净额”。它代表了企业产生现金的能力，已经扣除了经营活动自身所需的现金流出，是可以用来偿债的现金流量。

公式中的“流动负债”，通常使用资产负债表中的“流动负债”的年初与年末的平均数。为了便于计算，也可以使用期末数。

现金流量比率表明每1元流动负债的经营现金流量保障程度。该比率越高，偿债越有保障。

3. 影响短期偿债能力的其他因素

上述短期偿债能力比率，都是根据财务报表中资料计算的。还有一些表外因素也会影响企业的短期偿债能力，甚至影响相当大。财务报表的使用人应尽可能了解这方面的信息，有利于做出正确的判断。

(1) 增强短期偿债能力的因素。增强短期偿债能力的表外因素主要有：

① 可动用的银行贷款指标。银行已同意、企业未办理贷款手续的银行贷款限额，可以随时增加企业的现金，提高支付能力。这一数据不反映在财务报表中，但会在董事会决议中披露。

② 准备很快变现的非流动资产。企业可能有一些长期资产可以随时出售变现，而不出现在“一年内到期的非流动资产”项目中。例如，储备的土地、未开采的采矿权、目前出租的房产等，在企业发生周转困难时，将其出售并不影响企业的持续经营。

③ 偿债能力的声誉。如果企业的信用很好，在短期偿债方面出现暂时困难比较容易筹集到短缺的现金。

(2) 降低短期偿债能力的因素。降低短期偿债能力的表外因素有：

① 与担保有关的或有负债，如果它的数额较大并且可能发生，就应在评价偿债能力时给予关注；

② 经营租赁合同中承诺的付款，很可能是需要偿付的义务；

③ 建造合同、长期资产购置合同中的分阶段付款，也是一种承诺，应视同需要偿还的债务。

（二）长期偿债能力

衡量长期偿债能力的财务比率，可分为存量比率和流量比率两类。

1. 总债务存量比率

从长期来看，所有的债务都要偿还。因此，反映长期偿债能力的存量比率是总债务、总资产和股东权益之间的比例关系。常用比率包括：资产负债率、产权比率、权益乘数和长期资本负债率。

(1) 资产负债率。资产负债率是负债总额占资产总额的百分比，其计算公式如下：

$$资产负债率=\frac{负债}{资产}\times 100\%$$

根据AE公司的财务报表数据：

$$本年资产负债率=\frac{1040}{2000}\times 100\%=52\%$$

$$上年资产负债率=\frac{800}{1680}\times100\%=48\%$$

资产负债率反映总资产中有多大比例是通过负债取得的。它可以衡量企业在清算时保护债权人利益的程度。资产负债率越低，企业偿债越有保证，贷款越安全。资产负债率还代表企业的举债能力。一个企业的资产负债率越低，举债越容易。如果资产负债率高到一定程度，没有人愿意提供贷款了，则表明企业的举债能力已经用尽。

通常，资产在破产拍卖时的售价不到账面价值的50%，因此资产负债率高于50%则债权人的利益就缺乏保障。各类资产变现能力有显著区别，房地产变现的价值损失小，专用设备则难以变现。不同企业的资产负债率不同，与其持有的资产类别有关。

(2) 产权比率和权益乘数。产权比率和权益乘数是资产负债率的另外两种表现形式，它和资产负债率的性质一样，其计算公式如下：

$$产权比率=\frac{负债总额}{股东权益}$$

$$权益乘数=\frac{总资产}{股东权益}\left(=1+产权比率=\frac{1}{1-资产负债率}\right)$$

产权比率表明1元股东权益借入的债务数额。权益乘数表明1元股东权益拥有的总资产。它们是两种常用的财务杠杆计量，可以反映特定情况下资产利润率和权益利润率之间的倍数关系。财务杠杆表明债务的多少，与偿债能力有关，并且可以表明权益净利率的风险，也与盈利能力有关。

(3) 长期资本负债率。长期资本负债率是指非流动负债占长期资本的百分比，其计算公式如下：

$$长期资本负债率=[非流动负债\div(非流动负债+股东权益)]\times100\%$$

根据AE公司的财务报表数据：

$$本年长期资本负债率=\frac{740}{740+960}\times100\%=44\%$$

$$上年长期资本负债率=\frac{580}{580+880)}\times100\%=40\%$$

长期资本负债率反映企业长期资本的结构。由于流动负债的数额经常变化，资本结构管理大多使用长期资本结构。

2. 总债务流量比率

(1) 利息保障倍数。利息保障倍数是指息税前利润为利息费用的倍数。其计算公式如下：

$$利息保障倍数=\frac{息税前利润}{利息费用}$$

$$=\frac{净利润+利息费用+所得税费用}{利息费用}$$

根据AE公司的财务报表数据：

$$本年利息保障倍数=\frac{136+110+64}{110}=2.82$$

$$上年利息保障倍数=\frac{160+96+75}{96}=3.45$$

通常，可以用财务费用的数额作为利息费用，也可以根据报表附注资料确定更准确的利息费用数额。

长期债务不需要每年还本，却需要每年付息。利息保障倍数表明1元债务利息有多少倍的息税前收益作保障，它可以反映债务政策的风险大小。如果企业一直保持按时付息的信誉，则长期负债可以延续，举借新债也比较容易。利息保障倍数越大，利息支付越有保障。如果利息支付尚且缺乏保障，归还本金就很难指望。因此，利息保障倍数可以反映长期偿债能力。

如果利息保障倍数小于1，表明自身产生的经营收益不能支持现有的债务规模。利息保障倍数等于1也是很危险的，因为息税前利润受经营风险的影响，是不稳定的，而利息的支付却是固定数额。利息保障倍数越大，公司拥有偿还利息的缓冲资金越多。

(2) 现金流量利息保障倍数。现金流量利息保障倍数，是指经营现金流量是利息费用的倍数。其计算公式如下：

$$现金流量利息保障倍数=\frac{经营现金流量}{利息费用}$$

根据AE公司的财务报表数据：

$$本年现金流量利息保障倍数=\frac{323}{110}=2.94$$

现金流量利息保障倍数表明，1元的利息费用有多少倍的经营现金流量作保障。它比收益基础的利息保障倍数更可靠，因为实际用以支付利息的是现金，而不是收益。

(3) 现金流量与债务比。现金流量与债务比，是指经营活动所产生的现金净流量与债务总额的比率。其计算公式为

$$经营现金流量与债务比=\frac{经营现金流量}{债务总额}\times 100\%$$

根据AE公司的财务报表数据：

$$本年经营现金流量与期末债务比=\frac{323}{1040}\times 100\%=31\%$$

公式中的“债务总额”，一般情况下使用年末和年初的加权平均数。为了便于计算，也可以使用期末数。该比率表明企业用经营现金流量偿付全部债务的能力。比率越高，承担债务总额的能力越强。

有些财务比率的分子和分母，一个是资产负债表的存量数据，另一个是利润表或现金流量表的流量数据。其中，资产负债表数据的使用有三种选择：一是直接使用期末数，好处是简单，缺点是一个时点数据缺乏代表性；二是使用年末和年初的平均数，两个时点数据平均后代表性增强，但也增加了工作量；三是使用各月的平均数，好处是代表性明显增强，缺点是工作量更大并且外部分析人不一定能得到各月的数据。为了简便，本章后面遇到类似情况，将使用资产负债表的期末数，但它不如平均数更合理。

3. 影响长期偿债能力的其他因素

上述衡量长期偿债能力的财务比率是根据财务报表数据计算的，还有一些表外因素影响企业的长期偿债能力，必须引起足够的重视。

(1) 长期租赁。当企业急需某种设备或厂房而又缺乏足够的资金时，可以通过租赁的方式解决。财产租赁的形式包括融资租赁和经营租赁。融资租赁形成的负债大多会反映于

资产负债表，而经营租赁则没有反映于资产负债表。当企业的经营租赁量比较大、期限比较长或具有经常性时，就形成了一种长期性筹资，这种长期性筹资，到期时必须支付租金，会对企业的偿债能力产生影响。因此，如果企业经常发生经营租赁业务，应考虑租赁费用对偿债能力的影响。

(2) 债务担保。担保项目的时间长短不一，有的涉及企业的长期负债，有的涉及企业的流动负债，在分析企业长期偿债能力时，应根据有关资料判断担保责任带来的潜在长期负债问题。

(3) 未决诉讼。未决诉讼一旦判决败诉，便会影响企业的偿债能力，因此在评价企业长期偿债能力时要考虑其潜在影响。

二、营运能力

营运能力是指企业的经营运行能力，即企业运用各项资产以赚取利润的能力。营运能力分析比率是衡量公司资产管理效率的财务比率，也称资产管理比率。常用的有：应收账款周转率、存货周转率、流动资产周转率、非流动资产周转率、总资产周转率和营运资本周转率等。

(一) 应收账款周转率

应收账款周转率是应收账款与销售收入的比率。它有三种表示形式：应收账款周转次数、应收账款周转天数和应收账款与收入比。其计算公式如下：

$$应收账款周转次数=\frac{销售收入}{应收账款}$$

$$应收账款周转天数=\frac{365}{销售收入/应收账款}$$

$$应收账款与收入比=\frac{应收账款}{销售收入}$$

根据 AE 公司的财务报表数据：

$$本年应收账款周转天数=\frac{365}{3000/398}=48.4(天)$$

$$上年应收账款周转天数=\frac{365}{2850/199}=25.5(天)$$

应收账款周转次数，表明应收账款一年中周转的次数，或者说明 1 元应收账款所支持的销售收入。应收账款周转天数，也称为应收账款的收现期，表明从销售开始到回收现金平均需要的天数。应收账款与收入比，可以表明 1 元销售收入需要的应收账款投资。

在计算和使用应收账款周转率时应注意以下问题：

(1) 销售收入的赊销比例问题。从理论上说应收账款是赊销引起的，其对应的流量是赊销额，而非全部销售收入。因此，计算时应使用赊销额取代销售收入。但是，外部分析人无法取得赊销的数据，只好直接使用销售收入计算。实际上相当于假设现金销售是收现时间等于零的应收账款。只要现金销售与赊销的比例是稳定的，不妨碍与上期数据的可比性，只是一贯高估了周转次数。问题是与其他企业比较时，不知道可比企业的赊销比例，也就无从知道应收账款是否可比。

(2) 应收账款年末余额的可靠性问题。应收账款是特定时点的存量，容易受季节性、偶然性和人为因素影响。在应收账款周转率用于业绩评价时，最好使用多个时点的平均数，以减少这些因素的影响。

(3) 应收账款的减值准备问题。财务报表上列示的应收账款是已经提取减值准备后的净额，而销售收入并没有相应减少。其结果是，提取的减值准备越多，应收账款周转天数越少。这种周转天数的减少不是好的业绩，反而说明应收账款管理欠佳。如果减值准备的数额较大，就应进行调整，使用未提取坏账准备的应收账款计算周转天数。报表附注中应披露应收账款减值的信息，可作为调整的依据。

(4) 应收票据是否计入应收账款周转率。大部分应收票据是销售形成的。只不过是应收账款的另一种形式，应将其纳入应收账款周转天数的计算，称为“应收账款及应收票据周转天数”。

(5) 应收账款周转天数是否越少越好。应收账款是赊销引起的，如果赊销有可能比现金销售更有利，周转天数就不会越少越好。收现时间的长短与企业的信用政策有关。例如，甲企业的应收账款周转天数是 18 天，信用期是 20 天；乙企业的应收账款周转天数是 15 天，信用期是 10 天。尽管前者周转天数较多但是其收款业绩优于后者。改变信用政策，通常会引起企业应收账款周转天数的变化。信用政策的评价涉及多种因素，不能仅仅考虑周转天数的缩短。

(6) 应收账款分析应与销售额分析、现金分析联系起来。应收账款的起点是销售，终点是现金。正常的情况是销售增加引起应收账款增加，现金的存量和经营现金流量也会随之增加。如果一个企业应收账款日益增加，而销售和现金日益减少，则可能是销售出了比较严重的问题，促使放宽信用政策，甚至随意发货，而现金收不回来。

总之，应当深入到应收账款的内部，并且要注意应收账款与其他问题的联系，才能正确评价应收账款周转率。

(二) 存货周转率

存货周转率是销售收入与存货的比值。也有三种计量方式，其计算公式如下：

$$\text{存货周转次数}=\frac{\text{销售收入}}{\text{存货}}$$

$$\text{存货周转天数}=\frac{365}{\text{销售收入}/\text{存货}}$$

$$\text{存货与收入比}=\frac{\text{存货}}{\text{销售收入}}$$

根据 AE 公司的财务报表数据：

$$\text{本年存货周转天数}=\frac{365}{3000/119}=14.5(\text{天})$$

$$\text{上年存货周转天数}=\frac{365}{2850/326}=41.8(\text{天})$$

在计算和使用存货周转率时，应注意以下问题：

(1) 计算存货周转率时，是使用“销售收入”还是“销售成本”作为周转额，要看分析的目的。在短期偿债能力分析中，为了评估资产的变现能力需要计量存货转换为现金的数量和时间，应采用“销售收入”。在分解总资产周转率时，为系统分析各项资产的周转情况并识别主要的影响因素，应统一使用“销售收入”计算周转率。如果是为了评估存货管理的业绩，应当使用“销售成本”计算存货周转率，使其分子和分母保持口径一致。实际上，两种周转率的差额是毛利引起的，用哪一个计算都能达到分析目的。

依 AE 公司的数据，两种计算方法可以转换如下：

$$本年存货(成本)周转次数=\frac{销售成本}{存货}=\frac{2644}{119}=22.22(次)$$

$$本年存货(收入)周转次数\times成本率=25.21\times88.13\%=22.22(次)$$

(2) 存货周转天数不是越低越好。存货过多会浪费资金，存货过少不能满足流转需要，在特定的生产经营条件下存在一个最佳的存货水平，所以存货不是越少越好。

(3) 应注意应付款项、存货和应收账款(或销售)三者之间的关系。一般说来，销售增加会拉动应收账款、存货、应付账款增加，不会引起周转率的明显变化。但是，当企业接受一个大的订单时，先要增加采购，然后依次推动存货和应收账款增加，最后才引起收入上升。因此，在该订单没有实现销售以前，先表现为存货等周转天数增加。这种周转天数增加，没有什么不好。与此相反，预见到销售会萎缩时，先行减少采购，依次会引起存货周转天数等下降，这种周转天数下降不是什么好事，并非资产管理的改善。因此，任何财务分析都以认识经营活动的本来面目为目的，不可根据数据的高低作简单结论。

(4) 应关注构成存货的产成品、自制半成品、原材料在产品和低值易耗品之间的比例关系。各类存货的明细资料以及存货重大变动的解释，在报表附注中应有披露。正常的情况下，它们之间存在某种比例关系。如果产成品大量增加，其他项目减少，很可能是销售不畅，放慢了生产节奏。此时，总的存货金额可能并没有显著变动，甚至尚未引起存货周转率的显著变化。因此，在分析时既要重点关注变化大的项目，也不能完全忽视变化不大的项目，其内部可能隐藏着重要问题。

(三) 流动资产周转率

流动资产周转率是销售收入与流动资产的比值，也有三种计量方式，其计算公式为

$$流动资产周转次数=\frac{销售收入}{流动资产}$$

$$流动资产周转天数=\frac{365}{销售收入/流动资产}$$

$$=\frac{365}{流动资产周转次数}$$

$$流动资产与收入比=\frac{流动资产}{销售收入}$$

根据 AE 公司的财务报表数据：

$$本年流动资产周转天数=\frac{365}{3000/700}=85.2(天)$$

$$上年流动资产周转天数=\frac{365}{2850/610}=78.1(天)$$

流动资产周转次数，表明流动资产一年中周转的次数，或者说是1元流动资产所支持的销售收入。流动资产周转天数表明流动资产周转一次所需要的时间，也就是期末流动资产转换成现金平均所需要的时间。流动资产与收入比，表明1元收入所需要的流动资产投资。

通常，流动资产中应收账款和存货占绝大部分，因此它们的周转状况对流动资产周转具有决定性影响。

（四）非流动资产周转率

非流动资产周转率反映非流动资产的管理效率。分析时主要是针对投资预算和项目管理，分析投资与其竞争战略是否一致，收购和剥离政策是否合理等。

非流动资产周转率是销售收入与非流动资产的比值，也有三种计量方式，其计算公式为

$$非流动资产周转次数=\frac{销售收入}{非流动资产}$$

$$非流动资产周转天数=\frac{365}{销售收入/非流动资产}=\frac{365}{非流动资产周转次数}$$

$$非流动资产与收入比=\frac{非流动资产}{销售收入}$$

根据AE公司的财务报表数据：

$$本年非流动资产周转天数=\frac{365}{3000/1300}=158.2(天)$$

$$上年非流动资产周转天数=\frac{365}{2850/1070}=137(天)$$

（五）总资产周转率

总资产周转率是销售收入与总资产之间的比率。它有三种表示方式：总资产周转次数、总资产周转天数、总资产与收入比。

1. 总资产周转率及其计算

总资产周转次数表示总资产在一年中周转的次数。其计算公式为

$$总资产周转次数=\frac{销售收入}{总资产}$$

例如：AE公司本年总资产周转次数$=\frac{3000}{2000}=1.5$(次)。

在销售利润率不变的条件下，周转的次数越多，形成的利润越多，所以它可以反映盈利能力。它也可以理解为1元资产投资所产生的销售额。产生的销售额越多，说明资产的使用和管理效率越高。习惯上，总资产周转次数又称为总资产周转率。

以时间长度表示的总资产周转率，称为总资产周转天数。其计算公式为

$$总资产周转天数=\frac{365}{销售收入/总资产}=\frac{365}{总资产周转次数}$$

总资产周转天数表示总资产周转一次所需要的时间。时间越短，总资产的使用效率越高，盈利性越好。

总资产周转次数的倒数，称为“总资产与收入比”：

$$总资产与收入比=\frac{总资产}{销售收入}=\frac{1}{总资产周转次数}$$

总资产与收入比表示 1 元收入需要的总资产投资。收入相同时，需要的投资越少，说明总资产的盈利性越好或者说明总资产的使用效率越高。

2. *总资产周转率的驱动因素*

总资产是由各项资产组成的，在既定销售收入的条件下，总资产周转率的驱动因素是各项资产项目。通过驱动因素的分析，可以了解总资产周转率变动是由哪些资产项目引起的，以及影响较大的因素是什么，为进一步分析指出方向。

表 2－6 给出了 AE 公司总资产周转率变动以及影响其变动的各项资产的周转率变动情况。

表 2－6　AE 公司各项资产的周转率变动表

资　产	金　额		资产与收入比			资产周转天数		
	本年	上年	本年	上年	变动	本年	上年	变动
货币资金	50	25	0.017	0.009	0.008	6.1	3.2	2.9
交易性金融资产	6	12	0.002	0.004	－0.002	0.7	1.5	－0.8
应收票据	8	11	0.003	0.004	－0.001	1.0	1.4	－0.4
应收账款	398	199	0.133	0.070	0.063	48.4	25.5	22.9
预付账款	22	4	0.007	0.001	0.006	2.7	0.5	2.2
其他应收款	12	22	0.004	0.008	－0.004	1.5	2.8	－1.3
存货	119	326	0.040	0.114	－0.074	14.5	41.8	－27.3
待摊费用	32	7	0.011	0.002	0.009	3.9	0.9	3.0
一年内到期的非流动资产	45	4	0.015	0.001	0.014	5.5	0.5	5.0
其他流动资产	8	0	0.003	0.000	0.003	1.0	0.0	1.0
流动资产合计	700	610	0.233	0.214	0.019	85.2	78.1	7.1
可供出售金融资产	0	45	0.000	0.016	－0.016	0.0	5.8	－5.8
持有至到期投资	0	0	0.000	0.000	0.000	0.0	0.0	0.0
长期股权投资	30	0	0.010	0.000	0.010	3.7	0.0	3.7
长期应收款	0	0	0.000	0.000	0.000	0.0	0.0	0.0
固定资产	1 238	955	0.413	0.335	0.078	150.6	122.3	28.3
在建工程	18	35	0.006	0.012	－0.006	2.2	4.5	－2.3
固定资产清理	0	12	0.000	0.004	－0.004	0.0	1.5	－1.5
无形资产	6	8	0.002	0.003	－0.001	0.7	1.0	－0.3
长期待摊费用	5	15	0.002	0.005	－0.004	0.6	1.9	－1.3
其他非流动资产	3	0	0.001	0.000	0.001	0.4	0.0	0.4
非流动资产合计	1 300	1 070	0.433	0.375	0.058	158.2	137.0	21.2
资产总计	2 000	1 680	0.667	0.589	0.078	243.3	215.2	28.1

为分析资产周转率的驱动因素，通常可以使用“资产周转天数”或“资产与收入比”指标，不使用“资产周转次数”。因为各项资产周转次数之和不等于总资产周转次数，不便于分析各项目变动对总资产周转率的影响。

根据周转天数分析：本年的总资产周转天数是243.3天，比上年增加28.1天。各项目对总资产周转天数变动的影响，可以从表2-6中看出来。影响比较大的项目是：应收账款增加22.9天、存货减少27.3天、固定资产增加28.3天。

根据资产与收入比分析：本年每1元收入占有资产0.667元，比上年增加0.078元。增加的原因，可以从表2-6中各项目变动中看出来。其中，影响比较大的项目是：应收账款增加0.063元、存货减少0.074元、固定资产增加0.078元。

三、盈利能力

（一）销售利润率

1. 销售利润率及其计算

销售利润率是指净利润与销售收入的比率，通常用百分数表示，其计算公式为

$$销售利润率=\frac{净利润}{销售收入}\times 100\%$$

根据AE公司的财务报表数据：

$$本年销售利润率=\frac{136}{3000}\times 100\%=4.5333\%$$

$$上年销售利润率=\frac{160}{2850}\times 100\%=5.6140\%$$

$$变动=4.5333\%-5.6140\%=-1.0807\%$$

“销售收入”是利润表的第一行数字，“净利润”是利润表的最后一行数字，两者相除可以概括企业的全部经营成果。它表明1元销售收入与其成本费用之间可以“挤”出来的净利润，该比率越大则企业的盈利能力越强。

销售利润率又被称为“销售净利率”或简称“利润率”。通常，在“利润”前面没有加任何定语，就是指“净利润”；计算某个利润率，如果前面没有指明计算比率使用的分母，则是指以销售收入为分母。

2. 销售利润率的驱动因素

销售利润率的变动，是由利润表中各个项目金额变动引起的。表2-7给出了AE公司利润表各项目的金额变动和结构变动数据。其中“本年结构”和“上年结构”，是各项目除以销售收入得出的百分比，“百分比变动”是指“本年结构”百分比与“上年结构”百分比的差额。该表称为利润表的同型报表，它排除了规模差异的影响，提高了数据的可比性。

（1）金额变动分析：本年净利润减少24万元。影响较大的不利因素是销售成本增加141万元和营业外收入减少27万元。影响较大的有利因素是销售收入增加150万元。

（2）结构比率分析：销售利润率减少了1.08%。影响较大的不利因素是销售成本率上升0.31%以及营业外收入比率减少1.03%。

进一步的分析应重点关注金额变动和结构百分比变动较大的项目，如 AE 公司的销售成本和营业外收入。

表 2－7　利润表结构百分比变动情况

项　目	本年金额/万元	上年金额/万元	变动金额/万元	本年结构（%）	上年结构（%）	百分比变动（%）
一、营业收入	3 000	2 850	150	100.00	100.00	0.00
减：营业成本	2 644	2 503	141	88.13	87.82	0.31
营业税金及附加	28	28	0	0.93	0.98	－0.05
销售费用	22	20	2	0.73	0.70	0.03
管理费用	46	40	6	1.53	1.40	0.13
财务费用	110	96	14	3.67	3.37	0.30
资产减值损失	0	0	0	0.00	0.00	0.00
加：公允价值变动收益	0	0	0	0.00	0.00	0.00
投资收益	6	0	6	0.20	0.00	0.20
二、营业利润	156	163	－7	5.20	5.72	－0.52
加：营业外收入	45	72	－27	1.50	2.53	－1.03
减：营业外支出	1	0	1	0.03	0.00	0.03
三、利润总额	200	235	－35	6.67	8.25	－1.58
减：所得税费用	64	75	－11	2.13	2.63	－0.50
四、净利润	136	160	－24	4.53	5.61	－1.08

3. 利润表各项目分析

确定分析的重点项目之后，需要深入到各项目的内部进一步分析。此时，需要依靠财务报表附注提供的资料以及其他可以收集到的资料。

毛利率的变动原因可以分部门、分产品，分顾客群、分销售区域或分推销员进行分析，具体视分析的目的以及可以取得的资料而定。

AE 公司的报表附注显示的分产品毛利资料，如表 2－8 所示。

表 2－8　分产品的毛利资料

产品类别	营业收入/万元		营业成本/万元		营业毛利/万元		毛利率(%)	
	本期数	上期数	本期数	上期数	本期数	上期数	本期数	上期数
音响类产品	1 589	1 881	1 882	1 964	－293	－83	－18.44	－4.41
软件类产品	508	475	312	295	196	180	38.58	37.89
数码类产品	903	494	450	244	453	250	50.17	50.61
合计	3 000	2 850	2 644	2 503	356	347	11.87	12.18

通过表2-8和其他背景资料可知：音响类产品是该公司的传统产品，目前仍占销售收入的大部分，其毛利率是负值，已失去继续产销的经济价值。软件类产品毛利率基本持平，销售额略有增长，其毛利约占公司的一半。数码类产品销售迅速增长，毛利率很高，其毛利占公司的大部分。应结合市场竞争和公司资源的情况，分析是否可以扩大数码产品和软件产品的产销规模，以及音响产品能否更新换代。如果均无可能，音响类产品的亏损可能继续增加，而数码产品的高毛利可能引来竞争者，预期盈利能力还可能进一步下降。

通常，销售费用和管理费用的公开披露信息十分有限，外部分析人很难将其深入下去。财务费用、资产公允价值变动损益、资产减值损失、投资收益和营业外收入等明细资料，在报表附注中均有较详细的披露，为进一步分析提供了信息。

(二)资产利润率

1. 资产利润率及其计算

资产利润率是指净利润与总资产的比率，它反映公司从1元受托资产(不管资金来源)中得到的净利润。其计算公式为

$$资产利润率=\frac{净利润}{总资产}\times 100\%$$

根据AE公司的财务报表数据：

$$本年资产利润率=\frac{136}{2000}\times 100\%=6.8\%$$

$$上年资产利润率=\frac{160}{1680}\times 100\%=9.5238\%$$

$$变动=6.8\%-9.5238\%=-2.7238\%$$

资产利润率是企业盈利能力的关键。虽然股东的报酬由资产利润率和财务杠杆共同决定，但提高财务杠杆会同时增加企业风险，往往并不能增加企业价值。此外，财务杠杆的提高有诸多限制，企业经常处于财务杠杆不可能再提高的临界状态。因此，驱动权益净利率的基本动力是资产利润率。

公式中“总资产”的计量有三种选择：① 使用年末总资产。其缺点是年内变化大时不具有代表性；② 使用年末与年初平均数，季节性企业的期末数较低，代表性也不理想；③ 使用12个月末的平均数，外部分析人的数据来源有问题，也比较麻烦。凡是财务比率计算的分子和分母，一个是期间流量数据，另一个是期末存量数据，在确定存量数据时都会遇到类似问题。本书举例时使用期末数据只是为了计算简便，它不如平均数合理。

2. 资产利润率的驱动因素

影响资产利润率的驱动因素是销售利润率和资产周转率。

$$\begin{aligned}资产利润率&=\frac{净利率}{总资产}=\frac{净利润}{销售收入}\times\frac{销售收入}{总资产}\\&=销售利润率\times 总资产周转次数\end{aligned}$$

总资产周转次数是1元资产创造的销售收入，销售利润率是1元销售收入创造的利润，两者共同决定了资产利润率，即1元资产创造的利润。

有关资产利润率因素分解的数据如表 2-9 所示。

表 2-9　资产利润率的分解　　万元

	本年	上年	变动
销售收入	3000	2850	150
净利润	136	160	－24
总资产	2000	1680	320
资产利润率(%)	6.8000	9.5238	－2.7238
销售利润率(%)	4.5333	5.6140	－1.0807
总资产周转次数(次)	1.5000	1.6964	－0.1964

AE 公司的资产利润率比上年降低 2.7238%，其原因是销售净利率和资产周转率都降低了。哪一个原因更重要呢？可以使用连环替代法进行定量分析。

销售利润率变动影响＝销售利润率变动×上年资产周转次数
＝－1.0807%×1.6964＝－1.8333%

资产周转次数变动影响＝本年销售利润率×资产周转次数变动
＝4.5333%×(－0.1964)＝－0.8903%

合计＝－1.8333%－0.8903%＝－2.7236%

由于销售利润率降低，使资产利润率下降 1.833%；由于资产周转率下降，使资产利润率下降 0.8903%。两者共同作用使资产利润率下降 2.7236%，其中销售利润率下降是主要影响因素。

(三) 权益净利率

权益净利率是净利润与股东权益的比率，它反映 1 元股东资本赚取的净收益，可以衡量企业的总体盈利能力。

$$权益净利率=\frac{净利润}{股东权益}\times 100\%$$

根据 AE 公司财务报表的数据：

$$本年权益净利率=\frac{136}{960}\times 100\%=14.1667\%$$

$$上年权益净利率=\frac{160}{880}\times 100\%=18.1818\%$$

权益净利率的分母是股东的投入，分子是股东的所得。对于股权投资人来说，具有非常好的综合性，概括了企业的全部经营业绩和财务业绩。AE 公司本年股东的回报率减少了，总体上看不如上一年。

四、市价比率

市场价值比率又称市价比率，是指普通股每股市价和公司盈余、每股账面价值的比率。它是销售净利率、销售毛利率、资产报酬率、股东权益报酬率这几个指标的综合反映，管理者可据此了解投资人对公司的评价。

市场价值比率与其他类型比率最大的不同，在于其以“每股市价”来说明企业的营运绩效，主要指标包括市盈率、股利收益率、市价对账面价值比。

（一）市盈率

市盈率是一个十分常见的财务指标。它是将特定企业普通股的每股市价除以其该年度的每股盈余而得，其中每股盈余即每支普通股所能分配到的税后净利。

$$市盈率=\frac{普通股每股市价}{每股盈余}$$

市盈率本身为投资成本的概念，市盈率愈大，表明投资于该股票上的成本也愈高。另外，市盈率愈高的股票除了表示投资成本不菲外，还可能暗示投资人预期“发行该股票的企业在未来具有相当大的成长潜力”，不然市盈率太高的股票，以一个理性的投资人来说是不会去购买的。

（二）股利收益率

投资有价证券的报酬可分为资本利得与收益所得两部分，股利收益率是衡量股票投资报酬中属于收益所得的部分，由当期每股股利除以每股市价而得：

$$股利收益率=\frac{每股股利}{普通股每股市价}$$

一个企业的股利收益率多少为好，由整个企业所处行业的平均状况来定。若企业在未来有足够的发展空间，必产生大量的资金需求，应保留大部分的盈余以供再投资之用，因而股利的发放金额可能很少；反之，当企业缺乏良好再投资机会时，留下的盈余只会使资金闲置，不如发放给股东运用。此时股利虽然增加了，但投资人若不看好企业的远景，则股票的价值亦可能不升反降(资本损失)。

（三）市价对账面价值比

市价对账面价值比，主要是衡量企业每股股票市价与每股账面价值上的差异程度。所谓每股账面价值，为每一股流通在外的普通股所享有的账面股东权益额，包括股本、资本公积及保留盈余，即将资产负债表上的股东权益总额除以期末流通在外股票数而得。而市价对账面价值比即由普通股每股市价除以每股账面价值而得：

$$市价对账面价值比=\frac{普通股每股市价}{每股账面价值}$$

由于账面价值代表股东投资的历史成本，而市价表示企业在营运上得到的综合评价，因此，市价对账面价值比可以作为衡量财务经理人为股东创造财富能力的指标之一。当此比率高于1时，表示市价已大于账面价值，企业得到的评价是正面的，反之亦然。

第三节　财务业绩综合评价

一、杜邦分析

杜邦分析，又称杜邦财务分析体系，是以权益净利率(净资产收益率)为核心，以资产净利率和权益乘数为分支的财务指标，通过财务指标的内在联系，系统、综合地分析企业的盈利水平，具有鲜明的层次结构，是典型利用财务指标之间关系对企业财务进行综合分析的方法。杜邦分析就是利用几种主要的财务比率之间的关系来综合地分析企业的财务状况，这种分析方法最早由美国杜邦公司使用，故命名为杜邦分析法。杜邦分析法是一种用来评价公司盈利能力和股东权益回报水平，从财务角度评价企业绩效的一种经典方法。其基本思想是将企业净资产收益率逐级分解为多项财务比率乘积，这样有助于深入分析比较企业经营业绩。

(一) 杜邦分析体系的核心比率

权益净利率是杜邦分析体系的核心比率，它有很好的可比性，可以用于不同企业之间的比较。由于资本具有逐利性，总是流向投资报酬率高的行业和企业，使得各企业的权益净利率趋于接近。如果一个企业的权益净利率经常高于其他企业，就会引来竞争者，迫使该企业的权益净利率回到平均水平。如果一个企业的权益净利率经常低于其他企业，就得不到资金，会被市场驱逐，最终导致幸存企业的股东权益净利率会提升到行业平均水平。

权益净利率不仅有很好的可比性，而且有很强的综合性。为了提高股东权益净利率，管理者有三个可以使用的杠杆：

$$\begin{aligned}\text{权益净利率}&=\frac{\text{净利润}}{\text{销售收入}}\times\frac{\text{销售收入}}{\text{总资产}}\times\frac{\text{总资产}}{\text{股东权益}}\\&=\text{销售净利率}\times\text{总资产周转率}\times\text{权益乘数}\end{aligned}$$

无论提高其中哪一个比率，权益净利率都会提升。其中，“销售净利率”是利润表的概括，“销售收入”在利润表的第一行，“净利润”在利润表的最后一行，两者相除可以概括全部经营成果；“权益乘数”是资产负债表的概括，表明资产、负债和股东权益的比例关系，可以反映最基本的财务状况；“总资产周转率”把利润表和资产负债联系起来，使权益净利率可以综合反映整个企业经营活动和财务活动的业绩。

(二) 杜邦分析体系的基本框架

传统杜邦分析体系的基本框架如图 2-1 所示。

该体系是一个多层次的财务比率分解体系。各项财务比率，在每个层次上与本企业历史或同业的财务比率比较，比较之后向下一级分解。逐级向下分解，逐步覆盖企业经营活动的每一个环节，可以实现系统、全面评价企业经营成果和财务状况的目的。

第一层次的分解，是把权益净利率分解为销售利润率、总资产周转率和权益乘数。这三个比率在各企业之间可能存在显著差异。通过对差异的比较，可以观察本企业与其他企业的经营战略和财务政策有什么不同。

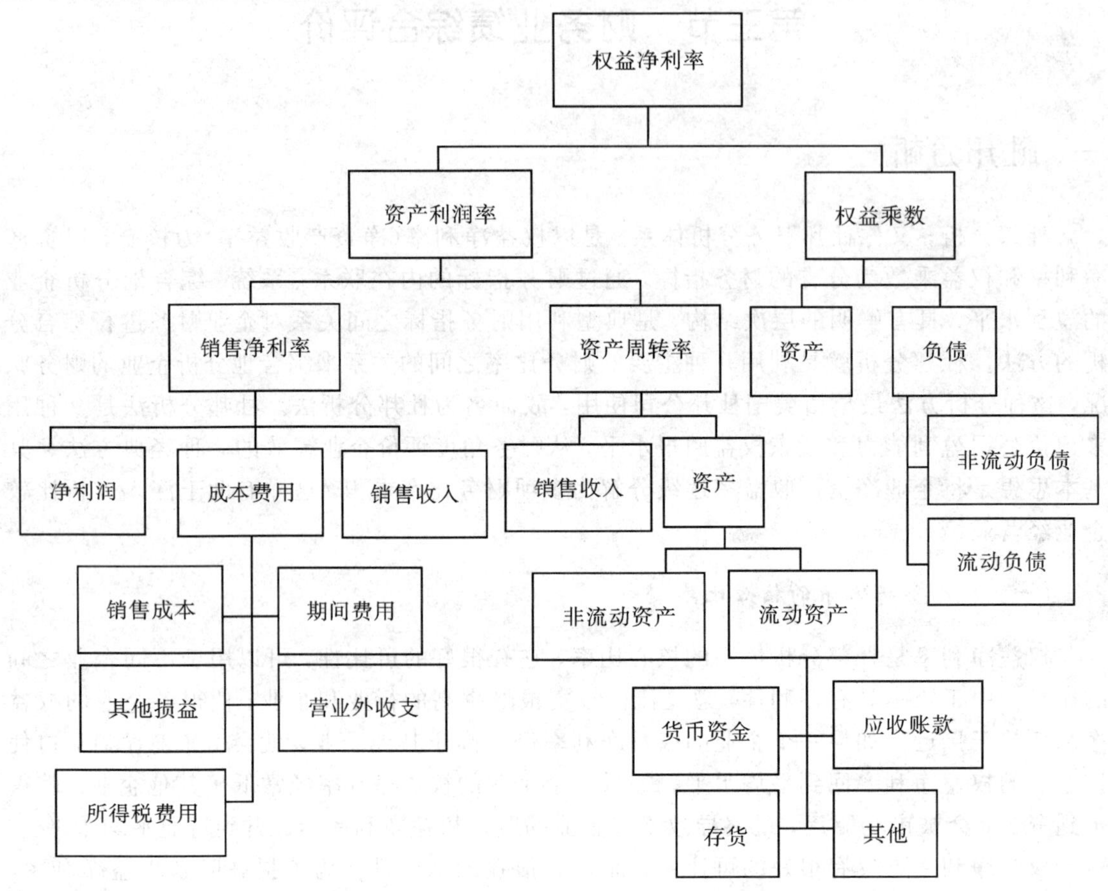

图 2-1 传统杜邦分析体系的.0 基本框架

分解出来的销售利润率和总资产周转率，可以反映企业的经营战略。一些企业销售净利率较高，而资产周转率较低；另一些企业与之相反，资产周转率较高而销售净利率较低。两者经常呈反方向变化，这种现象并不偶然。为了提高销售利润率，就要增加产品的附加值，往往需要增加投资，引起周转率的下降。与此相反，为了加快周转，就要降低价格，引起销售净利率下降。通常，销售净利率较高的制造业，其周转率都较低；周转率很高的零售业，销售利润率都相对很低。采取“高盈利、低周转”还是“低盈利、高周转”的方针，是企业根据外部环境和自身资源做出的战略选择。正因为如此，仅从销售净利率高低并不能看出业绩好坏，把它与资产周转率联系起来才可以考察企业经营战略。真正重要的，是两者共同作用而得到的资产利润率。资产利润率可以反映管理者运用受托资产赚取盈利的业绩，是最重要的盈利能力。

分解出来的财务杠杆可以反映企业的财务政策。在资产利润率不变的情况下，提高财务杠杆可以提高权益净利率，但同时也会增加财务风险。如何配置财务杠杆是企业最重要的财务政策，本书会专门讨论这个问题。一般说来，资产利润率较高的企业，财务杠杆较低，反之亦然。这种现象也不是偶然的，可以设想，为了提高权益净利率，企业倾向于尽可能提高财务杠杆。但是，贷款提供者不一定会同意这种做法。贷款提供者不分享超过利息的收益，更倾向于为预期未来经营现金流量比较稳定的企业提供贷款。为了稳定现金流量，企业的一种选择是降低价格以减少竞争，另一种选择是增加营运资本以防止现金流中断，这都会导致资产利润率下降。这就是说，为了提高流动性，只能降低盈利性。因此，我们实际看到的是，经营风险低的企业可以得到较多的贷款，其财务杠杆较高；经营风险高的企业，只能得到较少的贷款，其财务杠杆较低。资产利润率与财务杠杆呈现负相关，共同决定了企业的权益净利率，企业必须使其经营战略和财务政策相匹配。

（三）财务比率的比较和分解

1. 连环替代法

在了解本部分内容前，需要对连环替代法进行一定的介绍。

连环替代法是将分析指标分解为各个可以计量的因素，并根据各个因素之间的依存关系，顺次用各个因素的比较值(通常为实际值)替代基准值(通常为标准值或计划值)，据此测定各因素对分析指标的影响。

例：某企业 2012 年 10 月某种原材料的实际数是 6720 元，而其计划数是 5400 元，实际比计划增加 1320 元。由于原材料费用由产品产量、单位产品材料消耗额和材料单价三个因素的乘积组成。因此，可以把材料费用这一总指标分解为三个因素，进而逐个分析它们对材料费用总额的影响程度。现在假设这三个因素的数值如表 2－10 所示。

表 2－10　某企业相关数据表

项　目	单　位	计划数	实际数
产品产量	件	120	140
单位产品材料消耗额	千克	9	8
材料单价	元	5	6
材料费用总额	元	5 400	6 720

据表中资料，材料费用总额实际数较计划数增加 1 320 元。运用连环替代法，可以计算出各因素变动对材料费用总额的影响程度。

计划指标：　　$120\times9\times5=5400$ 元　　①

第一次替代：　$140\times9\times5=6300$ 元　　②

第二次替代：　$140\times8\times5=5600$ 元　　③

第三次替代：　$140\times8\times6=6720$ 元　　④

分析：

②－①＝6300－5 400＝900 元　　产量增加的影响

③－②＝5600－6 300＝－700 元　　材料消耗的影响

④－③＝6720－5 600＝1 120 元　　价格变化的影响

900－700＋1120＝1320 元　　全部因素的影响

2. 财务比率的比较和分解

财务比率的比较和分解体系要求在每一个层次上进行财务比率的比较和分解。通过与上年比较可以识别变动的趋势，通过同业的比较可以识别存在的差距。分解的目的是识别引起变动(或产生差距)的原因并计量其重要性，为后续分析指明方向。

下面以 AE 公司权益净利率的比较和分解为例，说明其一般方法。

权益净利率的比较对象，可以是其他企业的同期数据，也可以是本企业的历史数据，这里仅以本企业的本年与上年的比较为例。

权益净利率=销售净利率×资产周转率×权益乘数

即：

本年权益净利率 14.167％=4.5333％×1.5×2.0833

上年权益净利率 18.182％=5.614％×1.6964×1.9091

权益净利率变动=－4.015％

与上年相比，股东的报酬率降低了，公司整体业绩不如上年。影响权益净利率变动的不利因素是销售净利率和资产周转率下降，有利因素是财务杠杆提高。

利用连环替代法可以定量分析它们对权益净利率变动的影响程度：

(1) 销售净利率变动的影响。

按本年销售净利率计算的上年权益净利率=4.5333％×1.6964×1.9091

=14.682％

销售净利率变动的影响=14.682％－18.1818％

=－3.5％

(2) 总资产周转率变动的影响。

按本年销售净利率、资产周转率计算的上年权益净利率=4.5333％×1.5×1.9091

=12.98％

资产周转率变动的影响=12.98％－14.68％

=－1.7％

(3) 财务杠杆变动的影响。

财务杠杆变动的影响=14.167％－12.982％

=1.185％

通过分析可知，最重要的不利因素是销售净利率降低，使权益净利率减少 3.5％；其次是资产周转率降低，使权益净利率减少 1.7％。有利的因素是权益乘数提高，使权益净利率增加 1.185％。不利因素超过有利因素，所以权益净利率减少 4.015％，由此应重点关注销售净利率降低的原因。

分解之后进入下一层次的分析，分别考察销售利润率、资产利润率和财务杠杆的变动原因。本章第二节，对此做过说明，此处不再赘述。

二、综合评分法

财务分析作为在企业会计信息披露基础上对企业财务状况和经营成果的剖析和评价，正受到越来越多企业及相关利益主体的重视与关注。财务分析是企业管理者进行理财的重要参谋；是投资者进行投资决策的有效支持；是债权人决定其授信对象和授信额度的重要依据。财务综合分析与评价有很多种思路和方法，其中最常用的两种方法是杜邦分析法和沃尔评分法。

综合评分法又叫沃尔综合评分法，它通过对选定的多项财务比率进行评分，然后计算综合得分，并据此评价企业综合财务状况。由于创造这种方法的先驱者之一是亚历山大·沃尔，因此被称作沃尔评分法。其主要思想是将分散的财务指标通过一个加权体系综合起来，使得一个多维度的评价体系变成一个综合得分，这样就可以用综合得分对企业进行综合评价。

（一）综合评分法的步骤

综合评分法的步骤如下：

（1）选择财务比率。不同的分析者所选择的财务比率可能不尽相同，但在选择财务比率时应注意以下几点原则：

① 所选择的比率要具有全面性，反映偿债能力、盈利能力、营运能力等比率都应包括在内，只有这样才能反映企业的综合财务状况；

② 所选择的比率要具有代表性，即在各个方面的众多财务比率中要选择那些典型的、重要的比率；

③ 所选择的比率最好具有变化方向的一致性，即当财务比率增大时表示财务状况改善，当财务比率减小时表示财务状况恶化。

（2）确定各项财务比率的权重。如何将总分100分合理地分配给所选择的各个财务比率，是沃尔综合评分法中的一个非常重要的环节。分配的标准是依据各个比率的重要程度，越重要的比率分配的权重越高。

（3）确定各项财务比率的标准值。财务比率的标准值也就是判断财务比率高低的比较标准。可以是企业的历史水平，可以是竞争企业的水平，也可以是同行业的平均水平，其中最常见的是选择同行业的平均水平作为财务比率的标准。

（4）计算各个财务比率的实际值。

（5）计算各个财务比率的得分。计算得分的方法很多，其中最常见的是用比率的实际值除以标准值得到一个相对值，再用这个相对值乘以比率的权重得到该比率的得分。为了避免个别比率异常对总分造成不合理的影响，还可以为每个比率的得分确定一个上限和下限，即每个比率的得分最高不能超过其上限，最低不能低于其下限。

（6）计算综合得分。将各个财务比率的实际得分相加，即得到企业的综合得分。综合得分存在三种情况，具体如下：

① 企业的综合得分如果接近100分，说明企业的综合财务状况接近于行业的平均水平。

② 企业的综合得分如果明显超过100分，则说明企业的综合财务状况要优于行业的平均水平。

③ 企业的综合得分如果大大低于100分，则说明企业的综合财务状况较差，应当积极采取措施加以改善。

在沃尔综合评分法的各个步骤中，最为关键也最为困难的是第(2)、(3)步，即各项财务比率权重和标准值的确定。

（二）沃尔综合评分法简单例子

沃尔综合评分法的综合分析过程如下：

（1）选择评价指标并分配指标权重，具体见表2-11。

表 2-11 沃尔综合评分法权重分配表

行 次	选择的指标	分配的权重
第 1 行	流动比率	18.00
第 2 行	产权比率	12.00
第 3 行	固定资产比率	10.00
第 4 行	存货周转率	18.00
第 5 行	应收账款周转率	18.00
第 6 行	固定资产周转率	12.00
第 7 行	净资产周转率	12.00
第 8 行	合计	100.00

(2) 确定各个指标的标准值，具体见表 2-12。

表 2-12 沃尔综合评分法各指标标准值表

行次	选择的指标	分配的权重
第 1 行	流动比率	1.80
第 2 行	产权比率	40%
第 3 行	固定资产比率	0.60
第 4 行	存货周转率	6.00
第 5 行	应收账款周转率	12.00
第 6 行	固定资产周转率	4.00
第 7 行	净资产周转率	2.00

(3) 计算出各指标的实际值，并与所确定的标准值进行比较，计算相对比率，将各项指标的相对比率与其重要性权数相乘，得出各项比率指标的指数，具体见表 2-13。

表 2-13 沃尔综合评分法各指标实际值计算表

行 次	选择的指标	① 分配的权重	② 指标的标准值	③ 指标的实际值	④ 实际得分 ④=①×③÷②
第 1 行	流动比率	18.00	1.80	1.91	19.1
第 2 行	产权比率	12.00	40%	36.66%	11.00
第 3 行	固定资产比率	10.00	0.60	0.58	9.67
第 4 行	存货周转率	18.00	6.00	5.45	16.35
第 5 行	应收账款周转率	18.00	12.00	10.35	15.53
第 6 行	固定资产周转率	12.00	4.00	4.74	14.22
第 7 行	净资产周转率	12.00	2.00	1.96	11.76
第 8 行	合计	100.00			97.54

(4) 计算出本期企业的综合指标，并作出适当评价。

综合上述4步，就是原始的沃尔综合评分法的综合分析过程，从例子的结果来看，本期上述企业的综合得分小于100分，说明企业的财务状况有待提高。

（三）原始沃尔综合评分法的缺陷

从前面的分析可以看出，原始沃尔综合评分法在一些细节上缺乏权威说服力，具体表现在：

（1）初期建立并使用沃尔综合评分法的沃尔和邓宁两位教授，并未能证明为什么要选择流动比率、产权比率、固定资产比率、存货周转率等七项指标，而不是更多或更少些，或者选择别的财务比率指标，也未能证明每个指标所占比重的合理性。

（2）在使用原始沃尔综合评分法过程中，当某一个指标严重异常时，会对总的评分结果产生不合逻辑的重大影响。

三、经济增加值

（一）经济增加值及其计算

经济增加值(Economic Value Added)，简称EVA，是一种全面评价企业经营者有效使用资本为股东创造价值的能力，是体现企业最终经营目标的经营业绩考核工具，也是企业价值管理体系的基础和核心，是评价企业经营业绩的一种重要评价系统。其理论的核心思想是：一个公司要获得投资的超额报酬，赚取的收入除了要完全补偿经营的全部成本费用外，还要充分补偿投资者投入资本的全部成本，包括债务资本和股权资本。用公式表示为

$$\mathrm{EVA}_t=\mathrm{NOPAT}_t-K_w A_{t-1}$$

K_w 表示加权平均资本成本，A_{t-1}表示期初的经济价值，NOPAT_t 表示经调整后的营业净利润，t 表示第 t 期(一般以年为单位)。

要说明的是，NOPAT_t 不同于我们所说的会计报表的税后营业利润。它包括利息费用，但不包括非正常经营、非持续经营的部门或单位的利润。并且，由于会计对收入和费用的处理采取谨慎性原则，导致公司资本和利润的信息部分失真，所以还应对会计中坏账准备的计提、商誉的摊销等进行调整，以准确计算净营业利润。所以，税后净营业利润＝营业利润＋利息费用－营业外收支－非营业性投资收益－补贴收入－实际交纳的所得税＋坏账准备的增加＋后进先出计价法下存货价值的增加＋商誉的摊销＋净资本化研究开发费用的增加。

K_w 表示的加权平均资本成本是股权资本成本以股权占总资产的比重为权数，负债资本成本以负债资本占总资产的比重为权数加权求和后得到的综合成本。用公式可以表示为

$$K_w=\frac{D_m}{D_m+E_m}\times(1-T)\times K_D+\frac{E_m}{Dm+E_m}\times K_E$$

D_m：公司负债总额的市场价值；E_m：公司所有者权益的市场价值；K_D：负债的税前成本；T：公司的边际税率；K_E：所有者的权益成本。

A_{t-1}是指企业投入生产经营的全部资金，既包括负债资本，又包括股权资本，在数量上可以约等于企业的总资产，所以它并不是“投资者投入的权益资本”。从EVA计算公式

可以看出：当公司的税后净营业利润大于全部资金成本时，EVA＞0，由于这部分最后的剩余收益归所有者，所以股东的价值增加；反之，税后净营业利润小于全部资金成本时，EVA＜0，股东的价值减少。可见，EVA 的增减变化能准确地反映公司价值或股东价值的变化，即 EVA＞0 时，企业才真正为股东创造了价值，企业价值才会真正增加；ΔEVA＞0 时，企业的价值才能不断地提高和改进。

（二）经济增加值的优缺点

与传统的业绩评价系统相比，经济增加值评价系统具有以下方面的优越性：

(1) 客观反映企业经营业绩。经济增加值考虑了全部资本的成本，计算的是经济利润，而会计利润只考虑债务资本成本，将权益资本成本排除在外，无疑虚增了利润。经济增加值衡量企业获取的利润是高于还是低于投资者所要求的最低报酬率，只有高于投资者所要求的最低报酬率，即经济增加值大于零，该利润才是企业真正的利润，如果企业的投资报酬率低于企业的所有资本成本，说明企业实质上发生了亏损，企业财富受到了侵蚀。经济增加值比会计收益指标能更真实反映企业的经营业绩，促进企业树立正确的成本观念，遏制企业不计成本盲目增资扩股，不断圈钱的欲望，有利于规范企业投资行为，谨慎投资，实现企业资产的保值增值，以经济增加值作为企业追求的最终目标，有助于更好地转变经济增长方式，可以较准确地反映企业在一定时期内所创造的价值，实现企业价值最大化。

(2) 更好地协调各部门的行动。大多数企业在不同的业务部门使用不同类型的业绩评价指标，例如边际贡献、责任成本、投资报酬率、剩余收益等，由于缺乏统一标准，往往导致不同部门各自为政，只追求实现本部门利益，对其他部门甚至企业整体利益造成负面影响。以经济增加值为指标对企业所有部门进行业绩评价，为各部门提供了统一业绩评价标准，避免内部决策和执行的冲突，加强各部门的沟通，提高企业的团队意识，企业各部门从日常业务活动到企业战略决策，都围绕着经济增加值展开，各部门可通过提高部门现有资产的回报率；或是增加超过资金成本的新资本投入；或是收回低于资金投入成本的投资等途径增加本部门的经济增加值，进而增加企业整体的经济增加值。经济增加值作为一个综合性指标，囊括了对发展创新、风险等因素的考虑。同时也涵盖了关于基础管理、人力资源管理等制度性的要求，企业员工的收益只有在经济增加值不断提高的条件下才能提升，这就把员工利益与企业价值最大化目标有机结合起来，在一定程度上消除了利益冲突，使企业内部上下朝着同一个目标共同奋进。

(3) 促进技术创新。在现有的会计核算模式下，用研发费用、无形资产摊销作为期间费用抵减当期利润，无疑影响经营者的当期业绩，所以经营者不希望把钱投到研究和销售推广上，因为他们害怕会计利润降低，这种情况在高科技公司尤为明显，因为这类公司的市场价值大大高于净资产，经营者并没有出现经营失误，利润的降低只是因为会计处理方式造成，其结果迫使经营者在项目投资时首先考虑其对会计利润的影响，而不是考虑以此带来的高于资本成本的收益。经济增加值把研发费用、无形资产投资作为资产负债表中一种需要培育的新型资产，这些资产会在将来的经济增加值中相应摊销，从而鼓励经营者进行有利于企业发展的投资活动，促使企业经营者自始至终注重长远效益，通过技术创新保证企业持续、稳定、健康发展。

与传统的业绩评价系统相比，经济增加值存在以下局限：

（1）在业绩评价中还没有被多数人所接受；

（2）不具有比较不同规模企业的能力；

（3）也有许多和投资报酬率一样误导使用人的缺点，例如处于成长阶段的公司经济增加值较少，而处于衰退阶段的公司经济增加值可能较高；

（4）在计算经济增加值时，对于什么应该包括在投资内、净收益应作哪些调整以及资本成本如何确定均存在许多争议。

第四节　财务报表分析的局限性

财务分析是以财务报表为主进行分析，但财务报表存在先天不足。财务报表是以会计核算资料为基础产生的。会计核算以一定的会计假设为基础，采用权责发生制，运用历史成本的原则，执行统一的会计准则和制度进行计量。财务报表未能揭示公司全部的实际情况，不能反映公司目前财务状况，无法预测公司未来财务信息。具体而言，财务报表存在的局限性体现在以下几个方面：

1. 财务报表本身的局限性

财务报表是对企业会计核算结果的反映。企业会计核算要在特定的假设前提下，遵从国家统一的会计制度进行。因此，财务报表分析只能按照规定使用报表数据，不能简单地认为报表解释了企业全部的实际情况。财务报表本身的局限性表现在以下几个方面：

（1）以历史成本计量为基础对企业各要素进行计量，致使财务报表中给出的要素金额不完全代表其现实价值。《企业会计准则——基本准则》规定，企业对会计要素进行计量时，一般应采用历史成本，而对采用重置成本、可变现净值、公允价值计量的，应当保证能够取得所确定的会计要素金额并可靠计量。

（2）企业在计量时，假设币值不变，不考虑通货膨胀率和物价水平对币值的影响。企业会计核算一般不考虑物价变动问题，因此，财务报表中的信息往往不能真实、准确地反映现实社会的物价水平。

（3）会计稳健型原则可能会夸大当期的费用和损失，少计资产和收益。稳健型原则要求，针对可能收到也可能收不到的收入，尽量预计其收不到；针对可能发生也可能不发生的费用和损失，尽量预计其发生。财务报表信息因而会受到会计职业者判断的影响，与实际情况产生偏差。

（4）企业按年度分期报告，只报告了短期信息，不能提供反映长期潜力的信息。会计期间的划分是企业会计核算的基本前提，但是，人为形成的会计期间使人们更多地关注短期信息却忽略了长期信息的重要性。

2. 财务报表的真实性

只有依据真实的财务报表，才能得出正确的分析结论。然而，财务报表分析并不能解决财务报表真实性问题。财务报表分析通常假设财务报表是真实的，报表的真实性要靠注册会计师的审计来解决。所以，在进行财务报表分析之前，要注意审计报告的意见类型和注册会计师的信誉。

另外，要注意财务报表是否规范，对于不规范的报表，其真实性也会受到怀疑；要注意财务报表是否存在遗漏，遗漏是否违背充分披露的原则，因为披露很可能是在不想讲真话，也不能说假话的情况下形成的；还要注意分析数据的反常现象，如无合理原因，则要考虑数据是否真实。

3. 企业选择不同会计政策的影响可比性

对于同一会计事项的处理，《企业会计准则》允许企业会计人员在规定的范围内选择不同核算原则和处理方法，例如存货的发出计价方法、固定资产折旧方法等。虽然在附注中对会计政策的选择有一定的表述，但报表使用人未必能完成可比性的调整工作。

值得一提的是，进行财务报表分析之前，应认真阅读报表附注，了解企业会计政策选择的谨慎程度，这有利于了解企业管理当局的利润分配政策，分析投资人对企业可持续投资的目标取向。

本章小结

(1) 公司理财方面的决策，与公司的财务状况是密不可分的，而财务报表分析是深入了解公司经营状况，评价公司经营业绩的主要手段。

(2) 财务报表是经过整理之后的反映企业经营状况的一系列表格和数据，主要的财务报表包括资产负债表、利润表、现金流量表和股东权益变动表。

(3) 从财务报表的数据出发，可以计算出一系列反映经营状况的比率数据，主要包括偿债能力比率、运营能力比率、盈利能力比率和市价比率。比率分析是公司理财中最常用的财务分析方法。

(4) 通常运用杜邦分析法、综合评分法和经济增加值来综合分析和评价企业的经营业绩和状况。

重要概念：

利润表　资产负债表　现金流量表　偿债能力比率　营运能力比率　盈利能力比率　市价比率　因素分析法　杜邦分析　综合评分法　经济增加值

练　习　题

1. 简述普通股东进行财务报表分析的目的是什么？

2. 简述债权人进行财务报表分析的主要目的是什么？

3. 为什么债权人认为资产负债率越低越好，而投资人却认为应保持较高的资产负债率？

4. 现金流量分析的作用是什么？

5. 在计算速动比率时为什么要将存货扣除？

6. 市盈率对投资者有何重要意义？分析市盈率指标时应注意哪些方面？

7. 某企业全部资产总额为 6000 万元，流动资产占全部资产的 40%，其中存货占流动资产的一半，流动负债占全部资产的 30%。请分别计算发生以下交易后的营运资本、流动比率、速动比率：

(1) 购买材料，用银行存款支付 4 万元，其余 6 万元为赊购；

(2) 购置机器设备价值 60 万元，以银行存款支付 40 万元，余款以产成品抵消；

(3) 部分应收账款确认为坏账，金额 28 万元。同时借入短期借款 80 万元。

8. 已知：甲、乙、丙三个企业的资本总额相等，均为 4000 万元，息税前利润也都相等，均为 500 万元。负债平均利息率 6%。但三个企业的资本结构不同，其具体组成如下：(金额单位：万元)

项目	甲公司	乙公司	丙公司
总资本	4000	4000	4000
普通股股本	4000	3000	2000
发行的普通股股数	400	300	200
负　债	0	1000	2000

假设所得税率为 33%，则各公司的财务杠杆系数及每股净收益如何？

9. 根据下列数据计算存货周转率及周转天数：流动负债 40 万元，流动比率 2.2，速动比率 1.2，销售成本 80 万元，毛利率 20%，年初存货 30 万元。

10. 已知某公司资产总额 450 万元，流动资产占 30%，其中货币资金有 25 万元，其余为应收账款和存货。所有者权益项目共计 280 万元，本年实现毛利 90 万元，年末流动比率 1.5，产权比率 0.6，收入基础的存货周转率 10 次，成本基础的存货周转率 8 次。要求计算下列指标：应收账款、存货、长期负债、流动负债、流动资产的数额。

11. 分析题

已知某企业 2013 年、2014 年有关资料如下：(金额单位：万元)

项　目	2013 年	2014 年
销售收入	280	350
其中：赊销收入	76	80
全部成本	235	288
其中：销售成本	108	120
管理费用	87	98
财务费用	29	55
销售费用	11	15
利润总额	45	62
所得税	15	21
税后净利	30	41
资产总额	128	198
其中：固定资产	59	78
现　金	21	39
应收账款(平均)	8	14
存　货	40	67
负债总额	55	88

要求：运用杜邦分析法对该企业的净资产收益率及其增减变动原因进行分析。

案例

蓝田股份造假事件

号称“中国农业第一股”的蓝田股份有限公司曾创造了中国股市长盛不衰的绩优股神话，其从1999到2001年的财务业绩主要有：

主营业务收入方面：1999年调整前是18亿5千多万元，2000年调整前是18亿4千多万元；净利润方面：1999年调整前是5亿1千多万元，2000年调整前是4亿3千多万，调整后是1千多万元；每股收益方面：1999年调整前是1.15元，2000年调整前是0.97元。

从以上数据来看，蓝田股份是一支非常不错的“绩优股”，但是该公司2000年的经营活动现金流量净额却为负的1.46亿，投资活动现金流量净额为负的1.68亿，均为负数，即这两类活动都导致的是净现金流出，因此偿还债务所支付的现金基本上应该来自于“借款所收到的现金”。在2001年刘姝威《金融内参》上发表一篇名为《应立即停止对蓝田股份发放贷款》的文章中指出其公司业绩存在严重问题。文章运用国际通用的财务报表分析方法，分析了从蓝田股份招股说明书到2001年中期报告的全部财务报告以及其他公开资料，根据对蓝田股份会计报表的研究推理，得出结论“蓝田股份已经成为一个空壳，已经没有任何创造现金流量的能力，也没有收入来源”、“蓝田股份完全依靠银行贷款运转。”并建议“为了避免遭受严重的坏账损失，建议银行尽快收回对蓝田股份的贷款。”

经过核查，蓝田股份调整后的财务数据进行了一个“大变脸”。

主营业务收入方面：1999年调整后是2千4百多万元；2000年调整后4千万元；2001年是5千5百多万元。调整后的主营业务收入不到调整前的零头。净利润方面：调整后是负的2千2百多万元；2000年调整后是1千多万元；2001年是负的8千多万元。每股收益方面：1999年调整后是负的0.0049元；2000年调整后是负的0.0239元；2001年是负的0.18元。净利润和每股收益调整后来了一个“乾坤大挪移”，数据全部由正变负，蓝田股份完全由“绩优股”变成了“垃圾股”。

请思考：

1. 企业的经营现金流与企业经营业绩之间存在什么关系？
2. 如何利用财务报表来判断一家企业的真实经营业绩？

第三章 投资价值与估价

学习目标

1. 掌握时间价值的概念，现值、终值、年金等计算方法
2. 了解影响时间价值的因素
3. 掌握债券估价和股票估价的方法

引例

拿破仑1797年3月在卢森堡第一国立小学演讲时说了这样一番话："为了答谢贵校对我，尤其是我夫人约瑟夫的盛情款待，我不仅今天呈上一束玫瑰花，并且在未来的日子里，只要我们法兰西存在一天，每年的今天我将亲自派人给贵校送一束价值相等的玫瑰花，作为法兰西与卢森堡友谊的象征。"时过境迁，拿破仑穷于应付连绵的战争和此起彼伏的政治事件，最终惨败而流放到圣赫勒拿岛，把对卢森堡的承诺忘记的一干二净。1984年底，卢森堡旧事重提，向法国提出"赠送玫瑰"诺言的索赔；即从1797年起，用3路易作为艺术玫瑰花的本金，以5厘复利(利滚利)计息全部清偿这笔"玫瑰花"债。

经过计算，法国人发现原本3路易的许诺，本息竟高达1 375 596法郎。经过苦思冥想，法国政府斟词酌句的答复是："以后，无论在精神上还是物质上，法国将始终不渝地对卢森堡大公国的中小学教育事业予以支持与赞助，来兑现我们的拿破仑将军那一诺千金的玫瑰花信誉。"这一措辞最终得到了卢森堡人民的谅解。

第一节 投资的时间价值

一、时间价值与现金流

（一）货币的时间价值

货币的时间价值，是指货币经历一定时间的投资和再投资所增加的价值，也称为资金的时间价值。

在商品经济中，有这样一种现象：即现在的1元钱和1年后的1元钱其经济价值不相等或者说其经济效用不同。现在的1元钱，比1年后的1元钱经济价值要大一些，即使不存在通货膨胀也是如此。为什么会这样呢？例如，将现在的1元钱存入银行，1年后可得到1.10元(假设存款利率为10%)。这1元钱经过1年时间的投资增加了0.10元，这就是货币的时间价值。在实际中，人们习惯使用相对数字表示货币的时间价值，即用增加价值占投入货币的百分数来表示。例如，前述货币的时间价值为10%。

货币投入生产经营过程后，其数额随着时间的持续而不断增长，这是一种客观的经济现象。企业资金循环和周转的起点是投入货币资金，企业用它来购买所需的资源，然后生产出新的产品，产品出售时得到的货币量大于最初投入的货币量。资金的循环和周转以及因此实现的货币增值，需要或多或少的时间，每完成一次循环，货币就增加一定数额，周转的次数越多，增值额也越大。因此，随着时间的延续，货币总量在循环和周转中按几何级数增长，使得货币具有时间价值。

例如，已探明一个有工业价值的油田，目前立即开发可获利 100 亿元，若 5 年后开发，由于价格上涨可获利 160 亿元。如果不考虑资金的时间价值，根据 160 亿元大于 100 亿元，可以认为 5 年后开发更有利，如果考虑资金的时间价值，现在获得 100 亿元，可用于其他投资机会，平均每年获利 15%，则 5 年后将有资金 200 亿元（$100\times1.15^5\approx200$）。因此，可以认为目前开发更有利，后一种思考问题的方法，更符合现实的经济生活。

由于货币随时间的延续而增值，现在的 1 元钱与将来的 1 元多钱甚至是几元钱在经济上是等效的。换一种说法就是，现在的 1 元钱和将来的 1 元钱经济价值不相等。由于不同时间单位货币的价值不相等，所以，不同时间的货币收入不宜直接进行比较。需要把它们换算到相同的时间基础上，然后才能进行大小的比较和比率的计算。由于货币随时间的增长过程与复利的计算过程在数学上相似，因此，在换算时广泛使用复利计算的各种方法。

（二）现金流

计算资金的时间价值，首先要弄清一笔资金运动发生的时间和方向。所谓发生时间，是指一笔资金运动是在哪一个时点上发生的。所谓发生的方向，是指这一笔资金运动是流入还是流出。用现金流量来描述资金的这种运动，是一种清晰、方便的做法。

现金流量是把资金流动作为时间的函数用图形和数字表示出来。作图时横轴指向右方，代表时间的增加，横轴上的坐标代表各个时点，从各个时点引出的纵向箭头表示发生在那一点上的现金流量。箭头指向横轴表示资金的流入，箭头背向横轴表示资金的流出，流量的大小由箭头旁边的数字表示。

图 3－1 就是一个现金流量图，表示在 0 时刻有 500 单位的现金流出，在 1、2 时刻各有 300 单位的现金流入。

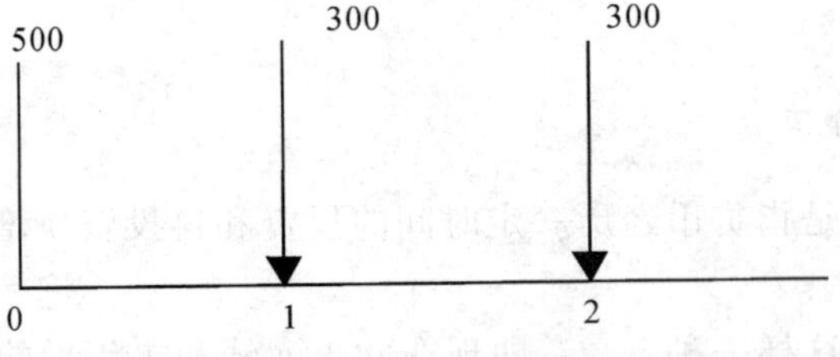

图 3－1　现金流量图

现金流量是一种很有用的资金运动分析方法，它可以清楚地反映出每一时刻资金的流动方向和数量，为进一步的投资分析或其他有关资金的时间价值分析打下基础。

二、时间价值的计算

（一）单利和复利

利息的计算有单利和复利两种方法。单利是指在规定期限内只就本金计算利息，每期的利息收入在下一期不作为本金，不产生新的利息收入。例如，本金为 100 元、年利息率为 10%的三年期单利定期存款，三年后的利息收入为 30 元，每年只产生价值本金 10%的利息收入。

复利，又称利滚利，是指每期的利息收入在下一期进行投资，产生新的利息收入。下一期的利息收入由前一期的本利和共同生成。比如，一张面值为 1000 元、年利息率为 10%、期限为 3 年的复利债券，第一年年底的价值为 $1000\times1.10=1100$ 元，第二年年底的价值为 $1000\times1.10^2=1210$ 元，第三年年底的价值为 $1000\times1.10^3=1331$ 元。复利的概念充分体现了资金时间价值的意义。投资者一旦掌握了可供使用的资金，应尽快将其投入到合适的使用方向，以获取新的收益。如果不能及时使用，将会造成资金的浪费。在讨论资金的时间价值时，一般都采用复利的概念。

（二）现值与终值

终值又称将来值，是指现在的一笔资金在未来一段时间后所具有的价值。比如，100 元以每年 10%的收益率进行投资，1 年后的价值为 $100\times(1+10\%)=110$ 元。

现值是指未来的现金收入或支出现在的价值。比如，1 年后收到 102 元，按照 2%的收益率计算，其现在的价值是：$PV=\frac{102}{1.02}=100$ 元。

1. 单利的现值与终值

（1）现值：

$$P=\frac{F}{1+i\times n}$$

式中，F 是 n 期后的现金流，i 是适用的利率。

（2）终值：

$$F=P(1+i\times n)$$

式中，F 是 n 期后的现金流，i 是适用的利率。

【例 3－1】 某公司向银行借款 100 万元，年利率为 10%，期限为 5 年，利息计算方式为单利，则 5 年后应偿还的本利是

$$F=P(1+i\times n)=100\times(1+10\%\times5)=150\ (万元)$$

2. 复利终值与现值

（1）复利终值。复利终值是指某一现金流按复利计算的一期或多期后的价值，其计算公式如下：

$$F=P(1+i)^n$$

式中，F 为现在的现金流，i 是适用的利率，$(1+i)^n$ 被称为复利终值系数或 1 元的复

利终值，用符号(F/P，i，n)来表示。例如，(F/P，8%，4)表示利率为8%的4期复利终值的系数。为了便于计算，可编制“复利终值系数表”(参见本书附表一)备用。

在其他条件一定的情况下，流量的终值与利率、时间呈同向变动，现金流量时间间隔越长，利率越高，终值越大。

【例3-2】 某公司向银行借款100万元，年利率为10%，期限为5年，利息计算方式为复利，则5年后应偿还的本利和为

$$F=P(1+i)^n=100\times(1+10\%)^5=161.05\ (\text{万元})$$

上述计算表明，在年利率为10%的条件下，5年后的161.05万元与现在的100万元在价值上是相等的。

(2) 复利现值。折现是指将未来预期发生的现金流量按折现率调整为现值的过程，复利现值是复利终值的逆运算。其公式为

$$P=F\,\frac{1}{(1+i)^n}$$

式中，i为贴现率，$1/(1+r)^n$是把终值折算为现值的系数，称为复利现值系数，或称作1元复利现值，用符号(P/F，i，n)来表示。例如，(P/F，10%，5)表示利率为10%时、5期的复利现值系数。为了便于计算，可编制“复利现值系数表”(参见本书附录2)。该表在其他条件不变的情况下，现金流量的现值与折现率、时间呈反向变动，现金流量间隔的时间越长，折现率越高，现值越小。

【例3-3】 某投资项目预计6年后可获得收益800万元，折现率为12%，则这笔收益的现值计算如下：

$$P=F\,\frac{1}{(1+i)^n}=800\times\frac{1}{(1+12\%)^6}=405.30\ \text{万元}$$

上述计算表明，在折现率为12%的条件下，6年后的800万元与现在的405.30万元在价值上是相等的。

(3) 名义利率和有效利率。现值或终值是根据复利原理计算的，在运用上述公式时，时期必须是复利计算期，利率或折现率必须是每个单位复利对应的利率或折现率。在实际中，金融机构提供的利率为年利率，通常称作名义利率(Normal Annual Rate)。如果年复利期数大于1，如每半年、每季度或每月复利一次，则按不同计息期计算的现值或终值就会有很大区别。通常将以年为基础计算的利率称为名义利率，将名义利率按不同计息期调整后的利率称为有效利率(Effective Annual Rate)。设一年复利次数为m次，名义利率为r，则有效利率为

$$\text{EAR}=\left(1+\frac{r}{m}\right)^m-1$$

【例3-4】 本金为1 000元，投资5年，年利率为8%，每季度复利一次，则有效利率和终值为

$$\text{EAR}=\left(1+\frac{r}{m}\right)^m-1=\left(1+\frac{8\%}{4}\right)^4-1=8.24\%$$

$$F=P(1+i)^n=1000\times(1+8.24\%)^5=1486\ (\text{元})$$

三、系列现金流量的终值与现值

前面探讨了现值和终值的概念，尽管这些概念有助于我们解决许多有关货币时间价值的问题，但我们常常要做很繁琐的工作。比如，一家银行要计算一笔20年期的每月付款的抵押贷款的现值。由于这笔抵押贷款有240个（20×12）付款期。所以这个简单的问题的计算也要费很多的时间。

因为许多基本的财务问题都像这样十分费时间。所以，本节我们会推导出一些简便的公式。我们给出下面与现金流计算有关的简化公式：

（一）永续年金

永续年金是一系列无限持续的恒定的现金流。这里有一个关于永续年金十分著名的例子，一个购买英国金边债券的投资者可以永远享有每年在英国政府领取利息的权利。

金边债券的价格通过以下的方法来确定。假定有一种金边债券，无限期地每年支付债息 A 元，简单地直接应用现值的计算公式就可得：

$$P=\frac{A}{1+i}+\frac{A}{(1+i)^2}+\frac{A}{(1+i)^3}+\cdots\frac{A}{(1+i)^n}+\cdots$$

利用等比数列求和公式，可得

$$P=A\times\frac{1-(1+i)^{-n}}{i}$$

当 $n\to\infty$ 时，$(1+i)^{-n}$ 的极限为零，故上式可写成：

$$P=\frac{A}{i}$$

综上所述，永续年金现值的计算公式为

$$P=\frac{A}{1+i}+\frac{A}{(1+i)^2}+\frac{A}{(1+i)^3}+\cdots=\frac{A}{i}$$

【例3-5】 假如有一笔永续年金，每年要付给投资者100元。如有关利率为8%，该永续年金的利率现值为

$$\text{PV}=\frac{100}{8\%}=1250\ (\text{元})$$

现在假定利率降至6%，由式可得这笔永续年金的现值为

$$\text{PV}=\frac{100}{6\%}=1666.67\ (\text{元})$$

（二）永续增长年金

永续增长年金（Growing Perpetuity）是指在无限期内，时间间隔相同、不间断、金额不相等但每期增长率相等的一系列现金流。

根据定义可得其现值的计算公式：

$$P=\frac{A}{1+i}+\frac{A\times(1+g)}{(1+i)^2}+\frac{A\times(1+g)^3}{(1+i)^3}+\cdots+\frac{A\times(1+g)^{n-1}}{(1+i)^n}+\cdots$$

式中，P是现在开始一期以后收到的现金流；g 是每期的增长率；i 是适用的折现率。

该式可以化简为

$$P=\frac{A}{i-g}$$

该式即为永续增长年金现值的计算公式。

【例 3-6】 假设一投资者下一年预期得到的股利是 1.3 元，而且股利将以 5%增长到永远。折现率为 10%，则该支付的股利流现值为

$$P=\frac{A}{i-g}=\frac{1.3}{10\%-5\%}=26\text{（元）}$$

关于永续年金的增长公式需要注意以下三点：

(1) 分子。分子是现在起一期后收到的现金流，而不是当前的现金流。

(2) 折现率和增长率。在这里，折现率 i 一定要高于增长率 g，这样永续增长年金公式才会有意义。假设增长率与折现率数值十分接近，公式中的分母就会趋于无穷小，以至于现值就会变得无穷大。事实上，一旦增长率 g 高于折现率 i，计算现值就没有意义了。

(3) 时间假设。现实世界中，公司现金的流入或流出是随机的，并且几乎是连续不断的。但是上式中。我们假定现金的流入和流出是有规律且确定的。这种假定可以节省很多计算时间，因而也是合理的。但是，使用者一刻也不应该忘记这只是一个“假定”。

（三）年金

年金是指一系列稳定有规律的、持续一段固定时期的现金流。年金是一项最为常见的金融工具。人们退休后所得的养老金经常是以年金的形式发放的。租赁费和按揭贷款也是常见的年金的形式。

为了求出年金的现值，我们必须先求出下式的值：

$$\frac{A}{1+i}+\frac{A}{(1+i)^2}+\frac{A}{(1+i)^3}+\cdots+\frac{A}{(1+i)^n}$$

这种等同于仅仅收取 n 期债息的年金现值肯定会小于金边债券的现值，然而究竟相差多少呢？要回答这个问题，我们还要进一步研究一下“金边债券”。

请看图 3-2 的时间图：

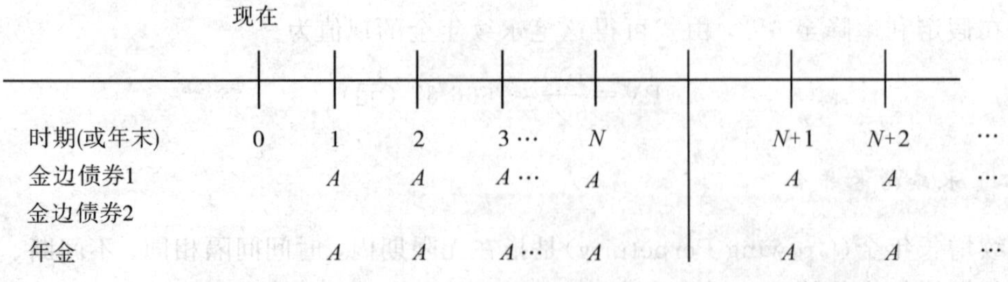

图 3-2　时间图

金边债券 1 是一种 1 期后开始支付利息的普通的金边债券，金边债券 2 的债息则是从 $N+1$ 开始支付的。t 期内每收到 C 元现金流年金的现值就等于金边债券 1 的现值减去金

边债券 2 的现值，金边债券 1 的现值可由下式得出：

$$P_1=\frac{A}{i} \tag{3-1}$$

金边债券 2 是从 $N+1$ 期开始付息的，由永续年金的计算公式，我们可知它在 N 期的现值是 A/i。然而，我们想得到的是它在第 0 期即现在的现值，而不是其在 N 期的价值。因而必须将这 N 期的 A/i 折现到 0 期。这样，金边债券 2 的现值为

$$P_2=\frac{A}{i}\left[\frac{1}{(1+i)^n}\right] \tag{3-2}$$

N 期内每期收到 A 元的现金流的现值就是 1 期开始付息的金边债券的现值减去 $N+1$ 期开始付息的金边债券的现值。这样年金的现值就可用公式(3-1)与公式(3-2)相减，得到年金现值 P：

$$P=\frac{A}{i}-\frac{A}{i}\left[\frac{1}{(1+i)^n}\right] \tag{3-3}$$

公式(3-3)即年金现值的计算公式。也可写为

$$P=A\left[\frac{1-\frac{1}{(1+i)^n}}{i}\right] \tag{3-4}$$

式 3-4 中的 $\frac{1-\frac{1}{(1+i)^n}}{i}$ 是普通年金为 1 元、利率为 i、经过 n 期的年金现值，记作 $(p/A,i,n)$。可据此编制“年金现值系数表”(参见本书附表三)，以供查阅。

【例 3-7】 如果从现在起，某人三年内每年年末将得到 1000 元的现金收益，若贴现率为 4%，其现值为

$$P=A\left[\frac{1-\frac{1}{(1+i)^n}}{i}\right]=1000\left[\frac{1-\frac{i}{(1+4\%)^n}}{4\%}\right]=2775\text{（元）}$$

我们同样给出年金的终值计算公式：

$$F=A\left[\frac{(1+i)^n}{i}-\frac{1}{i}\right]=A\left[\frac{(1+i)^n-1}{i}\right] \tag{3-5}$$

式 3-5 中的 $\frac{(1+i)^n-1}{i}$ 是普通年金为 1 元、利率为 i、经过 n 期的年金终值，记作 $(S/A,i,n)$。可据此编制“年金终值系数表”(参见本书附表四)，以供查阅。

【例 3-8】 某人三年内每年年底存入银行 1 000 元，存款利率为 4%，按复利计息，计算三年年底的年金终值。

$$F=A\left[\frac{(1+i)^n-1}{i}\right]=1000\times\left[\frac{(1+4\%)^3-1}{4\%}\right]=3121.6\text{（元）}$$

（四）增长年金

由于企业实际增长或通货膨胀的原因，企业的现金流常会随时间的增长而增长。增速永续年金作为一种无限期的现金流，为解决此类增长的计算问题提供了方法。我们现在研

究的增长年金(Growing Annuity)，它是一种在有限时期内增长的现金流。因为现实生活中永续年金种类比较少，因而增长年金计算公式将会十分有用。增长年金现值的计算公式：

$$P=A\left[\frac{1}{i-g}-\frac{1}{i-g}\times\left(\frac{1+g}{1+i}\right)^{n}\right]=A\left[\frac{1-\left(\frac{1+g}{1+i}\right)^{n}}{i-g}\right]$$

式中，A 与前面一样是指第 1 期末开始支付的数额；i 是利率；g 是每期的增长率，用一个百分比来表示；n 是年金支付的持续期。

【例 3－9】 一个退休计划承诺第一年将支付 20 000 元，而且以后每年以 3%的增长率增长，持续期间为 40 年。如果折现率是 10%，那么这个退休计划的现值为

$$P=A\left[\frac{1-\left(\frac{1+g}{1+i}\right)^{n}}{i-g}\right]=20\ 000\left[\frac{1-\left(\frac{1+3\%}{1+10\%}\right)^{40}}{10\%-3\%}\right]=265\ 121.57\ (\text{元})$$

第二节 债券的定价

一、债券的定义与特征

(一) 定义

债券是由企业、金融机构或政府发行的，表明发行人(债务人)对其承担还本付息义务的一种债务性证券，是企业和政府对外进行负债融资的主要工具。所谓负债，代表着一种必须偿还的义务，这种义务是因为借款而产生的。债务发行方式中借款方被称为债务人，要承诺定期支付利息并偿还本金。债券的购买者(投资者)借款给别人，被称为债权人。

债券作为一种有价证券，有以下四个基本要素。

1. 票面价值

债券面值是指设定的票面金额，它代表发行人借入并且承诺于未来某一特定日期偿付给债券持有人的金额。

2. 票面利息率

债券票面利率是指债券发行者预计一年内向投资者支付的利息占票面金额的比率。票面利率不同于实际利率。实际利率通常是指按复利计算的一年期的利率。债券的计息和付息方式有多种，可能使用单利或复利计息，利息支付可能半年一次、一年一次或到期日一次总付，这就使得票面利率可能不等于实际利率。

3. 到期日

债券的到期日指偿还本金的日期。债券一般都规定到期日，以便到期时归还本金。

4. 发行价格

债券的发行价格由债券的面值、期限、票面利率、市场利率以及债券的信用级别等决定。根据债券发行价格与债券面值间的关系，债券的发行价格高于债券面值时，为溢价发行；当债券的发行价格等于债券面值时，为平价发行；当债券发行价格低于债券面值时，

为折价发行。

（二）特征

1. 流动性

债券有规定的偿还日期，但是，债券可以在证券市场上交易，所以，债券持有人在债券到期之前如需要将其转换为现金，可以将债券在证券市场上出售，也可以用债券作为抵押品向银行等金融机构申请贷款。因此，债券具有及时转化为现金的能力，这就是债券的流动性。

2. 收益性

债券持有者可以按规定的利息率定期获得利息收益，并有可能在因市场利率下降等原因造成债券价格上升时获得债券升值收益，具有收益性。

3. 风险性

债券持有者可能因债务人破产而不能收回全部本息，也可能因市场利率上升导致债券价格下跌而蒙受损失，还可能因通货膨胀而使实际利息收益降低等等，这些造成了债券收益的不确定性，即债券的风险性。

4. 返还性

债券到期后必须还本付息，具有返还性。

债券的上述特性是相互矛盾、相互补偿的。一般来说，若风险性小、流动性强，则收益率较低；而如果风险性大、流动性差，则收益率较高。比如，国债的风险性最小，其收益率也低；而企业债务风险性较大，其收益率也更高。

二、债券的估价

债券的价值由其未来现金流入的现值决定。一般来讲，债券属于固定收益证券，其未来现金收入由各期利息收入和到期时收回的面值两部分组成。一张面值为 M，各期利息收入为 I，期限为 n 的债券的现金流量为

$$PV=\frac{I}{1+i}+\frac{I}{(1+i)^2}+\frac{I}{(1+i)^3}+\cdots\frac{I}{(1+i)^n}+\frac{M}{(1+i)^n}$$

$$=\sum_{t=1}^{n}\frac{I}{(1+i)^t}+\frac{M}{(1+i)^n}$$

式中，I 为各期利息收入，M 为债券的面值，n 为债券的付息期数，i 为投资者要求的回报率。

【例 3-10】 甲公司拟于 2015 年 2 月 1 日发行面额为 1 000 元的债券，其票面利率为 8%，每年 2 月 1 日计算并支付一次利息，并于 5 年后的 1 月 31 日到期。同等风险投资的必要报酬率为 10%，则债券的价值为

$$PV=\frac{80}{1+10\%}+\frac{80}{(1+10\%)^2}+\frac{80}{(1+10\%)^3}+\frac{80}{(1+10\%)^4}+\frac{80+1000}{(1+10\%)^5}$$

$$=924.18\text{ 元}$$

通过该公式可以看出，影响债券定价的因素有折现率、利息率、计息期和到期时间。

三、债券的利率风险

（一）债券价值与折现率

由银行利率的波动而给债券持有者带来的风险被称为利率风险。债券利率风险的大小取决于价格相对于利率变化的敏感性，这个敏感性直接取决于两个因素：到期时间和票面利率。

债券价值与折现率有密切的关系。债券定价的基本原则是：折现率等于债券利率时，债券价值就是其面值。如果折现率高于债券利率，债券的价值就低于面值；如果折现率低于债券利率，债券的价值就高于面值。对于所有类型的债券估价，都必须遵循这一原理。

如果在例 3－10 中，折现率是 8%，则债券价值为

$$PV=\frac{80}{1+8\%}+\frac{80}{(1+8\%)^2}+\frac{80}{(1+8\%)^3}+\frac{80}{(1+8\%)^4}+\frac{80+1000}{(1+8\%)^5}=1000\text{（元）}$$

如果在例 3－10 中，折现率是 6%，则债券价值为

$$PV=\frac{80}{1+6\%}+\frac{80}{(1+6\%)^2}+\frac{80}{(1+6\%)^3}+\frac{80}{(1+6\%)^4}+\frac{80+1000}{(1+6\%)^5}=1084.25\text{（元）}$$

【例 3－11】 某一两年期债券，每半年付息一次，票面利率 8%，面值 1 000 元。假设折现率是 8%，计算其债券价值。

一年复利两次，则半年折现率为 8%/2=4%，因此

$$V=PV_{(\text{利息})}+PV_{(\text{本金})}=\frac{40}{1.04}+\frac{40}{1.04^2}+\frac{40}{1.04^3}+\frac{40}{1.04^4}+\frac{1000}{1.04^4}=1000\text{（元）}$$

应当注意，折现率也有实际利率（周期利率）和名义利率（报价利率）之分。凡是利率，都可以分为名义的和实际的。当一年内要复利几次时，给出的年利率是名义利率，名义利率除以年内复利次数得出实际的周期利率。对于这一法则，票面利率和折现率都需要遵守，否则就破坏了估价法则的内在统一性，也就失去了估价的科学性。在计算债券价值时，除非特别指明，折现率与票面利率采用同样的计息法则，包括计息方式（单利还是复利）、计息期和利息率性质（报价利率还是实际利率）。

（二）债券价值与到期时间

债券价值不仅受折现率的影响，而且受债券到期时间的影响。债券的到期时间，是指当前日至债券到期日之间的时间间隔。随着时间的延续，债券的到期时间逐渐缩短，至到期日时该间隔为零。

在折现率一直保持不变的情况下，不管它高于或低于票面利率，债券价值随到期时间的缩短逐渐向债券面值靠近，至到期日债券价值等于债券面值，这种变化过程如图 3－3 所示。当折现率高于票面利率时，随着时间向到期日靠近，债券价值逐渐提高，最终等于债券面值；当折现率等于票面利率时，债券价值一直等于票面价值；当折现率低于票面利率时，随着时间向到期日靠近，债券价值逐渐下降，最终等于债券面值。

图 3－3 显示的是连续支付利息的情况，或者说是支付期无限小的情景。如果不是这样，而是每间隔一段时间支付一次利息，债券价值会呈现周期性波动，后面将讨论这种情况。

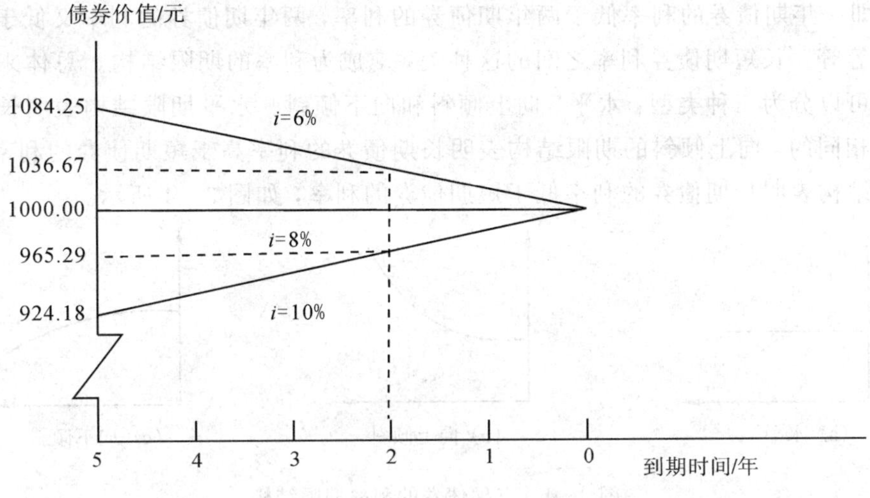

图 3-3　债券价值与到期时间

在例 3-10 中，如果到期时间缩短至 2 年，在折现率等于 10%的情况下，债券价值为

$$PV=\frac{80}{1+10\%}+\frac{80}{(1+10\%)^2}+\frac{1000}{(1+10\%)^2}=965.29\ (元)$$

在折现率不变(10%)的情况下，到期时间为 5 年时债券价值为 924.18 元，到期时间为 2 年时债券价值上升至 965.29 元，向面值 1000 元靠近了。

在例 3-10 中，如果折现率为 6%，到期时间为 2 年时，债券价值为

$$PV=\frac{80}{1+6\%}+\frac{80}{(1+6\%)^2}+\frac{1000}{(1+6\%)^2}=1036.67\ (元)$$

在折现率为 6%并维持不变的情况下，到期时间为 5 年时债券价值为 1084.25 元，3 年后下降至 1036.67 元，向面值 1000 元靠近了。

在折现率为 8%并维持不变的情况下，到期时间为 2 年时债券价值为

$$PV=\frac{80}{1+8\%}+\frac{80}{(1+8\%)^2}+\frac{1000}{(1+8\%)^2}=1000\ (元)$$

在折现率等于票面利率时，到期时间的缩短对债券价值没有影响。

综上所述，当折现率一直保持至到期日不变时，随着到期时间的缩短，债券价值逐渐接近其票面价值。如果付息期无限小则债券价值表现为一条直线。

如果折现率在债券发行后发生变动，债券价值也会因此而变动。随着到期时间的缩短，折现率变动对债券价值的影响越来越小。这就是说，债券价值对折现率特定变化的反应越来越不灵敏。

从上述计算 可以看出，如果折现率从 8%上升到 10%，债券价值从 1000 元降至 924.18 元，下降了 7.6%；在到期时间为 2 年时，折现率从 8%上升至 10%，债券价值从 1000 元降至 965.29 元，仅下降 3.5%。

四、利率的期限结构

债券的期限不同，其利率通常也有所不同。一般来讲，短期债券的利率小于长期债券

的利率，即一年期债券的利率低于两年期债券的利率，两年期债券的利率又低于三年期债券的利率等等。长短期债券利率之间的这种关系，成为利率的期限结构。总体来看利率的期限结构可以分为三种类型：水平、向上倾斜和向下倾斜。水平期限结构表明长短期债券的利率是相同的，向上倾斜的期限结构表明长期债券的利率高于短期债券的利率，向下倾斜的期限结构表明长期债券的利率低于短期债券的利率，如图 3-4 所示。

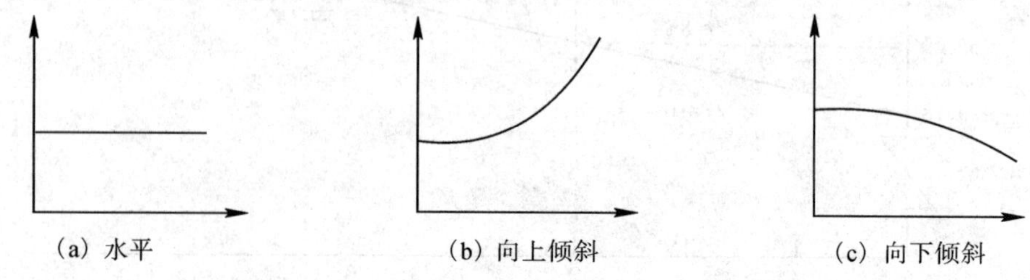

图 3-4　三种债券的利率期限结构

期限结构的形状主要由三个基本部分组成，即实际利率、通货膨胀率以及利率风险。

实际利率是投资者对于放弃资金使用权所要求的补偿。在调整了通货膨胀的影响之后，你可以将其视作货币的纯时间价值。实际利率是许多因素的综合函数，它对于期限结构的形状其实仅有微小的影响。

相反，未来的通货膨胀因素则会非常强劲的影响期限结构的形状。投资者们考虑到借出不同期限长短的资金时，他们意识到未来发生的通货膨胀将会侵蚀所获得的货币价值，因此，投资者们通过要求更高名义利率的方式寻求对这个部分损失的补偿，而这额外的补偿就被称作通货膨胀溢价。如果投资者认为通货膨胀在未来将会更高，长期名义利率将会高于短期利率，那么向上倾斜的期限结构将会反映出在通货膨胀上的预计增长。同样，向下倾斜的期限结构在很大程度上反映出对于未来通货膨胀率将会下降的预期。

与短期债券相比，长期债券在利率上升时遭受损失的风险更大，投资者意识到这类风险，因此他们要求得到额外的补偿，这种补偿就通过要求更高的利率来实现。这份额外的补偿被称作利率风险溢价。距到期日的时间越长，利率风险越大，因此风险溢价将会随着到期期限的增加而增加。

综上所述，利率的期限结构实际上反映出实际利率、通货膨胀溢价以及利率风险溢价三者的综合影响。

五、债券的久期

在债券投资中，久期可以被用来衡量债券或者债券组合的利率风险。

久期(Duration)又称为债券的持续期，它的定义为

$$久期(\mathrm{Dur})=\frac{\sum_{t=1}^{n}\frac{t\times \mathrm{CF}_t}{(1+r)^t}}{\sum_{t=1}^{n}\frac{\mathrm{CF}_t}{(1+r)^t}}=\frac{1}{p}\sum_{t=1}^{n}\frac{t\times CF_t}{(1+r)^t}$$

式中，分子是以债券各期现金流量的现值$\frac{CF_t}{(1+r)^t}$与相应的期限t的乘积，也就是根据各次支付时间加权的债券未来现金流量的现值。分母是债券未来收益的现值，即债券的价格P。

一般来说，久期和债券的到期收益率成反比，和债券的剩余年限及票面利率成正比。对于一个普通的附息债券，如果债券的票面利率和其当前的收益率相当的话，该债券的久期就等于其剩余年限。当一个债券是贴现发行的无票面利率债券，那么该债券的剩余年限就是其久期。债券的久期越大，利率的变化对该债券价格的影响也越大，因此风险也越大。在降息时，久期大的债券上升幅度较大；在升息时，久期大的债券下跌的幅度也较大。因此，预期未来升息时，可选择久期小的债券。在债券分析中久期已经超越了时间的概念，投资者更多地把它用来衡量债券价格变动对利率变化的敏感度，并且经过一定的修正，以使其能精确地量化利率变动给债券价格造成的影响。修正久期越大，债券价格对收益率的变动就越敏感，收益率上升所引起的债券价格下降幅度就越大，而收益率下降所引起的债券价格上升幅度也越大。

【例 3－12】 一张期限为 5 年、面值为 1000 元、票面利率为 8%、每年付息一次的债券，在到期收益率为 10%时的久期为 4.282 年，具体计算过程如下：

债券价格：

$$PV=\frac{80}{(1+10\%)}+\frac{80}{(1+10\%)^2}+\frac{80}{(1+10\%)^3}+\frac{80}{(1+10\%)^4}+\frac{80+1000}{(1+10\%)^5}=924.18\text{ 元}$$

$$\text{久期的分子}=\frac{1\times 80}{1+10\%}+\frac{2\times 80}{(1+10\%)^2}+\frac{3\times 80}{(1+10\%)^3}+\frac{4\times 80}{(1+10\%)^4}+\frac{5\times(80+1000)}{(1+10\%)^5}$$
$$=3956.81\text{ 元}$$

$$\text{久期(Dur)}=\frac{3956.81}{924.18}=4.28\text{（年）}$$

久期的公式还可以写为

$$\mathrm{Dur}=\sum_{t=1}^{n}t\times\left[\frac{\frac{CF_t}{(1+r)^t}}{\sum_{t=1}^{n}\frac{CF_t}{(1+r)^t}}\right]=\sum_{t=1}^{n}t\times\left[\frac{\frac{CF_t}{(1+r)^t}}{P}\right]\qquad(3-6)$$

式(3－6)表明，久期是债券各期现金流量发生的时间(第 1 期、第 2 期、……、第 n 期)以债券各期现金流量的现值与债券的现值(价格)之比为权重相乘后求和得到。

债券支付利息的时间间隔越大，分子的数值越大，债券的久期越长。零息债券的久期就是其距离到期日的时间，比如，一张期限 5 年，到期收益率也是 10%的零息债券的久期是：$\mathrm{Dur}=\frac{5\times 1000/1.10^5}{1000/1.10^5}=5$ 年。而附息债券的久期总是小于其距离到期日的时间，因为有些利息在到期日之前就支付了。

久期是在现值的基础上衡量的债券的平均期限，久期越长，表明债券收回投资的平均期限越长。根据我们对债券利率风险的分析，债券的期限越长，其利率风险越大。由于久期同时考虑了利率变动对债券到期日的现金流量和各期利息支付的数值的影响，因此，具有同样久期的债券，尽管它们的到期期限和票面利率可以有所不同，但它们的价格对利率变化的反应却非常相似。所以，久期是一种对债券风险的测度。具体来说，债券价格变动的百分比与债券的久期之间大致存在着以下关系：

$$价值变化百分比 \approx - \text{Dur} \times (1 + 债券到期收益率的变化百分比) \tag{3-7}$$

式(3－7)等价于式(3－8)：

$$\frac{\Delta P}{P} \approx - \text{Dur} \times \left(\frac{\Delta r}{1+r}\right) \tag{3-8}$$

式中，ΔP 为债券价格的变化量，P 为债券的初始价格，Δr 为债券到期收益率的变化量，r 为债券的到期收益率。

【例 3－13】 如果例 3－12 中的债券的到期收益率由 10%下降到 9%，这一债券的价格将变化百分之多少？

债券的初始价格 P 为 924.2 元，初始到期收益率 r 为 10%，到期收益率的变化 Δr 为 －1%，债券的久期为 4.28 年。将上述数字带入式(3－8)得：

$$\frac{\Delta P}{P} \approx - \text{Dur} \times \left(\frac{\Delta r}{1+\text{r}}\right) = -4.28 \times \left(-\frac{0.01}{1.10}\right) = 0.039 = 3.9\%$$

即债券的价格将上升 3.9%。

式(3－8)可以变为：

$$\frac{\Delta P}{P} = -\left(\frac{\text{Dur}}{1+r}\right) \Delta r \tag{3-9}$$

式中：$\text{Dur}_m = \left(\frac{\text{Dur}}{1+r}\right)$ 称为修正的久期或修正的平均期限，它反映出债券到期收益率变化 1%时债券价格变化的百分比。

六、债券的评级

公司常会支付一定的费用来为公司的债务进行评级。目前国际上公认的最具权威性的信用评级机构，主要有美国标准普尔公司和穆迪投资服务公司。债券评级是对发行公司的信誉所进行的评估，穆迪和标准普尔所采用的信誉定义是基于公司有多大可能性违约以及违约后债权人所受到的保护。

债券评级取决于公司以及其他渠道所披露的信息。评级的等级以及评级相关的信息如表 3－1 所示。

公司债券所能评上的最高等级为 AAA 或是 Aaa，这样的债券被认为是质量最好和风险最低的。同时有很大一部分公司借贷形式等级较差，或可称为垃圾债券。建议投资级别的债券都是评级至少达到 BBB(标准普尔)或是 Baa(穆迪)。

从长期来看，评级机构的工作非常有意义，它们对债券的平均违约风险进行了测度，并且在经济整体信用程度发生剧烈变化时，对公司信用级别进行相应的调整。然而要明确的是，评级结果不可能随着信用质量的变化而马上加以调整，在很多情况下，在信用质量变化与评级结果调整之间存在着相当长的时间滞后。

表 3-1　评级等级及相关信息表

	投资等级的债券评级				低等级、投机性或垃圾债券评级					
	高等级		中等级		低等级		极低等级			
标准普尔	AAA	AA	A	BBB	BB	B	CCC	CC	C	D
穆迪	Aaa	Aa	A	Baa	Ba	B	Caa	Ca	C	
穆迪	标准普尔									
Aaa	AAA	评级为 Aaa 或是 AAA 的债券拥有最高的评级，其支付利息和偿付本金的能力特别强								
Aa	AA	评级为 Aa 或是 AA 的债券支付利息与偿付本金的能力非常强，处于这个等级的债券与最高评级债券共同构成了最高等级债券类别								
A	A	评级为 A 的债券支付利息与偿付本金的能力较强，尽管相比于高等级的债券而言，处于这一等级的债券更容易受到环境或经济状况的负面影响								
Baa	BBB	评级为 Baa 或是 BBB 的债券拥有足够的能力可以支付利息和偿付本金。尽管该类债券通常的保护性条款足够充分，但相比于评级较高的债券类别而言，较差的经济状况以及环境的变化更容易导致其支付利息与偿付本金的能力变弱，这些债券处于中间等级								
Ba；B Caa Ca C	BB；B CCC CC C	根据债券支付利息与偿付本金的能力，而且综合考虑契约的条款，处于本评级类别的债券通常被认为主要是投机性的债券。BB 或是 Ba 意味着相应债券的投机性最弱，而 Ca、CC 以及 C 的评级对应的则是投机性最强的债券。尽管此类债券可能会有一些保护性条款，但这些都不足以弥补不利的情况下产生的高不确定性以及所承担的主要风险。穆迪评级中的 C 级通常都会发生违约								
	D	评级为 D 的债券发生了违约，同时利息的支付或是本金的偿付都将变为欠款								

注：有时穆迪和标准普尔会对这些评级进行一些调整。标准普尔评级运用加号或减号：A+是评级为 A 的债券中偿债能力最强的，A-则是偿债能力最弱的。穆迪评级运用 1，2，3 来进行标记，其中 1 所表示的债券是偿债能力最强的。穆迪评级没有评级为 D 的债券。

第三节　股票估价

一、普通股价格

股票是股份公司发给股东的所有权凭证，是股东借以取得股利的一种有价证券。股票持有者即为该公司的股东，对该公司财产有要求权。

股票可以按不同的方法和标准分类：按股东所享有的权利，可分为普通股和优先股；按票面是否标明持有者姓名，分为记名股票和不记名股票；按股票票面是否记明入股金额，分为有面值股票和无面值股票；按能否向股份公司赎回自己的财产，分为可赎回股票和不可赎回股票。我国目前各公司发行的都是不可赎回的、记名的、有面值的普通股票，只有少量公司过去按当时的规定发行过优先股票。

股票本身是没有价值的，仅是一种凭证。它之所以有价格，可以买卖，是因为它能给持有人带来预期收益。一般说来，公司第一次发行时，要规定发行总额和每股金额，一旦股票发行后上市买卖，股票价格就与原来的面值分离。这时的价格主要由预期股利和当时的市场利率决定，即股利的资本化价值决定了股票价格。此外，股票价格还受整个经济环境变化和投资者心理等复杂因素的影响。股市上的价格分为开盘价、收盘价、最高价和最低价等，投资人在进行股票估价时主要使用收盘价。股票的价格会随着经济形势和公司的经营状况而升降。

股利是公司对股东投资的回报，它是股东所有权在分配上的体现。股利是公司税后利润的一部分。

一只股票实际上会带来两类现金流：第一类，许多股票会定期支付股利；第二类，股票持有者在出售股票时会得到出售价格所代表的金额。因此，需要对普通股进行估值。

我们首先从讨论这样的情形开始：假设有一名投资者将要购买股票，并持有一年，而且今天他愿意为该股票所支付的价格为 P_0。也就是说，他所计算的 P_0 为

$$P_0=\frac{\text{Div}_1}{1+R}+\frac{P_1}{1+R} \tag{3-10}$$

式中，Div_1 是在年末支付的股利，P_1 是年末的价格，P_0 是普通股投资的现值，R 是股票的近似折现率。

有一名投资者愿意在第一年年末以 P_1 价格购买此股票，该名投资者的决定如下：

$$P_1=\frac{\text{Div}_2}{1+\text{R}}+\frac{\text{P}_2}{1+\text{R}} \tag{3-11}$$

将式(3－11)带入式(3－10)，可得：

$$P_0=\frac{1}{1+R}\left[\text{Div}_1+\left(\frac{\text{Div}_2+P_2}{1+R}\right)\right]=\frac{\text{Div}_1}{1+R}+\frac{\text{Div}_2}{(1+R)^2}+\frac{P_2}{(1+R)^2} \tag{3-12}$$

式(3－12)中的 P_2 是第2年年末时有一名投资者愿意为该股票在第三年的股利和股价支付 P_2 的价格。这个过程可以被推广到无限次，最终得到如下的式子：

$$P_0=\frac{\text{Div}_1}{1+R}+\frac{\text{Div}_2}{(1+R)^2}+\frac{\text{Div}_3}{(1+R)^3}+\cdots=\sum_{t=1}^{\infty}\frac{\text{Div}_t}{(1+R)^t}$$

由此可以看出，对于投资者来说，普通股的价格就等于所有预期未来股利的现值。

二、股利折现定价模型

根据股利预期的三种基本变动类型，可将股票股价模型分为零增长、固定增长和变动增长三种情况。

（一）零增长

当股票发行公司保持现金股利发放额为一常数 Div 不变，股票就相当于一个每年现金流量为 Div 的永续年金，股票的定价模型如下：

$$P_0=\frac{\text{Div}}{1+R}+\frac{\text{Div}}{(1+R)^2}+\frac{\text{Div}}{(1+R)^3}+\cdots=\sum_{t=1}^{\infty}\frac{\text{Div}}{(1+R)^n}=\frac{\text{Div}}{R}$$

【例 3-14】 每年分配股利 2 元，最低报酬率为 16%，则

$$P_0=\frac{2}{16\%}=12.5\ (\text{元})$$

这就是说，该股票每年给你带来 2 元的收益，在市场利率为 16%的条件下，它相当于 12.5 元资本的收益，所以其价值是 12.5 元。当然，实际市场上的股价不一定就是 12.5 元，还要看投资人对风险的态度，可能高于或低于 12.5 元。

如果当时的市价不等于股票价值，例如市价为 12 元，每年固定股利 2 元，则其预期报酬率为

$$R=\frac{2}{12}\times 100\%=16.67\%$$

（二）固定增长

当股票发行公司在保持股票现金股利的基期股利为 Div_0 的基础上，每年以固定的速率 g 增长，则第一期的股利为

$$\text{Div}_1=\text{Div}_0\times(1+g)$$

第 2 期的股利为

$$\text{Div}_2=\text{Div}_1\times(1+g)=\text{Div}_0\times(1+g)^2$$

以此类推，第 t 期的现金股利为

$$\text{Div}_t=\text{Div}_0\times(1+g)^t$$

则股票定价模型如下：

$$\begin{aligned}P_0&=\frac{\text{Div}_0\times(1+g)}{1+R}+\frac{\text{Div}_0\times(1+g)^2}{(1+R)^2}+\frac{\text{Div}_0\times(1+g)^3}{(1+R)^3}+\cdots\\&=\sum_{t=1}^{\infty}\frac{\text{Div}_0\times(1+g)^t}{(1+R)^t}=\frac{\text{Div}_0\times(1+g)}{R-g}=\frac{\text{Div}_1}{R-g}\end{aligned}\tag{3-13}$$

【例 3-15】 假设一个投资者正考虑购买甲公司的股票，预期 1 年后公司支付的股利为 3 元/股，该股利预计在可预见的将来以每年 8%的比例增长，投资者基于对该公司风险的评估，要求最低获得 12%的股票收益率，根据公式(3-13)，甲公司股票价格为

$$P_0=\frac{\text{Div}_1}{R-g}=\frac{3}{12\%-8\%}=75(\text{元})$$

如果市场是有效的，甲公司股票的现时市场价格应该等于其预期价格(按模型估计)，股票投资的必要收益率(折现率)等于预期收益率。在例 3-15 中，假设甲公司股票现时售价 75 元，投资者预期在下一年收到现金股利 3 元，预期一年后股票出售价格为 81 元，那么股东的预期收益率为

$$预期收益率=\frac{3}{75}+\frac{81-75}{75}=12\%$$

在12%的预期收益率中，4%为股利收益率，8%为资本利得收益率。如果已知股票市场价格、预期股利及股利增长率，也可以计算股票预期收益率：

$$预期收益率=\frac{Div_1}{P_0}+g=\frac{3}{75}+8\%=12\%$$

（三）变动增长

在现实生活中，有的公司股利是不固定的。例如，在一段时间里高速增长，在另一段时间里正常固定增长或固定不变。在这种情况下，就要分段计算，才能确定股票的价值。

【例3-16】 A公司预计未来3年不派发现金股利，第4年派发每股0.5元的现金股利，此后每年按照5%的速率增长，投资者对该股票要求的回报率为15%，求A公司股票的价格。

A公司的现金股利如图3-5所示。

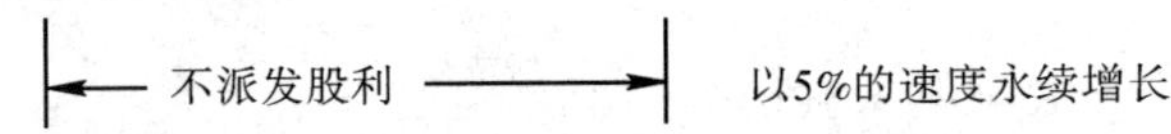

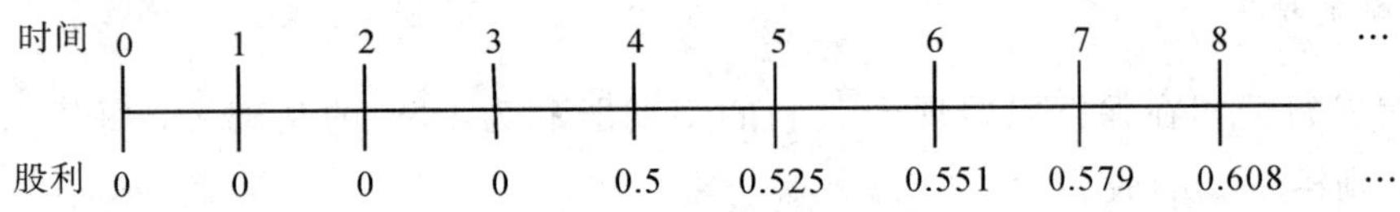

图3-5 A公司现金股利图

A公司从第4年开始派发现金股利，第3年时公司股票的价格可以用式(3-13)计算：

$$P_3=\frac{Div_4}{R-g}=\frac{0.5}{0.15-0.05}=5\ (元)$$

目前的价格 P_0 为

$$P_0=\frac{P_3}{(1+R)^3}=\frac{5}{(1+0.15)^3}=3.29\ (元)$$

A公司股票当前的价格为3.29元。

【例3-17】 公司预计未来3年第1年派发每股1元现金股利，第2年派发每股2元现金股利，第3年派发每股2.5元现金股利，此后每股现金股利每年按照5%的速率增长，投资者对该股票要求的回报率为15%，求B公司股票的价格。

B公司的现金股利如图3-6所示。

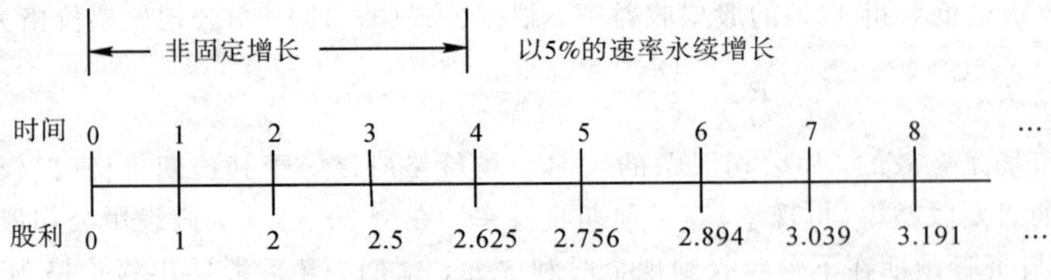

图3-6 B公司现金股利图

B公司的现金股利从第3年开始等速增长，同样运用式(3－13)计算出第3年的股票价格 P_3：

$$P_2=\frac{\text{Div}_4}{R-g}=\frac{2.625}{0.15-0.05}=26.25\ (\text{元})$$

当前的股票价格 P_0 为：

$$P_0=\frac{\text{Div}_1}{1+R}+\frac{\text{Div}_2}{(1+R)^2}+\frac{\text{Div}_3+P_3}{(1+R)^3}=\frac{1}{1+0.15}+\frac{2}{(1+0.15)^2}+\frac{28.75}{(1+0.15)^3}$$
$$=0.870+1.512+18.90=21.28\ (\text{元})$$

【例3－18】 C公司预期1年后派发每股0.5元的现金股利，预计此后5年公司的现金股利将以每年25％(g_1)的速率增长，其后现金股利的增长率回落到5％(g_2)，并一直持续下去。如果投资者要求的回报率为15％，计算C公司股票现在的价格。

C公司的现金股利如图3－7所示。

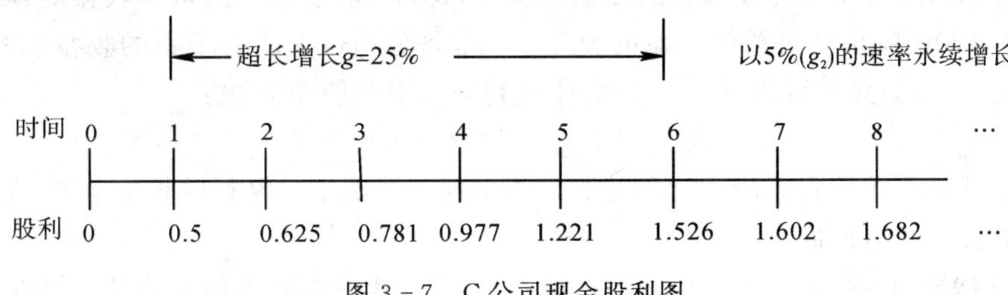

图3－7　C公司现金股利图

C公司的现金股利从第6年开始等速增长，运用式(3－13)计算出第6年的股票价格 P_6：

$$P_6=\frac{\text{Div}_7}{R-g}=\frac{1.602}{0.15-0.05}=16.02\ (\text{元})$$

当前的股票价格 P_0 为

$$\text{股票价格}=\sum_{i=1}^{6}\frac{\text{Div}_1\times(1+g_1)^{i-1}}{(1+R)^i}+\frac{P_6}{(1+R)^6}$$
$$=\sum_{i=1}^{6}\frac{0.5\times(1+0.25)^{i-1}}{(1+0.15)^i}+\frac{16.02}{(1+0.15)^6}=10.165\ (\text{元})$$

C公司当前的股票价格为每股10.165元。

（四）参数估计

1. 现金股利增长率 g

如何估计现金股利增长率 g 是利用股利增长模型进行股票估值时面临的一个主要问题，下面介绍一种简化的估计方法。

假设企业收益的增长完全来自于其新增的净投资，而新增的净投资又来源于股东的留存收益(如果新增投资来源于新增的外部投入，则新增收益应属于这些新增的外部投入者；如果新增投资来源于新增的外部负债，则因此而增加的股东收益将增大股东的投资风险，在一定条件下可以认为这两种情况对股票价格不产生影响)，而且企业保持每年利润中用于现金股利分配的比率不变，那么，下一年的股东收益与本年的股东收益之间有如下关系：

下一年的股东收益＝本年股东收益＋本年留存收益×留存收益的投资回报率

将等式两边同时除以本年股东收益，得到：

$$\frac{\text{下一年的股东收益}}{\text{本年股东收益}}=\frac{\text{本年股东收益}}{\text{本年股东收益}}+\left(\frac{\text{本年留存收益}}{\text{本年股东收益}}\right)\times\text{留存收益的投资回报率} \tag{3-14}$$

式(3-14)的左边就等于1加上盈利增长率，用$1+g$来表示。留存收益与当年盈利的比率就成为留存收益比率，式(3-14)可以表示为

$$1+g=1+\text{留存收益比率}\times\text{留存收益的投资回报率}$$

$$g=\text{留存收益比率}\times\text{留存收益的投资回报率} \tag{3-15}$$

因为对于公司即将要进行的项目的细节一般来说都是不公开的信息，所以要判断当年留存收益的预期收益是很困难的，但是，通常假设当前年份所选择项目的预期收益率与过往项目收益率相等，可以通过历史的权益收益率(ROE)来估计当前留存收益的预计投资回报率。因为ROE就是公司总体权益的收益率，也是公司过去所有项目的收益率的总和。

根据式(3-15)我们可以获得一个估计盈利增长率的简单方法：

$$g=\text{留存收益比率}\times\text{ROE} \tag{3-16}$$

通常假设股利在盈利中所占比例维持不变，这种情况下，盈利增长率g的估计值同样也是股利增长率的估计值。

【例3-19】 设某公司股票的每股收益为10元，其中6元为留存收益，另外4元用于发放现金股利，则该公司的留存收益比率为60%，现金股利分配率为40%。若公司股票的净资产收益率(每股收益/每股账面价值)为18%，求该公司股票的现金股利增长率g。

已知留存收益比率为60%，ROE为18%，运用式(3-16)，有

$$g=60\%\times18\%=10.8\%$$

该公司股票的现金股利增长率g为10.8%。

对某些高速增长的企业来说，不能用上述方法直接估算其股票价值。比如，一个近期内留存收益比率为80%、净资产收益率达50%的企业的现金股利增长率为：

$$g=0.80\times0.50=0.40$$

一般来讲，企业只能在短时间内保持这种较高的收益增长率。一段时间之后，企业的投资机会将逐渐减少，收益增长率将下降到一个适当的水平。因此，认为该公司的现金股利将始终以这一速率增长，显然是不现实的。投资者在估算收益高速增长的公司的股票价值时，必须注意到这一点。

【例3-20】 预计某公司1年后的每股收益为5元，并按照20%的分配比率派发每股1元的现金股利，公司的留存收益比率为80%。公司的净资产收益率ROE为50%。从第4年起，公司的净资产收益率ROE降为20%，留存收益比率也改为40%，而且这一状况将会永远持续下去。若投资者对公司股票要求的投资回报率为16%，计算该公司的股票价格。

该公司1～3年的现金股利增长率：

$$g_1=\text{重新投资比率}_1\times\text{ROE}_1=80\%\times50\%=40\%$$

所以

$$\text{Div}_1=5\times20\%=1\text{（元）}$$

$$\text{Div}_2=\text{Div}_1\times(1+g_1)=1\times(1+40\%)=1.4\ (\text{元})$$
$$\text{Div}_3=\text{Div}_1\times(1+g_1)^2=1\times(1+40\%)^2=1.96\ (\text{元})$$
$$\text{Div}_4=\text{Div}_1\times(1+g_1)^3=1\times(1+40\%)^3=2.74\ (\text{元})$$

自第 4 年起，公司的净资产收益率 ROE 和重新投资比率都有所下降，新的现金股利增长率：

$$g_2=\text{重新投资比率}_2\times\text{ROE}_2=40\%\times20\%=8\%$$

因此，此后公司股票的每股现金股利为

$$\text{Div}_5=\text{Div}_4\times(1+g_2)=2.74\times(1+8\%)=2.96\ (\text{元})$$
$$\text{Div}_6=\text{Div}_4\times(1+g_2)^2=2.74\times(1+8\%)^2=3.20\ (\text{元})$$
$$\cdots$$

公司股票第 3 年的价格 P_3 为：

$$P_3=\frac{\text{Div}_4}{R-g_2}=\frac{2.74}{0.16-0.08}=34.3\ (\text{元})$$

公司股票当前的价格 P_0 为

$$\begin{aligned}P_0&=\frac{\text{Div}_1}{1+R}+\frac{\text{Div}_2}{(1+R)^2}+\frac{\text{Div}_3}{(1+R)^3}+\frac{P_3}{(1+R)^3}\\&=\frac{1}{1+0.16}+\frac{1.4}{(1+0.16)^2}+\frac{1.96}{(1+0.16)^3}+\frac{34.3}{(1+0.16)^3}\\&=0.862+1.040+1.256+21.975=25.13\ (\text{元})\end{aligned}$$

2. *股票收益率 R*

下面我们分析投资者进行股票投资时要求的回报率(折现率、必要报酬率)R 在股利增长模型中的含义。

运用下列等式来计算 P_0：

$$P_0=\frac{\text{Div}_1}{R-g}$$

将该式整理并求解 R，可得

$$R-g=\frac{\text{Div}_1}{P_0}$$

$$R=\frac{\text{Div}_1}{P_0}+g \tag{3-17}$$

式(3-17)表明总收益率 R 由两部分组成，其中第一部分 Div_1/P_0 被称为股利收益率。由于它是由预期的现金股利除以当前的价格，因此在理念上它与债券的当前收益十分相似。总收益率的第二部分是增长率 g。可以很容易地证明，复利增长率同时也是股票价格的增长率。因此这个增长率可以被诠释为资本利得收益率，也就是投资价值的增长率。

【例 3-21】 假设一只目前价格为 40 元的股票，预计 1 年后分配 2 元现金股利，同时预测该股票的现金股利会按照每年 10％的速率持续增长，求该股票的收益率。

运用股票收益率公式，有

$$R=\frac{\text{Div}_1}{P_0}+g=\frac{2}{40}+10\%=15\%$$

【例 3-22】 有一只股票，价格为 20 元，预计下一期的股利是 1 元，该股利将以大约

10%的速度持续增长。该股票的期望报酬率为

$$R=\frac{1}{20}+10\%=15\%$$

如果用15%作为必要报酬率，则一年后的股价为

$$P_1=\mathrm{Div}_1\times\frac{1+g}{R-g}=1\times\frac{1+10\%}{15\%-10\%}=\frac{1.1}{5\%}=22(\text{元})$$

如果现在用20元购买该股票，年末你将收到1元股利，并且得到2元的资本利得。

$$\text{总报酬率}=\text{股利收益率}+\text{资本利得收益率}=\frac{1}{20}+\frac{2}{20}=5\%+10\%=15\%$$

这个例子验证了股票期望报酬率模型的正确性。该模型可以用来计算特定公司风险情况下股东要求的必要报酬率，也就是公司的权益资本成本。这就是说，如果股东的要求大于15%，他就不会进行这种投资；如果股东的要求小于15%，就会争购该股票，使得价格升上去。既然股东们接受了20元的价格，就表明他们要求的是15%的报酬率。

三、增长机会和股票的估价

假设一家公司的每股盈利是固定的且永续增长，公司将所有的盈利都以股利的形式发放给股东。因此：

$$\mathrm{EPS}=\mathrm{Div}$$

式中，EPS是每股盈利；Div是每股股利，这种类型的公司通常被称为现金牛。从上一章永续年金的公式中，可以得到每股股票的价值为

$$\frac{\mathrm{EPS}}{R}=\frac{\mathrm{Div}}{R}$$

式中，R是公司股票的折现率。

将全部盈利都作为股利发放给股东的股利政策可能并不是最优的。因为许多公司都拥有许多增长机会，也就是投资其他盈利项目的机会。由于这些项目可能成为公司整体价值中很重要的组成部分，因此如果将所有盈利都作为股利发放，而对这些盈利项目置之不理，是非常愚蠢的。

虽然公司常常运用增长机会集的概念思考问题，但是这里我们先集中讨论其中的一项机会，即投资于单项项目的机会。假设公司在时点1留存了所有的股利，投资于某项特定的资本预算项目。这个项目在时点0的每股净现值被称为NPVGO，代表增长机会的(每股)净现值。

如果公司决定在时点1接受的项目，那么每股股票在时点0的价格将会是多少？由于项目的每股价值会增加原有的股价，现在的股价P应为

$$P=\frac{\mathrm{EPS}}{R}+\mathrm{NPVGO} \tag{3-18}$$

式(3-18)表明，每股股价可以看做是两部分的和。第一部分ESP/R是当公司满足于现状，将其盈利全部发放给投资者时的价值；第二部分NPVGO是当公司将盈利留存并用于投资新项目时的新增价值。

【例3-23】 A公司预期在不投资新项目时持有100万元的恒定盈利。该公司发行在

外的股份数为 100 000 股，因此每股盈利就等于 10 元(＝1 000 000 元/100 000 股)。公司在时点 1 拥有一项投资机会，就是投资 1 000 000 元进行一项新的市场促销活动。这项新的促销活动将会使得未来每期的盈利增长 210 000 元，也就是每股 2.10 元，这意味着这个项目会带来每年 21%的收益率。公司的折现率为 10%，请问在决定接受这项市场促销活动之前与之后，公司的每股股价分别是多少元？

在市场促销活动之前，A 公司的每股股价为

$$\frac{\text{EPS}}{R}=\frac{10}{0.1}=100\ (元)$$

第 1 期采用新促销活动之后的价值为

$$-1\,000\,000+\frac{210\,000}{0.1}=1\,100\,000\ (元) \tag{3-19}$$

因为投资是在第 1 期进行的，而首笔的现金流则发生在第 2 期，式(3－19)仅代表促销活动在第 1 期的价格。我们通过以下方法把该价格折现到时点 0：

$$\frac{1\,100\,000}{1.1}=1\,000\,000\ (元)$$

这样，每股 NPVGO 的价格为 10 元(＝1 000 000 元/100 000 股)。

每股股票的价格也就是：

$$\text{EPS}/R+\text{NPVGO}=100+10=110\ (元)$$

以上计算也可直接采用净现值方法。第 1 期所有的盈利都投资在市场促销活动上，没有股利支付给投资者，而在以后各期股利为 1 210 000 元(1 000 000 元＋210 000 元)。在这种情况下，1 000 000 元是当 A 公司是现金牛时每年的股利，附加的 210 000 元则是从市场促销活动得到的，此时每股股利为 12.10 元(＝1 210 000 元/100 000 股)。因为股利是从第 2 期开始的，因而第 1 期股票的价格为 121 元，时点 0 股票的价格也就是 110 元(＝121 元/1.1)。

注意，在这个例子中股票价值增加是因为折现率 R 为 10%而项目收益率却是 21%。如果项目收益率也为 10%，就不能增加价值，那么公司的 NPVGO 就为 0；如果项目的收益率低于 10%，创造的价值也就是负的，在这种情况下，NPVGO 也就是负的。

为了提高公司价值，必须满足两个条件：

(1) 保留盈余以满足项目的资金需求；

(2) 项目必须有正的净现值。

那么高留存比率一定会使股东受益吗？

前一节中讨论了投资对公司价值以及盈利和股利增长率的影响。股利折现模型(DDM)可以拓展这一节的思想。基于 DDM，每股股票价格为

$$P=\frac{\text{Div}}{R-g}$$

式中，Div 是第一年年末的每股股利；R 是折现率；g 是股利的年增长率。根据前面介绍可知：

$$g=\text{RR}\times\text{ROE}$$

式中，RR 是公司的留存比率；ROE 是公司的权益收益率。第一年年末的每股股利可以表示为如下的形式：

$$\text{Div}=\text{股利支付率}\times\text{EPS}=(1-\text{RR})\times\text{EPS} \tag{3-20}$$

式中，EPS是每股盈利。

通过上式可得：

$$P=\frac{\text{Div}}{R-g}=\frac{(1-\text{RR})\times\text{EPS}}{R-(\text{RR}\times\text{ROE})} \tag{3-21}$$

留存比率对于式(3-21)的影响是什么呢？虽然我们可以通过将式(3-20)对RR求导的方式得出留存比率对每股股价的影响，但我们还是希望通过下面这个例子更容易地发现这种影响。

【例3-24】 甲公司预期年末的每股收益将达到5元。在未来不进行投资的情况下，公司预测每股盈利(EPS)将永远保持5元的水平。当折现率R为10%且公司会将全部盈利以股利形式发放的假设前提下，每股股票的价格将为：

$$\frac{5}{0.10}=50\ (\text{元})$$

换句话说，如果甲公司是现金牛，那么其公司股价就为50元。

现在，公司考虑将留存比率定为30%或60%。请问如果公司的ROE是15%，那么公司每股股价是多少？如果ROE为5%的话，公司的股价又为多少？

从式(3-21)表示，股价取决于留存比率RR和权益收益率ROE，如表3-2所示。

表3-2 甲公司每股股价表

RR	30%		60%	
ROE	15%	5%	15%	5%
P	$\frac{(1-0.3)\times5}{0.10-0.3\times0.15}$ $=\frac{0.7\times5}{0.10-0.045}$ $=\frac{3.50}{0.055}=63.64$	$\frac{(1-0.3)\times5}{0.10-0.3\times0.05}$ $=\frac{0.7\times5}{0.10-0.015}$ $=\frac{3.50}{0.085}=41.18$	$\frac{(1-0.6)\times5}{0.10-0.6\times0.15}$ $=\frac{0.4\times5}{0.10-0.09}$ $=\frac{2}{0.01}=200$	$\frac{(1-0.6)\times5}{0.10-0.6\times0.05}$ $=\frac{0.4\times5}{0.10-0.03}$ $=\frac{2}{0.07}=28.57$

如前所述，如果公司留存比率为0，那么公司的每股价格为50元。由于折现率R为10%，因此当ROE为15%时，就意味着ROE>R。在这种情况下，每股股价会随着留存比率的上升而上升。这个结果合情合理，因为投资收益率要高于它们的资本成本。换句话说，投资拥有正的净现值。留存比率的上升意味着净现值为正的项目数目增加。

然而，当ROE为5%时，EOR<R。这样，每股股价就会随着留存比率的上升而下降。这个结果也同样合情合理，因为投资的收益率要低于它们的资本成本。换句话说，投资的净现值为负，留存比率的上升意味着增加了净现值为负的项目数量。

那么对于每个ROE和RR值来说，每股的NPVGO是多少呢？已知公司股票每股股价P可以表示如下：

$$P=\frac{\text{EPS}}{R}+\text{NPVGO}$$

这就是说，公司股价是公司为现金牛时的每股股价加上增长机会的净现值。由于不进行投资的情况下公司股价为50元(甲公司是现金牛的情况)，每个ROE和RR的值所对应的 NPVGO 可以通过将各种情况下的股价减去 50 元得出，如表 3-3 所示。

表 3-3　A 公司每股净现值表

RR	30%		60%	
ROE	15%	5%	15%	5%
NPVGO	13.64(63.64−50)	−8.82	150	−21.43

如果 ROE>R，那么 NPVGO 就是正值。更进一步说，NPVGO 随着留存比率的上升而上升，因为留存比率的上升意味着增加了接受净现值为正的项目数目。而当 ROE<R 时，情况恰恰相反，NPVGO 变为负值且随着留存比率的上升而下降。

在什么情况下股利和盈利会增长呢？由于增长率 g 等于 RR 和 ROE 的乘积，因此 A 公司的增长率如表 3-4 所示。

表 3-4　A 公司的增长率表

RR	30%		60%	
ROE	15%	5%	15%	5%
g	0.30×0.15=0.045	0.30×0.05=0.015	0.60×0.15=0.09	0.60×0.05=0.03

由于 ROE 总为正值，增长率也总为正值。这也就是说，即使 ROE 为 5%，盈利和股利的增长仍为正值。不过，从上表已经看出，当 ROE 为 5%时，NPVGO 为负值。因此，如果 ROE 为 5%，那么公司接受新项目的政策虽然实现了增长，但却损害了公司价值。在这里投资损害公司价值是因为 5%的 ROE 低于公司 10%的折现率。

四、市盈率与股票定价

市盈率即股票价格与其每股盈利(EPS)之比。例如在 2008 年 8 月的某一天，谷歌的股价为 467.86 元，而其每股盈利为 15.22 元，这就意味着其市盈率或称为 PE 乘数为 30.74，财务机构是十分关注市盈率的。

在 2008 年的同一天，惠普的市盈率为 14.24，IBM 为 15.61，微软为 13.63，而雅虎的是 26.83。为什么处于同一行业的股票市盈率却如此不同？这种差异是否意味着谷歌被高估了，而微软被低估了呢？对于这些差异，是否存在理性的解释呢？

前面的讨论表明：

$$P=\frac{\text{EPS}}{R}+\text{NPVGO}$$

两边分别除以 EPS，得到：

$$\frac{P}{\text{EPS}}=\frac{1}{R}+\frac{\text{NPVGO}}{\text{EPS}}$$

左边是市盈率的计算公式，这个等式表明市盈率与增长机会的净现值相关。考虑如下例子，两家公司的每股盈利都为 1 元，但是一家公司有许多有价值的增长机会，而另一家根本没有增长机会。有增长机会公司的股票可以在较高的价位上出售，因为投资者既购买现有的 1 元收入也购买将来的增长机会。假设有增长机会的公司的股票的售价为 16 元，而另一家公司的售价为 8 元，每股 1 元的盈利都出现在两家公司市盈率公式的分母上。因此，有增长机会的市盈率为16，而另一个没有增长机会的公司的市盈率为8。

这种解释与现实世界相当吻合。电子和其他高科技股票经常以较高的市盈率出售(或经常称为倍数)，因为投资者认为这些公司将有较高的增长率。事实上，一些高科技公司虽然尚未盈利，但股票却以高价出售，因此这些公司的市盈率就是无穷大。相反，铁路、公共事业和钢铁公司却经常以较低的市盈率出售，因为他们的增长潜力较差。

当然，市场仅仅对未来的预期进行定价，而非未来本身。20世纪60年代后期，许多电子类公司的股票以200倍的市盈率出售。然而，到了20世纪70年代早期，预期的高增长并没有实现，股票价格因而大幅下跌。同样，几十年以前投资者并没有预期某些如IBM和施乐等公司的股票具有高增长率，购买就可以挣大钱。最近，当许多网络股以该公司年度每股盈余数千倍的价格进行交易时，我们已经经历网络概念股的崩溃。事实上，大部分网络股并没有盈利。

另外还有两个附加因素可以解释市盈率问题。第一个是折现率R，上面公式显示了市盈率与公司折现率是负相关。我们已经说明折现率与股票的风险或股价的变动幅度呈正相关，因此市盈率与股票的风险负相关。为了说明这是一个合理的结果，让我们分析两个作为现金牛的A公司和B公司。假设股票市场预期两个公司每年都会有每股1元的盈利。但是，A公司的盈利比较确定而B公司的盈利变化无常，前者不存在风险，因此理智的投资者更愿意为A公司付出更高的价格。那么由于A公司的股票售价更高，而两者的EPS是一样的，那么A公司的市盈率肯定要比B公司高。

第二个附加因素是公司选择的会计原则。按照现有会计原则，公司在会计处理方面拥有相当大的选择余地。例如，存货的会计计量既可以采用先进先出，也可以采用后进先出。存在通货膨胀的情况下，先进先出低估了存货的实际成本，相当于夸大了盈余；而后进先出则采用最近的市场成本对存货进行估价，就意味着盈利会比采用先进先出低。因此后进先出比先进先出更保守。类似会计方法的选择还存在于建筑成本(完全合同法和完成合同百分比法)和资产折旧的计量中(加速折旧和直线折旧)等。

例如，考虑两家相似的公司C和D。C公司用后进先出的方法，公布的每股盈利为2元，D公司采用相对不保守的先进先出法，公布的每股盈利为3元。市场知道这两家公司是一样的，售价都是每股18元。所以，C公司的市盈率为9元(18元/2元)，而D公司的市盈率为6元(18元/3元)，相对保守的C公司的市盈率就更高。

当然，这个例子假设市场能识别会计处理的差异。相当一部分的学术团体都相信市场实际上能识穿所有的会计差异。虽然许多财务界人士在这个问题上持保留意见，但是比较一致的观点是市场能识穿许多的会计差异。因此，人们普遍接受这样一个观点，即采用较保守会计原则的公司具有较高的市盈率。

综上，我们已经论述了股票的市盈率是三个因素的函数：

(1) 增长机会。拥有强劲增长机会的公司具有高市盈率；

(2) 风险。低风险股票具有高市盈率；

(3) 会计方法。采用保守的会计方法具有高的市盈率。

在真实的世界中，财务学家一致认为增长机会对市盈率的影响最大，例如，与公共事业部门相比，高科技公司一般来说具有更高的市盈率，因为即使公共事业部门的风险较低，但是公共事业部门的增长机会较少。而且即使是在行业内，增长机会的差异所导致的市盈率差别也是最大的。在本节开始的例子中，谷歌的高市盈率机会完全归于它的增长机会，而不是其低风险和其会计处理的保守。实际上，由于它的年轻，谷歌的风险可能要比它的许多竞争对手高。微软的市盈率远远低于谷歌，因为微软的增长机会占其现有业务的很小一部分。微软在几十年前的市盈率要高得多，当时它拥有巨大的增长机会，但在现有的经营方式下，这些都几乎不存在了。

本章小结

(1) 资金的时间价值在公司理财中具有极为重要的作用，不同时点资金具有不同的价值，这种时间差异产生的价值源于资金的再生产过程，根据时点的不同，时间价值体现为现值和终值，关于时间价值的计算有复利和年金两种重要形式。

(2) 时间价值计算在债券和股票等有价证券的估价上具有重要意义，债券可根据未来确定的利息收入采用适当的折现率来计算现值即为债券价格，股票未来的现金流量不易确定，通常多以股利等多种形式来估计价格。

重要概念

复利终值　复利现值　永续年金　年金　增长年金 债券 股票 股利　市盈率

练习题

1. 什么是货币的时间价值？

2. 简述年金的概念和种类。

3. 简述债券的特征和定价模型。

4. 期限结构的含义是什么？

5. 股票的增长机会净现值(NPVGO)的含义是什么？

6. 假设某公司拥有100万元，现利用这笔资金建设一个化工厂，这个厂投资建成10年后将全部换置，其残值与清理费用相互抵消，假定年利率10%，按复利计算，问该厂10年内至少能为公司提供多少收益才值得投资？

7. 假设某人正在考虑两个购房方案，按A方案，必须首期支付10 000元，以后30年每年末支付3500元；按B方案，必须首期支付13 500元，以后20年每年末支付3540元。假设折现率为10%，试比较两个方案哪个更好？

8. 某企业向银行借款10 000元，年利率10%，期限10年，每半年计息一次，问第5年末的本利和为多少？

9. 有一面值为1 000元的债券，5年期，票面利率为8%。假设折现率为6%，要求：

(1) 如果每半年付息一次，计算其价值；

(2) 如果每年付息一次，计算其价值。

10. 一种收益率为10%的9年期债券，久期为7.194年。如果市场收益率改变50个基点，债券价格改变的百分比是多少？

11. A公司刚派发每股1.40元的股利。预期股利将以每年6%的比率无限期地稳定增长，如果投资者对A公司股票所要求的报酬率为12%，请问股票的当前价格是多少？3年后的价格是多少？15 年后呢？

12. 某上市公司本年度的净收益为 20 000 万元，每股支付股利 2 元。预计该公司未来三年进入成长期，净收益第 1 年增长 14%，第 2 年增长 14%，第 3 年增长 8%。第 4 年及以后将保持其净收益水平。该公司一直采用固定支付率的股利政策，并打算今后继续实行该政策。该公司没有增发普通股和发行优先股的计划。要求：

(1) 假设投资人要求的报酬率为 10%，计算股票的价值(精确到 0.01 元)；

(2) 如果股票的价格为 24.89 元，计算股票的预期报酬率(精确到 1%)。

案例

2008 年，著名的投资家巴菲特通过 40 年的努力，将一个一个摇摇欲坠的纺织公司转变成了一个总资产达 1650 亿美元的投资公司，如果在 1965 年投资 1000 美元给巴菲特的伯克希尔公司，则现在已经升值到了 550 万美元。

巴菲特坚持长线投资，不关心股价的起落。其股票投资的特点就是“买进并持有”。他对于所谓的热点不感兴趣，更不会因为一个公司的股票在短期内会大涨就去跟进，他青睐那些价值被市场低估的公司。巴菲特认为投资最大的收益就是“时间复利”。1989 年，他认为可口可乐公司的股票价格被低估，因此将本公司 25%资金投入到可口可乐股票中并一直持有，该项投资从最初的 10 亿美元已经飙升至今天的 80 亿美元。1965 年至 2006 年的 42 年间，巴菲特旗下伯克希尔公司年均增长率为 21.4%，累计增长率为 361156%，同期标准普尔 500 指数成分股公司的年均增长率仅有 10.4%，累计增幅为 6 479%，就仅此一项，没有公司可以匹敌。

请思考：

1. 巴菲特的投资为什么会取得成功？
2. 股票的价格由哪些因素决定？

第四章　投资决策

学习目标

1. 掌握各项投资决策指标的计算和应用
2. 掌握项目现金流的估计和计算
3. 了解投资决策分析的方法

引例

吉利在成功实施以自主创新为主的名牌战略之后，开始了以海外收购为主的品牌战略。2009年4月，吉利汽车收购了全球第二大自动变速器制造企业澳大利亚DSI公司，使其核心竞争力大大增强。2010年3月28日，吉利汽车与美国福特汽车公司在瑞典哥德堡正式签署收购沃尔沃汽车公司的协议。

吉利作为我国汽车行业海外品牌战略的先行者，如果能安全度过磨合期，在实现技术资产有效转移和与工会达成一致上有所突破，真正掌控国际著名品牌，吸收一流技术，增强自主创新能力，就可以说中国汽车产业海外并购之路获得成功。

从财报上看，腾讯在2011年就有超过70亿元押在了对外部公司的投资上，涉及国内外的数十家行业公司。而从其投资结构上则可以看出，腾讯对于战略布局与产业的嗅觉相当灵敏：首先在自己的根基——游戏上步步为营，布局从国内到海外，从端游、页游到社交游戏，且每逢出手便是大手笔。在游戏上站稳了脚跟后，下一步就要开始在电商层面动刀了，方向也很明确——只投垂直领域的前两名。虽说同样在电商泥潭中陷得不浅，但比起杀到见血的综合类电商，"企鹅"还弹不虚发。其次就是移动互联网，它也以投资乐蛙、买卖宝涉入。

如果说游戏、电商、移动互联网都是趋势投资的话，那投资财新传媒则更像是一种价值投资——从此以后，腾讯在中国互联网领域就拥有了最优质的IM工具、游戏、媒体、垂直电商、社交网络(目前)，当然还有最多的现金。

2009年7月我国两大石油公司中海油和中石化宣布以13亿元联合收购美国马拉松石油公司持有的安哥拉一石油区块20%的权益。这笔交易是自中海油185亿元竞购美国优尼科石油公司失败后，首次成功收购美国石油公司的资产。业内人士认为，两大石油公司共同出资进行海外收购，有利于中国公司在海外并购力量最大化，避免国内公司之间不必要的竞争，是中国石油公司"走出去"值得借鉴的模式。

我国央企是与富可敌国的跨国公司抗衡的中流砥柱。而央企的联合收购，是一种新的

“走出去”模式，同时，也使西方国家对央企的强大实力和独特行为方式加倍关注。

在上述大企业投资发展的同时，许许多多的中小企业同样在寻找着投资机会，期冀着自身的成长与发展。投资是企业寻找新的盈利机会的唯一途径，贯穿于企业经营的始终。然而，在现实中许多投资是失败的，许多企业也因为投资失败而走向消亡。怎样合理地对投资项目进行选择，做出相对好的投资决策，是所有投资决策者面临的最重要的问题。

对于创造价值而言，投资决策是三项决策中最重要的决策。筹资的目的是投资，投资决定了筹资的规模和时间。投资决定了购置的资产类别，不同的生产经营活动需要不同的资产，因此投资决定了日常经营活动的特点和方式。

投资决策决定着企业的前景，以至于提出投资方案和评价方案的工作已经不是财务人员能单独完成的，需要所有经理人员的共同努力。

投资决策是指投资者为了实现其预期的投资目标，运用一定的科学理论、方法和手段，通过一定的程序对投资的必要性、投资目标、投资规模、投资方向、投资结构、投资成本与收益等经济活动中的重大问题所进行的分析、判断和方案选择。投资决策一般有贴现指标和非贴现指标。贴现指标是指考虑了时间价值因素的指标，主要包括净现值、现值指数、内含报酬率等。非贴现指标是指没有考虑时间价值因素的指标，主要包括回收期、会计利润率等。正确的投资决策能够使企业有效降低风险、获得收益。

第一节 净现值法

投资项目的净现值(Net Present Value,NPV)是指投资项目寿命周期内各年的现金流量按一定的贴现率折算成现值后与初始投资额的差，又叫贴现现金流量方法(Discounted Cash Flow (DCF) Techniques)。所用的贴现率是企业的资本成本，也就是企业的资本投资者所要求的必要收益率水平。净现值的计算公式如下：

$$NPV = CF_0 + \sum_{t=1}^{n} \frac{CF_t}{(1+r)^t} \tag{4-1}$$

式中：NPV 表示净现值；CF_0 表示初始投资额；CF_t 表示 t 年现金流量；r 表示贴现率；n 表示投资项目的寿命周期。

如果将初始投资额看做 0 时点发生的现金流量，同时考虑到$(1+r)^0=1$，则公式(4－1)可以变换为：

$$NPV = \sum_{t=0}^{n} \frac{CF_t}{(1+r)^t}$$

净现值指标的决策标准是：如果投资项目的净现值大于零，接受该项目；如果投资项目的净现值小于零，放弃该项目；如果有多个互斥的投资项目相互竞争，选取净现值最大的投资项目。

【例 4－1】 已知投资项目 A、B 的初始投资额及各期现金流量和利润额如表 4－1 所示。

表 4-1　投资项目 A、B 情况表　　元

项　目	时间/年	0	1	2	3	4	5
A	初始投入	−20 000					
	现金流入		36 000	36 000	25 000	25 000	25 000
	现金流出		−20 000	−20 000	−18 000	−18 000	−18 000
	净现金流量		16 000	16 000	7000	7000	7000
	净利润		12 000	12 000	3000	3000	3000
B	初始投入	−20 000					
	现金流入		16 000	16 000	16 000	16 000	40 000
	现金流出		−10 000	−10 000	−10 000	−10 000	−10 000
	净现金流量		6000	6000	6000	6000	30 000
	净利润		2000	2000	2000	2000	26 000

若企业要求的投资贴现率为 10%，求项目 A、B 的净现值。

项目 A 的净现值为

$$NPV^A = CF_0^A + \sum_{t-1}^{n} \frac{CF_t^A}{(1+r)^t} = -20\ 000 + \frac{16\ 000}{1.1} + \frac{16\ 000}{1.1^2} + \frac{7000}{1.1^3} + \frac{7000}{1.1^4} + \frac{7000}{1.1^5}$$

$$= -20\ 000 + 14\ 545 + 13\ 223 + 5259 + 4781 + 4346 = 22154\ (\text{元})$$

项目 B 的净现值为

$$NPV^B = CF_0^B + \sum_{t=1}^{n} \frac{CF_t^B}{(1+r)^t} = -20\ 000 + \frac{6000}{1.1} + \frac{6000}{1.1^2} + \frac{6000}{1.1^3} + \frac{6000}{1.1^4} + \frac{30000}{1.1^5}$$

$$= -20\ 000 + 5455 + 4959 + 4508 + 4098 + 18\ 628 = 17\ 648\ (\text{元})$$

项目 A、B 的净现值均大于零，表明这两个项目均可取。如果两者只能取一个，则应选取项目 A。如果投资项目除初始投资额外各期现金流量均相等，则可利用年金现值系数表计算，使计算过程简化。

【例 4-2】　折现率为 10%，有三项投资方案，有关数据如表 4-2 所示。

表 4-2　三项投资方案相关数据表　　元

年份	A 方案		B 方案		C 方案	
	净收益	现金净流量	净收益	现金净流量	净收益	现金净流量
0		−20 000		−9000		−12 000
1	1800	11 800	(1800)	1200	600	4600
2	3240	13 240	3000	6000	600	4600
3			3000	6000	600	4600
合计	5040	5040	4200	4200	1800	1800

净现值(A)＝(11 800×0.9091＋13 240×0.8264)－20 000 ＝21 669－20 000

＝1669(元)

净现值(B)＝(1200×0.9091＋6000×0.8264＋6000×0.7513)－9000

＝10 557－9000 ＝1557(元)

净现值(C)＝4600×2.487－12 000 ＝11 440－12 000 ＝－560(元)

两项方案投资的净现值为正数，说明该方案的报酬率超过10%。如果企业的资金成本率或要求的投资报酬率是10%，这两个方案是有利的，因而是可以接受的。C方案净现值为负数，说明该方案的报酬率达不到10%，因而应予放弃。A方案和B方案相比，A方案更好些。

净现值法所依据的原理是：假设预计的现金流入在年末肯定可以实现，并把原始投资看成是按预定折现率借入的。当净现值为正数时，偿还本息后该项目仍有剩余的收益；当净现值为零时，偿还本息后一无所获；当净现值为负数时，该项目收益不足以偿还本息。这一原理可以通过A、C两方案的还本付息表来说明，见表4-3和表4-4。

表4-3　A方案还本付息表　　元

年　份	年初债款	年息10%	年末债款	偿还现金	借款余额
1	20 000	2000	22 000	11 800	10 200
2	10 200	1020	11 220	13 240	(2020)

表4-4　C方案还本付息表　　元

年　份	年初债款	年息10%	年末债款	偿还现金	借款余额
1	12 000	1200	13 200	4600	8600
2	8600	860	9460	4600	4860
3	4860	486	5346	4600	746

A方案在第二年末还清本息后，尚有2020元剩余，折合成现值为1669元(2020×0.8264)，即为该方案的净现值。C方案第三年末没能还清本息，尚欠746元，折合成现值为560元(746×0.7513)，即为C方案的净现值。可见，净现值的经济意义是投资方案的折现后净收益。

净现值法具有广泛的适用性，在理论上也比其他方法更完善。净现值法应用的主要问题是如何确定折现率，一种办法是根据资金成本来确定，另一种办法是根据企业要求的最低资金利润率来确定。前一种办法，由于计算资本成本比较困难，故限制了其应用范围；后一种办法根据资金的机会成本，即一般情况下可以获得的报酬来确定，比较容易解决。

第二节　投资回收期法

投资回收期(Payback Period)是指收回全部初始投资所需要的时间，通常以年为单位。这一指标所衡量的是收回初始投资的速度的快慢。其基本的选择标准是：在只有一个项目可供选择时，该项目的投资回收期要小于决策者规定的最高标准；如果有多个项目可供选择时，在项目的投资回收期小于决策者要求的最高标准的前提下，还要从中选择回收期最短的项目。

投资回收期的计算相当简单，其计算公式如下：

$$\sum_{i=1}^{T} CF_t - CF_0 = 0$$

式中：T 为投资回收期；CF_t 为 t 时期的现金流入量；CF_0 为初始投资额。

在投资项目各期现金流量相等的情况下，只要用初始投资额除以单期的现金流量即可。其公式为

$$投资回收期=\frac{初始投资额}{单期现金流量}$$

比如，某投资项目的初始投资额为 500 000 元，投资产生效益后每年可产生 150 000 元的净现金流入量，投资项目的寿命为 8 年，则该项目的投资回收期为

$$投资回收期=\frac{500\ 000\ 元}{150\ 000\ 元/年}=3.33\ (年)$$

如果投资项目投产后每年产生的净现金流入量不等(在绝大多数情况下是这样)，则需要逐年累加，最后计算出投资回收期。

【例 4－3】 根据例 4－2 的资料，A 方案和 B 方案的回收期分别为 1.62 年和 2.30 年，计算过程见表 4－5 和表 4－6。

表 4－5　A 方案回收期的计算过程　　元

A 方案：	现金流量	回收额	未回收额
原始投资	(20 000)		
现金流入			
第一年	11 800	11 800	8200
第二年	13 240	8200	0

$$回收期=1+\frac{8200}{13\ 240}=1.62(年)$$

表 4－6　B 方案回收期的计算过程　　元

B 方案：	现金流量	回收额	未回收额
原始投资	(9000)		
现金流入			
第一年	1200	1200	7800
第二年	6000	6000	1800
第三年	6000	1800	0

$$回收期=2+\frac{1800}{6000}=2.30(年)$$

回收期法计算简便，并且容易为决策人所正确理解。它的缺点是不仅忽视时间价值，而且没有考虑回收期以后的收益。事实上，有战略意义的长期投资往往早期收益较低，而中后期收益较高。回收期法优先考虑急功近利的项目，可能导致放弃长期成功的方案。它是过去评价投资方案最常用的方法，目前作为辅助方法使用，主要用来测定方案的流动性

而非营利性。

第三节　平均投资报酬率法

一、平均会计利润率

平均会计利润率(Average Accounting Rate of Return，AAR)具体可以有不同的定义，但不管怎样定义，它的基本公式都是：

$$平均会计利润率(AAR)=\frac{某个时期的平均会计利润}{某个平均会计价值计量值}$$

对于投资项目，我们关于平均会计利润率的定义是：

$$平均会计利润率(AAR)=\frac{项目寿命周期内的平均会计利润}{项目寿命周期内的平均账面价值}$$

在很多情况下，我们可以用(项目初始投资额＋项目残值)/2 作为项目寿命周期内的平均账面价值的近似值。

平均会计利润率的决策标准是：确定项目的目标平均会计利润率，如果项目的预期平均会计利润率大于它的目标平均会计利润率，则该投资项目是可取的；如果低于目标平均会计利润率，则应拒绝该投资项目。在有多个投资项目的互斥选择中，则在所有超过目标平均会计利润率的项目中选择平均会计利润率最高的项目。

【例 4－4】 设某投资者准备在某一大型购物中心内开设一个品牌专卖店，需要投资 750 000 元，专卖店的经营期限为 5 年。初始投资 750 000 万元在 5 年内直线折旧完毕，残值为 0。所得税税率为 30%，项目各期预计经营数据如表 4－7 所示。求这一项目的平均会计利润率。

表 4－7　预计项目的收入、费用和损益表　　元

	第 1 年	第 2 年	第 3 年	第 4 年	第 5 年
销售收入	700 000	800 000	800 000	800 000	800 000
费用	500 000	550 000	550 000	550 000	550 000
折旧前利润	200 000	250 000	250 000	250 000	250 000
折旧	150 000	150 000	150 000	150 000	150 000
税前利润	50 000	100 000	100 000	100 000	100 000
所得税(30%)	15 000	30 000	30 000	30 000	30 000
净利润	35 000	70 000	70 000	70 000	70 000
净现金流量	185 000	220 000	220 000	220 000	220 000

解此项目的平均会计利润率为

$$\frac{35\,000+70\,000+70\,000+70\,000+70\,000}{5}=63\,000\ (元)$$

项目平均账面价值为

$$\frac{750\ 000+0}{2}=375\ 000\text{（元）}$$

项目平均会计利润率为

$$AAR=\frac{63\ 000}{375\ 000}=16.8\%$$

平均会计利润率作为投资决策指标具有简明易懂、计算简单的优点，但这一指标存在着一些明显的问题，主要表现在以下几个方面：

(1) 这一指标没有考虑资金的时间价值，将不同时期发生的会计利润给予同等的价值权重；

(2) 这一指标的取舍标准是人为确定的，缺乏客观的取舍标准；

(3) 这一指标只是两个会计数字的比较，没有真正的经济意义。它观察的不是现金流量和市场价值，而是净利润和账面价值，无法告诉决策者项目对公司股票价格的影响，也无法说明项目的真实价值和回报率。

二、平均投资报酬率

为了改善平均会计利润率，人们引入了平均投资报酬率(Average Rate of Return，ARR)指标。平均投资报酬率指标用投资项目寿命周期内的年平均现金流入量取代年平均会计利润，用初始投资额取代平均账面价值，其计算公式为

平均投资报酬率(ARR)＝平均年现金流量/初始投资值

【例 4－5】 根据例 4－4 相关信息，计算专卖店投资的平均投资报酬率。

$$\text{平均年现金流量}=\frac{185\ 000+220\ 000+220\ 000+220\ 000+220\ 000}{5}=213\ 000\text{（元）}$$

初始投资额为 750 000 元，所以其平均投资报酬率为

$$ARR=\frac{213\ 000}{750\ 000}=28.4\%$$

采用平均投资报酬率只能解决以会计利润取代现金流量的问题，但其他问题还未解决。

第四节　内含报酬率法

内含报酬率法是根据方案本身内含报酬率来评价方案优劣的一种方法。所谓内含报酬率，是指能够使未来现金流入量现值等于未来现金流出量现值的折现率，或者说是使投资方案净现值为零的折现率。

净现值法和现值指数法虽然考虑了时间价值，可以说明投资方案高于或低于某一特定的投资报酬率，但没有揭示方案本身可以达到的具体的报酬率是多少。内含报酬率是根据方案的现金流量计算的，是方案本身的投资报酬率。

内含报酬率的计算，通常需要“逐步测试法”。首先估计一个折现率，用它来计算方案的净现值；如果净现值为正数，说明方案本身的报酬率超过估计的折现率，应提高折现率后进一步测试；如果净现值为负数，说明方案本身的报酬率低于估计的折现率，应降低折现率后进一步测试。经过多次测试，寻找出使净现值接近于零的折现率，即为方案本身的

内含报酬率。

内含报酬率(Internal Rate of Return)是使项目的未来现金流入量的贴现值等于未来现金流出量的贴现值时的贴现率。它反映了一个投资项目自身实现的报酬率。

一、计算步骤

$$CF_0+\sum_{t=1}^{n}\frac{CF_t}{(1+IRR)^t}=0 \tag{4-2}$$

式中，IRR 为内含报酬率，其他符号的含义与净现值公式中的相同。

如果将式(4-2)中的 CF_0 和 $\sum_{t=1}^{n}\frac{CF_t}{(1+IRR)^t}$ 放到等式的两边，有

$$-CF_0=\sum_{t=1}^{n}\frac{CF_t}{(1+IRR)^t} \tag{4-3}$$

决策标准为：如果项目的内含报酬率大于企业的资本成本，则接受该项目；如果内含报酬率小于企业的资本成本，则放弃该项目；多个互斥项目进行选择时，选取内含报酬率最大的项目。

内含报酬率需要从式(4-2)和式(4-3)中解出 IRR，对于这种高次方程，我们无法直接用简单的公式法解出，可以采用的方法，一是利用专业的金融计算器上的相关功能(当然如 Excel 等电脑软件也会给我们提供很方便的解决办法)，二是用试错和内插的方法解决。所谓试错和内插法，就是先用尝试的方法找出式(4-2)中与零接近的正负两个净现值，然后再用内插的方法求出相对准确的内含报酬率。

【例 4-6】 根据例 4-1 的资料，已知 A 方案的净现值为正数，说明它的投资报酬率大于 10%，因此，应提高折现率进一步测试。假设以 18%为折现率进行测试，其结果净现值为负 499 元。下一步降低到 16%重新测试，结果净现值为 9 元，已接近于零，可以认为 A 方案的内含报酬率是 16%，其测试过程见表 4-8。B 方案用 18%作为折现率测试，净现值为负 22 元，接近于零，可认为其内含报酬率为 18%，其测试过程见表 4-9。

如果对测试结果的精确度不满意，可以使用内插法来改善。

$$\text{内含报酬率(A)}=16\%+\left(2\%\times\frac{9}{9+499}\right)=16.04\%$$

$$\text{内含报酬率(B)}=16\%+\left(2\%\times\frac{338}{22+338}\right)=17.88\%$$

表 4-8 A 方案内含报酬率的测试 元

年 份	现金净流量	贴现率=18%		贴现率=16%	
		贴现系数	现 值	贴现系数	现 值
0	−20 000	1	−20 000	1	−20 000
1	11 800	0.847	9995	0.862	10 172
2	13 240	0.718	9506	0.743	9837
净现值			−499		9

表 4-9　B 方案内含报酬率的测试　　元

年　份	现金净流量	贴现率=18%		贴现率=16%	
		贴现系数	现　值	贴现系数	现　值
0	-9000	1	-9000	1	-9000
1	1200	0.847	1016	0.862	1034
2	6000	0.718	4308	0.743	4458
3	6000	0.609	3654	0.641	3846
净现值			-22		338

C 方案各期现金流入量相等，符合年金形式，内含报酬率可直接利用年金现值系数表来确定，不需要进行逐步测试。

设现金流入的现值与原始投资相等：

$$原始投资=每年现金流入量\times年金现值系数$$

$$12\ 000=4\ 600\times(p/A,\ i,\ 3)$$

$$(p/A,\ i,\ 3)=2.609$$

查阅“年金现值系数表”，寻找 $n=3$ 时系数 2.609 所指的利率。查表结果，与 2.609 接近的现值系数 2.624 和 2.577 分别指向 7%和 8%，用内插法确定 C 方案的内含报酬率为 7.32%。

$$内含报酬率(C)=7\%+\left(1\%\times\frac{2.624-2.609}{2.624-2.577}\right)=7.32\%$$

计算出各方案的内含报酬率以后，可以根据企业的资本成本或要求的最低投资报酬率对方案进行取舍。假设资本成本是 10%，那么，A、B 两个方案都可以接受，而 C 方案则应放弃。

内含报酬率是方案本身的收益能力，反映其内在的获利水平。如果以内含报酬率作为贷款利率，通过借款来投资本项目，那么，还本付息后将一无所获。这一原理可以通过 C 方案的数据来证明，见表 4-10。

表 4-10　C 方案还本付息表　　元

年　份	年初借款	利率=7.32%	年末借款	偿还现金	借款余额
1	12 000	878	12 878	4600	8278
2	8278	606	8884	4600	4284
3	4284	314	4598	4600	-2

注：第三年年末借款余额-2 是计算时四舍五入所致。

内含报酬率是根据相对比率来评价方案，而不像净现值法那样使用绝对数来评价方案。在评价方案时要注意到，比率高的方案绝对数不一定大，反之也一样。这种不同和利润率与利润额的不同是类似的。A 方案的净现值大，是靠投资 20 000 元取得的；B 方案的净现值小，是靠投资 9000 元取得的。如果这两个方案是互相排斥的，也就是说只能选择其中一个，那么选择 A 有利。A 方案尽管投资较大，但是在分析时已考虑到承担该项投资的应付利息。如果这两个方案是相互独立的，也就是说采纳 A 方案时不排斥同时采纳 B 方案，那就很难根据净现值来排定优先次序。内含报酬率可以解决这个问题，应优先安排内含报酬率较高的B方案，如有足够的资金可以再安排A方案。

在计算内含报酬率时不必事先选择折现率，根据内含报酬率就可以排定独立投资的优先次序，只是最后需要一个切合实际的资本成本或最低报酬率来判定方案是否可行。

二、内含报酬率的缺陷

假设有项目A、B、C，其内含报酬率和净现值如表4-11所示。

表4-11 三个项目的内含报酬率和净现值

时 期	项目A			项目B			项目C		
	0	1	2	0	1	2	0	1	2
现金流量/元	−100	130		100	−130		−100	230	−132
IRR(%)	30			30			10与20		
NPV(折现率=10%)/元	18.2			−18.2			0		
允许的市场利率(%)	<30			>30			>10且<20		
融资还是投资	投资型			融资型			混合型		

注：项目A第0期流出现金，随之在第1期流入现金，其净现值与折现率负相关。

项目B第0期流入现金，随之在第1期流出现金，其净现值与折现率正相关。

项目C的现金流变号两次，第0期流出现金，第1期流入现金，在第2期又流出现金。现金流量变号两次以上的项目可能拥有多个内含报酬率。

问题一：投资还是融资

项目A与项目B的现金流量相反，两者IRR相等，都是30%。但当折现率低于30%时，项目A的净现值为正，项目B的净现值为负；相反，当折现率高于30%时，项目A的净现值为负，项目B的净现值为正。因此，对于项目B，其决策标准与之前相反，即当内含报酬率小于折现率时，可以接受该项目；若内含报酬率大于折现率，不能接受该项目。这一决策标准可以通过图4-1中的项目B曲线归纳出。曲线上升直观地表明净现值与折现率呈正相关。

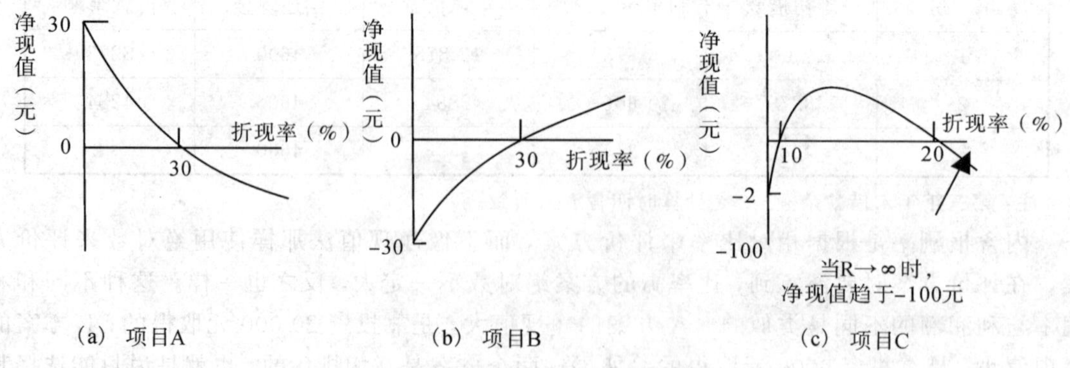

图4-1 项目A、B、C的净现值与折现率关系图

例如，假设某公司急需100元，有两种选择：① 执行项目B；② 向银行借款。即项目

B 可以作为银行借款的替代方案。实际上，当项目 B 的内含报酬率等于 30%时，执行项目 B 就相当于按 30%的利率借款。如果公司能够在 25%的利率水平从银行筹到该款项，就必须放弃项目 B。但如果银行借款利率高达 35%，那就应该采纳项目 B，即，只有折现率高于项目的内含报酬率时，才可以接受项目 B。

这与项目 A 完全相反，假设某公司急需 100 元，有两种选择：① 执行项目 B；② 借款给银行。项目 A 实际上是方案②借款给银行的替代方案。当项目 A 的内含报酬率等于 30%时，执行项目 A 等同于以 30%的利率借款给银行。当利率低于 30%时，公司应该采纳项目 A；相反，利率高于 30%，就应该放弃项目 A。

由于项目 A 在首期付出现金，则称项目 A 为投资型项目；而项目 B 在首期收到现金，则称项目 B 为融资型项目。

问题二：多个收益率

从表 4－11 可以看出项目 C 每期的现金流量依次为负的现金流、正的现金流、负的现金流，即现金流量改号两次，这种情况称之为非常规现金流。但很多项目都要求在获得现金流入后必须再注资一些现金。如采矿业中的露天开采就是一个例子，这一类的项目第一阶段需要投资开掘矿脉；在第二阶段，就可以获得相应的利润；但是在第三阶段，必须追加投资以开垦土地来满足环境保护法规的规定，这一阶段的现金流量就为负值。

这一类项目则存在两个内含报酬率，如项目 C 中内含报酬率分别为 10%和 20%。在这种情况下，内含报酬率就解释不通了，因为无法确定用哪个内含报酬率。

在项目 C 这种情况下，虽不能使用内含报酬率来判断，但仍可依靠净现值法。如图 4－1(c)所示，把项目 C 的净现值当做折现率的函数，当折现率为 10%或 20%时，项目的净现值 0；当折现率小于 10%或大于 20%时，项目的净现值为负；当折现率处于 10%与 20%之间时，项目的净现值为正，即在此范围内时，可接受项目 C。

三、修正的内含报酬率

为解决多个内含报酬率问题，我们提出修正的内含报酬率(Modified Internal Rate of Return，MIRR)。它通过合并现金流，使现金流的正负号只改变一次来处理多个内含报酬率的问题。以项目 C 为例，在折现率为 14%的情况下，最后的现金流－132 元在时点 1 的价值为

$$-\frac{132\text{元}}{1.14}=-115.79\ (\text{元})$$

由于此时已经收到 230 元，因此时点 1“调整后的”现金流为 114.21 元(＝230 元－115.79 元)。因此，通过调整净现值法就得到了该项目的两个现金流为－100 元和 114.21 元。

请注意，通过折现及合并现金流，我们使得现金流的符号只改变一次。现在就可以应用内含报酬率法了。根据这两个现金流所计算出的内含报酬率为 14.21%，这意味着在我们假设折现率为 14%的时候，应该接受该项目。

当然，项目 C 比较简单，它只有 3 个现金流而且符号只改变了 2 次。但同样的程序很容易应用于更加复杂的项目，即一直对后面的现金流进行折现合并，直到剩余部分的符号只改变一次为止。

调整的内部报酬率为投资成本的现值等于投资收益终值的现值时等式右侧所用的贴现率。即：

$$\sum_{t=1}^{n}\frac{COF_t}{(1+r)^t}=\frac{\sum_{t=1}^{n}CIF_t(1+r)^{n-t}}{(1+MIRR)^n} \tag{4-4}$$

式中，COF_t 为 t 时刻的现金净流出量；CIF_t 为 t 时刻的现金净流入量；r 为贴现率；MIRR 为调整的内含报酬率；$\sum_{t=1}^{n}CIF_t(1+r)^{n-t}$ 为项目寿命周期内现金净流入量的终值；$\sum_{t=1}^{n}\frac{COF_t}{(1+r)^t}$ 为投资成本的现值。

所以，式(4-4)又可写作：

$$项目投资成本的现值=\frac{项目净现金流入量的终值}{1+MIRR^n}$$

如果所有的投资现金流出均发生在零时刻($t=0$)，第一笔现金流入量发生在1时刻($t=1$)，则有

$$项目投资成本=\frac{项目净现金流入量的终值}{(1+MIRR)^n} \tag{4-5}$$

【例4-7】 求例4-1中的项目A的MIRR，如表4-12所示。

表4-12 项目A的MIRR表

项目	时间(年)	0	1	2	3	4	5
A	净现金流量	-20 000	16 000	16 000	7000	7000	7000

已知贴现率 $r=10\%$，现金流出量的现值(投资成本)为20 000元，$t=1$ 至 $t=5$ 的现金净流入量的终值为

$$\begin{aligned}FV&=16\ 000\times(1+0.10)^4+16\ 000\times(1+0.10)^3+7000\times(1+0.10)^2\\&\quad+7000\times(1+0.10)+7000\\&=23\ 426+21\ 296+8470+7700+7000=67\ 892\ (元)\end{aligned}$$

根据式(4-5)，有

$$20\ 000=\frac{67\ 892}{(1+MIRR^A)^5}$$

$$(1+MIRR^A)^5=\frac{67\ 892}{20\ 000}=3.395$$

$$1+MIRR^A=1.277$$

所以：$MIRR^A=27.7\%$。

类似地，可以解出例4-1中项目B的调整的内部报酬率 $MIRR^B=24.83\%$。

尽管这种调整确实纠正了多个内含报酬率的问题，但对我们而言，其至少干扰了内含报酬率法的精髓。就如之前所说的，内含报酬率法背后的基本原理是其提供了一个能体现出项目内在价值的数值。该数值并不依靠折现率。事实上这就是为什么称之为内含报酬率的原因：对于该项目而言，这个数值是内部的或内在的，除了该项目的现金流外，其并不依靠其他任何东西。相反，修正的内含报酬率明显是折现率的一个函数。然而，与采用净

现值法一样，公司使用这种调整，可以避免多个内含报酬率的问题。

如果项目第1期现金流量为负值，即进行初始投资，而此后所有的现金流量均为正值，那么内含报酬率是唯一的，不管项目持续多少个期间。对于这一点，利用货币时间价值的概念很容易理解。例如前面提到的项目A只有一个内含报酬率30%。这是因为，当折现率等于30%时，

$$NPV=-100\text{ 元}+\frac{130\text{ 元}}{1.3}=0\text{（元）}$$

怎么知道这是唯一的内含报酬率呢？代入一个大于30%的折现率，计算净现值时，折现率的变化并不影响初始的现金流量-100元，因为它无需折现。提高折现率只会降低未来现金流量的净现值。也就是说，因为净现值在折现率为30%时等于0，折现率稍有提高就会使净现值变为负数。同样，如果让折现率小于30%，项目的净现值就变为正数。虽然例子中只有一期的现金流入，但是对于在初始投资后有多期现金流入(没有现金流出)的项目，以上的推理照样成立。

如果初始现金流量为正值，而其余均为负值，内含报酬率也是唯一的。推理过程类似于投资型项目。这些案例的现金流量均只有一次改号。也就是说，当项目现金流只有一次改号时，不会出现多个收益率的问题。

下面对投资法则做个小总结，如表4-13所示。

表4-13　投资法则总结表

现金流量	IRR个数	IRR法则	NPV法则
首期为负，其余为正	1	若IRR>R，则接受 若IRR<R，则放弃	若NPV>0，则接受 若NPV<0，则放弃
首期为正，其余为负	1	若IRR<R，则接受 若IRR>R，则放弃	若NPV<0，则接受 若NPV>0，则放弃
首期之后，部分为正，部分为负	可能大于1	IRR无效	若NPV>0，则接受 若NPV<0，则放弃

特别注意，不管是哪种情况，净现值法的投资法则都是一致的。换言之，净现值法总是适用的。相比之下，内含报酬率法则只能在某种条件下适用。

四、外部收益率

为了避免内含报酬率的不足，人们提出了外部收益率(External Rate of Return，ERR)指标。外部收益率是使一个投资项目投资额的终值与各年的净现金流量按预定收益率计算的终值之和相等时的收益率，计算公式如下：

$$\sum_{t=1}^{n} CF_t(1+r)^{n-t}=-CF_0(1+ERR)^n \tag{4-6}$$

其评价法则与IRR相似：对单一项目的可行与否决策，ERR大于资本成本时，方案可行，否则不可行。对多个项目的选择决策时，取ERR最大的方案。

【例4-8】 某大型设备方案：初始投资12万元，寿命期为6年，期末残值3万元，寿

命期内平均每年收入为 9 万元，每年费用为 6 万元。试用外部收益率指标评价该项目是否可行。

由式(4-6)知：

$$\sum_{t=1}^{n} \mathrm{CF}_t (1+r)^{n-t} = -\mathrm{CF}_0 (1+\mathrm{ERR})^n$$

因此得：

$$(9-6)(F/A, r, 6) = 12 \times (1+\mathrm{ERR})^6$$

明显，ERR 与 r 的取值有关。若 $r=10\%$，则 ERR=14%。项目是可以被接受的。

第五节 其他指标

一、现值指数

现值指数(Present Index，PI)是投资项目未来各期收益的现值与初始投资额之比。

$$现值指数(\mathrm{PI}) = \frac{未来收益现值}{初始投资额}$$

现值指数指标的决策准则是：当投资项目的现值指数大于 1 时，选取该项目，当投资项目的现值指数小于 1 时，放弃该项目；当有多个互斥项目并存时，选取现值指数最大的项目。

【例 4-9】 计算例 4-1 中项目 A、B 的现值指数。

由例 4-1 数据可知，项目 A 的投资收益的现值为

$$\mathrm{PV} = \frac{16\ 000}{1.1} + \frac{16\ 000}{1.1^2} + \frac{7000}{1.1^3} + \frac{7000}{1.1^4} + \frac{7000}{1.1^5} = 42\ 155\ (元)$$

项目 A 的初始投资额为 20 000，其现值指数为

$$\mathrm{PI}^{\mathrm{A}} = \frac{42\ 155}{20\ 000} = 2.1$$

同理可以算出项目 B 的现值指数为 1.88。

二、净现值率

净现值率(Net Present Value Rate，NPVR)又称净现值比、净现值指数，是指项目净现值与原始投资现值的比率，又称“净现值总额”。净现值率是一种动态投资收益指标，用于衡量不同投资方案的获利能力大小，说明某项目单位投资现值所能实现的净现值大小。净现值率小，单位投资的收益就低，净现值率大，单位投资的收益就高。

净现值率的经济含义是单位投资现值所能带来的净现值，是一个考察项目单位投资盈利能力的指标，常作为净现值的辅助评价指标。

当初始投资额为 0 时，净现值比率的计算公式为

$$\mathrm{NPVR} = \frac{\mathrm{NPV}}{\mathrm{PV}}$$

式中，PV 为投资 I 的现值，NPV 为净现值。

第六节　项目现金流的估计

一、现金流量的概念

所谓现金流量，在投资决策中是指一个项目引起的企业现金支出和现金收入增加的数量。这时的“现金”是广义的现金，它不仅包括各种货币资金，而且还包括项目需要投入的企业现有的非货币资源的变现价值。例如，一个项目需要使用原有的厂房、设备和材料等，则相关的现金流量是指它们的变现价值，而不是其账面价值。

二、项目的现金流

新建项目的现金流量包括现金流出量、现金流入量和现金净流量三个具体概念。

（一）现金流出量

一个方案的现金流出量是指该方案引起的企业现金支出的增加额。例如，企业增加一条生产线，通常会引起以下现金流出。

(1) 增加生产线的价款。购置生产线的价款可能是一次性支出，也可能分几次支出。

(2) 垫支流动资金。由于该生产线扩大了企业的生产能力，引起对流动资产需求的增加。企业需要追加的流动资金，也是购置该生产线引起的，应列入该方案的现金流出量。只有在营业终了或出售(报废)该生产线时才能收回这些资金，并用于别的目的。

（二）现金流入量

一个方案的现金流入量，是指该方案所引起的企业现金收入的增加额。例如，企业增加一条生产线，通常会引起下列现金流入。

1. 营业现金流入

增加的生产线扩大了企业的生产能力，使企业销售收入增加，扣除有关的付现成本增量后的余额，是该生产线引起的一项现金流入。

营业现金流入＝销售收入－付现成本

付现成本在这里是指需要每年支付现金的成本。成本中不需要每年支付现金的部分称为非付现成本，其中主要是折旧费。所以，付现成本可以用成本减折旧来估计。

付现成本＝成本－折旧

营业现金流入＝销售收入－付现成本＝销售收入－(成本－折旧)＝利润＋折旧

2. 该生产线出售(报废)时的残值收入

资产出售或报废时的残值收入，应当作为投资方案的一项现金流入。

3. 收回的流动资金

该生产线出售(报废)时企业可以相应收回流动资金，收回的资金可以用于别处，因此应将其作为该方案的一项现金流入。

(三) 现金净流量

现金净流量是指一定期间现金流入量和现金流出量的差额。这里所说的“一定期间”,有时是指1年内,有时是指投资项目持续的整个年限内。流入量大于流出量时,净流量为正值;反之,净流量为负值。

【例4-10】 假设A公司准备投资生产一种新产品,市场调研报告表明,该产品的市场寿命期限6年。预计第1年的销售量为50 000件,第2年和第3年为55 000件,第4年45 000件,第5年30 000件,第6年20 000件,此后项目终结。预计产品单价第1年为每件200元,此后每年上涨5%,与同期通货膨胀率相同。

为生产这一新产品,需要购置的设备的价值包括运费和安装费在内为1200万元,按照零残值在6年内直线折旧,每年折旧额为200万元(1200/6),预计设备在项目终结时按照60万元的价格转卖。

生产这一产品需要的场地可利用企业现有的一座闲置的厂房,为适应生产产品的需要厂房要进行适当的维修与改造,需要的费用为100万元。另外,如果这一厂房不作为新产品的生产场地,可以出租给相邻的另一家企业做库房用,年租金为50万元,租期也为6年。如果厂房用于出租,其必要的维修改造费用由承租方承担,出租企业无需支付此项费用。

产品的原材料费用预计第1年为每件50元,以后也按照每年5%的通货膨胀率上涨。据相关部门测算,为保证生产和销售的政策进行,需要的原材料库存为10天的销售额,在产品和产成品的库存价值为20天的销售额。企业购买原材料的平均付款期为30天,企业发出产品后的平均收款期为60天。

据生产部门测算,产品第1年的直接人工为每件25元,燃料动力费为每件5元,在项目寿命期内也按照5%的通货膨胀率上涨。由于新产品在企业总体生产经营活动中所占的比例很低,所以企业的销售、管理和其他间接费用将不会因新产品的投产而发生大的变化,因此新产品的投产每年只产生10万元额外的销售和管理费用。但根据公司内部的成本考核标准,新产品要按照销售额的2%来分担间接费用。

根据资本市场上的反应,这一新产品项目的税后资本成本与公司当前的资本成本相同,为10%,同期企业银行贷款的利率为每年6%。公司所得税税率为30%。公司为此项目支付了15万元的可行性研究费用。项目的基本数据如表4-14所示:

表4-14 新产品项目的基本数据摘要

项目	单位或价值	类型	时间
预期年销售量/件	50 000,55 000,55 000,45 000,30 000,20 000	收入	1~6年
单价	第1年200元,以后每年上涨5%	收入	1~6年
设备成本	12 000 000元	资产	现在
折旧(直线法,零残值)	每年2 000 000元(120 000 000/6)	费用	1~6年
设备转售价值	600 000元	收入	第6年末
单位原材料成本	第1年50元,以后每年上涨5%	费用	1~6年

续表

项　目	单位或价值	类　型	时　间
原材料库存	10 天的生产额	资产	现在
应付账款	40 天的采购额	资产	现在
应收账款	60 天的销售额	资产	现在
在产品和产成品库存	20 天的销售额	资产	现在
单位直接人工成本	第 1 年 25 元，以后每年上涨 5%	费用	1～6 年
单位燃料与动力成本	第 1 年 5 元，以后每年上涨 5%	费用	1～6 年
支出销售和管理费用	每年 100 000 元	费用	1～6 年
分摊间接费用/元	销售额的 1%	费用	1～6 年
公司所得税税率	30%	费用	1～6 年
税后资本成本	10%	不在现金流中	
银行贷款利率	6%	不在现金流中	
厂房对外出租租金	500 000 元	损失	1～6 年
可行性研究费用	150 000 元	费用	已经发生

根据上面的资料，我们分析项目的现金流量。

首先，分析项目的初始现金流量，在这一项目中，初始现金流量包括以下三项：

（1）购置及运输和安装设备的投资共 1 200 万元。

（2）为产生项目第 1 年的销售收入所必须实现投入的营运资本。

营运资本需求＝应收账款＋存货－应付账款

其中，应收账款等于 60 天的销售收入，原材料存货为 10 天的生产量。而原材料单价是产品售价的 25%(50/200)，所以其存货价值等于 3 天的销售收入；在产品和产成品存货是 20 天的销售收入，总的存货为 23 天的销售收入(3＋20)；应付账款等于 40 天的采购额，同样由于原材料单价是产品售价的 25%，40 天的采购额相当于 10 天的销售收入。由于预计第 1 年的销售量是 50 000 件，销售单价是 200 元，所以第 1 年的销售收入是 1 000 万元，平均每天的销售收入为 27 397 元(10 000 000/365)。因此应收账款需要占用 164.4 万元(60×27 397 元)的资金，存货需要占用 63.0 万元(23×27 397 元)。因此，初始营运资本需求为

营运资本需求＝164.4＋63.0－27.4＝200（万元）

我们还可以以一种更为方便的方法计算营运资本需求。因为应收账款等于 60 天的销售收入，存货等于 23 天的销售收入，应付账款等于 10 天的销售收入。所以，营运资本需求等于 60 天加 23 天再减去 10 天，即 73 天的销售收入，相当于全年销售收入的 20%(73/365)。所以：

营运资本需求＝0.20×1000＝200（万元）

（3）为了维修改造厂房支出的 100 万元。

因此，项目所需的全部初始现金流量＝1200＋200＋100＝1500(万元)。

为进行这一项目，企业还支付了 15 万元的可行性研究费用，但从现金流量的角度看，

不管项目是否进行，这笔费用都已经发生了，属于沉没成本，与目前的决策无关。关于沉没成本，我们在后面还会讨论。

接着分析项目的经营现金流量，表 4-15 的 1 至 15 行实际上就是项目的预计损益表，通过对销售收入、各种成本和税收的分析；表 4-15 的 15 行给出了项目各期的税后利润；16 行是项目在各期产生的经营现金流量。但这并不是在经营过程中发生的全部现金流量，首先，我们要考虑在经营过程中是否有资本投资需求的发生。根据前面的资料我们知道，在项目经营过程中没有新的固定资产投资发生，但由于在整个项目寿命周期内，产品的销售收入在变化，所以营运资本需求会发生相应的变化。其次，还要注意到这个项目占用了公司可用于出租的厂房，使企业每年损失了 50 万元的租金收入。

表 4-15　新产品项目的现金流量分析

	0	1	2	3	4	5	6
A. 收入							
1. 预期销售量/件		50 000	55 000	55 000	45 000	30 000	20 000
2. 单价，每年上涨 5%/元		200.0	210.0	220.5	231.5	243.1	255.3
3. 销售收入(行 1×行 2，万元)		1000	1155	1213	1042	729	511
B. 经营费用							
4. 单位材料成本，每年上涨 5%/元		50.00	52.50	55.13	57.88	60.78	63.81
5. 材料成本总额(行 1×行 4，万元)		250	289	303	260	182	128
6. 单位人工成本，每年上涨 5%/元		25.00	26.25	27.56	28.94	30.39	31.91
7. 人工成本总额(行 1×行 6，万元)		125	144	152	130	91	64
8. 燃料动力成本，每年上涨 5%/元		5.0	5.25	5.51	5.79	6.08	6.38
9. 燃料成本总额(行 1×行 8，万元)		25	29	30	26	18	13
10. 折旧/万元		200	200	200	200	200	200
11. 销售和管理费用/万元		10	10	10	10	10	10
12. 经营费用总额(5+7+9+10+11，万元)		610	672	695	626	501	415
C. 经营利润							
13. 税前利润(行 3－行 12，万元)		390	483	518	416	228	96
14. 减所得税(30%)/万元		117	145	155	125	68	29
15. 税后利润/万元		273	338	363	291	160	67
D. 项目产生的经营现金流量							
16. 项目现金流量(行 15＋行 10，万元)		473	538	563	491	360	267
E. 营运资本需求的变化							
17. 下一年销售收入的增加额/万元	1000	155	58	(171)	(313)	(218)	(511)
18. 下一年新增营运资本需求(行 17×0.20，万元)	200	31	12	(34)	(63)	(44)	(102)

续表

	0	1	2	3	4	5	6
F. 租金损失							
19. 年租金损失/万元		50	50	50	50	50	50
G. 资本支出							
20. 设备的购置与安装/万元	1200						
21. 厂房维修/万元	100						
22. 设备残值(税后)收回/万元							42
H. 项目现金流量							
23. 项目现金流量(行16－行18－行19－行20－行21＋行22，万元)	－1500	392	476	547	504	354	361

表4-15的17行和18行分别列出了下一年销售收入的变化额和相应营运资本需求的变化额。比如，预计第1年的销售收入为1000万元，第2年的销售收入为1155万元，第2年比第1年销售收入增加了155万元，按照20%计，需要增加31万元的营运资本。

损失的租金收入表面上看似与项目无关。但实际上，如果不进行新产品项目，为新产品生产所占用的厂房确实可以为企业带来每年50万元的现金收入(租金)，所以每年50万元的租金损失是项目的实际现金损失，需要计入，在表4-15的18行列出。相反，在间接费用方面，项日每年按照销售收入的2%分摊的间接费用(不论多少)与项目无关，不是项目的现金流出，只有因为新产品项目多发生的每年10万元的销售和管理费用才是真正与项目有关的现金流量。所以，在表4-15的11行，我们只列出了这10万元的费用。

最后，分析项目终结现金流量，包括固定资产的变现收入和营运资本的收回。固定资产的变卖价值为60万元，由于其账面价值在项目终结时为0，因此60万元的变现价值为营业外收入，需要按照30%的税率交纳18万元的公司所得税，税后净收入为42万元，营运资本的收回为102万元(18行)。

表4-15是关于新产品项目的全部现金流量的计算过程。其实项目的现金流量可以用公式表示如下：

项目现金流量＝营业现金流量－营运资本需求的变化－固定资产的增量投资

＝息税前收益×(1－所得税税率)＋折旧－营运资本需求的变化－固定资产的增量投资

如前所述，筹资成本在项目的折现率中考虑，所以项目现金流量的分析考虑筹资成本。上式的第1项是经营活动产生的税后利润，第2项是折旧，第3项和第4项是每一期项目在营运资本和固定资产上的净投资支出(为负则表示资金流入)。上式归纳了项目从投资到终结的所有现金流量，表4-15也是按照这一公式得到全部现金流量的。

已知项目的资本成本为10%，所以，用10%折现，项目的净现值为

$$\begin{aligned}\text{NPV} &= -1500 + \frac{392}{1.10} + \frac{476}{1.10^2} + \frac{547}{1.10^3} + \frac{504}{1.10^4} + \frac{354}{1.10^5} + \frac{361}{1.10^6} \\ &= -1500 + 356 + 393 + 411 + 344 + 220 + 204 = 428(\text{万元})\end{aligned}$$

虽然我们给出企业银行贷款的利率是6%，但在后面讨论资本成本时我们会指出，项目的折现率应该是其资本成本，而不是企业的银行贷款利率。因为银行贷款利率是银行根据向企业提供贷款所面临的风险确定的投资回报率，并不是项目风险所对应的投资回报率。

三、项目现金流计算时需要注意的几个问题

计算项目现金流量要遵循相关性原则，即只有与项目相关的现金流量才应纳入项目的现金流量。下面我们对一些主要问题进行分析。

（一）在增量的基础上考虑现金流量

在增量的基础上考虑现金流量是资本投资决策分析中一个非常重要的原则。因为在绝大多数情况下，一个投资项目不会是孤立发生的，它会对公司的其他业务及未来的市场份额产生影响。比如，具有替代性的新产品的推出不仅会带来相应的现金流入，同时也很可能会减少被替代的老产品的市场，减少老产品的现金流入。因此，在考虑新产品的现金流量时，要同时考虑其造成的老产品现金流量的损失，两者之差的净值才是新产品投资所产生的净现金流量。而在市场竞争非常激烈的情况下，又会出现本企业自己不推出新产品而其竞争对手也会推出新产品并挤占本企业老产品的市场的情况。所以，在这种情况下，在考虑本企业新产品对老产品市场的挤占的同时，还应该考虑老产品市场受竞争对手影响而产生的损失。这样，新产品推出后挤占的部分老产品市场实际上相当于是从竞争对手那里夺回的损失，也应该看作是由新产品投资产生的净现金流量。在竞争极为激烈的汽车、彩电等市场上，这也是相关企业在不长的时间内不断地进行产品更新的重要原因之一。所以，投资现金流量分析的关键是要正确确定分析问题的基点。

（二）折旧的影响

折旧在投资现金流量分析中起着重要的作用。由于折旧可以作为成本项目从企业销售收入中扣除，故其降低了企业的应纳税所得额，从而减少了企业的所得税支出。在例4-10中，如果不扣除折旧，企业每年的税前利润将增加200万元，需交纳60万元(200×30%)的公司所得税，营业现金流量与在税前利润中扣除折旧时相比，将减少60万元。由此可见，尽管折旧本身不是真正的现金流量，但它的数量大小却会直接影响到企业的现金流入量的大小。而且，提取的折旧额越高，留在企业内的实际现金量就越大(尽管企业的账面利润会因此而降低)。对企业来说，每一项固定资产的原值是确定的，其对应的折旧总额也是确定的。采用加速折旧虽然不能增加企业的折旧总额，但却可以使企业的折旧额先大后小，使企业的现金流入量先多后少。考虑到资金的时间价值，这对企业和投资者是很有利的。

【例4-11】 假设例4-10中项目1 200万元的固定资产原值按照第1年和第2年各300万元，第3年和第4年各200万元，第5年和第6年各100万元的方法加速折旧，重新计算项目的现金流量和其净现值。

由于折旧方法的改变不影响销售收入和其他成本费用，利用表4-14的结果，我们得到改变折旧方法后的表4-16。

表 4-16　加速折旧情况下新产品项目的现金流量　　　万元

	0	1	2	3	4	5	6
1. 销售收入		1000	1155	1213	1042	729	511
2. 材料成本总额		250	289	303	260	182	128
3. 人工成本总额		125	144	152	130	91	64
4. 燃动成本总额		25	29	30	26	18	13
5. 折旧		300	300	200	200	100	100
6. 销售和管理费用		10	10	10	10	10	10
7. 经营费用总额(行 2＋行 3＋行 4＋行 5＋行 6)		710	772	695	626	401	315
8. 税前利润(行 1－行 7)		290	383	518	416	328	196
9. 减所得税(30%)		87	115	155	125	98	59
10. 税后利润		203	268	363	291	230	137
11. 下一年新增营运资本需求	200	31	12	(34)	(63)	(44)	(102)
12. 年租金损失		50	50	50	50	50	50
13. 设备的购置与安装	1200						
14. 厂房维修	100						
15. 设备残值(税后)收回							42
16. 项目现金流量(行 10＋行 5－行 11－行 12－行 14＋行 15)	－1500	422	506	547	504	324	331

从表 4-16 可看到，采用加速折旧之后，第 1 年和第 2 年由于折旧额从 200 万元增加到 300 万元，税后利润分别由直线折旧时的 273 万元和 338 万元下降到 203 万元和 268 万元，但项目产生的现金流量分别由直线折旧时的 392 万元和 476 万元上升到 422 万元和 506 万元。而第 5 年和第 6 年由于折旧额从 200 万元减少到 100 万元，税后利润分别由直线折旧时的 160 万元和 67 万元上升到 230 万元和 137 万元，但项目产生的现金流量分别由直线折旧时的 354 万元和 361 万元下降到 324 万元和 331 万元。这些都清楚地显示了折旧额对税后利润和现金流量的不同影响。用 10% 的资本成本折现，项目的净现值为

$$\begin{aligned}\text{NPV} &= -1500+\frac{422}{1.10}+\frac{506}{1.10^2}+\frac{547}{1.10^3}+\frac{504}{1.10^4}+\frac{324}{1.10^5}+\frac{331}{1.10^6}\\ &= -1500+384+418+411+344+201+187=445\ (\text{万元})\end{aligned}$$

由于较多的现金流量发生在较早的时期，所以项目的净现值增大了。

更为重要的是，折旧作为成本反映的是投资者对项目固定资产投入的本金的收回。固定资产的投资是在项目开始发生的，作为现金流出，体现在项目的初始现金流量中。按照会计法则，固定资产在经营活动展开后的一定期间内提取折旧计入成本。在进行现金流量分析时，我们把折旧计为一项现金流入，它所体现的是投资者对投资在固定资产上的本金的收回。在例 4-10 中，投资者初始投入了 1200 万元用于购置固定资产，初始现金流量记录了 1200

万元的现金流出。而在以后的6年内，每年提取200万元的折旧作为“成本”，计为现金流入，6年正好是1200万元。其含义就是投资者初始投放在固定资产上的1200万元本金，在未来6年内要分批收回。如果固定资产投资使用了贷款，则折旧用来归还贷款的本金。总之，从投资的角度来看，折旧作为一项现金流量，反映的是投资者对投资本金的收回。这才是折旧真正的经济含义。

（三）沉没成本的影响

沉没成本是指已经使用掉而无法收回的资金。这一成本对投资者当前的投资决策不产生任何影响。投资者在进行投资决策时要考虑的是当前的投资是否有利可图，而不是过去已花掉了多少钱。比如，某企业为一项投资已经花费了50万元的投资，要使工程全部完工还要再追加50万元投资，但项目完工后的收益现值只有45万元，这时企业应果断地放弃这一项目。如果因为觉得已经为这一项目付出了50万元的投资，不忍半途而废，而坚持要完成这一项目，只能招致更大的损失。因为马上放弃这一项目，损失额是50万元，而如果坚持完成这一项目，则除原来损失的50万元外，还有加上新的投资损失5万元(45万元－50万元)。相反，如果投资完成后的收益现值为70万元，则应坚持完成这一项目，而不应因为总投资额为100万元但收益现值只有70万元而放弃这一项目。因为目前企业面临的不是投资100万元、收益现值70万元的投资决策，而是面临投资50万元、收益现值70万元、净现值20万元的投资决策。

例4－10中15万元的咨询费用，就属于沉没成本。因为不论企业是否决定采纳新产品项目，15万元的咨询费都已支付，与当前的决策无关。所以，在例4－10的现金流量分析中，我们没有考虑咨询费用。

如何正确对待投资决策中的沉没成本，是投资决策中常常被忽略的问题。许多已经知道决策失误的项目之所以能够最终建成并一直亏损下去，其中的原因之一就是决策者们总是念念不忘已经洒掉的牛奶。

（四）机会成本的影响

在计算项目的现金流量时，不仅要考虑直接的现金流入流出，还要考虑没有直接现金交易的“机会成本”。在增量的基础上考虑现金流量小节中所讨论的增量现象实际上就是机会成本的一种反映。例4－10中新产品项目需要占用现有的闲置厂房，表面上“闲置”的厂房不会产生任何现金流入。但实际上，如果企业不是将这一厂房用于新产品项目，而是将其对外出租，每年可得到50万元的租金收入。但企业将其用于新产品项目之后，就丧失了可能获得的对外出租的租金收入。这部分损失，就是投资的机会成本，应作为现金流出在投资决策中考虑。

有时，机会成本的表现方式是曲折复杂的。比如，企业的某些生产能力空闲，暂时又别无它用，似乎机会成本为零，但这种空闲的生产能力可能是企业一段时间后发展其他投资项目所必需的，如果现在将其占用，就会影响企业未来项目的发展，其机会成本并不为零。尽管进行这类分析的难度较大，但在可能的情况下，还是应尽量考察清楚，以便做出正确的投资决策。

(五) 分摊费用的计算

企业的新投资项目都可能会产生相应的分摊费用(如分摊的各种管理费用和行政费用等),这些费用在计算新项目的产品成本时是要考虑的,并要从利润中扣除。但是在做项目的现金流量分析时,要对这些分摊费用作进一步的辨别。对那些确因本投资项目而引起的分摊费用,如增加管理人员或行政工作人员的费用,应计入投资项目的现金流量。而对那些企业原来就要发生的,因本项目投资后分摊过来的费用,如总部管理人员的有关支出,则不应计入本项目的现金流量。

(六) 营运资本需求的收回

项目投资除需要固定资产投资外,还需要投入一部分营运资本。在项目进行期间和项目终结时,投入的营运资本能够以现金的形式收回。因此,营运资本在项目的现金流量分析中应被考虑两次:一次是它投入项目中的使用,作为现金流出;另一次是在项目终结时的收回,作为现金流入。如果忽略了营运资本的收回,将会导致投资决策指标的计算错误。

在例 4-10 中,营运资本需求的变化就反映了这一点。在第 1 至第 3 年,项目的销售收入逐年增加,营运资本需求也逐渐增大,所以从项目投资时(0 时点)到第 2 年,都需要逐步增加营运资本的投入,表现为现金流出。从第 4 年到第 6 年,项目的销售收入逐年减小,营运资本需求逐渐减小,所以不断地有营运资本从项目中退出,表现为现金流入。

(七) 通货膨胀的影响

在通货膨胀期间,不论是项目的收入还是支出都会发生很大的变化。比如,存货的计价有先进先出(FIFO)和后进先出(LIFO)等不同的计价方法。在通货膨胀期间,后进的屋子价格较高,先进的屋子价格较低。使用同一批屋子,若按先进先出法计价,则成本较低,利润较高,纳税额也较大,使企业的实际现金流入量减少。若按后进先出法计价,则成本较高,利润较低,纳税额减少,使企业的实际现金流入量增大。由于企业所考虑的是实际现金流入量的大小,采用什么样的存货计价方法在通货膨胀期间就显得非常重要。另外,因通货膨胀造成的货币贬值,将极大地影响投资者的投资收益现值。因此,在通货膨胀期间应认真分析项目的现金流量,并在计算投资指标时加以考虑。

在计算投资指标时对通货膨胀的影响通常有两种处理方法:一是调整投资项目的现金流量,扣除通货膨胀的影响(如按不变价格计算现金流量);二是调整计算贴现指标时所用的贴现率,抵消通货膨胀带来的现金流量增加的影响(如采用"贴现率=无通货膨胀时的贴现率+通货膨胀率"的方法)。例 4-10 中对通货膨胀的处理,实际上是假设了 10%的资本成本中就包含了对通货膨胀因素的考虑。

(八) 其他的影响

除上述因素外,计算项目的现金流量时还有一些其他因素需要注意。如在进行工期较长的大型建设工程项目和生产项目(如船舶制造、飞机制造)时,订货方是否分期预付货款以及如何预付货款,都会对现金的实际流入时间及时间价值产生影响。又比如,企业的投资项目能否得到税收、贷款等方面的优惠，也会影响投资项目的现金流量，需要在投资分析中加以考虑，等等。

第七节 不确定条件下的投资决策分析

一、敏感性分析

敏感性分析是衡量不稳定因素变化对项目评价标准(如内含报酬率或净现值)的影响程度。如果某一因素在较小范围内发生变动，就会影响原定项目的盈利能力，即表明该因素的敏感性强；如果某一因素在较大范围内变动，才会影响原定项目的盈利能力，即表明该因素的敏感性弱。敏感性分析的目的是找出投资机会的盈利能力对哪些因素最敏感，从而为决策者提供重要的决策信息。

投资项目敏感性分析的步骤如下：

第一，确定敏感性分析对象。在进行敏感性分析时，可根据不同投资项目的特点，挑选出最能反映项目效益的指标作为分析对象，如净现值、内含报酬率等，并根据投资项目现金流量中的收入、成本等基本数据，分别计算出项目或几个对比项目的净现值、内含报酬率等评价指标。

第二，选择不确定因素。投资项目不确定因素的内容依项目的规模、类型的不同而不同。例如，对于一家工厂改建的评估，必须估计与总改建费用(包括机器)、劳动力成本、广告费用、原材料成本和销售收入有关的现金流量。此外，还需要有关折现率和项目寿命期的信息。显然，在此过程中产生的各种评估数据都会受到不确定因素的影响。在评估中，通常不需要对全部可能出现的不确定因素逐个分析，只是分析那些在成本收益构成中占比较大、对盈利能力有重大影响并在经济寿命周期中最有可能发生的因素。一般共同的不确定因素主要包括：市场规模、销售价格、市场增长率、市场份额、项目投资额、变动成本、固定成本、项目周期等。对选取的不确定因素，可按其发生变化时增加(减少)一定的百分比(±10%，±15%，±20%)，分别计算出这些因素变化对项目的净现值、内含报酬率等评价指标的影响。

第三，调整现金流量。进行敏感性分析时，有可能一个敏感性因素的变化会使其他条件发生相应的变化。因此，在调整现金流量时，需注意以下几个问题：① 销售价格的变化直接影响销售收入的变化，在调整时不要忽略与销售收入有关的税金的变化；② 原材料、燃料价格的变化，要调整变动成本；③ 项目投产后，产量发生了变化，在相关范围内，只调整变动成本，固定成本不变。

在进行分析计算的过程中，先假定一个因素变化而其他因素不变，计算出项目效益对这个变化的敏感程度，再假定第二个因素变化，计算出项目效益对这个变化的敏感程度，这样一个一个地往下进行，直到把那些对投资项目的经济效益有影响的主要因素和它们相应的敏感度都算出为止。

当完成了上述各项步骤之后，即可将得到的数据按不同项目列入表内，彼此相互对照，并据以进行项目的取舍。现以保健品投资项目为例加以说明，假设影响该项目收益变动的因素主要是销售量、单位成本以及资本成本，现以该项目的净现值(57 908 元)为基数值，计算上述各因素围绕基数值分别增减 10%，15%(每次只有一个因素变化)时新的净现值。表 4－17和图 4－2 描述了销售量、单位付现成本和资本成本单独变动对净现值的影响程度。

表 4－17　各项因素变化对净现值的影响　　元

因素变化百分比	销售量	单位付现成本	资本成本
115%	84 136	19 901	43 788
110%	75 393	32 570	48 356
100%	57 908	57 908	57 908
90%	40 423	83 246	68 052
85%	31 680	95 915	73 360

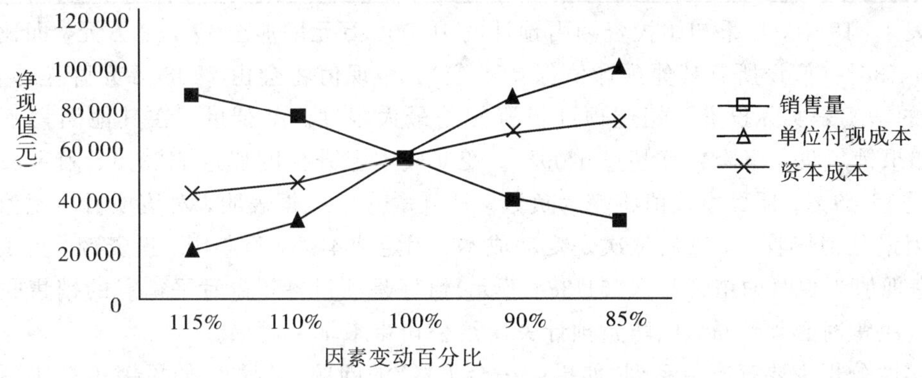

图 4－2　项目净现值对销售量、单位成本和资本成本的敏感度

从图 4－2 可以看出，项目净现值对单位付现成本最敏感(斜率比较大)，其次为销售量，相对而言，资本成本变动对净现值的影响较为平缓。

对投资项目进行敏感性分析的另一种形式就是通过计算各种因素允许变动的临界值。这里的临界值是指不改变某一评价指标决策结论的条件下，该种因素所能变动的上限或下限。以净现值敏感性分析为例，在其他因素不变的情况下，某种因素所能变动的上限或下限可由其盈亏平衡方程导出。

【例 4－12】　假设某公司正在考虑一项投资，初始投资额为 10 000 万元，第 1～5 年每年的销售收入为 64 000 万元，变动成本总额为 42 000 万元，固定成本总额为 18 000 万元，其中折旧费为 1600 万元，所得税税率为 25%，折现率为 10%，则该投资各年经营现金净流量和净现值计算如下：

$$NCF_{1-5}=(64\ 000-42\ 000-18\ 000)\times(1-25\%)+1600=4600\ (万元)$$

$$NPV=-10000+4600(P/A,10\%,5)=7438\ (万元)$$

从净现值评价指标看，这个项目值得投资。问题在于计算净现值所用数据仅仅是预计值，而实际现金流量可能与预计值大不相同。通过敏感性分析可依次检验净现值计算中使用的每一个数据，从而确定预计值的变动对净现值的影响。根据例 4－12 中的数据，利用 Excel 软件中的单变量求解，依次检验每一项预计值并确定项目的净现值由正值变为零之前的变动程度，如表 4－18 所示。

表 4-18 净现值为零时各因素变动百分比 万元

项 目	原预计现金流量	NPV=0 的现金流量	现金流量变动上下限
投资额	10 000	17 438	74.38%
销售收入	64 000	61 384	-4.09%
变动成本	42 000	44 616	6.23%
固定成本	18 000	20 616	14.48%
折现率	10%	36%	260%
项目年限	5.0	2.6	-48%

在表 4-18 中，如果初始投资额由预计的 10 000 万元增加至 17 438 万元，即比原预计值增加 74.38%(假设所有其他预计值保持不变)，净现值将会由 7438 万元降至零，因此，74.38%的增幅是实际投资额超过预计投资额的最大限度。类似的，在其他因素不变的情况下，如果销售收入下降幅度超过 4.09%，变动成本上升幅度超过 6.23%，固定成本上升幅度超过 14.48%，项目净现值将变为负数。表 4-18 的数据表明，对该项目净现值变动最敏感的因素是销售收入，其后依次是变动成本、固定成本、项目年限、投资额、折现率。事实上，净现值为零时的销售收入(61 384 万元)恰好是项目各年盈亏平衡点的销售收入。公司在投资决策时必须慎重，以防止预计失误给公司带来不利后果。

敏感性分析主要解决一系列“如果……会怎样”的问题。例如，如果销售量比预期值下降 10%会怎样？如果投资额增加 20%会怎样？这种方法在一定程度上就多种不确定因素的变化对项目评价标准的影响进行定量分析，它有助于决策者了解项目决策时需重点分析与控制的因素。但敏感性分析也存在一定的局限性，如它没有考虑各种不确定因素在未来发生变动的概率分布状况，因而影响风险分析的正确性。在实际中可能会出现这样的情况，通过敏感性分析找出的某一敏感因素未来发生不利变化的概率很小，所引起的风险也很小。而另一个相对不太敏感的因素未来发生不利变化的概率却很大，实际所带来的风险比敏感性因素更大。另外，敏感性分析采取固定其他变量，改变某一变量的方法，往往与实际情况相脱离。事实上，许多变量都是相互联系的，孤立地考察每一变量的影响情况往往不能得出正确的结论。

二、情景分析

与敏感性分析一样，情景分析也是经常使用的一种反映和评价项目风险的分析方法。情景分析的方法类似于敏感性分析，只是包含了各种变量在某种场景下的综合影响。情景分析一般设定三种情况，即乐观的、正常的以及悲观的情景。在不同的场景下，各变量的预期值随着场景的变化而变化。如在悲观场景下，各变量的预期值都是最悲观的估计，由此得到的净现值和内含报酬率也是三种情况下最低的。

【例 4-13】 设某投资项目的初始投资额为 40 万元，寿命 5 年，其各项指标的预测值如表 4－19 所示。

表 4－19　各项指标的预测值

	基本状况	最差状况	最优状况
销售量/件	12 000	11 000	13 000
产品单价/元	80	75	85
变动成本/(元/件)	60	62	58
固定成本/(元/年)	100 000	110 000	90 000

若企业采用直线折旧，项目结束时设备无残值，贴现率为 12%，则根据上述数据，可计算出不同状况下的净现金流量、净现值指标和内部报酬率指标。

表 4－20　不同状况下的净现金流量、净现值指标和内部报酬率指标　　元

	基本状况	最差状况	最优状况
销售额	960 000	825 000	1 105 000
变动成本	720 000	682 000	754 000
固定成本	100 000	110 000	90 000
折旧	80 000	80 000	80 000
税前利润	60 000	－47 000	181 000
所得税(33%)	19 800	－15 510	59 730
税后利润	40 200	－31 490 *	121 270
净现金流量	120 200	48 510	201 270
净现值 * *	33 321	－22 5121	325 578
内部报酬率	15.3%	－14.7%	41.4%

注：* 处由于税前利润为－47 000 元，故可以抵消企业其他项目的盈利，使企业的应税所得额减少 47 000 元，少交 15 510 元(47 000×33%)的所得税，故此处所得税为负值，且下一行税后利润为－31 490 元，而不是－47 000 元。

* * 处基本状况的净现值计算如下(其他状况计算过程与此相同)。

$$NPV = -400\ 000 + 120\ 200 \times PVIFA_{12\%,5} = -400\ 000 + 120\ 200 \times 3.605 = 33\ 321\ (\text{元})$$

情景分析虽然提供了许多有用的信息，但这种方法也有相应的弊端。首先，它认为未来的场景可以被清楚的分为几种状态，如繁荣、稳定、衰退。但这些状态现实中可能并不能截然分开，它们也可能连续地逐一出现；其次，情景分析增加了分析的范围，例如，对于未来有三种状况的项目，如果在分析中涉及 12 个变量，那么分析人员要对 36(3×12)个预期值进行分析。最后，情景分析和敏感性分析一样，没有统一的决策标准供决策者使用，

决策者面对情景分析的结果，仍要自己分辨风险、根据偏好来主观选择。

三、保本点分析

传统的盈亏平衡点分析是分析当企业的会计收益为零时的销售水平。它是维持企业获利所必须保持的最低销售水平。其计算公式如下：

$$Q=\frac{F}{P-V}$$

式中 Q 为盈亏平衡时的销售量，F 为固定成本，P 为单价，V 为单位变动成本。

资本预算中的盈亏平衡点分析主要是分析为维持项目盈亏平衡所达到的销售水平。这里的盈亏平衡指的是 NPV 为零或内含报酬率等于资本成本。盈亏平衡分析的实质是敏感性分析的延伸，即在保持其他变量不变的条件下，单独考察使项目净现值为零时的销售量。通过盈亏平衡分析，企业可以明确能使项目获利的销售底线。事实上，除了盈亏平衡时的销售量以外，这种方法还可以分析盈亏平衡时的任一假设变量。

【例 4-14】 光明公司生产一种产品，单价 10 元，单位变动成本 6 元，本月销售 1000 件，每月固定成本是 2000 元，计算光明公司本月盈亏临界点销售量。

$$Q_0=\frac{F}{P-V}=\frac{2000}{10-6}=500\text{（件）}$$

也就是说，光明公司本月只要生产和销售 500 件产品，就可以实现会计上的盈亏平衡。

与盈亏临界点相关的一个重要概念是安全边际。安全边际是企业的正常销售量超过盈亏临界点销售量的差额，它表明销售量下降多少企业仍不致发生会计上的亏损。计算公式为

安全边际＝正常销售量－盈亏临界点销售量

【例 4-15】 根据例 4-14 的数据，计算光明公司本月的安全边际：

安全边际＝1000－500＝500(件)

安全边际的数值越大，企业发生亏损的可能性越小。

将安全边际公司变换形式，得到

正常销售量＝盈亏临界点销售量＋安全边际

可以看出，盈亏临界点把正常销售量分成盈亏临界点销售量与安全边际两部分，只有安全边际才能为企业提供利润，即安全边际中的贡献毛益等于企业利润。计算公式为

利润＝安全边际×单位贡献毛益

四、决策树分析

很多投资项目是分阶段完成的。并且每一阶段的决策都取决于前一阶段的决策结果。前一阶段的决策是后一阶段决策的基础，后一阶段决策是前一阶段决策的继续。对于这种多阶段决策，常使用决策树法。

【例 4-16】 中运公司是一家经营水路运输的公司，计划开发一条新航线，但对客户需求状况没有把握。估计航线开通后有 40%的可能需求疲软，并且如果第一年需求疲软，第二年需求仍然疲软的概率是 60%；反之，如果第一年需求旺盛，则第二年需求旺盛的概

率为 80%。

现在需要解决的问题是：购买哪种类型的船只？可供选择的方案有两种，方案 A 是购买新型运输船，价格 550 万元，载客多且吸引力大。方案 B 是购买旧式船只，价格仅为 250 万元，载客少且对顾客的吸引力小。并且旧式船只由于式样陈旧，贬值更快，公司老板估计如果等到下年购买该种船，价格仅为 150 万元。经理想：是否该先买一只旧船？如果需求旺盛，明年再花上 150 万元，就可以扩张业务；反之，如果需求不旺，就仍用这旧船。其他有关的预测信息如图 4－3 所示，假定该公司的资本成本是 10%，试帮助该经理做出决断。该决策过程的相关情况如图 4－3 所示。

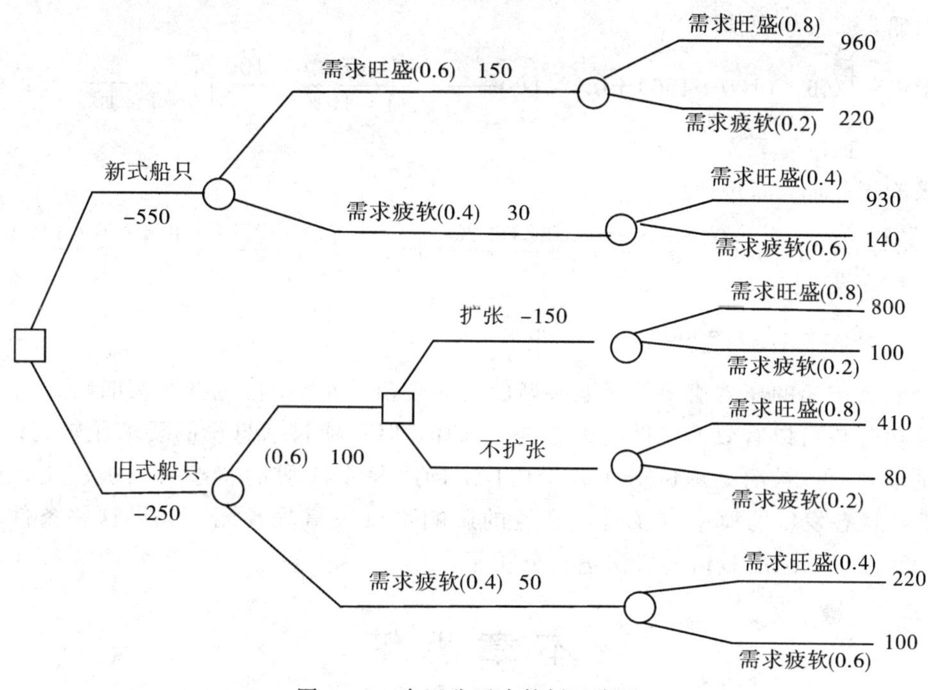

图 4－3 中运公司决策树示意图

图 4－3 即为决策树图，决策树由若干节点和分支组成。符号“□”表示节点，称为决策点，每个决策点引出两条或两条以上的分支，每个分支代表可供选择的方案。符号“○”表示的节点称为状态点。状态点引出的每一分支代表可能发生的状态。()中的数字代表该状态发生的概率。

公司从最左边的决策点出发，第一个决策是购买新船还是旧船。如果购买新船，则可能出现两种状况，需求旺盛(概率为 0.6)时的现金流量为 150 万元，需求疲软(概率为 0.4)时现金流量为 30 万元。如果购买旧船，就可能(概率为 0.6)进入第二个决策点：第二年是否进一步扩张，是否再买一艘旧船。因此，该决策树设计两个阶段的决策。决策过程应分别来进行。

我们先从第二年的决策开始分析，即从决策树的枝开始，逐步向根逆向分析，这是决策树分析的一般过程，第二年的决策是是否再投资 150 万元购买旧船来进行扩张。如果购买后下一年需求仍然旺盛，则资产价值会上升到 800 万元；如果疲软则下降到 100 万元。其收益期望值为

$$800\times0.8+100\times0.2=660\ (\text{万元})$$

则进一步扩张的净现值为

$$NPV=\frac{660}{1+10\%}-150=450\ (万元)$$

如果不扩张，那么其净现值为

$$NPV=\frac{410\times0.8+180\times0.2}{1.1}-0=331\ (万元)$$

显然，扩张的净现值更高，应选择进一步扩张的方案。

明确了第二年的决策结果以后，再进一步向前推。决定现在是购买新船还是旧船。如果购买旧船，那么净现值为

$$NPV=\left[0.6\times(100+450)+0.4\times\left(50+\frac{0.4\times220+0.6\times100}{1+10\%}\right)\right]\times\frac{1}{1+10\%}-250$$
$$=117(万元)$$

如果购买新船，净现值为

$$NPV=\left[0.6\times\left(150+\frac{0.8\times960+0.2\times220}{1+10\%}\right)+0.4\times\left(30+\frac{0.4\times930+0.6\times140}{1+10\%}\right)\right]$$
$$\times\frac{1}{1+10\%}-550=96\ (万元)$$

投资购买旧船的净现值要高于购买新船的净现值，因此，应选择购买旧船。

决策树分析可以有效地帮助决策者进行选择，但对项目信息量的要求比较高，它要求被分析的项目可以被明确地区分为几个阶段，同时每个阶段的状态可以被广义地归为几类，并且各状态发生的概率以及对现金流的影响可以被事先预测。如果这些条件不能满足，那么就很难采用决策树的方法进行分析了。

本章小结

(1) 净现值法、投资回收期法、平均投资报酬率法、内涵报酬率法等都是进行投资决策时经常用到的指标计算方法，其中净现值法和内涵报酬率法比较科学，投资回收期法和平均投资报酬率法较为简便。

(2) 现金流量包括现金流出量、现金流入量和现金净流量三个具体概念。在估算项目现金流量时需要考虑折旧、沉没成本、机会成本、通货膨胀的影响，还要注意增量因素、分摊费用、营运资本回收等方面的计算。

(3) 敏感性分析是衡量不稳定因素变化对项目评价标准(如内含报酬率或净现值)的影响程度。情景分析的方法类似于敏感性分析，只是包含了各种变量在某种场景下的综合影响。盈亏平衡点分析是分析当企业的会计收益为零时的销售水平，它是维持企业获利所必须保持的最低销售水平。很多投资项目是分阶段完成的。并且每一阶段的决策都取决于前一阶段的决策结果，前一阶段的决策是后一阶段决策的基础，后一阶段决策是前一阶段决策的继续。对于这种多阶段决策，常使用决策树分析法。

重要概念：

净现值　内含报酬率　现值指数　现金流量　敏感性分析　情景分析

练　习　题

1. 什么是投资回收期法？

2. 内含报酬率存在什么缺陷？

3. 项目的相关现金流指什么？

4. 简述通货膨胀对资本成本和现金流量的影响？

5. 某公司拟按7%的资本成本筹资10万元用于投资，市场上目前有以下三种方案可供选择(风险相同)：① 投资于A项目(免税)，5年后可一次性收回现金14.4万元；② 投资于B项目，于第4年开始至第8年，每年初的现金流入6.5万元和付现成本1万元，折旧采用直线法，所得税率33%，不考虑资本化利息；③ 将现金存入银行，复利计算，每半年等额收回本息1.945万元。

要求：① 计算A方案的内含报酬率；② 计算B方案的现值指数和会计收益率；③ 如果要求未来5年内存款的现金流入现值与B方案未来的现金净流量现值相同，则存款的年复利率应为多少？此时的实际年利率为多少？④ 如果要求未来5年的投资报酬率为10%，则每次从银行收回多少现金，其未来现金流入才与B方案未来的现金净流量现值相同？

6. 某公司有一投资项目，该项目投资总额为6000元，其中5400元用于设备投资。600元用于流动资金垫付，预期该项目当年投资后可使销售收入增加为第一年3000元，第二年4500元，第三年6000元。每年追加的付现成本为第一年1000元，第二年1500元，第三年1000元。该项目有效期为三年，项目结束收回流动资金600元。该公司所得税率为40%，固定资产无残值，采取直线法提折旧，公司要求的最低报酬率为10%。要求：① 计算确定该项目的税后现金流量；② 计算该项目的净现值；③ 计算该项目的回收期；④ 如果不考虑其它因素，你认为该项目是否应该被接受？

7. 某公司有一投资项目，原始投资250万元，其中设备投资220万元，开办费6万元，垫支流动资金24万元。该项目建设期为1年，建设期资本化利息10万元。设备投资和开办费于建设起点投入，流动资金于设备投产日垫支。该项目寿命期为5年，按直线法折旧，预计残值为10万元；开办费于投产后分3年摊销。预计项目投产后第1年可获净利60万元，以后每年递增5万元。该公司要求的最低报酬率为10%。要求：

(1) 计算该项目各年现金净流量；

(2) 计算该项目回收期；

(3) 计算该项目净现值。

8. 某企业使用现有生产设备每年销售收入3000万元，每年付现成本2200万元，目前市值80万元。该企业在对外商谈判中，获知己方可以购入一套设备，买价为50万美元。如果购得此项设备对本企业进行技术改革，扩大生产，每年销售收入预计增加到4000万元，每年付现成本增加到2800万元。据市场调查，企业所产产品尚可在市场销售8年，8年以后拟转产，转产时进口设备残值预计可以23万元在国内售出。企业要求的投资报酬率为10%；现时美元对人民币汇率为1∶8.5，请用净现值法分析评价此项技术改造方案是否有利。

案例

红光公司筹建新生产线的决策

红光公司准备新建生产线，建设之前各有关部门人员主要针对项目的现金流量数据讨论了对该项目的财务评价报告。

红光公司是生产照相机的中型企业，该公司生产的照相机质量优良、价格合理，长期以来供不应求。为了扩大生产能力，准备新建一条生产线。王禹是该公司助理会计师，主要负责筹资和投资预算。财务总监张力要求王禹搜集建设新生产线的有关资料，写出投资项目的财务评价报告，以供公司领导决策参考。

王禹经过十几天的调查研究，得到以下有关资料。该生产线的初始投资是12.5万元，分两年投入。第1年投入10万元，第2年初投入2.5万元，第2年可完成建设并正式投产。投产后，每年可生产照相机1000架，每架销售价格是300元，每年可获销售收入30万元。投资项目可使用5年，5年后残值可忽略不计。在投资项目经营期间要垫支流动资金2.5万元，这笔资金在项目结束时可如数收回。该项目生产的产品年总成本的构成情况如表4－21所示。

表4－21　产品年总成本构成情况表　　万元

项目	金额
原材料费用	20
工资费用	3
管理费(扣除折旧)	2
折旧费	2

王禹又对各种资金来源进行了分析研究，得出公司加权平均的资金成本为10%。

王禹根据以上资料，计算出该投资项目的营业现金流量、现金流量、净现值如表4－22～表4－24所示，并把这些数据资料提供给公司各方面领导参加的投资决策会议。

表4－22　投资项目的营业现金流量计算表　　元

项　目	第1年	第2年	第3年	第4年	第5年
销售收入	300 000	300 000	300 000	300 000	300 000
付现成本	250 000	250 000	250 000	250 000	250 000
其中：原材料	200 000	200 000	200 000	200 000	200 000
工资	30 000	30 000	30 000	30 000	30 000
管理费	20 000	20 000	20 000	20 000	20 000
折旧费	20 000	20 000	20 000	20 000	20 000
税前利润	30 000	30 000	30 000	30 000	30 000
所得税(税率为50%)	15 000	15 000	15 000	15 000	15 000
税后利润	15 000	15 000	15 000	15 000	15 000
现金流量	35 000	35 000	35 000	35 000	35 000

表 4-23　投资项目的现金流量计算表　　元

项　目	第-1年	第0年	第1年	第2年	第3年	第4年	第5年
初始投资	−100 000	−25 000					
流动资金垫支		−25 000					
营业现金流量			35 000	35 000	35 000	35 000	35 000
设备残值							25 000
流动资金收回							25 000
现金流量合计	−100 000	−50 000	35 000	35 000	35 000	35 000	85 000

表 4-24　投资项目的净现值计算　　元

时　间	现金流量	10%的贴现系数	现值
−1	−100 000	1.000	−100 000
0	−50 000	0.9091	−45 455
1	35 000	0.8264	28 924
2	35 000	0.7153	25 036
3	35 000	0.6830	23 905
4	35 000	0.6209	21 732
5	85 000	0.5644	47 983
			净现值=2125

在投资说明会上，王禹对他提供的有关数据做了必要的说明。他认为，建设新生产线有2125元净现值，故这个项目是可行的。

会议对王禹提供的资料进行了分析研究，认为王禹在搜集资料方面作了很大努力，计算方法正确，但却忽略了物价变动问题，这便使得王禹提供的信息失去了客观性和准确性。

财务总监张力认为，在项目投资和使用期间内，通货膨胀率大约为10%左右，他要求各有关负责人认真研究通货膨胀对投资项目各有关方面的影响。

基建经理李明认为，由于受物价变动的影响，初始投资将增长10%，投资项目终结后，设备残值将增加到37 500元。

生产部经理赵芳认为，由于物价变动的影响，原材料费用每年将增加14%，工资费用也将增加10%。

财务部经理周定认为，扣除折旧以后的管理费用每年将增加4%，折旧费用每年仍为20 000元。

销售部经理吴宏认为，产品销售价格预计每年可增加10%。

总经理郑达指出，除了考虑通货膨胀对现金流量的影响以外，还要考虑通货膨胀对货币购买力的影响。他要求王禹根据以上领导的意见，重新计算投资项目的现金流量和净现值，提交下次会议讨论。

请思考：

在考虑到物价因素的影响后，现金流量和净现值会有什么变化？该项目是否可行？

第五章　收益与风险

学习目标

1. 掌握风险与收益的关系，理解风险和收益的衡量方法
2. 理解投资组合理论的意义
3. 熟悉资本资产定价模型的应用
4. 了解套利定价模型的含义

引例

2008 年股票市场的总体表现不佳，其中标准普尔 500 指标下跌了 39%，纳斯达克指数跌幅更达到约 41%。实际上，标准普尔 500 指数创下了自 1937 年以来的最大跌幅，而历史相对较短的纳斯达克指数的亏损额度也创下纪录。总体而言，2008 年美国股票市场权益市值缩水约达 6.9 万亿美元。当然，有些股票的表现还要差于同期其他公司。例如，保险业巨头美国国际集团(AIG)的股票当年跌幅达 97%，而房贷巨头房利美(Fannie Mae)和房地美(Freddic Mac)公司股票跌幅均达 98%。即便如此，对于生物制药公司 Emergent BioSolutions 的投资者而言，这仍是可喜的一年，当年该公司股票收益高达 461%。而石油和天然气公司 Mexco Energy 集团公司当年 211%的股票收益率也提升了公司投资者的信心。这些例子说明，在 2008 年还是存在着许多巨大的潜在利润可以获取，但亏损的风险也同样存在。因此作为一名股票市场的投资者，你在进行个人财富投资时，应该抱着怎样的预期呢？在本章中，我们将给出答案。

第一节　期望收益率与风险

一、投资的收益与风险

在投资分析中，我们把每一个可行的投资对象称为一个投资机会，因此，对于一项投资决策来说，重要的问题就是对投资机会的收益性和风险性进行合理的度量。描述一个投资机会的收益性通常用收益率来度量。我们知道，对于一个证券而言，它的收益是指一段时间内与所持证券相联系的资本收益加上所有的股息或债券等证券本身的收益。如果用 t 表示时期，r_t 表示 t 时期的收益率，则：

$$r_t=\frac{(P_t-P_{t-1})+D_t}{P_{t-1}}$$

式中 P_t 为 t 时期期末证券的价格，P_{t-1} 为 t 时期期初证券的价格，D_t 为证券本身带来的收益(如股息或利息)。对于证券的购买者，并不知道证券在持有期期末的确切收益率，因为在持有期内宏观经济环境、财政货币政策、市场因素、公司自身经营业绩等因素都会影

响证券的收益及资本收益，因此，持有期期末证券的收益率具有随机性，称它为一个随机变量。

对于一个随机变量，我们关心的是它的所有可能取值以及取这些值的概率有多大。如果在期末收益率只可能取有限个值，则收益率就是一个离散型随机变量，对于离散型随机变量，我们假设已知它的概率分布 P 为：

$$P(r_t=r_j),\ j=1,2,\cdots,\ N$$

若持有期期末证券的收益率可能取值于某区间上的任意值，则称为是连续型随机变量。对于连续型随机变量，我们假设已知它的概率密度函数为 $\varphi(t)$。

对于收益率，由于它是随机变量，故在度量各种证券获利能力时，既要考虑收益率的各种可能取值，还要考虑各种可能的收益率发生的概率，因此，在度量与比较各种证券收益水平时，应以平均收益作为评价标准。所以我们用期望收益率作为综合评价指标，称为预期收益率。

当收益率是离散型随机变量时，预期收益率可表示为

$$E(r)=\sum_{t=1}^{N} r_t p_t$$

当收益率是连续型随机变量时，预期收益率可表示为

$$E(r)=\int_{-\infty}^{+\infty} r\varphi(r)dr$$

【例 5-1】 假设财务分析人员预期宏观经济将出现繁荣、正常、衰退三种情况，其概率分别如表 5-1 所示。

表 5-1　宏观经济情况及其概率

经济情况	繁荣	正常	衰退
概率 P	0.3	0.4	0.3

现在有两个公司 A 和 B，分析人员对其收益率预测如表 5-2 所示。

表 5-2　A、B 两公司的收益率预测值

经济状况	繁荣	正常	衰退
A 公司 r_A(%)	90	15	−60
B 公司 r_B(%)	20	15	10

这两个公司的预期收益率分别为：

$$E(r_A)=0.3\times0.9+0.4\times0.15+0.3\times(-0.6)=0.15$$

$$E(r_B)=0.3\times0.2+0.4\times0.15+0.3\times0.1=0.15$$

因此，从预期收益率角度来看，两个公司的获利能力相同。

但是仔细观察两个公司的收益率分布可以发现，A 公司的收益率各种可能值波动幅度比 B 大，如在经济繁荣时期，A 的收益率高达 90%，而在经济衰退时期，A 的收益率为−60%，也就是说，A 的收益率大小的不确定性比 B 高，这种不确定性就是风险。

收益率的不确定性越大，其取值的离散程度也就越大。在统计上，对这种离散程度可以用方差或标准差来度量，因此，收益率的方差或标准差就可以作为度量风险的指标。

如果收益率的概率分布是离散的，则方差为

$$\sigma^2=\sum_{i=1}^{n}[r_i-E(r)]^2P_i$$

如果收益率的分布是连续型的，则方差为

$$\sigma^2=\int_{-\infty}^{+\infty}[r-E(r)]^2\varphi(r)\mathrm{d}r$$

方差的平方根称为标准差，显然标准差与方差同方向变化，因此，方差与标准差都可以作为风险的度量指标。

对于前面的例子，可以计算出：

$$\sigma_A=0.5809>\sigma_B=0.0387$$

也就是说A公司的风险高于B公司。

在考虑证券组合的收益与风险时，常常涉及证券之间的相互关联性，例如A公司和B公司都属于家电行业，由于两公司处于同一行业，当经济环境有利于家电行业发展时，两公司都会得到好的发展，即两公司之间存在正关联性。但是，可能A公司与B公司经营策略及管理水平各异，所处地理位置不同，从而经营业绩及发展前景也就有差异。因此，两公司之间不会存在完全的正关联关系。

能够描述这种关联性的指标就是统计学中的协方差与相关系数。设 r_A、r_B 分别为两家公司的收益率，则称

$$\sigma_{r_A,r_B}=\mathrm{Cov}(r_A,r_B)=E[r_A-E(r_A)][r_B-E(r_B)]$$

为 r_A 与 r_B 的协方差。

协方差在理论上取值可以从负无穷到正无穷，我们可以把它除以相应的两公司收益率的标准差，将它变为有界值，从而有 r_A 与 r_B 的相关系数，记为 $\rho_{r_Ar_B}$ 即：

$$\rho_{r_Ar_B}=\frac{\sigma_{r_Ar_B}}{\sigma_{r_A}\sigma_{r_B}}$$

相关系数的取值可能落在 -1 到 1 的范围内，显然：

$$\mathrm{Cov}(r_A,r_B)=\rho_{r_Ar_B}\sigma(r_A)\sigma(r_B)$$

并且 $|\rho_{r_Ar_B}|=1$ 的充分必要条件是 r_A 与 r_B 以概率1存在线性关系 $r_A=ar_B+c$。

当 $\rho_{r_Ar_B}=1$ 时，$a>1$，称 r_A 与 r_B 完全正相关，表示当受到相同因素变化影响时，公司A与公司B的收益率发生相同方向和相应幅度的变化。

当 $\rho_{r_Ar_B}=-1$ 时，$a<1$，称 r_A 与 r_B 完全负相关，表示当受到相同因素变化影响时，公司A与公司B的收益率发生相反方向和相应幅度的变化。

当 $\rho_{r_Ar_B}=0$ 时，$a=0$，称 r_A 与 r_B 不相关或零相关，表示当受到相同因素变化影响时，公司A与公司B的收益率变化方向和变化幅度没有任何确定的线性关系。

相关系数为1，-1,0时，属于比较极端的情况，在现实中，完全正相关，完全负相关或不相关的情形较为少见，更多的情形是收益率之间存在相关性，但相关程度随公司的不同而有大有小，称之为不完全相关。

相关系数的平方，称之为决定系数，它告诉我们一公司收益率的变化与另一公司收益率变化的相关比率，例如当 $\rho^2_{r_Ar_B}=0.91$ 时，就可以说公司A收益率的变化中有91%与公司B的收益率变化有关。

由于统计知识得知，方差(或标准差)是描述随机变量对期望值的离散程度，这里的离

散既包括小于均值方向的背离，称为下侧背离，也包括大于均值方向的背离，称为上侧背离。如果用 r 表示收益率，则我们希望这种背离在上侧越大越好，在下侧背离越小越好，因此，也有人用 r 的下侧方差(Lower Partial Variance，LPV)来描述风险。

当 r 是离散型随机变量时，则其下侧方差为

$$\text{LPV}=\sum_{r_i\leqslant E(r)}[r_i-E(r)]^2P_i$$

当 r 是连续型随机变量时，则其下侧方差为

$$\text{LPV}=\int_{-\infty}^{E(r)}[x-E(r)]^2\varphi(x)\mathrm{d}x$$

二、收益与风险统计分析

在应用中，由于 r 是期末的收益率，受各种因素影响，作为随机变量，它的真实分布一般是预先不知道的，因此我们必须对其期望值和方差进行估计。一般来说，要进行这种估计，首先需假设未来各年收益率的分布函数 $F(r)$是一样的，于是，如果有一个收益率的时间序列 $r_1,r_2,r_3,\cdots,r_N$ 的样本，观测值仍用 $r_1,r_2,r_3,\cdots,r_N$ 表示，则收益率的样本均值为：

$$\bar{r}=\frac{1}{N}\sum_{i=1}^{N}r_i$$

样本方差为：

$$\sigma_r^2=\frac{1}{N-1}\sum_{i=1}^{N}(r_i-\bar{r})^2$$

它们分别是 $E(r)$和 σ_r^2 的无偏估计。

在实际应用中，可将样本方差写成另一种形式：

$$\sigma_r^2=\frac{1}{N-1}\sum_{i=1}^{N}(r_i-\bar{r})^2=\frac{N}{N-1}[\overline{r^2}-(\bar{r})^2] \tag{5-1}$$

其中，$\overline{r^2}=\frac{1}{N}\sum_{i=1}^{N}r_i^2$。

类似地，有 r_A，r_B 的协方差 $\sigma_{r_Ar_B}$ 的样本估计：

$$\sigma_{AB}=\frac{1}{N-1}\sum_{i=1}^{N}(r_{Ai}-\overline{r_A})(r_{Bi}-\overline{r_B})$$

依照式(5-1)，同样有简化式(5-2)：

$$\sigma_{AB}=\frac{N}{N-1}(\overline{r_Ar_B}-\overline{r_A}\,\overline{r_B}) \tag{5-2}$$

其中，$\overline{r_Ar_B}=\frac{1}{N}\sum_{i=1}^{N}r_{Ai}r_{Bi}$。

由此又有相关系数的样本估计：

$$\rho_{A,B}=\frac{\sum_{i=1}^{N}(r_{Ai}-\overline{r_A})(r_{Bi}-\overline{r_B})}{\sqrt{\sum_{i=1}^{N}(r_{Ai}-\overline{r_A})^2\sum_{i=1}^{N}(r_{Bi}-\overline{r_B})^2}}$$

从统计学角度来看，若要准确地刻画 r，必须推导出 r 的分布，但实际上，我们并不这样做，通常只是用 r 的前几阶矩来描述它的收益性和风险性就足够了，因为根据样本资料推导 r 的真实分布是很难的。r 的一阶原点矩为期望值，二阶中心距为方差，r 的三阶中心距和四阶中心距分别为：

$$\mu_3(r)=E\left[r-E(r)\right]^3$$

$$\mu_4(r)=E\left[r-E(r)\right]^4$$

通常称 $C_s=\frac{\mu_3(r)}{\sigma^3}$ 为 r 的偏度系数，$C_E=\frac{\mu_4(r)}{\sigma^4}$ 为 r 的峰度系数。

下面考虑一个证券市场模型，这个模型假设某种证券的收益率 r_i 与市场指数收益率 r_M 之间有函数关系。这个市场指数既可以是由经济体系中风险资产组成的市场投资组合，也可以是某一确定的指数。假设 r_i 与 r_M 之间满足式(5-3)市场模型：

$$r_i=\alpha_i+\beta_i r_M+\varepsilon_i \tag{5-3}$$

其中，α_i 是证券的收益率与市场指数 M 收益率之间线性关系的截距项，β_i 是相同的线性关系的斜率项，ε_i 是随机误差项，它是证券收益率没有被市场指数完全解释的部分。

设(r_{it},r_{Mt})是(r_i,r_M)的样本观测值，$t=1,2,\cdots,N$，样本观测值的散点图如图 5-1 所示：

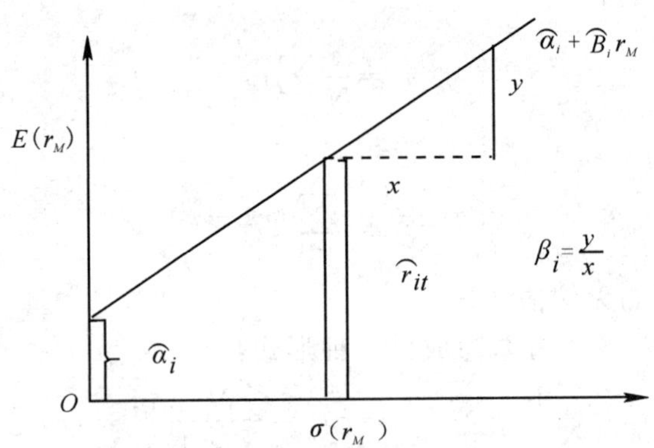

图 5-1　样本观测值的散点图

(r_{it},r_{Mt})分布在最佳拟合线 $\alpha_i+\beta_i r_{Mt}$ 附近，这条最佳拟合线称为特征线。特征线指出证券的收益率与市场组合收益率之间的关系，即

$$r_{it}=\alpha_i+\beta_i r_{Mt}$$

r_{it}估计 r_{it} 的误差(又称为残差)为：

$$\varepsilon_{it}=r_{it}-r_{it}=r_{it}-(\alpha_i+\beta_i r_{Mt}) \tag{5-4}$$

式(5-4)反映了 r_i 未被 r_M 解释的部分。如某证券市场模型的特征线为 $r_i=2\%+1.5r_M+\varepsilon_i$，这时如果市场指数的收益率为 10%，证券 i 的收益率为 9%，随机误差项 $\varepsilon_i=-8\%$。最佳拟合线中的参数 α_i 与 β_i 的估计值可由最小二乘法利用样本给出：

$$\begin{cases}\beta_i=\dfrac{\sum\limits_{t=1}^{N}(r_{it}-\bar{r}_i)(r_{Mt}-\bar{r}_M)}{\sum\limits_{t=1}^{N}(r_{Mt}-\bar{r}_M)^2}=\dfrac{\sum\limits_{t=1}^{N}r_{it}r_{Mt}-N\bar{r}_i\bar{r}_M}{\sum\limits_{t=1}^{N}r_{Mt}^2-N\bar{r}_M^2}\\ \alpha_i=\bar{r}_i-\tilde{\beta}_i\bar{r}_M\end{cases}$$

其中：$\bar{r}_i=\frac{1}{N}\sum_{t=1}^{N}r_{it}$，$\bar{r}_M=\frac{1}{N}\sum_{t=1}^{N}r_{Mt}$。

特征线斜率的估计值 β_i 是证券对市场指数产生的收益率变化反应强度的一种指示器，它表明如果我们知道下个时期市场指数收益率将提高 1%，那么可以预期证券的收益率将增加 β_i%。特征线的截距 α_i 对特征线起控制作用，表明在任一给定的时期，当市场指数的收益率恰好为零时，预期证券 i 的收益率。显然，特征线的斜率 β_i 恰好为 β_i 的样本估计，称 β_i 为证券 i 的 β 因子：

$$\beta_i=\frac{\mathrm{Cov}(r_i,r_M)}{\sigma_M^2}$$

我们知道，方差反映了收益理财对其预期收益率的离散程度，因此用其度量风险。由于 σ_M^2 代表了市场指数的总风险水平，而 $\mathrm{Cov}(r_i,r_M)=\rho_{iM}\sigma_i\sigma_M$ 代表了证券 i 与市场指数关联的风险，从而 β_i 可以理解为证券 i 的风险占整个市场指数总风险的份额。因此，如果 $\beta_i>1$，说明证券 i 的风险程度大于市场指数一般风险水平，而 $\beta_i<1$，则说明证券 i 的风险程度小于市场指数一般风险水平，所以 β 因子是指数灵敏度指标，度量了给定证券 i 相对于市场的相对异性。

β_i 还可以表示为

$$\beta_i=\frac{\mathrm{Cov}(r_i,r_M)}{\sigma_M^2}=\frac{\rho_{iM}\sigma_i\sigma_M}{\sigma_M^2}=\rho_{iM}(\frac{\sigma_i}{\sigma_M})$$

第二节　组合投资理论

投资者通常不会把自己的全部资金都投放在某一资产上，而是同时持有多项资产，将全部投入资金按某种比例分散投资于两种或两种以上资产的组合称为组合投资。

考虑一组合投资 P 是由 n 项风险资产构成的，其收益率为 r_1，r_2，…，r_n，它的预期收益率分别为 $E(r_1)$，$E(r_2)$，…，$E(r_n)$。投资者投资在这 n 项资产上的比重分别为 x_1，x_2，…，x_n，其中 $\sum_{i=1}^{n}x_i=1$（称之为预算约束）。那么投资组合 $P=(x_1,x_2,\cdots,x_n)$ 的收益率为 $r_P=x_1r_1+x_2r_2+\cdots+x_nr_n$，其预期收益率为 $E(r_p)=x_1E(r_1)+x_2E(r_2)+\cdots+x_nE(r_n)=\sum_{i=1}^{n}x_iE(r_i)$。

同单个资产一样，组合资产的风险也以它的方差或标准差来度量，但是组合投资的方差或标准差与构成组合投资的单个资产的方差或标准差之间的关系，要比它们的预期收益率的关系复杂得多。由 n 项资产组成的组合投资 P 的收益率的方差计算公式为

$$\begin{aligned}D(r_p)&=\sum_{i,j=1}^{n}x_ix_j\sigma_{ij}=\sum_{i=1}^{n}x_i^2\sigma_i^2+\sum_{i,j=1,i\neq j}^{n}x_ix_j\sigma_{ij}\\&=\sum_{i=1}^{n}x_i^2\sigma_i^2+\sum_{i,j=1,i\neq j}^{n}x_ix_j\rho_{ij}\sigma_i\sigma_j\end{aligned}\tag{5-5}$$

在式(5-5)中容易看到：

$$\sigma_{rp}^2\leqslant\sum_{i=1}^{n}\sum_{k=1}^{n}x_ix_k\sigma_i\sigma_k=(x_1\sigma_1+x_2\sigma_2+\cdots+x_n\sigma_n)^2\leqslant\max\{\sigma_1^2,\sigma_2^2,\cdots,\sigma_n^2\}$$

即证券组合的风险，总是小于等于单一证券的最大风险。另一方面，在等比例投资情况下有

$$x_i=\frac{1}{n},\ i=1,\ \cdots,\ n$$

$$\sigma_{r_p}^2=\frac{1}{n}\bar{\sigma}_i^2+\frac{n-1}{n}\bar{\sigma}_{ik}\rightarrow\bar{\sigma}_{ik}$$

即说明分散投资时，证券组合的风险主要取决于证券之间的协方差，即证券收益率之间的相互关系。

我们把证券或证券组合看作投资机会，则对机会集中的每一个元素，可用它的预期收益率与风险来评价它。

我们可以用图来说明两个证券组合收益、风险与相关系数的关系，如图 5－2 所示。

在图 5－2 中，当 $\rho=1$ 时，当资产 A、B 构成的组合投资 P 的收益与风险关系落在 AB 直线上(具体在哪一点取决于投资比重 x_1,x_2)。当 $\rho<1$ 时，代表组合 P 的收益率与风险所有点的集合是一条凸向 $OE(r)$ 轴的曲线，表明在同等风险水平下，组合收益更大，或者说在同等收益水平下组合风险更小。ρ 越小，曲线后弯程度越大。

当 $\rho=-1$ 时，曲线是折线。这样两个资产组合的风险不仅取决于每个资产自身的风险，还取决于两个资产之间的互动性。

多个资产构成的组合投资的收益和风险关系形成了 $E(r)-\sigma$ 平面上的一个区域，如图 5－3 所示。

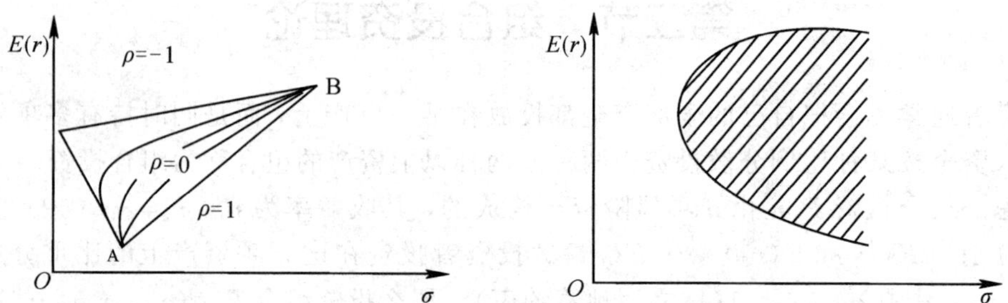

图 5－2　不同相关系数证券组合投资的收益与风险关系　图 5－3　多个资产组合投资情况的收益和风险关系

对于每一项投资而言，风险和收益都是一把双刃剑，它们在投资者的投资决策中分别充当什么角色呢？1952 年，马克维兹发表的“组合选择”这篇划时代的论文，标志着现代投资组合理论的诞生，投资者在给定期望风险水平下，将选择收益率高的那个组合；而厌恶风险是指在其他条件相同的情况下，投资者将选择标准差较小的组合。能同时满足这两个条件的组合投资集合称为有效集合。

在由风险资产组成的全部组合中，在图 5－3 所示的投资机会集合中，当投资者按照不满足性和风险厌恶这两个原则进行投资时，必然要选择其边界点，这样的边界点组成的集合称为有效集合。

确定了最小方差集合的形状之后，投资者可以根据自己对风险与收益的替代关系由风险与收益无差异曲线群选择能使自己投资效用最大化的最优投资组合了，这个组合位于无差异曲线与有效集的切点 M，如图 5－4 所示。

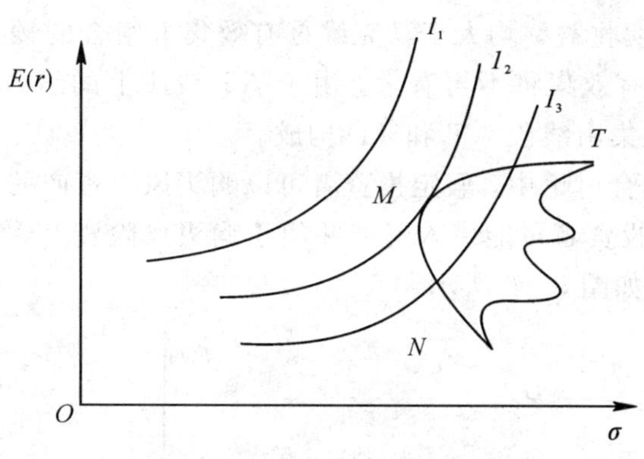

图 5-4 最优投资组合的选择

从图 5-4 中可以看出，虽然投资者更偏好 I_3 上的组合，然而可行集合中找不到这样的组合，因而是不可实现的。对于 I_1 上的组合，虽然有一部分在可行集合上，但由于 I_1 的位置位于 I_2 的右下方，即 I_1 代表的效用低于 I_2，因此 I_1 上的组合都不是最优组合，而 I_2 代表了可以实现的最高投资效用，因此，M 点代表的组合就是最优投资组合。

最小方差集合的上凸性与无差异曲线的下凸性决定了有效集合和无差异曲线的相切点只有一个，也就是说最优投资组合是唯一的。

对于投资者来说，最小方差集合是客观存在的，它是由证券市场决定的，而无差异曲线是主观的，它由自己的风险、收益偏好决定。可以证明：投资者厌恶风险程度越高，其无差异曲线的斜率越大，因此，最优投资组合越接近 T 点。

关于最小方差集合的确定，可以通过马克维兹模型得到，它的上半部分称为马克维兹有效集合。

$$\min\sigma^2 = \sum_{i=1}^{n} x_i^2\sigma_i^2 + \sum_{i,j=1,i\neq j}^{n} x_i x_j \sigma_{ij}$$

$$\text{s.t.}\begin{cases}\sum_{i=1}^{n} x_i E(r_i) = E(r_p) \\ \sum_{i=1}^{n} x_i = 1\end{cases}$$

上面讨论的所有证券及证券组合都是有风险的，而没有考虑到无风险资产的情况，也没有考虑到投资者按无风险利率借入资金投资于风险资产的情况。而在现实投资中，按无风险利率借贷是普遍存在的，因此，就要分析在允许投资者进行无风险借贷的情况下，有效集合有何变化。

无风险借贷相当于投资于无风险资产，其收益率是确定的。引入无风险借贷后，有效集合将发生重大变化，如图 5-5 所示。弧线 CD 代表马克维兹有效集，A 点表示无风险资产收益率，我们可以在马克维兹有效集中找到一点 T，使直线 AT 与弧线 CD 相切于 T 点，T 点所代表的组合称为切点处投资组合。T 点在众多有效组合中很特殊，因为任何一种无风险投资或风险资产组合与无风险资产构成的组合都位于 AT 线段的下方。显然引入 AT 线段后，CT 弧线将不再是有效集，因为对于 T 点左边的有效集而言，在预期收益率相等的情况下，AT 线段上的风险均小于马克维兹的有效集上组合的风险；而在风险相等的情况下，AT 线段上的预期收益率均大于马克维兹有效集上组合的预期收益率。按照有效集合的定义，T 点左边的有效集将不再有效，由于 AT 线段上的组合是可行的，因此，引入无风险借贷后新的有效集由线段 AT 和 TD 构成。

在马克维兹有效集合讨论中，假定投资者可以购买风险资产的余额仅限于他的期初财富。然而，在现实中，投资者可能借入资产并用于购买风险资产。引入风险借贷后，有效集也将发生重大变化，如图 5-6 所示。

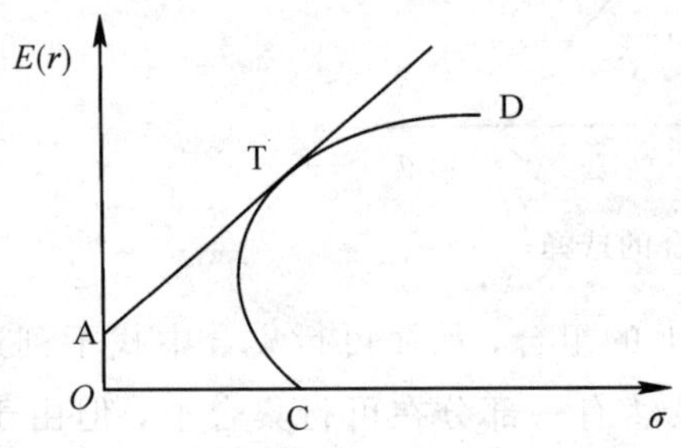

图 5-5 存在无风险借贷情况下的有效集合

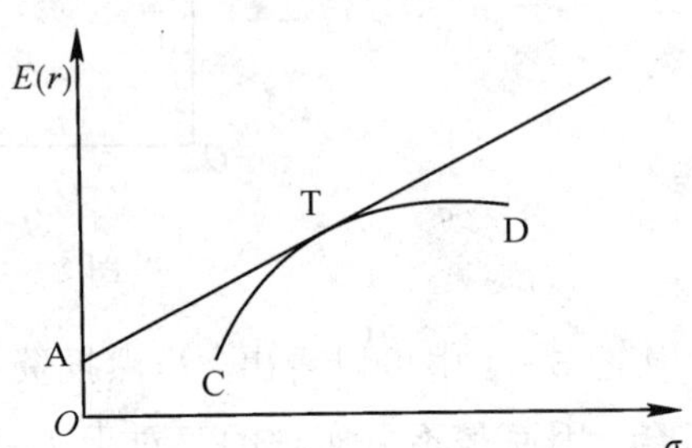

图 5-6 存在无风险借贷情况下的有效集合的重大变化

弧线 CD 仍代表马克维兹有效集，T 点仍表示 CD 弧线与过 A 点直线的切点，在允许无风险借贷情形下，投资者可以通过无风险借贷并投资于风险资产或风险资产组合 T，使有效集 TD 部分变成 AT 线段向右边的延长线。在存在无风险借贷的情况下，马克维兹有效集由 CTD 弧线变成过 A 点与 CTD 切于 T 点的射线。

风险资产市场上市场投资组合是指投资于每一项风险资产，且其投资比重为该资产总市值与所有资产总市值之比。显然，有效投资组合的组合仍为有效投资组合，因此可以证明，切点 T 处的投资组合即为市场投资组合。

第三节 单指数模型

下面我们讨论比证券市场模型更一般的单指数模型。它假定证券收益率受某一指数收益率的影响，并设它们之间有简单的线性结构，即其收益率 r 和指数收益率 r_M 是有线性关系，可表示为：

$$R=\alpha+\beta r_M+\varepsilon$$

其中，α，β 为参数，ε 为残差。

在单指数模型讨论中，假定影响证券收益率的因素有两类：

第一类为宏观因素。例如通货膨胀、主要利率、经济增长率等。在任何情况下，这些因素的影响都是相当大的，几乎所有企业、所有公司都不同程度地受到它们的影响，进而会引起证券价格总体水平的变化，再通过市场的传导，会影响到市场投资组合收益率的变化，进而又影响到各证券的收益率，因而宏观因素影响整个市场的收益率。

第二类称为微观因素。例如一个新产品的推出，老产品的淘汰，局部地区火灾或一个公司主要领导的变化，它们都只对个别企业或公司产生影响，而不会影响到市场投资组合的收益率，从而使个别证券的收益率偏离市场特征线，出现残差，所以微观因素仅影响个别证券收益率。

其他类型的因素在单指数模型中不予考虑，因此，在单指数模型下可以假设：

$$\begin{cases}\text{Cov}(\varepsilon_J,\varepsilon_k)=0\\ \text{Cov}(\varepsilon_J,r_M)=0\\ E(\varepsilon_J)=0\end{cases}$$

由此可以得知：

$$\left.\begin{aligned}&E(r_J)=\alpha_J+\beta_J E(r_M)\\ &\sigma^2_{(r_J)}=\beta_J^2\sigma^2_{(r_J)}+\sigma^2_{(\varepsilon_J)}\\ &\text{Cov}(r_J,r_k)=\beta_J\beta_k\sigma^2(r_M)\\ &\text{Cov}(r_J,r_M)=\beta_J\sigma^2(r_M)\end{aligned}\right\} \tag{5-6}$$

我们特别关心公式(5-6)中第二个等式，它给出了证券J收益率的方差，刻画了证券J的风险。证券J的风险被分成了两个部分：第一项称为风险，即市场风险，可以看作是与整个市场投资组合有关的风险，是所有证券都无法避免的风险；第二项称为残差方差或非系统风险，即非市场风险。可以看作是微观因素所带来的风险，它仅影响到个别证券，是可以通过证券组合分散的风险。

另外需要注意的是：系统风险本身是两项之积，第一项是其 β 因子，它表示证券收益率随市场投资组合的变动影响程度，第二项是市场投资组合收益率的方差，表示市场投资组合收益率的变化幅度。于是在单指数模型下，证券收益率的总体方差来自两部分：一部分是特征线的变动，即系统风险；另一部分是各点偏离特征线的程度，即非系统风险。

在上述风险分解式中有：

$$\sigma_J^2=\beta^2\sigma_M^2+\sigma^2(\varepsilon_J)$$

将两边也除以 σ_J^2 可以得到：

$$1=\rho^2+\frac{\sigma^2(\varepsilon_J)}{\sigma_J^2}$$

于是得到结论：市场风险与非市场风险的比例为 ρ^2 和 $1-\rho^2$。

另一方面，在由 N 项资产组成的资产组合方差中有：

$$\sigma_p^2=\sum_{i=1}^{N}x_i^2\sigma_i^2+\sum_{i,j=1,i\neq j}^{N}x_ix_j\sigma_i\sigma_j\rho_{ij} \tag{5-7}$$

在公式(5-7)中，第一项为各项资产的方差的加权平方和，反映了每一个证券收益率各自的变化情况，为非系统风险；第二项为证券之间的协方差之和，反映了各项资产间收益率变化的相关关系和共同变化，为系统风险。若采用等比例投资，取 $x_i=\dfrac{1}{N}$，得到：

$$\sigma_p^2=\frac{1}{N}\overline{\sigma^2}+\frac{N-1}{N}\overline{\sigma_{ij}}\rightarrow\overline{\sigma_{ij}}\ (N\rightarrow+\infty)$$

由此可见，采取组合投资，市场风险平均化了，大大减少了非系统风险。

从理论上说，一个证券组合中的各项资产只要它们之间充分不相关，就可以完全消除所有风险，但在现实市场上，各证券收益率之间有很高的相关程度。因此，分散投资可以消除证券组合的非系统风险，但不能消除系统风险。

证券组合包含证券的数量与组合系统风险和非系统风险之间的关系，如图5-7所示。

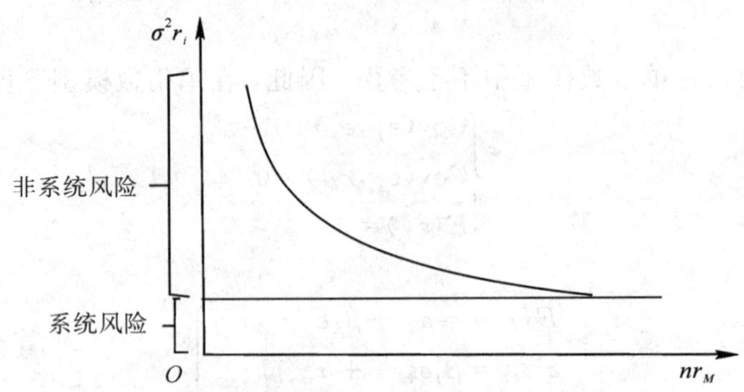

图 5-7 证券组合系统风险与非系统风险的关系图

第四节 资本资产定价模型

CAPM 是由威廉·夏普(W. sharpe，1964)、约翰·林特纳(John Lintener，1965)和简·莫森(J. Mossion，1966)独立地从不同角度发现的。本节我们先来阐述 CAPM 及其相关内容，再介绍它的应用价值。

资本资产定价模型(CAPM)以马克维兹组合投资理论为基础，完整地回答了资本市场均衡时，资产收益的决定机制问题，包括：

(1) 组合投资风险与收益关系；

(2) 单个资产系统风险的度量；

(3) 单个资产收益与风险的关系。

这个模型的主要特点是一种资产的预期收益率可以用这种资产的系统风险度量因子——β 因子度量，在不存在套利机会下，存在一种均衡：如果证券的风险相同，则它们的预期收益率应该相同。

CAPM 的主要框架可以概述为：运用马克维兹均值—方差准则，投资者能够估计到所有资产组合中每一种资产的预期收益率、标准差、协方差。根据这些估计值，投资者能推导出马克维兹的有效集合；然后给定无风险资产收益率，投资者就能识别出切点处资产组合和决定线有效集的位置；最后，投资者对切点处资产组合进行投资，并可按无风险资产收益率进行借或贷，具体借贷数量依赖于投资者对风险—收益的偏好。

这个模型的主要假设条件如下：

(1) 投资者仅依据资产组合的预期收益率和方差做出资产组合；

(2) 所有投资者处于同一水平阶段，有齐次预期；

(3) 无套利机会；

(4) 资本市场不存在摩擦。

这些假设旨在说明每个投资者拥有同样的信息，对证券未来的前景看法一致，并以相同的方式分析和加工信息，而资本市场没有任何投资障碍，如不存在有限可分性、税收、交易成本、不同的贷出和借入无风险利率等。

在 CAPM 的假设下，所有投资者在不存在无风险资产时的有效边界曲线相同。投资者可以根据自己的收益与风险偏好选择风险投资组合。而当存在无风险资产时，如果其收

益率为 r_f，每个投资者便可获得同样的风险资产的最优投资组合，这个最优的投资组合由资产组合的有效边界与由 r_f 发出的射线的切点 M 所决定，如图 5-8 所示。

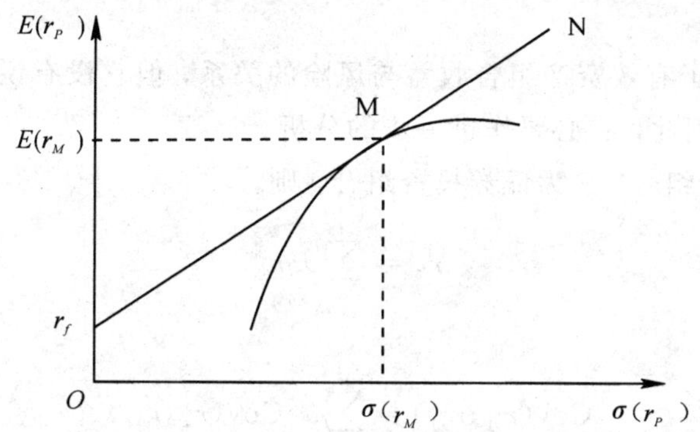

图 5-8　存在无风险资产时投资者的最优风险资产组合

显然，如果存在无风险资产，对于一个投资者来讲，在决定最优风险资产组合时，不需要考虑这个投资者对风险与收益的任何偏好。换言之，最优风险投资组合的决定，独立于投资者的无差异曲线形状。

如果投资者可以以无风险利率 r_f 借或贷，则 $(1-\alpha)r_f+\alpha r_M$ 描述了最优资产风险组合与无风险资产的所有各种组合的收益率情况。

我们称超过 M 点的组合为由贷款形成的杠杆组合。

直线 r_fMN 称为线性有效集，又称为资本市场线(CML)，它的方程为

$$E(r_p)=r_f+\frac{E(r_M)-r_f}{\sigma_M}\sigma_p$$

这个直线方程反映了证券组合的收益率与风险的关系，它分为两个部分，一部分是截距 r_f，它反映了无风险资产投资的收益率；第二部分为风险补偿，这个补偿按如下原则进行：

$$\frac{E(r_M)-r_f}{\sigma_M}$$

这个组合多承担一个标准差的风险，则得到相应的单位风险补偿。

在无约束借贷假设下，由于投资者面临同样的线性有效集，他们选择不同证券组合的唯一理由是他们有不同的无差异曲线，因而面对同样的线性有效集，由于投资者对收益-风险有不同的偏好，从而选择不同的证券组合。尽管投资者对证券组合的选择不同，但对风险资产组合是相同的，因此，投资者个人的无差异曲线仅在决定投资者购买无风险资产比例时起作用。利用无差异曲线进行分析，仅在无风险资产组合的最佳比例已经确定之后，用来确定无差异曲线与 r_fMN 的切点，但它并不改变线性有效集与切点 M 本身。正是这一特性，才使我们可以汇集单个投资者的证券需求以形成市场需求，于是有如下的分离定理。

分离性定理是指每个投资者均可通过对所有投资者相同的某个风险资产组合与无风险资产的组合来得到他的最优资产组合。他们选择的差异仅仅反映在组合 r_M 与无风险资产 r_f 的比例不同。

一、标准 CAPM 与证券市场线

资本市场线说明了有效资产组合收益与风险的关系，但它没有说明无效证券组合与单个证券相应的情形，因此，有必要作进一步的分析。

设 M 为市场投资组合，P 为证券投资组合，则：

$$r_p = \sum_{i=1}^{n} x_i r_i$$

显然：

$$\mathrm{Cov}(r_p, r_M) = \sum_{i=1}^{n} x_i \mathrm{Cov}(r_i, r_M)$$

$$\mathrm{Cov}(r_p, r_p) = \sum_{i=1}^{n} x_i \mathrm{Cov}(r_i, r_p)$$

于是：

$$\sigma_M^2 = \mathrm{Cov}(r_M, r_M) = \sum_{i=1}^{n} x_i \mathrm{Cov}(r_i, r_M)$$

由此可见，单个证券 i 对市场投资组合的风险的贡献，恰好是 $\mathrm{Cov}(r_i, r_M)$，它在市场投资组合的风险（方差）中所占的比重可以表示为：

$$\frac{\mathrm{Cov}(r_i, r_M)}{\sigma_M^2} = \frac{\rho_{iM}\sigma_i\sigma_M}{\sigma_M^2} = \rho_{iM}\frac{\sigma_i}{\sigma_M} = \beta_i$$

作为单个证券风险的度量，度量的是单个证券所包含的系统风险。系统风险是要给予风险补偿的，于是，在均衡的状态下，单个证券的收益与风险关系可以表示为：

$$E(r_i) = r_f + [E(r_M) - r_f]\beta_i$$

它被称为标准的 CAPM 模型，在 $E(r)-\beta$ 平面上称为证券市场线（SML）。

由证券市场线方程可以看出，证券 i 的期望收益率分为两部分，一部分是无风险证券的收益率 r_f，另一部分是他们承担有关投资风险的补偿，被称为风险溢价。风险溢价本身分为两部分，一部分为 $E(r_M)-r_f$，它是市场投资组合的风险溢价，能被看作是正常或有代表性的证券风险溢价；另一部分为证券的系统风险 β。证券的风险溢价便是正常的风险溢价乘以证券的系统风险。可见，只有系统风险才给予风险的补偿，如图 5-9 所示。

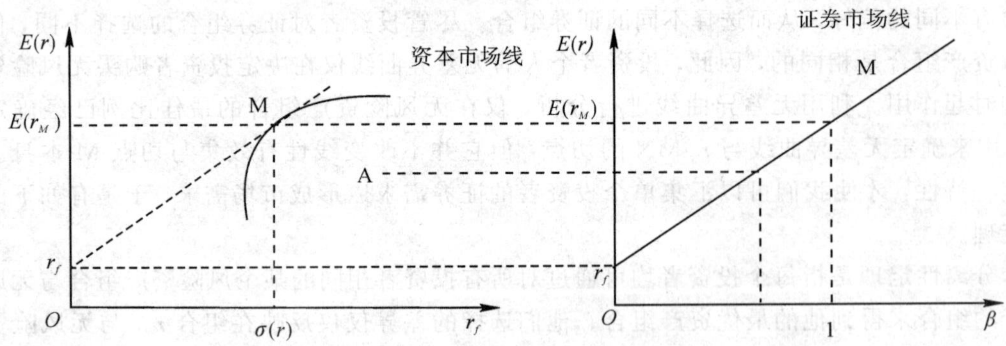

图 5-9 存在无风险资产时投资者的最优风险资产组合

要注意 SML 与 CML 的不同之处在于：

(1) 风险度量不一样，CML 用总风险 σ 度量风险，SML 用系统风险 β 度量风险。

(2) 对所有证券组合，收益与风险关系位于 SML 上，只有对有效的证券组合，收益与风险关系位于 CML 上。

由 CAPM 立即可以得出如下结论：

$$E(r_i)=E(r_k)\Leftrightarrow\beta_j=\beta_k$$

$$E(r_i)>E(r_k)\Leftrightarrow\beta_j>\beta_k$$

另一方面，对市场投资组合比例 x_k，设 $y_k=\frac{E(r_M)-r_f}{\sigma_M^2}x_k$，则利用 CAPM 有：

$$E(r_i)-r_f=\frac{E(r_M)-r_f}{\sigma_M^2}\sigma_{iM}=\frac{E(r_M)-r_f}{\sigma_M^2}\sum_{k=1}^{n}\sigma_{ik}x_k=\sum_{k=1}^{n}\sigma_{ik}y_k$$

写成向量形式有：

$$m=\Sigma y\Rightarrow y=\Sigma^{-1}m$$

其中：$m=[E(r_1)-r_f,E(r_2)-r_f,\cdots,E(r_n)-r_f]^T$。

由于 $\Sigma=\sigma_{ij}$ 为协方差矩阵，$y=(y_1,y_2,\cdots,y_n)^T$，又因为 $\sum_{i=1}^{n}x_i=1$，故 x_k 可以写成：

$$x_k=\frac{y_k}{\sum_{k=1}^{n}y_k}$$

其投资比例向量的形式为

$$x=\frac{y}{1^{\mathrm{T}}y}=\frac{\Sigma^{-1}m}{1^{\mathrm{T}}\Sigma^{-1}m}$$

二、CAPM 的应用

(一) 定价公式

设 M 是市场投资组合，$E(r_j)$是证券 j 的预期收益率，如果 P 是期初价格，它是确定的值。Q 表示期末价格，它是随机的变量。若期间证券无收益，则：

$$r=\frac{Q-P}{P}$$

$$\frac{E(Q)-P}{P}=r_f+\beta[E(r_M)-r_f]$$

得到：

$$P=\frac{E(Q)}{1+r_f+\beta[E(r_M)-r_f]}\tag{5-8}$$

注意到：

$$r=\frac{Q}{P}-1$$

$$\beta=\frac{\mathrm{Cov}[Q/P-1,r_M]}{\sigma_M^2}=\frac{\mathrm{Cov}(Q,r_M)}{P\sigma_M^2}$$

解得定价表达式为

$$P=\frac{1}{1+r_f}\{E(Q)-\frac{\mathrm{Cov}(Q,r_M)[E(r_M)-r_f]}{\sigma_M^2}\}$$

（二）**CAPM 的应用实例**

【例 5-2】（股票定价）某公司在期初发行 100 股股票，在期末它的价值 V_1 为随机变量。假设公司的资金都是通过发行这些股票所筹措的，从而股票的持有者有资格获得完全的收益流，有关数据如下：

$$V_1=\begin{cases}1000, & p=\frac{1}{2}\\ 800, & p=\frac{1}{2}\end{cases}$$

$$\mathrm{Cov}(r,r_M)=0.045,\ \sigma_M=0.30,\ r_f=0.10,\ E(r_M)=0.20$$

则有：

$$E(r)=r_f+\frac{E(r_M-r_f)}{\sigma_M^2}\mathrm{Cov}(r,r_M)=0.10+\frac{0.20-0.10}{0.09}\times 0.045=0.15$$

即普通股的投资收益率为 15%，这就意味着市场将以 15%贴现 $E(V_1)$，以确定股票在期初的市场价格，于是有：

$$E(V_1)=\frac{1}{2}\times 1000+\frac{1}{2}\times 800=900\ (元)$$

以 15%贴现，$V_0=(900/1.15)\div 100=7.83$ 元，即为每股价值。

【例 5-3】（债券定价）有一面值为 100 元债券，票面利率为 8%，假定在债券有效期内有 70%的概率可以赎回本金及获取利息，30%的概率不能还本付息，但将支付 50 元的保证金。又设 $\mathrm{Cov}(B,r_M)=7$，其他条件同例 5-2，试确定在时期 1 的债券价值。

注意：$$E(B)=108\times 0.7+50\times 0.3=90.6(元)$$

由定价公式(5-8)，债券在时期 1 的合理价值为

$$P=\frac{E(B)-\{[E(r_M)-r_f]/\sigma_M^2\}\mathrm{Cov}(B,r_M)}{1+r_f}$$

$$=\frac{90.60-[(0.20-0.10)/0.09]\times 7}{1.10}=75.29(元)$$

而对应的市场期望收益率为

$$E(r_B)=\frac{90.60-75.29}{75.29}=20.33\%$$

【例 5-4】 公司在期初的市场价值 P_0 为 900 元，现有一项目，其在期末的期望收益为 $E(V)=1000$ 元，又 $E(r_M)=15\%$，$r_f=5\%$。现在公司又考虑一新的投资项目，其单位成本为 60 元，期末的收益现金流为 $E(F)=130$ 元，假定 $\mathrm{Cov}(F,r_M)/\sigma_M^2=250$，这个项目可否投资？

由定价公式(5-8)

$$P_0=\frac{E(V)-\frac{E(r_M)-r_f}{\sigma_M^2}\mathrm{Cov}(V,r_M)}{1+r_f}$$

得：

$$P_0=\frac{1000-0.1\times\frac{\mathrm{Cov}(V,r_M)}{\sigma_M^2}}{1.05}=900(\text{元})$$

$$\frac{\mathrm{Cov}(V,r_M)}{\sigma_M^2}=550$$

解得：

$$\frac{\mathrm{Cov}(V+F,r_M)}{\sigma_M^2}=\frac{\mathrm{Cov}(V,r_M)}{\sigma_M^2}+\frac{\mathrm{Cov}(F,r_M)}{\sigma_M^2}=550+250=800(\text{元})$$

期末公司的预期值

$$E(V+F)=1000+130=1130(\text{元})$$

假设投资新项目，那么公司在期初的总价值是：

$$P_0^+=\frac{E(V+F)-\frac{\mathrm{Cov}(V+F,r_M)}{\sigma_M^2}[E(r_M)-r_f]}{1+r_f}$$

$$=\frac{1130-800\times0.10}{1.05}=\frac{1050}{1.05}=1000(\text{元})$$

因为 P_0^+ 比 P_0 增加了 100 元，而投资成本为 60 元，故可以投资新项目。

第五节　套利定价理论

一、套利定价理论

套利定价理论(APT)是 20 世纪 70 年代中期由罗斯提出的一种资本资产定价理论。套利定价理论的一个基本假设是证券的收益率主要受一个或多个市场因子的影响，虽然我们不能准确地说明这些因子是什么，但可以假设证券收益率和因子之间是线性关系，如同指数模型那样。因此，有如下的证券收益率生成的理论结构：

$$r_j=A_j+\beta_{1j}I_1+\beta_{2j}I_2+\cdots+\beta_{nj}I_n+\varepsilon_j \tag{5-9}$$

而在信息给定的时期 t，其样本结构为：

$$r_{jt}=A_j+\beta_{1j}I_{1t}+\beta_{2j}I_{2t}+\cdots+\beta_{nj}I_{nt}+\varepsilon_{jt}$$

其中，I_j 是影响证券 j 收益率的第 j 个因子或指数的收益率，$j=1,2,\cdots,n$；A_j 是因子收益率为零时证券 j 的预期收益率；β_{ij} 是度量因子 i 的收益率变化对证券 j 收益率影响的敏感性系数；ε_j 是随机误差项，通常假定它是白噪声。

当证券的收益率由式(5-9)的结构生成时，罗斯证明了套利定价模型：

$$E(r_j)=r_f+\sum_{i=1}^{n}\beta_{ij}\lambda_i$$

其中 $\lambda_i=E(I_i)-r_f,i=1,2,\cdots,n$，即证券的预期收益率与风险因子之间呈线性关系。

为便于理解，下面从单因子模型来看套利定价模型。单因子模型认为，证券收益率的生成结构只受一个因子的影响，此证券收益率的生成结构如下：

$$r_j=\alpha_j+\beta_j I+\varepsilon_j$$

其基本的假设是：

$$\mathrm{Cov}(\varepsilon, I)=0,\ \mathrm{Cov}(\varepsilon_j, \varepsilon_k)=0$$

根据套利定价理论，在出现套利机会时，投资者将构造套利组合来增加已有投资组合的预期收益率，所谓的套利证券组合应满足三个条件：

(1) 构造套利组合应不增加投资者的投资；

(2) 套利组合无系统风险，即产生风险的因子对套利组合的影响程度为零；

(3) 套利组合的预期收益率应大于等于零。

如果用 $X=(x_1, x_2, \cdots, x_n)$ 表示套利组合，则上述三个条件可以表示为：

(1) $\sum_{j=1}^{n} x_j=0$

(2) $\beta_x=\sum_{j=1}^{n} x_j \beta_j=0$

(3) $E(r_x)=\sum_{j=1}^{n} x_j E(r_j) \geqslant 0$

投资者通过构造套利组合买入收益率被低估的证券而卖出收益率被高估的证券，从而使低估证券的需求增加，价格上升，其收益率上升；使高估证券的供给增加，价格下降，其收益率下降，直到各证券价格和收益率重新回归均衡，即各证券收益率与其影响因子的收益率保持一种合理关系，套利活动也将终止。

投资者套利的目标是使套利组合的预期收益率最大化，即寻求以下优化问题的解：

$$\mathrm{Max}E(r_x)=\sum_{j=1}^{n} x_j E(r_j), \quad \text{s.t.}\begin{cases}\sum_{j=1}^{n} x_j=0 \\ \sum_{j=1}^{n} x_j \beta_j=0\end{cases}$$

利用 Lagrange 乘数法得：

$$L=\sum_{j=1}^{n} X_j E(r_j)-\lambda_0 \sum_{j=1}^{n} X_j-\lambda_1 \sum_{j=1}^{n} X_j \beta_j$$

将 L 对 x_j 求偏导数可以得到：

$$E(r_j)=\lambda_0+\lambda_1 \beta_j \qquad (j=1, \cdots, n)$$

上式不仅对单个证券成立，对证券组合 P 组合也成立，即：

$$E(r_p)=\lambda_0+\lambda_1 \beta_p$$

以下讨论 APT 模型中的常数 λ_0，λ_1 的含义。对于无风险资产 f，其收益率为 r_f，由于它的收益率不受风险因素影响，因此 $\beta_f=0$，则：

$$r_f=\lambda_0+\lambda_1 \cdot 0$$

即知 $\lambda_0=r_f$，于是：

$$E(r_j)=r_f+\lambda_1 \beta_j$$

因为证券市场中的证券数量多，所以还可以构造一个 $\sum_{j=1}^{n} x_j=1$，$\sum_{j=1}^{n} x_j \alpha_j=0$，$\beta_P=$

$\sum_{j=1}^{n} x_j \beta_j = 1$ 的组合 P，将上式两边乘以 x_j，对 j 求和得：

$$\sum_{j=1}^{n} X_j E(r_j) = r_f \sum_{j=1}^{n} X_j - \lambda_1 \sum_{j=1}^{n} X_j \beta_j$$

就是

$$E(r_P) = r_f + \lambda_1$$
$$\lambda_1 = E(r_P) - r_f$$

于是

$$E(r_i) = r_f + [E(r_p) - r_f]\beta_j$$

根据组合 P 的构造，其预期收益率应等于 $E(I)$，于是有：

$$E(r_i) = r_f + [E(I) - r_f]\beta_j$$

其中 $\lambda_1 = E(I) - r_f$ 表明它是因子的风险补偿。

由单因子模型可以推广到多因子场合，有：

$$E(r_i) = r_f + \beta_{j1}[E(I_1) - r_f] + \beta_{j2}[E(I_2) - r_f] + \cdots + \beta_{jn}[E(I_n) - r_f]$$

套利定价模型没有指出证券的收益率生成结构中应包括几个因子，也没有规定这些因子是什么，因此建立 APT 模型，依赖于投资者的经验与判断力去选择因子，通过因子分析方法检验认为通常因子个数取 4～5 个为好。

二、APT 与 CAPM 的比较

根据套利定价理论，单因子的套利定价模型为

$$E(r_j) = r_f + \beta_j \lambda, \quad \lambda = E(I) - r_f$$

当这个因子就是市场投资组合的收益率时，λ 也就是市场投资组合收益率 r_M 的边际贡献 $E(r_M) - r_f$，这时 APT 模型可以写为

$$E(r_j) - r_f + \beta_j [E(r_M) - r_f]$$

这与 CAPM 所描述的预期收益率—风险关系式是完全一致的。

另一方面，假定证券收益率由两个因子 I_1、I_2 模型生成，则：

$$r_j = A_j + \beta_{1j} I_1 + \beta_{2j} I_2 + \varepsilon_j$$

由 CAPM 中 β_j 因子的定义可知：

$$\beta_j = \frac{\mathrm{Cov}(r_j, r_M)}{\sigma_M^2} = \frac{\mathrm{Cov}(A_j + \beta_{1j} I_1 + \beta_{2j} I_2 + \varepsilon_j, r_M)}{\sigma_M^2} = \frac{\sigma_{I_1 M}}{\sigma_M^2}\beta_{1j} + \frac{\sigma_{I_2 M}}{\sigma_M^2}\beta_{2j} + \frac{\sigma_{\varepsilon_j M}}{\sigma_M^2}$$

在实际情况下，$\frac{\sigma_{\varepsilon_j M}}{\sigma_M^2}$ 相对于其他项要小得多，可以忽略不计，记因子的 β 值分别为

$$\beta_{I_1} = \frac{\sigma_{I_1 M}}{\sigma_M^2}, \ \beta_{I_2} = \frac{\sigma_{I_2 M}}{\sigma_M^2}$$

则

$$\beta_j = \beta_{I_1} \beta_{1j} + \beta_{I_2} \beta_{2j} \qquad (5-10)$$

公式(5-10)表明，证券 β 因子值等于因子 β 关于敏感性系数的加权平均值，证券有不同的 β 值，是因为它们有不同的敏感性系数。

这时将式(5-10)代入CAPM中，有：

$$\begin{aligned}E(r_j)&=r_f+\beta_j[E(r_M)-r_f]\\&=r_f+(\beta_{I_1}\beta_{1j}+\beta_{I_2}\beta_{2j})[E(r_M)-r_f]\\&=r_f+\beta_{1j}[E(r_M)-r_f]\beta_{I_1}+\beta_{2j}[E(r_M)-r_f]\beta_{I_2}\end{aligned}$$

令 $\lambda_1=[E(r_M)-r_f]\beta_{I_1}$，$\lambda_2=[E(r_M)-r_f]\beta_{I_2}$，则：

$$E(r_j)=r_f+\beta_{1j}\lambda_1+\beta_{2j}\lambda_2$$

此时，CAPM与APT是一致的，即当 λ 值等于正常风险补偿 $[E(r_M)-r_f]$ 乘以相关因子对市场组合的 β 值，则APT与CAPM有相同的经济意义。

由于APT模型的投资组合只需包括大量的资产种类，不必是市场组合，因而APT比CAPM具有更强的适应性。

本章小结

(1) 在公司财务中，用方差和标准差度量风险，组合投资的期望收益率是所有资产的加权平均收益率，权数是这项资产占组合投资的比重。

(2) 由于大部分资产处于完全正相关和完全负相关之间，组合投资后的资产只能减少部分风险。可以通过组合投资化解的风险是系统风险，不能化解的是非系统风险。

(3.) 一种证券对一个有效多元化投资组合的风险的贡献经过标准化，成为贝塔系数，表示了该种证券的收益变动相对于证券市场收益变动的反应程度。

(4) 资本资产定价模型表明了单个证券的期望收益率与其β系数线性相关。

(5) 套利定价模型是多因素定价模型，单因素APT模型与资本资产定价模型含义相同。

重要概念：

收益　风险　预期组合收益率　风险组合　贝塔系数　协方差　CAPM　APT　资本市场线　证券市场线

练习题

1. 简述组合投资理论的含义。
2. 简述CAPM的含义和特点。
3. 简述APT的含义及特点。
4. 试比较APT与CAPM。
5. 如何计算 β 因子？怎样理解 β 因子的含义？
6. 简述系统风险和非系统风险。
7. 简述证券市场模型及其意义。
8. 某企业有A、B两个投资项目，计划投资额均为1000万元，其收益率的概率分布如下表所示：

市场状况	概　率	A项目	B项目
好	0.2	20%	30%
一般	0.6	10%	10%
差	0.2	5%	−5%

要求：

(1) 分别计算A、B两个项目预期收益率的期望值；

(2) 分别计算A、B两个项目收益率的标准差；

(3) 根据风险的大小，判断A、B两个投资项目的优劣。

9. ABC公司有A、B两个投资项目，计划投资总额为2500万元(其中A项目为1000万元，B项目为1500万元)。两个投资项目的收益率及概率分布情况如下：

项目实施情况	该情况出现的概率		投资收益率	
好	0.3	0.2	25%	20%
一般	0.6	0.4	20%	15%
差	0.1	0.4	0	−10%

要求：

(1) 计算A、B两个项目的期望收益率；

(2) 如果这两个项目是互斥项目，则应该选择哪个项目？

10. 某投资组合由A、B、C三项资产组成，有关机构公布的各项资产的β系数分别为0.5，1.0和1.2。假如各项资产在投资组合中的比重分别为10%，30%，60%，计算该投资组合的β系数。

11. 甲公司持有A、B、C三种股票，在由上述股票组成的证券投资组合中，各股票所占的比重分别为50%、30%和20%，其β系数分别为2.0、1.0、0.5。市场收益率为15%，无风险收益率为10%。

要求：

(1) 计算以下指标：

a. 甲公司证券组合的β系数；

b. 甲公司证券组合的风险收益率(R_P)；

c. 甲公司证券组合的必要投资收益率(K)；

d. 投资A股票的必要投资收益率。

(2) 甲公司仍投资A、B、C三种股票，B股票投资比例不变，如果希望该证券组合风险收益率为8%，计算：

a. 该证券组合的β系数；

b. 该证券组合中A、C的投资比率分别是多少？

案例

利融网：P2P 网贷面临风险与收益的博弈

随着互联网金融业的发展壮大，P2P 平台快速成为人们投资理财的新风尚。

P2P 平台对于很多投资者来说并不陌生，它又称 P2P 网络借贷平台，是指网络投资者与借款者通过网络平台来相互借贷，它可以为传统银行无法覆盖的借款人提供高效而便捷的借款融资业务，也把原来由银行、小贷公司、担保公司赚取的资金收益低成本地分享给了网络投资者。P2P 网贷在西方国家已经颇为流行，虽然它在国内起步迟，但发展速度快。短短几年间，P2P 网络投资平台如雨后春笋般相继成立，而且发展态势异常迅猛，以迅雷不及掩耳之势为国内客户带来了全新的投资体验。

俗话说，商家不会做赔本的买卖，资本也是一样。任何资本会选择“有利可图”的行业进行投资，而 P2P 不仅“有利可图”，而且发展潜力无法预估。普通银行的存款年利率仅有 3%，理财产品、信托投资也一般在 10%以下，然而利融网年化收益可以达到 13%～18%。另外，利融网平台操作非常简单快捷。为了方便客户投资理财，利融网进行了精心设计，使借贷双方足不出户即可实现借贷目的。

P2P 行业在 2014 年更是呈现出了大发展大繁荣的景象，那么它都有哪些优势呢？为什么在这一年备受青睐和追捧呢？

在互联网金融蓬勃发展的今天，P2P 信贷业务当仁不让成为互联网金融行业最好的切入口。目前互联网金融模式主要可分为虚拟货币、众筹、第三方支付、P2P 信贷系统等几种模式。

P2P 网贷无论从解决小微企业融资难、融资贵，还是从丰富百姓理财渠道等诸多方面都是有大好处的。对于每个希望分享网贷红利的投资者来说，在良莠不齐的 P2P 网贷投资平台面前，更应该睁大双眼，在考虑收益之前，必须提高警惕，确保资金安全永远应该放在第一位。那么如何投资 P2P 风险才能更低呢？

首先，投资 P2P 网贷时应首选投资业界知名平台。众所周知，知名平台的业务更为可靠，对于稳健投资者和初玩的投资人来说，一定要优先考虑知名平台投资。目前国内较为知名的有纯线上对接双方模式代表平台的拍拍贷，线下撮合模式代表平台的宜信，有线上线下结合模式的人人贷、合拍在线、有利网等。

其次，投资者在挑选不知名的投资平台时，一定要格外小心谨慎。投资应选择无不良记录的平台。在决定投资前应先在网上查询该平台的相关的业务情况和财务情况。投资者在投资后，还应保管好自己的投资凭证，如及时复制投资信息、对投资页面进行截图等等，以免因网贷平台系统数据丢失而造成不必要的损失。

总之，网贷有风险，投资须谨慎。对于 P2P 网贷行业来讲，现在还处于机遇与挑战同在，风险与收益并存的初级阶段。

请思考：

1. P2P 网贷平台为什么投资收益会较高？
2. 如何规避 P2P 网贷投资的风险？

第六章　权益融资与债务融资

学习目标

1. 掌握普通股融资的方法，理解普通股融资的特点
2. 掌握债务融资的方式和方法，熟悉债务融资的特点
3. 掌握混合筹资的种类和特点
4. 了解租赁融资的方式和特点

引例

微软公司、Lexmark 公司以及 Mesa Air 集团的共同之处在哪？在 2008 年或是 2009 年年初，这三家公司都宣告它们将进行资产负债表的变动。如微软公司就宣布将回购 400 亿美元的公司股票。公司将运用其发行债券所得的 80 亿美元支付回购的价款。这其中的有趣之处在于这是微软公司第一次发行长期债券。由于该负债规模相对较小，微软公司的债券获得了 AAA 的评级，是世界范围内仅有的 14 家获得 AAA 评级的公司之一。对于打印机的生产商 Lexmark 公司而言，公司宣布其将新增发行 6.5 亿美元的债券。同时，公司宣布回购 7.5 亿美元的普通股。Mesa Air 集团却恰恰相反，该公司征得了股东的同意，将其发行在外的股份数有 7500 万股增至 9 亿股。而如此巨额的权益增长则是为了赎回公司债券。公司发行在外的有两份债券，其中一份到期日是 2023 年，而另一份具有有趣特点的债券到期日为 2024 年，这两份债券都赋予了债券持有人权利要求公司在 2009 年购回债券。在当时的债券市场环境下，公司管理层认为最好的选择就是发行新权益来赎回债券，而不是发行新债券。因此，为什么微软公司和 Lexmark 公司选择用负债来代替权益，而 Mesa Air 集团却用权益来代替负债呢？我们将在本章探讨与之相关的问题。

第一节　股权融资

一、股票及其分类

普通股是股份有限公司发行的无特别权利的股份，也是最基本的、标准的股份。通常情况下，股份有限公司只发行普通股。

1. 普通股股东的权利与义务

持有普通股股份者为普通股股东。依照我国《公司法》的规定，普通股股东主要有如下权利：

(1) 出席或委托代理人出席股东大会，并依公司章程规定行使表决权。这是普通股股东参与公司经营管理的基本方式。

(2) 股份转让权。股东持有的股份可以自由转让，但必须符合《公司法》、其他法规和

公司章程规定的条件和程序。

(3) 股利分配请求权。

(4) 对公司账目和股东大会决议的审查权和对公司事务的质询权。

(5) 分配公司剩余财产的权利。

(6) 公司章程规定的其他权利。

同时，普通股股东也基于其资格，对公司负有义务。我国《公司法》中规定了股东具有遵守公司章程、缴纳股款、对公司负有有限责任、不得退股等义务。

2. 股票的种类

股份有限公司根据有关法规的规定以及筹资和投资者的需要，可以发行不同种类的普通股。

(1) 按股东权利的不同可分为普通股和优先股

普通股是最基本的一种股票形式，为了与优先股相区别而称之为普通股。它是指股份公司依法发行的具有表决权、股利不固定的一类股票。普通股具有股票的最一般特征，每一份股权包含对公司的财产享有的平等权利。

优先股票简称优先股，是股份公司依法发行的具有一定优先权的股票，是一种特殊的权益形式。从法律上讲，优先股不承担法定的还本义务，是企业自有资金的一部分。

(2) 按股票有无记名，可分为记名股和不记名股

记名股是在股票票面上记载股东姓名或名称的股票。这种股票除了股票上所记载的股东外，其他人不得行使其股权，且股份的转让有严格的法律程序与手续，需办理过户。我国《公司法》规定，向发起人、国家授权投资的机构、法人发行的股票，应为记名股。

不记名股是票面上不记载股东姓名或名称的股票。这类股票的持有人即股份的所有人，具有股东资格，股票的转让也比较自由、方便，无须办理过户手续。

(3) 按股票是否标明金额，可分为面值股票和无面值股票

面值股票是在票面上标有一定金额的股票。持有这种股票的股东，对公司享有的权利和承担的义务大小，依其所持有的股票票面金额占公司发行在外股票总面值的比例而定。

无面值股票是不在票面上标出金额，只载明所占公司股本总额的比例或股份数的股票。无面值股票的价值随公司财产的增减而变动，而股东对公司享有的权利和承担义务的大小，直接依股票标明的比例而定。目前，我国《公司法》不承认无面值股票，规定股票应记载股票的面额，并且其发行价格不得低于票面金额。

(4) 按投资主体的不同，可分为国家股、法人股、个人股等

国家股是有权代表国家投资的部门或机构以国有资产向公司投资而形成的股份。

法人股是企业法人依法以其可支配的财产向公司投资而形成的股份，或具有法人资格的事业单位和社会团体以国家允许用于经营的资产向公司投资而形成的股份。

个人股是社会个人或公司内部职工以个人合法财产投入公司而形成的股份。

(5) 按发行对象和上市地区的不同，又可将股票分为A股、B股、H股和N股等

A股是供我国内地个人或法人买卖的，以人民币标明票面金额并以人民币认购和交易的股票。

B股、H股和N股是专供外国和我国港、澳、台地区投资者买卖的，以人民币标明票面金额但以外币认购和交易的股票(注：自2001年2月19日起，B股开始对境内居民开

放)。其中，B股在上海、深圳上市；H股在香港上市；N股在纽约上市。

以上第3、4种分类，是我国目前实际中为便于对公司股份来源的认识和股票发行而进行的分类。在其他一些国家，还有的按是否拥有完全的表决权和获利权，将普通股分为若干级别。比如，A级普通股卖给社会公众，支付股利，但一段时期内无表决权；B级普通股由公司创办人保留，有表决权，但一段时期内不支付股利；E级普通股拥有部分表决权等等。

筹资公司以普通股筹措资本时，应选择较为适宜的某种普通股。

3. 普通股融资的优点

与其他筹资方式相比，普通股筹措资本具有如下优点：

(1) 发行普通股筹措资本具有永久性，无到期日，不需归还。这对保证公司对资本的最低需要、维持公司长期稳定发展极为有益。

(2) 发行普通股筹资没有固定的股利负担，股利的支付与否和支付多少视公司有无盈利和经营需要而定，经营波动给公司带来的财务负担相对较小。由于普通股筹资没有固定的到期还本付息的压力，所以筹资风险较小。

(3) 发行普通股筹集的资本是公司最基本的资金来源，它反映了公司的实力，可作为其他方式筹资的基础，尤其可为债权人提供保障，增强公司的举债能力。

(4) 由于普通股的预期收益较高并可一定程度地抵消通货膨胀的影响(通常在通货膨胀期间，不动产升值时普通股也随之升值)，因此普通股筹资容易吸收资金。

4. 普通股融资的缺点

(1) 普通股的资本成本较高。首先，从投资者的角度讲，投资于普通股风险较高，相应地要求有较高的投资报酬率。其次，对于筹资公司来讲，普通股股利从税后利润中支付，不像债券利息那样作为费用从税前支付，因而不具有抵税作用。此外，普通股的发行费用一般也高于其他证券。

(2) 普通股筹资会增加新股东，这可能会分散公司的控制权，削弱原有股东对公司的控制。

二、股票发行

股份有限公司在设立时要发行股票。此外公司设立之后，为了扩大经营、改善资本结构，也会增资发行新股。股份的发行，实行公平、公正的原则，必须同股同权、同股同利。同次发行的股票，每股的发行条件和价格应当相同。任何单位或个人所认购的股份，每股应支付相同的价款。同时，发行股票还应接受国务院证券监督管理机构的管理和监督。股票发行具体应执行的管理规定主要包括股票发行条件、发行程序和方式、销售方式等。

(一) 股票发行的规定与条件

按照我国《公司法》和《证券法》的有关规定，股份有限公司发行股票，应符合以下规定与条件：

(1) 每股金额相等。同次发行的股票，每股的发行条件和价格应当相同。

(2) 股票发行价格可以按票面金额，也可以超过票面金额，但不得低于票面金额。

(3) 股票应当载明公司名称、公司登记日期、股票种类、票面金额及代表的股份数、股票编号等主要事项。

(4) 向发起人、国家授权的投资机构、法人发行的股票，应当为记名股票；对社会公众发行的股票，可以为记名股票，也可以为无记名股票。

(5) 公司发行记名股票的，应当置备股东名册，记载股东的姓名或者名称、住所、各股东所持股份、各股东所持股票编号、各股东取得其股份的日期；发行无记名股票的，公司应当记载其股票数量、编号及发行日期。

(6) 公司发行新股，必须具备下列条件：

① 具备健全且运行良好的组织结构；

② 具有持续盈利能力，财务状态良好；

③ 最近3年财务会计文件无虚假记载，无其他重大违法行为；

④ 证券监督管理机构规定的其他条件。

(7) 公司发行新股，应由股东大会作出有关下列事项的决议：新股种类及数额、新股发行价格、新股发行的起止日期、向原有股东发行新股的种类及数额。

(二) 股票发行的程序

股份有限公司在设立时发行股票与为增资发行新股，程序上有所不同。

1. 设立时发行股票的程序

(1) 提出募集股份申请；

(2) 公告招股说明书，制作认股书，签订承销协议和代收股款协议；

(3) 招认股份，缴纳股款；

(4) 召开创立大会，选举董事会、监事会；

(5) 办理设立登记，交割股票。

2. 增资发行新股的程序

(1) 股东大会作出发行新股的决议；

(2) 由董事会向国务院授权的部门或省级人民政府申请并经批准；

(3) 公告新股招股说明书和财务会计报表及附属明细表，与证券经营机构签订承销合同，定向募集时向新股认购人发出认购公告或通知；

(4) 招认股份，缴纳股款；

(5) 改组董事会、监事会，办理变更登记并向社会公告。

(三) 股票发行方式、销售方式、发行价格及费用

公司发行股票筹资，应当选择适宜的股票发行方式和销售方式，并恰当地制定发行价格，以便及时募足资本。

1. 股票发行方式

股票发行方式，指的是公司通过何种途径发行股票。股权融资按是否向社会公开募集，分为私募发行和公募发行两种。私募股权融资是指公司以非公开方式向潜在的投资者筹集股权资本的行为，风险投资公司、天使投资者、机构投资者以及公司投资者是私募股权融资的主要对象。

（1）公募发行。公募发行指通过中介机构，公开向社会公众发行股票。我国股份有限公司采用募集设立方式向社会公开发行新股时，需由证券经营机构承销的做法，就属于股票的公募发行。这种发行方式的发行范围广、发行对象多，易于足额募集资本；股票的变现性强，流通性好；股票的公开发行还有助于提高发行公司的知名度和扩大其影响力。但这种发行方式也有不足，主要是手续繁杂，发行成本高。

（2）私募发行。私募发行指不公开对外发行股票，只向少数特定的对象直接发行，因而不需经中介机构承销。我国股份有限公司采用发起设立方式和以不向社会公开募集的方式发行新股的做法，即属于股票的私募发行。这种发行方式弹性较大，发行成本低；但发行范围小，股票变现性差。

与公开发行相比，私募股权融资的优点在于：① 避免了证券注册、招股说明书的印刷等一系列费用，发行费用较低；② 对于不够上市资格的公司来说，可以较快地募集到所需资本；③ 发行方式更为灵活，发行者可以有针对性地对发行条件加以修改，以满足交易各方的需求。

与公开发行相比，私募股权的缺点在于：① 资本成本较高。私募发行的投资者与公开发行的投资者相比，更倾向于要求更高的溢价；② 限制条款较多，经营灵活性受限。私募投资者一般会提出更苛刻的限制性条款，并易于加强对公司的监督，限制了公司经营的灵活性，更可能会使公司被迫放弃一些有利的投资机会。

2. 股票的销售方式

股票的销售方式，指的是股份有限公司向社会公开发行股票时所采取的股票销售方法。股票销售方式有两类：自销和委托承销。

（1）自销方式。股票发行的自销方式，指发行公司自己直接将股票销售给认购者。这种销售方式可由发行公司直接控制发行过程，实现发行意图，并可以节省发行费用；但往往筹资时间长，发行公司要承担全部发行风险，并需要发行公司有较高的知名度、信誉和实力。

（2）承销方式。股票发行的承销方式，指发行公司将股票销售业务委托给证券经营机构代理。这种销售方式是发行股票所普遍采用的。我国《公司法》规定股份有限公司向社会公开发行股票，必须与依法设立的证券经营机构签订承销协议，由证券经营机构承销。股票承销又分为包销和代销两种具体办法。所谓包销，是根据承销协议商定的价格，证券经营机构一次性全部购进发行公司公开募集的全部股份，然后以较高的价格出售给社会上的认购者。对发行公司来说，包销的办法可及时筹足资本，免于承担发行风险（股款未募足的风险由承销商承担）；但股票以较低的价格售给承销商会损失部分溢价。所谓代销，是证券经营机构代替发行公司代售股票，并由此获取一定的佣金，但不承担股款未募足的风险。

3. 股票发行价格及费用

股票的发行价格是股票发行时所使用的价格，也就是投资者认购股票时所支付的价格。股票发行价格通常由发行公司根据股票面额、股市行情和其他有关因素决定。以募集方式设立公司首次发行的股票价格，由发起人决定；公司增资发行新股的股票价格，由股东大会作出决议。

股票的发行价格可以和股票的面额一致，但多数情况下不一致。股票的发行价格一般有等价、时价和中间价三种价格：

(1) 等价。等价就是以股票的票面额为发行价格，也称为平价发行。这种发行价格，一般在股票的初次发行或在股东内部分摊增资的情况下采用。等价发行股票容易推销，但无从取得股票溢价收入。

(2) 时价。时价就是以本公司股票在流通市场上买卖的实际价格为基准确定的股票发行价格。其原因是股票在第二次发行时已经增值，收益率已经变化。选用时价发行股票，考虑了股票的现行市场价值，对投资者也有较大的吸引力。

(3) 中间价。中间价就是以时价和等价的中间值确定的股票发行价格。

按时价或中间价发行股票，股票发行价格会高于或低于其面额。前者称溢价发行，后者称折价发行。如属溢价发行，发行公司所获得的溢价款列入资本公积。

我国《公司法》规定，股票发行价格可以等于票面金额(等价)，也可以超过票面金额(溢价)，但不得低于票面金额(折价)。

在确认股票发行价格时应综合考虑公司的盈利水平、公司潜力、发行数量、行业特点及股票市场状态等影响股价的基本因素。确定股票发行价格的常用方法有：市盈率法、每股净资产法等。

(1) 市盈率法。市盈率是指每股市价与每股收益的比率，它反映了股票市价与股票收益之间的关系，即价格对收益的倍数，因此，公司可以用每股收益额乘以某一参考市盈率来确定股票的发行价格。

$$\text{股票发行价格}=\text{发行市盈率}\times\text{每股净收益}$$

其中

$$\text{每股净收益}=\frac{\text{税后利润}}{\text{股份总额}}$$

每股税后利润的计算通常有两种方法：一是完全摊薄法，即用发行当年预测全部税后利润除以总股本，直接得出每股税后利润；另一种是加权平均法。加权平均法的计算公式为

$$\text{每股年税后利润}=\text{新股发行后的每股月利润}\times 12$$

其中，新股发行后每股月利润等于新股发行后的税后利润除以新股发行后当年剩余的月份与新股发行后的公司股本总额的积。

通产采用加权平均法较为合理，因为股票发行的时间不同，资金实际到位的先后将对企业效益产生较大影响，同时投资者只有在购股后才享受应有的权益。

(2) 每股净资产法。每股净资产是所有资产按准确的账面价值，在支付了全部债务(含优先股)后，每股公司所有者权益的价值，它等于公司账面总资产减去负债后的资产净值除以公开发行在外的平均普通股总数。由于这一价值假定资产是按账面价值清算的，一般情况下，它不是每股股票的最低价值，从而可以成为发行价格的确定依据，在实际应用中，通常根据证券市场的状况将每股净资产乘以一定的倍率，这个倍率称为净资产倍率，即：

$$\text{发行价格}=\text{每股净资产}\times\text{净资产倍率}$$

(3) 竞价法。竞价确定发行价格法是指投资者在指定时间内通过交易柜台或者证券交易所交易网络，以不低于发行底价的价格并按限购比例或数量进行认购委托，申购期满

后，由交易所的交易系统将所有有效申购价格优先，同价位申报按照时间优先的原则，将投资者的认购委托由高价向低价排队，并由高价位到低价位累计有效的认购数量。当累计数量恰好达到或超过本次发行数量的价格即为本次发行价格。

如果在发行底价上仍不能满足本次发行股票的数量，则竞价的底价为发行价格。

发行底价也可由发行人和承销商根据发行人的经营业绩、盈利预测、投资规模、市盈率、发行市场与股票交易市场上同类股票价格及影响发行价格的其他因素，共同协商确定。

股票发行成本包括承销费和发行费。普通股的发行成本高于优先股，优先股的发行成本高于债券。发行成本在股票发行总收入中的比例与证券发行规模成反比关系。两项费用中承销费较大，承销费就是股票发行总规模与公司实际融资的差额，通常用承销费占股票发行总规模的百分比表示。发行费则包括印刷费、法律费、会计费、保管费和其他杂费。

（四）首次公开发行

新股发行(Initial Public Offering，IPO)是指公司首次向社会公众发行股票筹措资本的一种方式。首次公开发行的股票在证券交易场所挂牌交易，则公司成为上市公司。

1. 新股发行的制度

新股发行一般有审核制和注册制两种。审核制是指是市场上普遍使用的发行新股的制度之一。发行人在申请发行股票时，不仅要充分公开企业的真实情况，而且必须符合有关法律和证券监管机构规定的条件，证券监管机构有权否决不符合规定条件的股票发行申请。而新票发行注册制主要是指发行人申请发行股票时，必须依法将公开的各种资料完全准确地向证券监管机构申报。证券监管机构的职责是对申报文件的全面性、准确性、真实性和及时性作形式审查，不对发行人的资质进行实质性审核和价值判断，而将发行公司股票的良莠留给市场来决定。注册制的核心是只要证券发行人提供的材料不存在虚假、误导或者遗漏，就可进行新股发行。这类发行制度的代表是美国和日本，这种制度对市场化程度要求较高。

2. 审核制

为了规范首次公开发行股票并上市的行为，保护投资者的合法权益和社会公共利益，我国证券监督管理委员会(简称证监会)2006年发布的《首次公开发行股票并上市管理办法》对发行条件、发行程序、信息披露、监管与处罚等方面做出了明确的规定。其中，在财务方面对发行条件做了如下规定：① 最近3个会计年度净利润均为正数且累计超过人民币3000万元，净利润以扣除非经营性损益前后较低者为计算依据；② 最近3个会计年度经营活动产生的现金流量净额累计超过人民币5000万元，或者最近3个会计年度营业收入累计超过人民币3亿元；③ 发行前股本总额不少于人民币3000万元；④ 最近一期期末无形资产(扣除土地使用权、水面养殖权和采矿权等)占净资产的比例不高于20%；⑤ 最近一期期末不存在未弥补亏损。

3. 注册制

事实上，美国历史上对新股发行也有过很强的政策管制。但经过长期实践发现，以市场机制为导向的注册制是一个最佳方式。美国的注册制实际上是宽严相济。宽体现在上市门槛低，严体现在政府监管和执法力度大。美国证交会对证券发行监管的原则简单明了，就是所有的投资者，不论大小，在投资前都应获得有关投资的最基础信息。基于此，美国证交会要求上市公司向公众公开所有有价值的信息。

美国目前的新股发行注册制有四个特点：第一，任何公司只要满足信息披露要求都可以上市，无需其他条件；其次，新股发行成功与否，完全取决于市场。美国证交会只管信息披露质量，股票发行定价等均由市场决定；第三，整个公司上市注册过程实际上就是美国证交会和上市公司就信息披露的一个沟通过程，这个过程公开透明，且时间可以预计；第四，对公司上市的风险防范责任落在中介机构身上，包括投行、律师事务所、会计师事务所等。

4. 新股发行价定价方法

上市公司首次公开发行股票的价格通常是根据发行公司的经营业绩、市场同类公司股票价格定位等因素综合确定的。自2000年我国股票发行体制由审批制转向核准制后，我国A股新股发行先后采用过市盈率定价法、固定价格方法、累计投标询价方法和竞价方式等。

三、股票上市

（一）股票上市的目的

股票上市，指的是股份有限公司公开发行的股票经批准在证券交易所进行挂牌交易。经批准在交易所上市交易的股票则称为上市股票。按照国际通行做法，非公开募集发行的股票或未向证券交易所申请上市的非上市证券，应在证券交易所外的店头市场（Over The Counter market，简称OTC market）上流通转让；只有公开募集发行并经批准上市的股票才能进入证券交易所流通转让。

股份公司申请股票上市，一般出于以下的一些目的：

(1) 资本大众化，分散风险。股票上市后，会有更多的投资者认购公司股份，公司则可将部分股份转售给这些投资者，再将得到的资金用于其他方面，这就分散了公司的风险。

(2) 提高股票的变现力。股票上市后便于投资者购买，自然提高了股票的流动性和变现力。

(3) 便于筹措新资金。股票上市必须经过有关机构的审查批准并接受相应的管理，执行各种信息披露和股票上市的规定，这就大大增强了社会公众对公司的信赖，使之乐于购买公司的股票。同时，由于一般人认为上市公司实力雄厚，也便于公司采用其他方式（如负债）筹措资金。

(4) 提高公司知名度，吸引更多顾客。股票上市公司，为社会所知，并被认为经营优良，会带来良好声誉，吸引更多的顾客，从而扩大销售量。

(5) 便于确定公司价值。股票上市后，公司股价由市价可循，便于确定公司的价值，有利于促进公司财富最大化。

但股票上市也有对公司不利的一面。这主要是：公司将负担较高的信息披露成本；各种信息公开的要求可能会暴露公司的商业秘密；股价有时会歪曲公司的实际状况，丑化公司声誉；可能会分散公司的控制权，造成管理上的困难。

（二）股票上市的条件

公司公开发行的股票进入证券交易所挂牌买卖（即股票上市），须受严格的条件限制。我国《证券法》规定，股份有限公司申请其股票上市，必须符合下列条件：

（1）股票经国务院证券监督管理机构核准已公开发行；

（2）公司股本总额不少于人民币 3000 万元；

（3）公司发行的股份达到公司股份总数的 25%以上；公司股本总额超过人民币 4 亿元的公开发行的比例为 10%以上；

（4）公司最近 3 年无重大违法行为，财务会计报告无虚假记载。

此外，公司股票上市还应符合证券交易所规定的其他条件。

第二节　债务融资

一、公司债券

债券是指公司依照法律程序发行，承诺按约定的日期支付利息和本金的一种书面债务凭证。它代表债权人与债务人之间的契约关系，这种关系使债务人对公司收益具有固定索取权，对公司财务具有优先（先于股东）清偿权。

（一）债券的种类

公司债券有很多种形式，大致有如下几类：

（1）按债券上是否记有持券人的姓名或名称，分为记名债券和无记名债券。这种分类类似于记名股票与无记名股票的划分。在公司债券上记载持券人姓名或名称的为记名公司债券；反之为无记名公司债券。两种债券在转让上的差别也与记名股票、无记名股票相似。

（2）按能否转换为公司股票，分为可转换债券和不可转换债券。若公司债券能转换为本公司股票，为可转换债券；反之为不可转换债券。一般来讲，前种债券的利率要低于后种债券。

以上两种分类为我国《公司法》所确认，除此之外，按照国际通行做法，公司债券还有另外一些分类：

（3）按有无特定的财产担保，分为抵押债券和信用债券。发行公司以特定财产作为抵押品的债券为抵押债券；没有特定财产作为抵押，凭信用发行的债券为信用债券。抵押债券又分为：一般抵押债券，即以公司产业的全部作为抵押品而发行的债券；不动产抵押债券，即以公司的不动产为抵押而发行的债券；设备抵押债券，即以公司的机器设备为抵押而发行的债券；证券信托债券，即以公司持有的股票证券以及其他担保证书交付给信托公司作为抵押而发行的债券等。

（4）按是否参加公司盈余分配，分为参加公司债券和不参加公司债券。债券人除享有到期向公司请求还本付息的权利外，还有权按规定参加公司盈余分配的债券，为参加公司债券；反之为不参加公司债券。

(5) 按利率的不同，分为固定利率债券和浮动利率债券。将利率明确记载于债券上，按这一固定利率向债权人支付利息的债券，为固定利率债券；债券上明确利率，发放利息时利率水平按某一标准(如政府债券利率、银行存款利率)的变化而同方向调整的债券，为浮动利率债券。

(6) 按能否上市，分为上市债券和非上市债券。可在证券交易所挂牌交易的债券为上市债券；反之为非上市债券。上市债券信用度高，价值高，且变现速度快，故而容易吸引投资者；但上市条件严格，并要承担上市费用。

(7) 按照偿还方式，分为到期一次债券和分期债券。发行公司于债券到期日一次集中清偿本息的，为到期一次债券；一次发行而分期、分批偿还的债券为分期债券。分期债券的偿还又有不同办法。

(8) 按照其他特征，分为收益公司债券、附认股权债券、附属信用债券等等。收益公司债券是只有当公司获得盈利时方向持券人支付利息的债券。这种债券不会给发行公司带来固定的利息费用，对投资者而言收益较高，但风险也较大。附认股权债券是附带允许债券持有人按特定价格认购公司股票权利的债券。这种认购股权通常随债券发放，具有与可转换债券类似的属性。附认股权债券与可转换公司债券一样，票面利率通常低于一般公司债券。附属信用债券是当公司清偿时，受偿权排列顺序低于其他债券的债券；为了补偿其较低受偿顺序可能带来的损失，这种债券的利率高于一般债券。

(二) 债券融资的优缺点

债券融资的优点主要表现在：

(1) 债券成本较低。公司债券的利息费用可在税前支付，从而可以享受扣减所得税的优惠，因而其实际负担的资本成本较低。

(2) 可利用财务杠杆。债券持有人一般只能收取固定的利息，不能参加剩余利润的分配，当公司资本收益率高于债券利润时，可以为普通股股东带来更好的收益。

(3) 便于调整资本结构。在公司发行可转换债券或可提前赎回债券的情况下，公司可根据需要主动、合理地调整资本结构。

(4) 保障股东控制权。债券持有人无权参与公司经营管理，因此发行债券融资不会分散股东对公司的控制权。

债券融资的缺点主要表现在：

(1) 财务风险较高。债券有固定的到期日，并需要定期支付利息，发行公司必须承担按期还本付息的义务。在公司经营不景气时，也需要向债券持有人支付本息，这会给公司带来更大的财务困难，有时甚至会导致破产。

(2) 限制条件多。发行债券的限制条件一般要比定期借款、融资租赁条件更多、更严格，从而限制了公司对债券融资方式的使用，有时还会影响公司以后的融资能力。

(三) 债券的发行价格

公司债券的发行价格是发行公司(或其承销机构)发行债券时所使用的价格，也是投资者向发行公司认购其所发行债券时实际支付的价格。影响公司债务发行价格的因素主要包括：

(1) 发行者的类型。债券市场是按发行人的类型分类的，不同的发行人成为不同的市场部门(Market Sector)，如公司、政府等。

(2) 发行人的资信。如果发行人资信状况好，债券信用等级高，投资者相对承受的风险小，债券的票面利率就可以定得比其他条件相同的债券低一些，反之就要高一些。

(3) 债券期限。债券价格的波动与债券期限密切相关，期限越长，价格波动的风险越大，票面利率会高于期限较短的债券。

(4) 赎回与转换条款。在债务契约中，通常设置某些条款，如允许债券发行人全部或部分提前偿还债务的赎回条款(Call Provision)。持有可转换债券的债权人可根据情况将手中的债权转换为股权。一般来说，市场投资者对含有利于发行人的赎回条款的债券会要求较大的收益，而对含有利于投资者的转换条款的债券要求较小的收益。

债券的买卖价格包括发行价格和转让价格，都是根据债券的现值来确定的。当然，其他许多经济的、非经济的因素也在同时影响债券的发行价格，但无论这些因素的作用有多大，债券的发行价格始终围绕债券的内在价值上下波动。在实际中，公司债券的发行价格通常有等价、溢价、折价三种情况。

(四) 债券的发行条件

按照国际惯例，发行债券需要符合规定的条件。一般包括发行债券最低限额、发行公司自有资本最低限额、公司获利能力、债券利率水平等。根据我国《公司法》规定，公司发行债券必须符合下列条件：公司规模达到规定的要求；公司财务会计制度符合国家规定；具有偿债能力；公司经营效益良好，发行债券前3年盈利；所融资本的用途符合国家的产业政策，不得用于房地产买卖、股票买卖和期货交易等与本公司生产经营无关的风险性投资。符合以下条件的不允许再次发行债券：① 前一次发行的公司债券尚未募足的；② 对已发行的公司债券或其债务有违约延迟支付本息的事实，且仍处于继续状态的；③ 最近3年平均可分配利润不足以支付发行债券一年利息的。

(五) 债券的偿还

(1) 赎回条款。如果公司债券契约中规定了赎回条款，公司就可以按特定的价格在到期之前买回债券。赎回条款一般有两种：随时赎回条款和推迟赎回条款。随时赎回条款规定，债券一经发行，债券发行人即有权随时赎回债券；推迟赎回条款规定，债券发行人在一定时间后才能赎回已发行的债券。

(2) 偿债基金。在到期日前为定期收回债权而设立的基金，要求发行公司定期向受托人支付偿债基金。通过偿债基金收回债权有两种方式：一种方式是公司向受托人支付一笔现金，由受托人按照偿债基金赎回价格回收债券(偿债基金赎回价格通常低于普通赎回价格)，并按照债券的序列号以抽签的方式决定被收回的债券；另一种方式是发行公司在公开市场上购买债券。偿债基金减少了该债务的实际期限，从而能和期限较短的债务一样减少债务的风险。公司会选择成本最小的方式，如果利率上升，债券价格下降，公司将在公开市场上折价购买债券；如果利率下降，他将提前赎回债券。但要注意，偿债基金目的的赎回与上面讨论的赎回条款不同，偿债基金赎回一般不要求有赎回溢价。

(3) 分批偿还债券。分批偿还公司债券是指发行同一种债券的当时就定有不用的到期日的债券。由于投资者可以选择最适合自己的到期日，因此，发行这类债券比发行同一天到期的债券能吸引更广泛的投资者群体。

(4) 债券调换。发行新的债券来调换一次或多次发行的原有债券叫债券调换。这种债券调换，主要是因为：① 以较低利率的新债券替换利率较高的旧债券，从而减少债券的利息；② 消除债券原契约中的某些限制性条款，以利于公司的进一步发展；③ 推迟债务的到期日，以改善公司的现金流量；④ 将公司多次发行且尚未清偿的债权予以合作，从而便于对债券的统一管理；⑤ 保持当前最佳的资本结构和赋税效果。

(5) 转换成普通股。如果公司发行的是可转换债券，那么，可通过转换成普通股来收回债权。债券持有人由债权人变成股东，债务资本变成股权资本。

二、长期借款

长期借款是指企业向银行或其他非银行金融机构借入的使用期超过 1 年的借款，主要用于购建固定资产和满足长期流动资金占用的需要。

(一) 长期借款的种类

长期借款的种类很多，各企业可根据自身的情况和各种借款条件选用。我国目前各金融机构的长期借款主要有：

(1) 按照用途，分为固定资产投资借款、更新改造借款、科技开发和新产品试制借款等等。

(2) 按照提供贷款的机构，分为政策性银行贷款、商业银行贷款等。此外，企业还可从信托投资公司取得实物或货币形式的信托投资贷款、从财务公司取得各种中长期贷款等等。

(3) 按照有无担保，分为信用贷款和抵押贷款。信用贷款指不需企业提供抵押品，仅凭其信用或担保人信誉而发放的贷款。抵押贷款指要求企业以抵押品作为担保的贷款。长期贷款的抵押品常常是房屋、建筑物、机器设备、股票、债券等等。

(二) 取得长期借款的条件

金融机构对企业发放贷款的原则是：按计划发放、择优扶植、有物资保证、按期归还。企业申请贷款一般应具备的条件是：

(1) 独立核算、自负盈亏、有法人资格。

(2) 经营方向和业务范围符合国家产业政策，借款用途属于银行贷款办法规定的范围。

(3) 借款企业具有一定的物资和财产保证，担保单位具有相应的经济实力。

(4) 具有偿还贷款的能力。

(5) 理财和经济核算制度健全，资金使用效益及企业经济效益良好。

(6) 在银行设有账户，办理结算。

具备上述条件的企业欲取得贷款，先要向银行提出申请，陈述借款原因与金额、用款时间与计划、还款期限与计划；银行根据企业的借款申请，针对企业的财务状况、信用情况、盈利的稳定性、发展前景、借款投资项目的可行性等进行审查；银行审查同意贷款后，再与借款企业进一步协商贷款的具体条件，明确贷款的种类、用途、金额、利率、期限、还款的资金来源及方式、保护性条件、违约责任等等，并以借款合同的形式将其法律化；借款合同生效后，企业便可取得借款。

(三) 长期借款的保护性条款

由于长期借款的期限长、风险大，按照国际惯例，银行通常对借款企业提出一些有助于保证贷款按时足额偿还的条件。这些条件写进贷款合同中，形成了合同的保护性条款。归纳起来，保护性条款大致有如下两类：

1. 一般性保护条款

一般性保护条款应用于大多数借款合同，但根据具体情况会有不同内容，主要包括：

① 对借款企业流动资金保持量的规定，其目的在于保持借款企业资金的流动性和偿债能力；

② 对支付现金股利和再购入股票的限制，其目的在于限制现金外流；

③ 对资本支出规模的限制，其目的在于减小企业日后不得不变卖固定资产以偿还贷款的可能性，仍着眼于保持借款企业资金的流动性；

④ 限制其他长期债务，其目的在于防止其他贷款人取得对企业资产的优先求偿权；

⑤ 借款企业定期向银行提交财务报表，其目的在于及时掌握企业的财务情况；

⑥ 不准在正常情况下出售较多资产，以保持企业正常的生产经营能力；

⑦ 如期缴纳税费和清偿其他到期债务，以防被罚款而造成现金流失；

⑧ 不准以任何资产作为其他承诺的担保或抵押，以避免企业过重的负担；

⑨ 不准贴现应收票据或出售应收账款，以避免或有负债；

⑩ 限制租赁固定资产的规模，其目的在于防止企业负担巨额租金以致削弱其偿债能力，还在于防止企业以租赁固定资产的办法摆脱对其资本支出和负债的约束。

2. 特殊性保护条款

特殊性保护条款是针对某些特殊情况而出现在部分借款合同中的。主要包括：① 贷款专款专用；② 不准企业投资于短期内不能收回资金的项目；③ 限制企业高级职员的薪金和奖金总额；④ 要求企业主要领导人在合同有效期间担任领导职务；⑤ 要求企业主要领导人购买人身保险；等等。

此外，"短期借款筹资"中的周转信贷协定、补偿性余额等条件，也同样适用于长期借款。

(四) 长期借款的成本

长期借款的利息率通常高于短期借款。但信誉好或抵押品流动性强的借款企业，仍然可以争取到较低的长期借款利率。长期借款利率有固定利率和浮动利率两种。浮动利率通常有最高、最低限，并在借款合同中明确。对于借款企业来讲，若预测市场利率将上升，应与银行签订固定利率合同；反之，则应签订浮动利率合同。

除了利息之外，银行还会向借款企业收取其他费用，如实行周转信贷协定所收取的承诺费、要求借款企业在本银行中保持补偿余额所形成的间接费用。这些费用会加大长期借款的成本。

（五）长期借款的偿还方式

长期借款的偿还方式不一，包括：定期支付利息、到期一次性偿还本金的方式；如同短期借款那样的定期等额偿还方式；平时逐期偿还小额本金和利息、期末偿还余下的大额部分的方式。第一种偿还方式会加大企业借款到期时的还款压力；而定期等额偿还又会提高企业使用贷款的实际利率。

（六）长期借款筹资的特点

与其他长期负债筹资相比，长期借款筹资的特点为：

(1) 筹资速度快。长期借款的手续比发行债券简单得多，得到借款所花费的时间较短。

(2) 借款弹性较大。借款时企业与银行直接交涉，有关条件可谈判确定；用款期间发生变动，亦可与银行再协商。而债券筹资所面对的是社会广大投资者，协商改善筹资条件的可能性很小。

(3) 借款成本较低。长期借款利率一般低于债券利率，且由于借款属于直接筹资，筹资费用也较少。

(4) 长期借款的限制性条款比较多，制约着借款的使用。

第三节　混合筹资

混合筹资是一种兼有债务筹资性质和权益筹资性质的筹资方式，主要包括：优先股筹资、认股权证筹资和发行可转换债券筹资。

一、优先股

优先股是一种混合证券，有些方面与债券类似，另一些方面与股票相似，是介于债券和股票之间的一种债券。

优先股属于公司的权益资本，但它不同于普通股。因为与普通股相比它在股利支付和公司破产清偿时的财产索取方面具有优先权。对持续经营的企业而言，“优先股”只表现在优先股股东先于普通股股东获取股利。

优先股具有设定的面值，其面值是计算优先股股利的基础，同时，其面值也代表着优先股股东在公司清算时应得的资产数额。

(1) 按照优先股在具体权利上的不同，可以将优先股作如下分类：

① 累积优先股和非累积优先股。累积优先股是指在任何年度内未支付的股利可以累积起来，由以后年度的利润一起支付的优先股股票。非累积优先股是指按当年利润分配优先股股利，而不予以积累支付的优先股股票。显然对于投资者而言，累积优先股的优势更为明显，因此，累积优先股股票的发行更为广泛，而非累积优先股股票的发行则逐步减少。

② 参与优先股与非参与优先股。参与优先股是指优先股股东除获取固定股利外，还有权参与普通股股东剩余利润的分配。参与优先股由于参与利润分配方式不同，又可分为完全参与优先股和部分参与优先股。完全参与优先股与普通股股东共同等额分享剩余利润分配；部分参与优先股只参与分享一定限额的剩余利润分配。非参与优先股则无权参与剩余利润的分配，只能获取固定的红利。一般大多数公司发行的优先股都是非参与优先股。

③ 可转换优先股和不可转换优先股。可转换优先股是指在一定的时期内，优先股的持有者有权根据优先股发行的规定将其转换成公司的普通股。不可转换优先股则没有这项权利，只能收取固定的股利。显然可转换优先股在公司不稳定时固定受到保护，在公司盈利时可分享成功的果实，处于有利地位。

④ 可赎回优先股和不可赎回优先股。可赎回优先股是指公司可以按照发行的规定，在将来某一时期以一定的价格购回的优先股股票。不可赎回优先股则在任何情况下公司都不能赎回。大多数优先股都是可赎回的，而公司赎回优先股的目的则是为了减轻股息负担。显然，可赎回优先股在剩余索取方面对股东不利。

(2) 公司在考虑优先股发行时的主要动机有：

① 防止公司股权分散化。优先股不具有表决权，因此，公司发行一定数额的优先股以保护原有普通股股东对公司经营权的控制。

② 维持公司举债能力。优先股所筹集的资本属于权益资本，因此，它可作为公司举债的基础提高公司的负债能力。

③ 增加公司普通股股东的权益。因为优先股的股息固定，且优先股对公司留存收益不具有要求权，因此，在公司收益较高的情况下，提高优先股的比例会相应提高普通股股东的权益，提高每股净收益。

④ 调整公司资本结构。因为优先股在特定情况下具有“可转换性”和“可赎回性”，因此，公司安排自有资本与借入资本的比例关系时，可借助于优先股的这些特性来调整公司的资本结构。

(3) 优先股融资的主要优点包括：

① 优先股的融资是在不增加投票权和参与经营权的股东人数的情况下进行的，它不会导致原有普通股股东控制权的下降。

② 优先股融资的是公司的权益资本，不是公司的负债，具有灵活性。如没有固定的到期日，不必偿还本金，优先股股利的支付不构成公司的法定义务，在公司财务状况不佳时，公司可以暂停优先股股利的支付，不会因此导致公司债务危机及公司的破产。

③ 优先股融得的权益资本可以改善公司的资本结构，提高公司进一步负债筹资的能力，同时，优先股融资不必像债券融资那样提供抵押资产，这将保护公司的融资能力。

(4) 优先股融资的缺点主要有：

① 通常优先股的融资成本较高。这主要是由于优先股股利要用税后净利发放，不能

像债券利息那样在税前列支。同时，优先股的风险比债券要高。

② 过分采用优先股融资，会导致公司中优先于普通股的求偿权过多，对普通股股东而言形成了一项较重的财务负担，从而使公司支付普通股股利的能力大大削弱，尤其是在公司税后利润不稳定情况下，这将导致公司价值的下降。

二、认股权证

（一）认股权证及特征

认股权证是公司发行的一种长期的股票买入选择权。它本身不是股票，既不享受股利收益，也没有投票权，但它的持有者拥有一定时期内以一定价格购买一定数量公司普通股的权利，因而认股权证具有股票看涨期权的性质。认股权证一般是与债券或优先股一起发行的，但也有单独发行的独立认股权证。认股权证与可转换债券非常类似，如果把可转换债券所附带的买入期权与债券分离开来，单独出售，就形成了认股权证。

认股权证的发行通常是为了吸引投资者购买公司证券的一种促销手段，投资者在购买公司证券时可同时获得认股权证。这样，投资者既可以因购入证券而获得固定的利息或红利收入，又可获得按规定价格优先购买公司普通股的权力。尤其当普通股市场价格超过认购价格时，投资者将获得额外收益。

认股权证合约一般包括以下基本要素：

(1) 认股权证对应的标的资产，即认股权证可转换的对象，它可以是单一股票，也可以是一揽子股票或其他类型的证券。

(2) 有效期限，即认股权证的权利期限。在有效期内，认股权证持有者可随时要求将其转换为股票。

(3) 转换比率，即每一份认股权证可转换的相关证券数量。

(4) 认购价格，即认股权证持有者行使转换权时的结算价格，相当于一般标准期权的执行价格。

（二）认股权证的价值

认股权证具有内在价值和市场价值。内在价值又称为认股权证的低价，可按公式(6-1)计算：

$$W=(P-E)\times Q \tag{6-1}$$

式中：W 为认股权证的内在价值；P 为股票的市场价格；E 为权证的认购价格；Q 为权证可认购的普通股股票的数量。

需要指出的是，如果每股市场价格小于认购价格，则应将此时认股权证的内在价值设定为零。

认股权证的市场价值一般大于其内在价值。因为如果认股权证的市场价值低于其内在价值，则市场上会出现无风险套利机会，即首先购买认股权证，然后再凭权证购买股票，然后再将股票卖出。

另一方面，认股权证给予投资者高度的获利杠杆作用，增加其获得高额资本利得的机会，导致其市场价值高于其内在价值。

认股权证的市场价值与内在价值的差称为认股权证的时间价值，主要受权证距到期日的时间的长短和标的股票价格的变动大小的影响。认股权证的内在价值、市场价值和时间价值的关系可用图 6 - 1 表示。

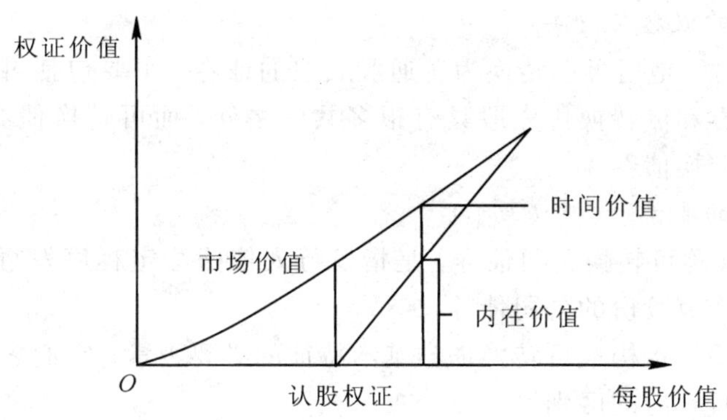

图 6 - 1　认股权证的内在价值、市场价值和时间价值的关系图

（1）公司利用认股权证融资的优点主要有：

① 降低筹资成本放宽筹资条件。由于认股权证具有价值，因此，公司在发行债券或优先股时可以适当地降低利率，从而获取低成本的资金来源。另外，投资者在获取认股权证带来的利益后，往往乐意放弃对公司来说过于严格的某些契约条款，使公司处于主动的位置。

② 扩大潜在的资金来源。当认股权证的认购权被行使时，就增加了企业的资金来源。对需要扩充权益资本的公司而言，它可以获得既享受发行债券或优先股股票低资金成本的好处，又享有了筹集权益资本的好处。

③ 吸引投资者，在企业发行债券或优先股票时，给予投资者认购普通股股票的权利，可以有效地刺激投资者的投资欲望，使企业较容易地筹集到所需资金。

（2）认股权证融资的缺点主要有：

① 不能确定投资者在何时行使认股权。因为认股权证为公司提供了一个筹资数额，但这笔资金何时才能取得，公司却不能控制。在公司急需资金时，这笔资金数额不能满足需求，公司又不便于用其他方法再融资，特别是用发行普通股股票再筹资，因为这会大大稀释普通股每股收益。而用负债筹资，又可能使财务风险过大，这就使公司处于既有潜在资金来源又无资金可用的困境中，陷于被动。

② 高资金成本风险。上述筹资困境一旦产生，公司只好通过提高普通股股利来刺激认股权证持有者行使认股权，以筹措资金，但这会使资金成本增高。如强行地逐级提高认购价格，虽可刺激认股权证持有者行使认股权，但若无充分理由，这会影响公司形象，也对公司不利。

③ 稀释每股普通股收益。当认股权证行使时，普通股股份增多，每股收益下降，同时，这也稀释了原股东对公司的控制权。

三、可转换债券

（一）可转换证券的概述

1. 可转换证券的概念与种类

所谓可转换证券，是指可以转换为普通股股票的证券，主要包括可转换债券和可转换优先股。可转换债券和可转换优先股具有很多共同之处，而可转换债券的应用比较广泛，所以以下只介绍可转换债券。

2. 可转换债券的要素

可转换债券，又称可转换公司债券，是指发行人依照法定程序发行，在一定期间内依据约定的条件以转换成股份的公司债券。

可转换债券的要素指构成可转换债券基本特征的必要因素，它们表明可转换债券与不可转换债券(或普通债券)的区别。

(1) 标的股票。可转换债券对股票的可转换性，实际上是一种股票期权或股票选择权，它的标的物就是可以转换成的股票。可转换债券的标的股票一般是其发行公司自己的股票，但也有其他公司的股票，如可转换债券发行公司的上市子公司的股票(以下介绍中，标的股票仅指发行公司的股票，略去其他公司的股票)。

(2) 转换价格。可转换债券发行之时，明确了以怎样的价格转换为普通股，这一规定的价格，就是可转换债券的转换价格(也称转股价格)，即转换发生时投资者为取得普通股每股所支付的实际价格。按照我国《可转换公司债券管理暂行办法》的规定，上市公司发行可转换债券的，以发行可转换公司债券前 1 个月股票的平均价格为基准，上浮一定幅度作为转换价格；重点国有企业发行可转换公司债券的，以拟发行股票的价格为基准，折扣一定比例作为转换价格。例如，某上市公司拟发行 5 年期可转换债券(面值 1000 元)，发行前 1 个月其股票平均价格经测算为每股 40 元，预计公司股价未来将明显上升，故确定可转换债券的转换价格比前 1 个月的股价上浮 25%，于是该公司可转换债券的转换价格应为：40×(1+25%)=50(元)。上例中讲的是以某一固定的价格(50 元)将可转换债券转换为普通股，还有的可转换价格是变动的。例如，上例中的可转换债券发行公司也可以这样规定：债券发行后的第 2 年至第 3 年内，可按照每股 50 元的转换价格将债券转换为普通股股票(即每张债券可转换为 20 股普通股股票)；债券发行后的第 3 年至第 4 年内，可按照每股 60 元的价格将债券转换为普通股股票(即每张债券可转换为 16.67 股普通股股票)；债券发行后的第 4 年至第 5 年内，可按照每股 70 元的转换价格将债券转换为普通股股票(即每张债券可转换为 14.29 股普通股股票)。因为转换价格越高，债券能够转换成的普通股股数越少，所以这种逐期提高可转换价格的目的，就在于促使可转换债券的持有者尽早地进行转换。

(3) 转换比率。转换比率是债权人通过转换可获得的普通股股数。比如上例中的第 2 年至第 3 年期每张债券可转换为 20 股普通股，第 3 年至第 4 年期每张债券可转换为 16.67 股普通股，第 4 年至第 5 年期每张债券可转换为 14.29 股普通股，就是转换债券的转换比率。显然，可转换债券的面值、转换价格、转换比率之间存在下列关系：

$$转换比率=\frac{债券面值}{转换价格}$$

(4) 转换期。转换期是指可转换债券转换为股份的起始日至结束日的期间。可转换债券的转换期可以与债券的期限相同，也可以短于债券的期限。例如，某种可转换债券规定只能从其发行一定时间之后(如发行若干年之后)才能够行使转换权，这种转换期称为递延转换期，短于其债券期限。还有的可转换债券规定只能在一定时间内(如发行日后的若干年之内)行使转换权，超过这一段时间转换权失效，因此转换期也会短于债券的期限，这种转换期称为有限转换期。超过转换期后的可转换债券，不再具有转换权，自动成为不可转换债券(或普通债券)。

3. 赎回条款

赎回条款是可转换债券的发行企业可以在债券到期日之前提前赎回债券的规定。赎回条款包括下列内容：

(1) 不可赎回期。不可赎回期是可转换债券从发行时开始，不能被赎回的那段期间。例如，某债券的有关条款规定，该债券自发行日起 2 年之内不能由发行公司赎回。则债券发行日后的前 2 年就是不可赎回期。设立不可赎回期的目的，在于保护债券持有人的利益，防止发行企业滥用赎回权，强制债券持有人过早转换债券。不过，并不是每种可转换债券都设有不可赎回期。

(2) 赎回期。赎回期是可转换债券的发行公司可以赎回债券的期间。赎回期安排在不可赎回期之后，不可赎回期结束之后，即进入可转换债券的赎回期。

(3) 赎回价格。赎回价格是事前规定的发行公司赎回债券的出价。赎回价格一般高于可转换债券的面值，两者之差为赎回溢价。赎回溢价随债券到期日的临近而减少。例如，一种 2003 年 1 月 1 日发行，面值 100 元，期限 5 年，不可赎回期为 3 年，赎回期为 2 年的可赎回债券，规定到期前 1 年(即 2006 年)的赎回价格为 110 元，到期年度(即 2007 年年内)的赎回价格为 105 元等等。

(4) 赎回条件。赎回条件是对可转换债券发行公司赎回债券的情况要求，即需要在什么样的情况下才能赎回债券。赎回条件分为无条件赎回和有条件赎回。无条件赎回是在赎回期内发行公司可随时按照赎回价格赎回债券。有条件赎回是对赎回债券有一些条件限制，只有在满足了这些条件之后才能由发行公司赎回债券。

发行公司在赎回债券之前，要向债券持有人发出通知，要求他们在将债券转换为普通股与卖给发行公司(即发行公司赎回)之间做出选择。一般而言，债券持有人会将债券转换为普通股。可见，设置赎回条款是为了促使债券持有人转换股份，因此又被称为加速条款；同时也能使发行公司避免市场利率下降后，继续向债券持有人支付较高的债券票面利率所蒙受的损失；或限制债券持有人过分享受公司收益大幅度上升所带来的回报。

4. 回售条款

回售条款是在可转换债券发行公司的股票价格达到某种恶劣程度时，债券持有人有权按照约定的价格将可转换债券卖给发行公司的有关规定。回售条款也具体包括回售时间、回售价格等内容。设置回售条款是为了保护债券投资人的利益，使他们能够避免遭受过大的投资损失，从而降低投资风险。合理的回售条款，可以使投资者具有安全感，因而有利于吸引投资者。

5. 强制性转换条款

强制性转换条款是在某些条件具备之后，债券持有人必须将可转换债券转换为股票，无权要求偿还债券本金的规定。设置强制性转换条款，在于保证可转换债券顺利地转换成股票，实现发行公司扩大权益筹资的目的。

（二）可转换债券筹资的特点

1. 可转换债券筹资的优点

（1）筹资成本较低。可转换债券给予了债券持有人以优惠的价格转换公司股票的好处，故而其利率低于同一条件下的不可转换债券（或普通债券）的利率，降低了公司的筹资成本。此外，在可转换债券转换为普通股时，公司无须另外支付筹资费用，又节约了股票的筹资成本。

（2）便于筹集资金。可转换债券一方面可以使投资者获得固定利息；另一方面又向其提供了进行债权投资或股权投资的选择权，对投资者具有一定的吸引力，有利于债券的发行，便于资金的筹集。

（3）有利于稳定股票价格和减少对每股收益的稀释。由于可转换债券规定的可转换价格一般要高于其发行时的公司股票价格，因此在发行新股或配股时机不佳时，可以先发行可转换债券，然后通过转换实现较高价位的股权筹资。事实上，一些公司正是认为当前其股票价格太低，为避免直接发行新股而遭受损失，才通过发行可转换债券变相发行普通股的。这样，一来不至于因为直接发行新股而进一步降低公司股票市价；二来因为可转换债券的转换期较长，即使在将来转换股票时，对公司股价的影响也较温和，从而有利于稳定公司股价。

可转换债券的转换价格高于其发行时的股票价格，转换成的股票股数会较少，相对而言就降低了因为增发股票对公司每股收益的稀释度。

（4）减少筹资中的利益冲突。由于日后会有相当一部分投资者将其持有的可转换债券转换成普通股，发行可转换债券不会太多地增加公司的偿债压力，所以其他债权人对此的反对较小，受其他债务的限制性约束较少。同时，可转换债券持有人是公司的潜在股东，与公司有着较大的利益趋同性，而冲突较少。

2. 可转换债券筹资的缺点

（1）股价上扬风险。虽然可转换债券的转换价格高于其发行时的股票价格，但如果转换时股票价格大幅度上扬，公司只能以较低的固定转换价格换出股票，这会降低公司的股权筹资额。

（2）财务风险。发行可转换债券后，如果公司业绩不佳，股价长期低迷，或虽然公司业绩尚可，但股价随大盘下跌，持券者没有如期转换普通股，则会增加公司偿还债务的压力，加大公司的财务风险，特别是在订有回售条款的情况下，公司短期内集中偿还债务的压力会更明显。

(3) 丧失低息优势。可转换债券转换成普通股后，其原有的低利息优势不复存在，公司将要承担较高的普通股成本，从而可能导致公司的综合资本成本上升。

第四节　租赁融资

租赁是指资产的所有者(出租人)授予另一方(承租人)，使用资产的专用权并获取租金报酬的一种合约。租赁合约规定双方的权利与义务，其具体内容需要通过谈判确定，所以租赁的形式多种多样。

租赁合约涉及的主要概念如下：

1. 租赁的当事人

租赁合约的当事人至少包括出租人和承租人两方，出租人是租赁资产的所有者，承租人是租赁资产的使用者。

按照当事人之间的关系，租赁可以划分为三种类型：

(1) 直接租赁。该种租赁是指出租方(租赁公司或生产厂商)直接向承租人提供租赁资产的租赁形式。直接租赁只涉及出租人和承租人两方。

(2) 杠杆租赁。该种租赁是有贷款者参与的一种租赁形式。在这种形式下，出租人引入资产时只支付引入所需款项(如购买资产的货款)的一部分(通常为资产价值的20%～40%)，其余款项则以引入的资产或出租权等为抵押，向另外的贷款者借入；资产租出后，出租人以收取的租金向债权人还贷。这样，出租人利用自己的少量资金就推动了大额的租赁业务，故称为杠杆租赁。对承租人(企业)来说，杠杆租赁和直接租赁没有什么区别，都是向出租人租入资产；而对出租人而言，其身份则有了变化，既是资产的出租者，同时又是款项的借入人。因此杠杆租赁是一种涉及三方面关系人的租赁形式。

(3) 售后租回。该种租赁是指承租人先将某资产卖给出租人，再将该资产租回的一种租赁形式。在这种形式下，承租人一方面通过出售资产获得了现金；另一方面又通过租赁满足了对资产的需要，而租金却可以分期支付。

2. 租赁资产

租赁合约涉及的资产称为租赁资产。早期租赁涉及的资产主要是土地和建筑物，20世纪50年代以后各种资产都进入了租赁领域，大到一个工厂，小到一部电话。企业生产经营中使用的资产，既可以通过购买取得其所有权，也可以通过租赁取得其使用权，它们都可以达到使用资产的目的。

3. 租赁期

租赁期是指租赁开始日至终止日的时间。根据租赁期的长短分为短期租赁和长期租赁，短期租赁的时间明显少于租赁资产的经济寿命，而长期租赁的时间接近租赁资产的经济寿命。

4. 租赁费用

租赁的基本特征都是承租人向出租人承诺提供系列的现金支付。租赁费用报价形式和支付形式双方可以灵活安排，是协商一致的产物，而没有统一的标准。

租赁费用的经济内容包括出租人的全部出租成本和利润。出租成本包括租赁资产的购置成本、营业成本以及相关的利息。如果出租人收取的租赁费用超过其成本，剩余部分则成为利润。

租赁费用的报价形式有三种：

(1) 合同分别约定租金、利息和手续费。如上例，租赁资产购置成本100万元，分10年偿付，每年租金10万元，在租赁开始日首付；尚未偿还的租赁资产购置成本按年利率6%计算利息，在租赁开始日首付；租赁手续费10万元，在租赁开始日一次付清。此时，租金仅指租赁资产的购置成本，利息和手续费用于补偿出租人的营业成本，如果还有剩余则成为利润。

(2) 合同分别约定租金和手续费。如上例，租金110万元，分10年支付，每年11万元，在租赁开始日首付；租赁手续费10万元，在租赁开始日一次付清。此时，租金包括租赁资产购置成本以相关的利息，手续费是出租人的营业成本和取得的利润。

(3) 合同只约定一项综合租金，没有分项的价格。如上例，租金120万元，分10年支付，每年12万元，在租赁开始日首付。此时，租金包括租赁资产的购置成本、相关利息、营业成本及出租人的利润。

租金的支付形式也存在多样性。典型的租金支付形式是预付年金，即分期(年、半年、季度、月或日等)的期初等额系列付款。经过协商，也可以在每期期末支付租金，或者各期的支付额不等。利息支付可以各期等额支付，也可以根据各期负债余额计算并支付。手续费可以在租赁开始日一次支付，也可以分期等额支付。通常，租赁合约规定每月或每半年支付一笔等额的租金，第一笔租金大多在签约时就要支付，也有在每期期末支付的情况。有时候，根据承租人的要求也可以适当调整每期的支付额，例如，设备使用的第一年需要进行复杂的调试，则可能在租赁的第一年安排较低的租金。

根据全部租金是否超过资产的成本，租赁分为不完全补偿租赁和完全补偿租赁。不完全补偿租赁，是指租金不足以补偿租赁资产的全部成本的租赁。完全补偿租赁，是指租金超过资产全部成本的租赁。

5. 租赁的撤销

根据租赁是否可以随时解除分为可以撤销租赁和不可撤销租赁。可以撤销租赁是指合同中注明承租人可以随时解除租赁。通常，提前终止合同，承租人要支付一定的赔偿额。不可撤销租赁是指在合同到期前不可以单方面解除的租赁。如果经出租人同意或者承租人支付一笔足够大的额外款项，不可撤销租赁也可以提前终止。

6. 租赁资产的维修

根据出租人是否负责租赁资产的维护(维修、保险和财产税等)分为毛租赁和净租赁。毛租赁是指由出租人负责资产维护的租赁。净租赁是指由承租人负责维护的租赁。租赁资产的维修，也可以单独签订一个维修合同，与租赁合同分开处理。

二、经营租赁和融资租赁

在租赁业中，租赁可以分为经营租赁和融资租赁两大类。

(一) 经营租赁

典型的经营租赁是指短期的、不完全补偿的、可撤销的毛租赁。经营租赁最主要的外部特征是租期短。由于租期短，租赁资产的成本就不会得到完全补偿；由于租期短，承租人不会关心影响资产寿命的维修和保养，因此大多采用毛租赁；由于合同可以撤销，租赁期就可能很短。

对于出租人来说，经营租赁是让渡资产使用权获取收入，属于经营活动，并因此称为"经营租赁"。经营租赁是如何利用资产的决策，例如自己拥有的房屋或汽车可以自己使用，也可出租给别人。对于承租人来说，经营租赁是购买资产的短期使用权，也属于经营活动。

（二）融资租赁

典型的融资租赁是指长期的、完全补偿的、不可撤销的净租赁。融资租赁最主要的外部特征是租期长。由于租期长，租赁资产的成本可以得到完全补偿；由于租期长，承租人更关心影响资产寿命的维修和保养，因此大多采用净租赁；由于合同不可以撤销，使较长的租赁期得到保障。

在实际中，有些租赁合约既有经营租赁的特征，也有融资租赁的特征，称之为混合租赁。例如，某些长期租赁的合同具有可撤销条款。

在租赁业中将租赁分为经营租赁与融资租赁，主要是出于财务上的考虑，两者最主要的区别是租赁合约的时间长短不同，并因此造成租赁资产的风险分配不同。经营租赁是短期租赁，租赁期明显短于租赁资产的经济寿命期，出租人在其寿命周期内需要寻找多个承租人，前一个承租人归还租赁资产后可能无法及时找到下一个承租人，造成租赁资产的闲置；租赁资产可能会变得技术落后或者不够时尚，并因此要降低租金；承租人可能提前撤销租赁使未来收益不确定；出租人要承担残值变现的风险。总之，出租者承担与租赁资产有关的主要风险，而承租人很少承担持有资产的风险。融资租赁是长期租赁，租赁期接近资产的经济寿命，出租人只是承担分期收回租金的风险，与收回贷款本息类似，而与租赁资产有关的风险已经转移给承租人。对于承租人来说，需要分期支付租金，与融入资金后归还贷款本息的义务类似，他们虽然不是租赁资产的法定所有人，但要承担与租赁资产有关的主要风险。

（三）租赁的税务处理

从所得税的基本原理来看，租赁资产的法律所有权属于出租人，应成为出租人的计税资产，由出租人提取折旧。对于承租人来说，租赁费是纳税人的当期费用，理应在当期应税所得中扣除。但是，承租当事人会因此"制造"租赁，将分期付款购买交易或抵押贷款业务"做成"租赁合同，以加快产生支出而抵税。为了反避税，许多国家的税法对租赁税务制定有专门条款。

1. 租赁的分类

我国税法规定，符合下列条件之一的租赁为融资租赁：

(1) 在租赁期满时，租赁资产的所有权转让给承租方；

(2) 租赁期为资产使用年限的大部分(75%或以上)；

(3) 租赁期内租赁最低付款额大于或基本等于租赁开始日资产的公允价值。

除了上述融资租赁以外的租赁，均属于经营租赁。

2. 租赁的税务处理

(1) 融资租赁的税务处理。我国税法规定，承租人“以融资租赁方式从出租方取得固定资产，其租金不得直接扣除”。“承租方的手续费以及安装交付使用后支付的利息等可以在支付时直接扣除”；“以融资租赁方式租入的固定资产可以按规定提取折旧，其折旧政策与承租人自有固定资产相同”；“以融资租赁方式租入的固定资产，按照租赁协议或者合同确定的价款加上运输费、途中保险费、安装调试费以及投入使用前发生的利息支出和汇兑损益等费用之后的价值计价”。

实际上，我国税法不承认融资租赁具有“租赁”的性质，而将其作为分期付款购买交易处理。

(2) 经营租赁的税务处理。我国税法规定，“纳税人以经营租赁方式从出租方取得固定资产，其符合独立交易原则的租金可根据受益时间均匀扣除。”

我国税法区分“经营租赁”和“融资租赁”，目的是分别规定费用的抵税方式，因此，准确地说应称为“租金可直接扣除租赁”和“租金不可直接扣除租赁”。

我国税法对于租赁业务的规定，在概念的使用上与美国等西方国家不同。美国的税法强调区分租赁和非租赁，限制真实租赁的范围。真实租赁的主要条件是：

(1) 租赁期(包括以固定租金率的任何延期或续租)不得超过租赁合同签订时资产预计使用寿命的80%，而且剩余的使用年限不能少于1年；

(2) 租赁到期时资产的预计残值至少为租赁开始时价值的20%；

(3) 承租人或其他相关者都没有权利以确定的固定价格购买该资产。但是，可以给予承租人按照公允市场价值购买该资产的权利；

(4) 承租人或其他相关者都不能支付任何资产的价款或为该资产任何一部分进行担保，即承租人除了租赁付款外不能对租赁资产进行任何投资；

(5) 租赁资产不能是“限制使用资产”，即租赁期满时设备只能由承租者或相关者使用。

全部满足上述条款的租赁合同属于真实租赁，也被称为“税务导向租赁”；租赁合同只要有一条不符合上述规定，将被税务当局视为事实销售，也被称为“非税务导向租赁”。税务导向租赁的租赁费，承租人在支付时可以直接从当期收入中扣除；非税务导向租赁的租赁费，按分期付款购买的税务规定处理，即资产耗用或销售时才能作为扣除项目。

我国税法只承认“经营租赁”属于租赁，其租金可以直接扣除，而“融资租赁”作为分期付款购买处理，即租金不可以直接扣除。

(四) 租赁的会计处理

早期会计对资产的定义和报告主要考虑资产的所有权。出租人拥有租赁资产的所有权，所以要将其列入资产负债表；而承租人不具有租赁资产所有权，所以不将其列入资产负债表。由于任何租赁都需要出租方提供资金，承租方都具有筹资的性质，因此租赁成为承租方的表外融资工具。这种处理方法可能误导报表使用人，使之对承租人的负债能力做出过于乐观的判断。经过长期争论，会计上将一部分租赁进行资本化处理，即将某些租赁资产和相应的负债列入承租人的资产负债表；而另一部分租赁仍然维持费用化处理，即租金作为承租人的当期费用列入利润表。

1. 会计准则对于租赁的分类

按照我国的会计准则，满足以下一项或数项标准的租赁属于融资租赁：

(1) 在租赁期届满时，租赁资产的所有权转移给承租人；

(2) 承租人有购买租赁资产的选择权，所订立的购价预计将远低于行使选择权租赁资产的公允价值，因而在租赁开始日就可以合理确定承租人将会行使这种选择权；

(3) 租赁期占租赁资产可使用年限的大部分(通常解释为等于或大于75%)；

(4) 租赁开始日最低租赁付款额的现值几乎相当于(通常解释为等于或大于90%)租赁开始日租赁资产原账面价值；

(5) 租赁资产性质特殊，如果不做重新改制，只有承租人才能使用。

除了融资租赁以外的租赁，全部归入经营租赁。

2. 租赁的会计处理

(1) 经营租赁的会计处理。经营租赁的出租人，应将租赁资产列入资产负债表的相关项目内。对于租赁资产中的固定资产，应当采用类似固定资产的折旧政策计提折旧。经营租赁的租金通常在租赁期内按直线法确认为当期收入，有关的直接费用计入当期费用。

经营租赁的承租人，不应将租赁资产列入资产负债表。与此相适应，也不能对租赁资产中的固定资产提取折旧。经营租赁的租金，应作为费用分期列入利润表。

(2) 融资租赁的会计处理。融资租赁的出租人，不能将租赁资产列入资产负债表。与此相适应，也不能对租赁资产中的固定资产提取折旧。出租人作为融资活动的债权人，应当将“应收融资租赁款”和“未实现融资收益”列入资产负债表。未实现融资收益应当在租赁期内各会计期间进行分配，陆续确认为融资收入。

融资租赁的承租人，应将租赁资产、租赁引起的长期应付款(最低租赁付款额)和未确认融资费用分别列入资产负债表。与此相适应，租赁资产中的固定资产应按规定提取折旧，支付租金时摊销“未确认融资费用”并减少长期应付款。

会计上区分“经营租赁”和“融资租赁”，主要目的是分别规定计入损益的方式。因此，准确地说应称为“费用化租赁”和“资本化租赁”。

租赁在财务、税务和会计意义上的分类是有区别的，尽管它们都被称为“经营租赁”和“融资租赁”。虽然“融资租赁”、“不可直接抵税租赁”和“资本化租赁”有类似性，但严格说来它们是不同的概念。与此相适应，“经营租赁”、“可直接抵税租赁”和“费用化租赁”也是有差异的。

由于分类的目的不同，财务、税务和会计上划分“经营租赁”和“融资租赁”的具体标准也存在某种差别。例如，假设一家公司需要一台100万元的设备，预计使用寿命为10年。公司如果签一份租期7年(不可撤销)，租金现值为89万元的合同，并且回避有关租赁期满所有权转移的条款，则可以在会计上进行费用化处理，在税务上按“经营租赁”计税，但在财务上仍属于长期的“融资租赁”。

虽然租赁性质的会计判断会影响财务报表的资产、负债和利润，但是财务分析人员不管长期租赁是否列入资产负债表，都把其视为负债。租赁业务如何报告并不影响企业的价值，在有效的资本市场中投资者可以通过企业的财务报告去分析资产和负债的真实价值。

二、融资租赁：租或借

所谓融资租赁，是指出租人根据承租人的请求及对租赁标的物(设备)的具体要求，与第三方—供货方订立一项供货合同，在出租人取得租赁标的物所有权的前提下，出租人与承租人同时订立一项租赁合同，以承租人支付租金为条件，出租人授予承租人使用标的物的权利。在这一租赁过程中，承租人表面上是租赁人的标的物，而实质上是利用了出租人的资金，属于一种金融创新的范畴。

融资租赁是设备租赁的基本形式，其特点是：① 不可撤销。这是一种不可解约的租赁，在基本租赁期限内双方均无权撤销合同。② 租赁期限较长。基本租赁期限一般相当于设备的有效寿命。③ 承租人负责设备的选择、保险、保养和维修等；出资人仅负责垫付货款，购进承租人所需的设备，出租给承销人。

在融资租赁中，出资人实际上已将租赁所有权引起的成本和风险全部转让给了承租人。拥有一项固定资产是要承担一定成本和风险的，所有权所引起的成本主要有因租赁物的维修、保险所花费的成本。所有权风险主要包括两个方面：① 出售风险。企业拥有某项资产后如因某种原因需将其脱手，往往要蒙受一定的损失，以低于买进的价格在市场上出售。② 技术陈旧风险。企业拥有的设备有可能因有技术更先进的同类设备出现或因技术进步使同样设备的价格下降而贬值，从而使企业蒙受损失。

三、经营租赁：租或买

经营租赁是以获得租赁物的使用权为目的的。其主要特点是：① 可撤销性。这种租赁是一种可解约的租赁，在合理的条件下，承租人预先通知出租人即可解除租赁合同，或要求更换租赁物。② 经营租赁的期限一般比较短，远低于租赁物的经济寿命。③ 出租人不仅负责提供租金信贷，而且要提供各种专门的技术设备。经营租赁中，租赁物所有权引起的成本和风险全部由出租人承担。其租金一般较融资租赁高。经营租赁的对象主要是那些技术进步快、用途较广泛或使用具有季节性的物品。

为了使用一项设备，企业可以通过租赁获得设备的使用权，也可以通过借资直接购买设备。哪种方式更合适，须视租赁设备的税后现金流出量的现值是高于还是低于购买设备的税后现金流出量的现值而定。在此我们介绍一个基本概念，租赁筹资净现值(Net Advantage to Leasing NAL)。租赁筹资净现值，等于购买价格减去与该租赁活动有关的净增税后现金流出量(CFAT)的现值，可用公式表示为：

$$\text{NAL}=P-\text{PV}(\text{CFAT})$$

其中，P 是购买价格，PV(CFAT)是净增税后现金流出量的现值。

【例 6-1】 ABC 公司可用 1000 万元购买一套大型生产设备；或者按租约租用该设备，这一租约要求在 10 年内于每年年底支付 150 万元。表 6-1 显示了租入设备对 ABC 公司的现金流量造成的直接影响。公司不必花 1000 万元来购买设备，其效果相当于公司因租赁而不是购买设备得到 1000 万元的现金流入量。但是，ABC 公司必须定期支付租金，公司所付所得税税率为 40%，支付 150 万元的租金每年会产生金额为 60(0.4×150)万元的税额扣减。但 ABC 公司必须为此放弃折旧产生的税额扣减以及所有权的残余价值。设备折旧后的残值可忽略不计。折旧采用直线式，每年的折旧额为 100(1000÷10)万元。该折旧的省税额为 40(0.4×100)万元。把所有这些因素加在一起，就可以得出：同购买相比，租入设备实际初始净现金流入为 1000 万元；随后各年度(第 1 年至第 10 年)每年的实际净现金流出为 130 万元。

为了分析 ABC 公司的租赁或购买决策，我们首先必须具体确定当前的资本市场条件。假设 ABC 公司能按每年 11.5%的税前利率借到 10 年期有担保分期偿还贷款，其金额为设备价值的 80%；对于设备其余的 20%的价款，公司可按每年 14.0%的税前利率借到无担保分期偿还贷款。

假设 ABC 公司是 100%负债筹资，其中 80%有担保，20%无担保。那么，ABC 公司的平均负债成本在税前是 12.0%(0.8×11.5%＋0.2×14.0%)；在税后是 7.2%[(1－0.4)×12.0%]。因此，运用公式，ABC 公司租赁筹资净现值为：

$$\mathrm{NAL}=10\ 000\ 000-\sum_{t=1}^{10}\frac{1\ 300\ 000}{1.072^{t}}=953\ 162.6\ (\text{元}) \qquad (6-2)$$

公式(6－2)结果显示按现值计算，租赁比购买节约 95 万元。因此，从财务角度看，公司应当选择租赁该设备。

表 6－1　采用租赁筹资取得设备对 ABC 公司的直接现金流量影响　　万元

年	0	1	2	3	4	5	6	7	8	9	10
租赁收益											
初始开支(被避免)	1000										
租赁成本											
租赁支付		－150	－150	－150	－150	－150	－150	－150	－150	－150	－150
租赁支付的税收抵免		60	60	60	60	60	60	60	60	60	60
放弃的折旧抵税		－40	－40	－40	－40	－40	－40	40	40	40	－40
放弃的残值											0
承租人净现金流量	1000	－130	－130	－130	－130	－130	－130	－130	－130	－130	－130

四、租赁存在的原因

租赁存在的主要原因有以下三个方面：

(1) 租赁双方的实际税率不同，通过租赁可以减税。如果资产的使用者处于较低税率级别，在购买方式下它从折旧和利息费用所获得的抵税效果较少。如果采用租赁方式，由于出租人处于较高的税率级别，可获得较多的折旧和利息的抵税效果。在竞争性的市场上，出租人因为存在抵税效应而会收取较低的租金。双方分享税率差别引起的减税，会使得资产使用者倾向于采用租赁方式。

节税是长期租赁存在的主要原因。如果没有所得税制度，长期租赁可能无法存在。在一定程度上说，租赁是所得税制度的产物。所得税制度的调整，往往会促进或抑制某些租赁业务的发展。如果所得税法不鼓励租赁，则租赁业很难发展。

(2) 通过租赁降低交易成本。租赁公司可以大批量购置某种资产，从而获得价格优惠。对于租赁资产的维修，租赁公司可能更内行或者更有效率。对于旧资产的处置，租赁公司更有经验。交易成本的差别是短期租赁存在的主要原因。很难想象，旅游者每到一地会购置房产来居住，几天以后离开时再将其卖掉，房屋买卖不仅手续繁杂，而且交易成本很高。

(3) 通过租赁合同减少不确定性。

本章小结

(1) 公司可以通过发行股票、债券进行融资，也可向银行和非银行金融机构借入借款。

(2) 股权融资和债权融资在收益的固定性、索取权的顺序、管理权和税收方面存在巨大差别。了解这些差别有助于运用不同的融资方式满足公司对于资本的需求。

(3) 股权融资和债权融资之外，公司可以选择混合筹资，主要有优先股、认股权证和可转换债券三种。

(4) 租赁融资也已经成为企业融资的重要方式之一。

重要概念：

股票　公司债券 长期借款 混合筹资 优先股 认股权证　可转换债券 经营租赁 融资租赁

练　习　题

简答题

1. 试述普通股融资的优缺点有哪些？
2. 股票发行的条件有哪些？
3. 企业再融资的方式有几种？使用条件是什么？
4. 股票发行价格如何确定？
5. 认股权证的价值如何计量？
6. 试述发行认股权证的优缺点。
7. 公司债券的种类有哪些？
8. 简述债券的发行条件。
9. 可转换公司债券的特点是什么？
10. 试述长期借款的保护条款有哪些？
11. 融资租赁的形式主要有哪几种？

案例

澳大利亚恰那铁矿项目融资

一、项目背景

恰那铁矿位于澳大利亚的西澳州著名铁矿产区，是中国冶金进出口公司与澳大利亚哈默斯铁矿公司的合资项目。恰那铁矿 1988 年初开始动工建设，1990 年初正式投产，是当时中国在海外最大的矿业投资项目，也是自 70 年代初期以来澳大利亚最重要的铁矿开发项目，曾被誉为“开创了澳大利亚铁矿发展史上的新时代”。

二、项目融资结构

与大多数的资源性项目一样，恰那铁矿项目采用的也是一种非公司型合资结构。中国冶金进出口公司，通过在澳大利亚的全资子公司在项目合资结构中持有 40％的权益，哈默斯铁矿公司持有 60％的权益。

三、融资结构简评

1. 恰那铁矿的项目融资由于采用了有限追索的杠杆租赁结构，利用项目投资前期的税务亏损和投资减免等政府税务政策大大地降低了项目的融资成本。特别是在恰那铁矿达到 1000 万吨生产能力之前，项目初期资本投入高，但是可用于债务偿还的项目净现金流量较少，采用杠杆租赁模式的项目融资，可以充分发挥其吸收项目税务亏损偿还债务的特点，减轻了对项目前期的现金流量的压力。这是采用其它形式的项目融资结构时比较难以实现的。

2. 杠杆租赁项目融资结构存在的一个主要问题是税务结构的稳定性问题。这里包含了两个层次的内容：首先，在杠杆租赁融资模式中的“股本参与者”所获得的收益是一种被称为“事先同意的税后收益”（Agreed after Tax Return)，这个收益大部分通过吸收项目融资结构中的税务亏损实现,不足的部分则需要从项目的现金流量中以租赁费(或其它同类性质的形式)支付。因而，不难看出，项目融资结构中的税务亏损越大，则需要由项目现金流量部分支付的比例也就越小，项目投资的综合经济效益也就越好。如果一个国家的公司所得税率经常调整，可作为公司(或项目)税务扣减性质的支出项目经常变化，必然将影响到杠杆租赁融资模式中“股本参与者”的收益比例构成，增加了在安排项目融资结构时对其经济效益进行评价的难度；其次，杠杆租赁融资模式由于具有大量吸收项目税务亏损的能力，已经引起了多数工业国家税务机构的广泛注意。在今天，虽然没有一个国家明确地表示不允许采用杠杆租赁作为一种融资手段，但是许多国家对其在项目融资中的应用增加了大量的限制性条件，增加了实际操作的难度。以澳大利亚为例，恰那铁矿的项目融资已成为使用杠杆租赁模式为一个项目进行完整的融资安排的最后一个案例。自恰那铁矿项目融资之后，澳大利亚税务机构明确表示不再批准完整项目的杠杆租赁融资，只允许对项目的设备以及可移动设施部分进行杠杆租赁的融资安排。因此，无论是在任何地方安排杠杆租赁形式的项目融资，必须在融资结构实际启动之前获得当地税务部门的书面批准，盲目采用这种融资方式将会给项目投资者带来较大的融资风险。

请思考：

有哪些因素影响企业对于融资方式的选择？

第七章　资本成本

学习目标

1. 掌握资本成本的含义，了解影响资本成本的因素
2. 掌握债务成本、普通股成本的计算方法
3. 理解加权平均资本成本的含义

引例

总部设在德国的BASF公司在五大洲拥有超过95 000名员工，是一家大型跨国公司。公司业绩横跨多个行业，包括农业、石油与天然气、化学制品以及塑料制品。为了提升公司价值，BASF公司制定了BASF2015计划，这是一项包含了公司所有业务职能的综合性计划，同时鼓励所有员工以企业整体观来指导自己的行为。这项战略中的主要财务目标是公司期望收益率能高于加权资本成本(WACC)，实现溢价，那么WACC究竟是什么？

WACC是公司为了满足其所有的投资者，包括普通股股东、债权人以及优先股股东所需实现的最低收益率。例如，在2007年，BASF的加权平均资本成本为9%，该数字到2008年升至10%。在本章中，我们将学习如何计算一家公司的资本成本，以及WACC对公司和投资者们意味着什么？

第一节　资本成本概述

一、资本成本的概念

资本成本是一种机会成本，指公司可以从现有资产获得的，符合投资人期望的最小收益率，它也被称为最低可接受的收益率、投资项目的取舍收益率，在数量上它等于各项资本来源的成本加权计算的平均数。

资本成本是公司理财中一个非常重要的概念。首先，公司要达到股东财富最大化，必须使所有投入最小化，其中包括资本成本的最小化。因此，正确计算和合理降低资本成本，是制定筹资决策的基础；其次，公司的投资决策必须建立在资本成本的基础上，任何投资项目的投资收益率必须高于资本成本。

二、决定资本成本高低的因素

在市场经济环境中，多方面因素的综合作用决定着企业资本成本的高低，其中主要的

因素有：总体经济环境、证券市场条件、企业内部的经营和融资状况、项目融资规模。

总体经济环境决定了整个经济中资本的供给和需求，以及预期通货膨胀的水平。总体经济环境变化的影响反映在无风险报酬率上。显然，如果整个社会经济中的资金需求和供给发生变动，或者通货膨胀水平发生变化，投资者也会相应改变其所要求的收益率。具体说，如果货币需求增加，而供给没有相应增加，投资人便会提高其投资收益率，企业的资本成本就会上升；反之，则会降低其要求的投资收益率，使资本成本下降。如果预期通货膨胀水平上升，货币购买力下降，投资者也会提出更高的收益率来补偿预期的投资损失，导致企业资本成本上升。

证券市场条件影响证券投资的风险。证券市场条件包括证券的市场流动难易程度和价格波动程度。如果某种证券的市场流动性不好，投资者想买进或卖出证券相对困难，变现风险加大，要求的收益率就会提高；或者虽然存在对某证券的需求，但其价格波动较大，投资的风险大，要求的收益率也会提高。

企业内部的经营和融资状况指经营风险和财务风险的大小。经营风险是企业投资决策的结果，表现在资产收益率的变动上；财务风险是企业筹资决策的结果，表现在普通股收益率的变动上。如果企业的经营风险和财务风险大，投资者便会有较高的收益率要求。

融资规模是影响企业资本成本的另一个因素。企业的融资规模大，资本成本较高。比如，企业发行的证券金额很大，资金筹集费和资金占用费都会上升，而且证券发行规模的增大还会降低其发行价格，由此也会增加企业的资本成本。

三、资本成本的用途

公司的资本成本主要用于投资决策、筹资决策、营运资本管理、评估企业价值和业绩评价。

1. 投资决策

当投资项目与公司现行业务相同时，公司资本成本是合适的折现率。当然，在确定一个项目风险恰好等于现有资产平均风险时，需要审慎地判断。

如果投资项目与现有资产平均风险不同，公司资本成本不能作为项目现金流量的折现率。不过，公司资本成本仍具有重要价值，它提供了一个调整基础。根据项目风险与公司风险的差别，适当增加或减少可以估计项目的资本成本。评价投资项目普遍采用的方法是净现值法和内含报酬率法。采用净现值法的时候，项目资本成本是计算净现值的折现率；采用内含报酬率法时，项目资本成本是其“取舍率”或最低报酬率。因此，项目资本成本是项目投资评价的基准。

2. 筹资决策

筹资决策的核心问题是决定资本结构。最优资本结构是使股票价格最大化的资本结构。由于估计资本结构对股票价格的影响非常困难，通常的办法是假设资本结构不改变企业的现金流，那么使公司价值最大化的资本结构就是加权平均成本最小化的资本结构。预测资本结构变化对平均资本成本的影响，比预测其对股票价格的影响要容易。因此，加权平均资本成本可以指导资本结构决策。

3. 营运资本管理

公司各类资产的收益、风险和流动性不同，营运资本投资和长期资本投资的风险不同，其资本成本也不同。可以把各类流动资产投资看成是不同的“投资项目”，它们也有不同的资本成本。

在营运资本管理方面，资本成本可以用来评估营运资本投资政策和营运资本筹资政策。例如，用于流动资产的资本成本提高时，应适当减少营运资本投资额，并采用相对激进的筹资政策。决定存货的采购批量和储存量、制定销售信用政策和决定是否赊销等都需要使用资本成本作为重要依据。

4. 企业价值评估

在现实中，经常会碰到需要评估一个企业价值的情况，例如企业并购、重组等。在制定公司战略时，需要知道每种战略选择对企业价值的影响，也会涉及企业价值评估。

评估企业价值时，主要采用现金流量折现法，需要使用公司资本成本作为公司现金流量的折现率。

5. 业绩评价

资本成本是投资人要求的报酬率，将其与公司实际的投资报酬率进行比较可以评价公司业绩。日渐兴起的以价值为基础的业绩评价，其核心指标是经济增加值。计算经济增加值需要使用公司资本成本。公司资本成本与资本市场相关，所以经济增加值可以把业绩评价和资本市场联系在一起。

总之，资本成本是连接投资和筹资的纽带，具有广泛的用途。首先，筹资决策决定了一个公司的加权平均资本成本；其次，加权平均资本成本又成为投资决策的依据，既是平均风险项目要求的最低报酬率，也是其他风险项目资本成本的调整基础；再次，投资决策决定了公司所需资金的数额和时间，成为筹资决策的依据；最后，投资高于现有资产平均风险的项目，会增加公司的风险并提高公司的资本成本。在“筹资决策—资本成本—投资决策—资本成本—筹资决策”的循环中，资本成本把筹资决策和投资决策联系起来。为了实现股东财富最大化的目标，公司在筹资活动中寻求资本成本最小化，与此同时，投资报酬高于资本成本的项目并力求净现值最大化。

第二节　个别资本成本

个别资本成本是指各种资本来源的成本，包括债务成本、留存收益成本和普通股成本等。

（一）债务成本

1. 简单债务的税前成本

最简单的债务是没有所得税和发行费，按平价发行的具有固定偿还期和偿还金额的债务。简单债务债权人的收益就是债务人的成本，因此可以根据债券收益率估价模型来确定债务的成本。债务的成本是使下式成立的 K_d（内含报酬率）：

$$P_0=\sum_{i=1}^{N}\frac{I}{(1+K_{\mathrm{d}})^{i}}+\frac{P}{(1+K_{\mathrm{d}})^{N}}$$

其中：P_0 为债券发行价格或借款的金额，即债务的现值；P 为本金；I 为债务的约定利息；N 为债务的期限，通常以年表示。

求解 K_d 需要使用“逐步测试法”。

【例 7-1】 假设某长期债券的总面值为 100 万元，平价发行，期限为 3 年，票面年利率 11%，每年付息，到期一次还本。则该债务的税前成本为 K_d：

$$100=\frac{100\times 11\%}{1+K_d}+\frac{100\times 11\%}{(1+K_d)^2}+\frac{100\times 11\%}{(1+K_d)^3}+\frac{100}{(1+K_d)^3}$$

$$K_d=11\%$$

前面介绍过，平价发行债券的价值等于其面值，内含报酬率等于票面利率。对于债券发行人来说，税前债务成本(率)就是其票面利率。银行借款的成本与债券类似，债务成本就是其借款合同利率。

2. 含有手续费的税前债务成本

如果取得债务时存在不可忽视的手续费，例如佣金和其他费用等，债权人的收益率则不等于债务人的成本，债务人得到的金额要扣除手续费。假设发行费用占债务发行价格的百分比为 F，则债务成本是使下式成立的 K_d：

$$P_0(1-F)=\sum_{i=1}^{N}\frac{I}{(1+K_d)^i}+\frac{P}{(1+K_d)^N}$$

【例 7-2】 续前例，假设手续费为借款金额 100 万元的 2%，则税前债务成本为：

$$100\times(1-2\%)=\frac{100\times 11\%}{1+K_d}+\frac{100\times 11\%}{(1+K_d)^2}+\frac{100\times 11\%}{(1+K_d)^3}+\frac{100}{(1+K_d)^3}$$

$$K_d=11.8301\%$$

手续费削减了债务人得到的资金，但没有减少利息支付，所以资本成本上升了。

3. 含有手续费的税后债务成本

由于在投资和企业估价中，需要使用税后现金流量进行折现，所有各项资本成本也应使用税后成本。在考虑所得税的情况下，债务人的利息支出可以减少其所得税。所得税影响的简便算法是用税前债务成本率乘以(1－税率)。

【例 7-3】 续前例，假设所得税税率 $t=30\%$，税后债务成本为 K_{dt}：

$$K_{dt}=K_d\times(1-t)=11.8301\%\times(1-30\%)=8.2811\%$$

这种算法是不准确的，因为可以抵税的是利息额，而不是折现率。债务价格(溢价或折价)和手续费率都会影响折现率的计算，但与利息抵税无关。只有在平价发行、无手续费的情况下，简便算法才是成立的。

更正后的算法是：$P_0(1-F)=\sum_{i=1}^{N}\frac{I(1-t)}{(1+K_{dt})^i}+\frac{P}{(1+K_{dt})^N}$

【例 7-4】 续前例：假设所得税税率 $t=30\%$，税后债务成本为 K_{dt}：

$$100\times(1-2\%)=\frac{100\times 11\%\times(1-30\%)}{1+K_{dt}}+\frac{100\times 11\%\times(1-30\%)}{(1+K_{dt})^2}$$

$$+\frac{100\times 11\%\times(1-30\%)}{(1+K_{dt})^3}+\frac{100}{(1+K_{dt})^3},\ K_{dt}=8.4827\%$$

4. 折价与溢价发行的债务成本

公司债券可以折价或溢价发行，并对债务成本产生影响。

【例 7-5】 续前例，假设该债券溢价发行，总价为105万元：

$$105\times(1-2\%)=\frac{100\times11\%\times(1-30\%)}{1+K_{dt}}+\frac{100\times11\%\times(1-30\%)}{(1+K_{dt})^2}+\frac{100\times11\%\times(1-30\%)}{(1+K_{dt})^3}+\frac{100}{(1+K_{dt})^3}$$

$$K_{dt}=6.6030\%$$

【例 7-6】 续前例，假设该债券折价发行，总价为95万元：

$$95\times(1-2\%)=\frac{100\times11\%\times(1-30\%)}{1+K_{dt}}+\frac{100\times11\%\times(1-30\%)}{(1+K_{dt})^2}+\frac{100\times11\%\times(1-30\%)}{(1+K_{dt})^3}+\frac{100}{(1+K_{dt})^3}$$

$$K_{dt}=10.4989\%$$

从理论上看债务成本的估算并不困难，但是实际上往往很麻烦。债务的形式具有多样性，例如浮动利率债务、利息和本金偿还时间不固定的债务、可转换债券和附带认股权的债务等，都会使债务成本的估算复杂化。

在估算债务成本时，要注意区分债务的历史成本和未来成本。作为投资决策和企业价值评估依据的资本成本，只能是未来借入新债务的成本。现有债务的历史成本主要用于过去业绩的分析，对于未来的决策是不相关的沉没成本。

（二）留存收益成本

留存收益是企业缴纳所得税后形成的，其所有权属于股东。股东将这一部分未分派的税后利润留存于企业，实质上是对企业追加投资。如果企业将留存收益用于再投资所获得的收益率低于股东自己进行另一项风险相似的投资的收益率，企业就不应该保留留存收益而应将其分派给股东。

留存收益成本的估算难于债务成本，这是因为很难对诸如企业未来发展前景及股东对未来风险所要求的风险溢价作出准确的测定。计算留存收益成本的方法很多，常用的有以下三种：

1. 股利增长模型法

股利增长模型法是依照股票投资的收益率不断提高的思路计算留存收益成本。一般假定收益以固定的年增长率递增，留存收益成本的计算公式为

$$K_s=\frac{D_1}{P_0}+G$$

式中：K_s 为留存收益成本；D_1 为预期年股利额；P_0 为普通股市价；G 为普通股利年增长率。

【例 7-7】 某公司普通股目前市价为56元。估计股利年增长率为12%，本年发放股利2元，则：

$$D_1=2\times(1+12\%)=2.24(元)$$

$$K_s=\frac{2.24}{56}+12\%=16\%$$

2. 资本资产定价模型法

按照“资本资产定价模型法”，留存收益成本的计算公式为

$$K_s = R_s = R_F + \beta(R_m - R_F)$$

式中：R_F 为无风险报酬率；β 为股票的贝他系数；R_m 为平均风险股票必要报酬率。

【例 7-8】 某期间市场无风险报酬率为 10%，平均风险股票必要报酬率为 14%，某公司普通股 β 值为 1.2，留存收益的成本为

$$K_s = 10\% + 1.2 \times (14\% - 10\%) = 14.8\%$$

3. 风险溢价法

根据投资“风险越大，要求的报酬率越高”的原理，普通股股东对企业的投资风险大于债券投资者，因而会在债券投资者要求的收益率上再要求一定的风险溢价。依照这一理论，留存收益的成本公式为

$$K_s = K_{dt} + RP_c$$

式中：K_{dt} 为税后债务成本；RP_c 为股东比债权人承担更大风险所要求的风险溢价。

风险溢价是凭借经验估计的。一般认为，某企业普通股风险溢价对其自己发行的债券来讲，大约在 3%～5%之间。当市场利率达到历史性高点时，风险溢价通常较低，在 3%左右；当市场利率处于历史性低点时，风险溢价通常较高，在 5%左右；而通常情况下，常常采用 4%的平均风险溢价。这样，留存收益成本为

$$K_s = K_{dt} + 4\%$$

例如，对于债券成本为 9%的企业来讲，其留存收益成本为

$$K_s = 9\% + 4\% = 13\%$$

而对于债券成本为 13%的另一家企业，其留存收益成本则为

$$K_s = 13\% + 4\% = 17\%$$

（三）普通股成本

这里的普通股指企业新发行的普通股。普通股和留存收益都是企业的所有者权益，因此它们的资本成本统称为“权益成本”；留存收益成本又称为内部权益成本，新发普通股成本可称为外部权益成本。普通股成本可以按照前述股利增长模式的思路计算，其公式为

$$K_{nc} = \frac{D_1}{P_0} + G$$

式中，K_{nc} 为普通股成本。

如果将筹资费用考虑在内，新发普通股成本公式则为

$$K_{nc} = \frac{D_1}{P_0(1-F)} + G$$

式中，K_{nc} 为普通股成本；D_1 为预期年股利；P_0 为普通股市价；F 为普通股筹资费用率；G 为普通股利年增长率。

【例 7-9】 某公司普通股每股发行价为 100 元，筹资费用率为 5%，预计下期每股股利 12 元，以后每年的股利增长率为 2%，该公司的普通股成本为

$$K_{nc} = \frac{12}{100 \times (1-5\%)} + 2\% = 14.63\%$$

第三节 加权平均资本成本

为了评估一个公司的整体价值，我们需要了解整个公司的资本成本。而公司各类资金的资本成本加权平均值，即公司的加权平均资本成本（Weighted Average Cost of Capital，WACC），就是评估公司整体价值时应该使用的成本。用一个简单的数学公式，加权平均资本成本可表示为

$$\text{WACC}=\sum_i w_i \cdot K_i$$

这里，K_i 是第 i 种资本的资本成本，w_i 为第 i 种资本的权重，即第 i 种资本在公司资本总量中所占比重，所有 w_i 的和应为 1。

【例 7－10】 考虑一个公司，总资产是 1 亿元，其中有 3000 万元负债，1000 万元优先股，还有 6000 万元普通股。负债的资本成本 8.0%，优先股资本成本 10.0%，普通股资本成本 14.0%。那么公司的资本成本就是 8.0%×0.3＋10.0%×0.1＋14.0%×0.6＝11.8%，如表 7－1 所示。

表 7－1 加权平均成本的计算举例

	数额	成本	比例	加权成本
债务	3000 万	8.0%	30%	2.4%
优先股	1000 万	10.0%	10%	1.0%
普通股	6000 万	14.0%	60%	8.4%
总计	10 000 万		100%	11.8%

当资本的账面价值与市场价值差别较大时，如股票、债券的市场价格发生较大变动，计算结果会与实际有较大的差距，从而误导筹资决策。为了克服这一缺陷，个别资本占全部资本比重的确定还可以按市场价值或目标价值确定，分别称为市场价值权数、目标价值权数。

市场价值权数指债券、股票以市场价格确定权数。这样计算的加权平均资本成本能反映企业目前综合资本成本的实际情况。同时，为弥补证券市场价格变动频繁的不便，也可选用平均价格。

目标价值权数是指债券、股票以未来预计的目标市场价值确定权数。这种权数能体现期望的资本结构，而不是像账面价值权数和市场价值权数那样只反映过去和现在的资本结构，所以按目标价值权数计算的加权平均资本成本更适用于企业筹措新资金。然而，企业很难客观合理地确定证券的目标价值，使得这种计算方法不易推广。

如何使公司的加权平均资本成本较低，从而使公司价值最大化呢？我们知道债务资金的成本相对于权益资金而言是比较低的。所以，在企业筹资的时候，要尽可能使用债务资金，积极利用负债经营；在使用债务资金的时候，又要注意提高企业自身信誉，争取能够获得优惠的贷款利率；同时，要合理安排筹资的期限，长短期资金要结合使用，一般来说，长期债务资金的成本要高于短期债务资金的成本；最后，还要在对利率预期较为准确的情况下，作好债务资金使用和筹集的规划和预测，在利率上升预期的情况下，提前作好债务资金的筹集工作。

当然，在降低资本成本的同时，却会使得财务风险加大。使用债务资金，会产生不能按时偿还的风险，同时，在使用长、短期债务资金时，也要注意长、短期资金的比重安排，过多使用成本较低的短期债务资金也会给企业带来到期不能偿还的风险，需要保证企业具有更好的资金运用和掌控能力。

本章小结

(1) 资本成本是公司理财的一个非常重要的概念，正确计算和合理降低资本成本，是制定筹资决策的基础，公司的投资决策必须建立在资本成本的基础上，任何投资项目的投资收益率必须高于资本成本。

(2) 个别资本成本是指各种资本来源的成本，包括债务成本、留存收益成本和普通股成本等。

(3) 公司各类资金的资本成本加权平均值，即公司的加权平均资本成本。

重要概念：

资本成本　个别资本成本　债务成本　　普通股成本　加权平均资本成本

练　习　题

1. 如果你可以以 6%的利率借到项目所需的所有资金，那么该项目的资本成本是6%吗？

2. 为何我们对债务使用税后成本，而对权益却没有要求？

3. 权益资本的来源有哪些？为什么说使用留存收益也会有成本？

4. 当对单个项目进行投资评价时，企业是否应该采用其综合的加权平均资本成本？为什么？

5. 如何理解“资本成本也是一种机会成本”。

6. 某公司债券在考虑了筹资成本后的税前资本成本为 12%，企业所得税为 25%。计算该债券的税后资本成本。

7. 计算下列情况下的权益资本成本：

(1) 某公司刚发放 2 元每股的普通股股利，预计股利增长率每年固定为 7%。目前的股价为 每股 42 元，如果该公司增发新股，则需要支付券商每股 1 元的手续费，计算普通股资本成本。

(2) 某公司股票的 β 系数为 1.2，市场无风险报酬率为 8%，平均收益率为 12%。若该公司用留存收益转赠资本，计算其资本成本。

(3) 某公司债券投资报酬率为 9%，普通股风险溢价相对其发行的债券大约为 4%。计算普通股资本成本。

8. 某公司计划筹集 600 万元进行产品研发。公司拟采用发行债券的筹资方式，债券面值为 100 元，票面利率为 15%，期限 10 年，每年付息一次，到期还本。投资者要求的报酬率为 10%。

(1) 计算该债券的市场价值；

(2) 如果筹资成本为债券市价的5%，每张债券净筹资额为多少？共需要发行多少债券？

(3) 企业所得税率为25%，则该债券的税后资本成本为多少？

案例

计算青岛海尔的资本成本

本案例利用合理的预测和恰当的模型，把从上市公司以及股票市场中获取的个股以及股指的原始数据进行加工整理，估算出2003年海尔公司的资本成本。

一、公司简介

青岛海尔(600690)，公司全称为青岛海尔股份有限公司，是以白色家电而知名的中国企业，其前身是成立于1984年的青岛电冰箱总厂，于1993年11月在上交所上市交易。上市十多年来，公司取得了长足的发展，由单一的电冰箱生产扩展到目前涉及电冰箱、空调、冷柜、系列小家电、滚筒洗衣机、电脑板、注塑件、电子商务等业务。公司良好的业绩也渐为广大投资者所认同，“青岛海尔”连续入围上证180指数和道中88指数，连续入选“上市公司50强”、“中证亚商中国最具发展潜力上市公司50强”等，曾在2001年度“中国令人尊敬的上市公司”评选当中高居榜首，是证券市场蓝筹绩优股的典型代表，所以其业绩表现比较符合我们所采用模型的一些基本条件，因此作为我们的案例研究对象应该是比较合适的。

二、数据来源

在本案例中所使用的收益率数据主要来自于清华大学金融数据中心，该数据库的数据充分考虑到配股、送股、增发、派利等因素带来的股价的变化，计算比较精确可靠，其它数据来自海尔公司的年度报表。由于模型是用于计算当前公司的资本成本，所以会涉及大量的估计因素，本案例的基本思路是立足于2003年初，利用2003年之前的信息对公司今后的各项指标进行分析预测。但是由于该公司2002—2005年实际的经营状况并不是太稳定，以及为了简便起见，有些估计因素也会借用2003年及其以后的实际数据，希望不会引起读者的混淆。

三、资本成本的计算

青岛海尔的股权结构比较简单，只有境内流通股和法人股。表7-2为其股权结构列表：

表7-2 青岛海尔股权结构列表

变动日期	2006-5-17	2004-7-13	2001-6-21	2001-2-9
总股本/万股	119 647.242	119 647.242	79 764.828	66 470.688
A股流通股/万股	74 233.016	67 484.562	44 989.707	37 491.422
境内法人股/万股	0	52 162.68	34 775.121	28 979.268

由于流通股和非流通股享受着同样的股利政策，所以在本案例中我们对其不加以区分。

1. 基于CAPM模型的权益资本成本计算方法

该方法即是利用CAPM模型 $r_e = r_f + \beta(r_m - r_f)$，用历史数据回归的办法来求得个股与市场的相关性，再根据对未来某一年的市场状况估计来得出个股的权益资本成本。

具体计算步骤如下：

(1) 用历史数据(个股的收益率 r_e、市场收益率 r_m 以及无风险利率 r_f)回归得出参数 β 的估计量。

在这里我们采用 1998 — 2002 年五年的月度收益数据来回归得到参数 β，所以一共有 60 个样本。需要特别说明的是，这里的月度市场收益率 r_m 采用的是上证指数的收益率，而月度无风险资产收益 r_f 采用的是 7 日银行间国债回购利率，因为与受到严格管制的存款利率相比，该数据随市场变化具有较好的波动性，可以较真实地反映当时市场的情况。我们将模型整理为：$r_e - r_f = \beta(r_m - r_f)$，其中 $r_e - r_f$ 和 $r_m - r_f$ 分别代表个股和市场的超额收益率，对原始数据进行加工得到两列历史的超额收益率，建立回归模型：$r_{ei} - r_{fi} = \alpha + \beta(r_{mi} - r_{fi}) + \mu_i$，$i = 1, 2, \cdots 60$，使用 EVIEWS5.0 软件对数据进行回归，得到 β 的估计值 0.977 086，R^2 为 0.618 141。可见作为蓝筹股，该公司的业绩表现与大盘的相关性是非常高的。

(2) 根据 2003 年的市场收益率和无风险收益率计算出 2003 年海尔的股权收益率。原则上要根据宏观经济走势等因素来估计市场收益率 r_m 和无风险收益率 r_f，为了简便起见，在这里直接采用 2003 年实际的上证指数的年收益率和 7 日银行间国债回购利率的年收益率来充当市场收益率 r_m 和无风险收益率 r_f，这样得到 2003 年市场的年收益率 r_m 为 0.102 67，无风险利率 r_f 为 0.023 327，代入模型 $r_e = r_f + \beta(r_m - r_f)$，得到 r_e 为 0.100 852，此即为利用 CAPM 模型计算得到的 2003 年公司权益资本成本。

2. 基于 DCF 法的权益资本成本计算方法

该方法是利用 DCF 模型 $P = \sum_{i=1}^{\infty} \frac{D_i}{(1 + r_e)^i}$ 来计算股权成本。此模型为永续的现金流模型，利用该模型的关键是要估算未来的股利分配 D 的变化趋势，由此对原始模型进行处理得到股权成本，所以需要对公司的股利政策有着较清晰的把握。

从 1998 年到 2006 年，该公司的历年分红状况如表 7 - 3 所示。

表 7 - 3　青岛海尔的历年分红状况表

公告日期	分红方案 (每 10 股)		
	送股/股	转增/股	派息(税前)/元
2006 - 4 - 27	0	0	1
2005 - 7 - 8	0	0	3
2004 - 7 - 6	2	3	0.5
2003 - 7 - 4	0	0	3
2002 - 6 - 14			3
2001 - 6 - 14	2		2
2000 - 6 - 15	2	0	2
1998 - 6 - 3	0	0	4.7

由于我们并不知道公司真正的股利分配政策，所以我们可以参照其历史分配方案，做以下几种假设：

(1) 从每股股利的金额上寻找规律：我们看到 2000、2001 年的每股股利为 0.2 元，2002、2003、2005 年的每股股利为 0.3 元，那么在 2003 年初，如果我们进行比较乐观的估计，看到 1998 年以后，股利从 0.2 元增加到 0.3 元，可以假设 2003、2004 年的每股股利为 0.3 元，2005 年的每股股利为 0.4 元，后面以每年 0.5% 的速度增加。根据这个假设来处理原始模型，得到：

$$P=\frac{D_1}{1+r_e}+\frac{D_2}{(1+r_e)^2}+\frac{D_3}{(1+r_e)^2(r_e-g)}$$

其中 g 为股利增长率。

将数据代入进行计算，p 取 2003 年第一次开盘的收盘价 9.05 元，得到 r_e 为 0.0479。其实从后来公司的实际业绩表现以及股利分配来看，这个假设确实是太过乐观了。

(2) 仍从每股股利的金额上寻找规律：看到 2004、2006 年的下跌，如果我们在 2003 年初进行比较保守的估计，可能认为股利增长不能持续，但是考虑到由于信号作用的存在，若股利下降会对企业伤害太大，那么在未来经营状况不明确的情况下也许其以后每年的股利稳定在每股 0.3 元是个合理的假设，那么再对原始模型进行处理，$p=\frac{D_1}{r_e-g}$，得到 r_e 为 0.0331。

(3) 由于从每股股利上我们找不到特别的规律可循，所以我们可以试着从股利支付率上寻找规律：股利支付率＝支付现金股利/净利润，经过计算我们得到表 7－4 的结果。

表 7－4　青岛海尔历年股利支付率

年　份	2006	2005	2004	2003	2002
普通股股利	119647242	358941726	39882414	239294485	239294485
净利润	374264478	239126624	369435583	368952846	397059657
支付率	0.639372684	1.501052957	0.107954988	0.64857742	0.602666327

其中 2006 年的净利润是根据 2006 年的半年报的净利润数据乘以 2 估计而得。我们看到，除去 2004、2005 年比较反常的点，其它各年在 60% 附近，保守考虑我们可以认为其股利分配的意图是保持支付率在 60%。这样其股利的增长率 g 即是利润的增长率。但是其利润增长率非常不稳定，2004 年比 2003 年增长了 0.1%，2006 年达到了 57%，甚至还有负的情况发生，保守估计，我们采用最低的增长率 0.1%。为了与后面第三个方法 *GLS* 模型的结果进行比较，2003～2006 年之间我们采用了实际的股利支付，并考虑了配送股对现金股利的影响，得到以 2003 年的股数为基点，2003～2006 年每股股利分别为 0.3、0.05、0.45 和 0.15 元，并从 2006 年起以每年 0.1% 的速率增长。对原始模型进行加工得：

$$p=\frac{D_1}{1+r_e}+\frac{D_2}{(1+r_e)^2}+\frac{D_3}{(1+r_e)^3}+\frac{D_4}{(1+r_e)^3(r_e-g)}$$

代入数据计算得 r_e 为 0.0181，这个数据可以说是相当的低。

3. 基于 GLS 模型的权益资本成本计算方法

该方法是利用 GLS 模型来计算权益资本成本。

$$p=B_t+\sum_{i=1}^{T}\frac{(\mathrm{FROE}_{t+i}-R)B_{t+i-1}}{(1+R)^i}+\frac{(\mathrm{FROE}_{t+T}-R)B_{t+T-1}}{(1+R)^T R}$$

根据相关研究，$T=12$ 的结果比较适合实践运用，我们在这里也取 12 期。$t=0$ 时定为 2003 年，原则上 t 期期初每股净资产 B_t、预测权益资产回报率 FROE 都是要预测的，为了处理方便，我们将预测期分为三部分，第 t 期至第 $t+3$ 期采用实际的数据，第 $t+4$ 期至第 $t+11$ 期的 *ROE* 由第 $t+3$ 期的 ROE(即 2005 年的公司实际 ROE)与行业平均 ROE 进行线性插值，第 $t+12$ 期之后公司的 ROE 一直维持在行业平均水平上。另外，我们根据 $B_{t+i}=B_{t+i-1}-\text{EPS}_{t+i}-\text{DPS}_{t+i}$ 来计算每一个 B_t。对于其中 EPS 的计算，我们可以假设第 $t+4$ 期至第 $t+11$ 期的 EPS 按公司历年平均复利增长率进行增长。而根据 DPS＝EPS×股利支付率，利用我们前面已得到的 60％股利支付率，可以计算出每年的 DPS。

将在上海证交所上市的电器机械及器材制造业公司的 1995～2005 年的 ROE 进行平均，其中剔除了 ROE 畸高的数据(大于 100％)和显著为负的数据，得到其行业平均 ROE 为 0.108 357。p 值同样取 9.05 元，代入公式进行计算，得 r_e 为 0.0673，我们看到这个数据高于 DCF 法的计算结果，而低于 CAPM 的计算结果。

4. 比较与总结

从以上的计算可以看到，由于估值方法的理论基础不同，再加上后两种方法涉及很多需要预测的地方，而且公司的业绩不够稳定不能够满足模型中的理想假设，所以使用不同方法算出来的结果差异是非常大的。哪个方法更准确？如果用现实中的实际情况来做评价标准的话，可以说结果都非常的令人失望。因为由于股市的低迷，2003 年这支股票的实际收益率是－0.04629。

有很多学者对于不同方法对中国股市的适用性进行了研究，目前比较一致的看法是 GLS 模型比较适合中国的股票市场。所以在下面的计算中，我们会选用 GLS 模型得出的数据作为股权成本来继续资本成本的计算，因为我们站在 2003 年初的时间点上，根本不知道实际的收益率。

四、计算债权资本成本

由于本案例主要目的是为了阐述股权成本的计算方法，所以为了方便起见，涉及公司的债权、资本结构的部分在这里我们就用实际数据来代替预测结果对公司的资本成本进行计算。

从 2003 年公司报表中，我们得到该公司 2003 年有 144 606 987 元的长期借款，是特种冰箱二期改建项目的专项贷款，贷款方为中国建设银行，月利率为 0.42％，乘以 12 得年利率 5.04％，此即为债权资本成本。

五、计算加权资本成本

有了债权和股权的成本，计算公司的加权资本成本就非常容易了。2003 年末，该公司有 144 606 987 元的长期借款，占总资本的 2.61％，成本为 5.04％，5 388 965 877 元的股东权益，占总资本的 97.4％，成本为 6.73％。当然，在计算中我们要考虑税率的影响，因为利息支出会减少公司应纳的所得税，从而降低了债权的成本。由于可以享受一些优惠政策，该公司的所得税率为 15％，低于一般的所得税率。那么我们可以直接得到该公司的加权资本成本为：

$$5.04\%\times(1-15\%)\times2.61\%+6.73\%\times97.4\%=6.67\%$$

六、评价

也许是因为海尔是中国非常知名的企业，股票受人追捧，所以该公司的资本结构显得有些异常，近 98％的资本为股权，2％的债权还只是特殊项目的专项贷款。这并不是特殊情况，我们可以看一下其历年的资本结构情况，如表 7－5 所示。

表 7－5　青岛海尔历年资本结构

报告期	2005	2004	2003	2002	2001	2000
长期借款	0	138 360 000	138 360 000	0	0	0
专项应付款	1 366 996.8	8 512 500.92	6 246 986.74	0	0	0
长期负债合计	1 366 996.8	146 872 500.9	144 606 986.7	0	0	0
股东权益合计	5 598 703 944	5 718 519 047	5 388 965 877	5 089 945 277	4 932 180 105	2 890 701 583
长期负债及股东权益总计	5 600 070 941	5 865 391 548	5 533 572 864	5 089 945 277	4 932 180 105	2 890 701 583
债权比例	0.000 244 103	0.025 040 528	0.026 132 662	0	0	0
股权比例	0.999 755 897	0.974 959 472	0.973 867 338	1	1	1

根据我们的计算，该公司的权益资本成本与债权资本成本的差距并不大，再从其波动较大的每股股利分配上可看出该公司显然享受着股权融资带来的无确定性的利息支出的压力的好处，所以其对股权融资的偏好是可以理解的，这也是中国上市公司普遍存在的偏好。

当然本案例并不着眼于资本结构的分析，所以我们来看一下其 6.67％的资本成本对于该公司意味着什么。对于一个目前经营多元化的公司，可投的项目很多，那么资本成本就可以作为评价一个项目投资可行性的标准。如果某项目带来的回报率高于 6.67％，则该公司可以考虑去投资。很遗憾我们没有找到其目前投资或有意向投资的项目的信息，作为示例我们可以看一下其几项主营业务的回报情况，如表 7－6 所示。

表 7－6　青岛海尔 2003 年主营业务利润表　　　　万元

2003 年业务	电冰箱	空　调	电冰柜	小家电	其　他
收入	333 082	599 579	79 394	52 541	104 242
利润	63 376	73 879	11 728	8263	12 612
成本	269 706	525 700	67 666	44 278	91 630
回报率	0.234 982	0.140 535	0.173 322	0.186 616	0.137 641

我们可以看到所有这些项目的回报率都远大于其公司 6.67％的资本成本，所以其主营业务带来的丰厚回报使得公司不断扩张是理所应当的了，而且我们相信在其成功因素中，海尔较低的资本成本是要贡献一笔的。

当通过计算获得公司资本成本后，其可为公司的投资决策、融资决策提供评判依据，也可为公司估值中折现率的确定提供了标准。

请思考：

本案例是如何来估算青岛海尔的资本成本的？使用了什么方法？

第八章　资本结构

学习目标

1. 掌握经营杠杆和财务杠杆的含义和相关系数计算方法
2. 理解 MM 理论的含义和内容
3. 熟悉权衡理论、啄序理论等资本结构理论的政策含义
4. 掌握资本结构决策的方法

引例

透视“大宇神话”——债务危机的影响

大宇集团 1967 年开始奠基，其创办人金宇中当时是一名纺织品推销员。经过 30 年的发展，通过政府的政策支持、银行的信贷支持和海内外的打开并购，1998 年底，总资产高达 640 亿美元，营业额占韩国 GDP 的 5%；业务涉及贸易、汽车、电子、通用设备、重型机械、化纤、造船等众多行业；国内所属企业曾多达 41 家，海外公司数量创下过 600 家的记录，鼎盛时期，海外雇员多达几十万人，大宇成为国际知名品牌。

大宇是“章鱼足式”扩张模式的积极推行者，认为企业规模越大，就越能立于不败之地，即所谓的“大马不死”。据报道，1993 年金宇中提出“世界化经营”战略时，大宇在海外的企业只有 15 家，而到 1998 年底已增至 600 多家，还有更让韩国人为大宇集团着迷的是：在韩国陷入金融危机的 1997 年，大宇不仅没有被危机困倒，反而在国内的集团排名中由第 4 位上升到第 2 位。

1997 年底韩国发生金融危机后，其他企业集团开始收缩，但大宇仍然我行我素，结果债务越背越重。尤其 1998 年初，韩国政府提出“五大企业集团进行自律结构调整”方针后，其他集团把结构调整的重点放在改善财务结构方面，努力减轻债务负担。大宇却认为，只要提供开工率，增加销售额和出口，就能躲过这场危机。因此，它继续大量发行债券，进行“借贷式经营”。1998 年大宇发行的公司债券达 7 万亿韩元(约 58.33 亿美元)。1998 年第 4 季度，大宇的债务危机已经初露端倪，在各方援助下才避过债务灾难。此后，在严峻的债务压力下，大梦方醒的大宇虽作出了种种努力，但为时过晚。1999 年 7 月中旬，大宇向韩国政府发出求救信号；7 月 27 日，大宇因“延迟重组”被韩国 4 家债权银行接管；8 月 11 日，大宇与债权人达成协议，在 1999 年底前，将出售盈利最佳的大宇证券公司，以及大宇电器、大宇造船、大宇建筑公司等，大宇的汽车项目免遭处理。由于在此后的几个月中，经营依然不善，资产负债率仍然居高不下，大宇最终不得不走向破产。

第一节　杠杆系数与风险

一、经营风险与经营杠杆系数

（一）经营风险

经营风险是指企业未使用债务时经营的内在风险。影响企业经营风险的因素很多，主要有：

1. 产品需求

市场对企业产品的需求越稳定，经营风险就越小；反之，经营风险则越大。

2. 产品售价

产品售价变动不大，经营风险则小；否则经营风险便大。

3. 产品成本

产品成本是收入的抵减，成本不稳定，会导致利润不稳定，因此产品成本变动大的，经营风险就大；反之，经营风险就小。

4. 调整价格的能力

当产品成本变动时，若企业具有较强的价格调整能力，经营风险就小；反之，经营风险则大。

5. 固定成本的比重

在企业全部成本中，固定成本所占比重较大时，单位产品分摊的固定成本额就多，若产品量发生变动，单位产品分摊的固定成本会随之变动，最后导致利润更大幅度地变动，经营风险就大；反之，经营风险就小。

（二）经营杠杆系数

固定成本在销售收入中的比重大小，对企业风险有重要影响。在某一固定成本比重的作用下，销售量变动对息税前利润产生的作用，被称为经营杠杆。经营杠杆具有放大企业风险的作用。

经营杠杆的大小一般用经营杠杆系数表示，它是企业计算利息和所得税之前的盈余（简称息前税前盈余）变动率与销售量变动率之间的比率。计算公式为

$$\mathrm{DOL}=\frac{\Delta \mathrm{EBIT}/\mathrm{EBIT}}{\Delta Q/Q}$$

式中，DOL 为经营杠杆系数；ΔEBIT 为息税前盈余变动额；EBIT 为变动前息前税前盈余；ΔQ 为销售变动量；Q 为变动前销售量。

假定企业的成本—销量—利润保持线性关系，可变成本在销售收入中所占的比例不变，固定成本也保持稳定，经营杠杆系数便可通过销售额和成本来表示。这里有两种公式：

$$\mathrm{DOL}_q=\frac{Q(P-V)}{Q(P-V)-F} \tag{8-1}$$

式中，DOL_q 为销售量为 Q 时的经营杠杆系数；P 为产品单位销售价格；V 为产品单位变动成本；F 为总固定成本。

$$DOL_s = \frac{S - VC}{S - VC - F} \tag{8-2}$$

式中，DOL_s 为销售额为 S 时的经营杠杆系数；S 为销售额；VC 为变动成本总额。

在实际工作中，公式(8-1)可用于计算单一产品的经营杠杆系数；公式(8-2)除了用于计算单一产品经营杠杆系数外，还可用于计算多种产品的经营杠杆系数。

【例 8-1】 某企业生产 A 产品，固定成本为 60 万元，变动成本率为 40%，当企业的销售额分别为 400 万元、200 万元、100 万元时，经营杠杆系数分别为

$$DOL_{(1)} = \frac{400 - 400 \times 40\%}{400 - 400 \times 40\% - 60} = 1.33$$

$$DOL_{(2)} = \frac{200 - 200 \times 40\%}{200 - 200 \times 40\% - 60} = 2$$

$$DOL_{(3)} = \frac{100 - 100 \times 40\%}{100 - 100 \times 40\% - 60} \to \infty$$

以上计算结果说明这样一些问题：

(1) 在固定成本不变的情况下，经营杠杆系数说明了销售额增长(减少)所引起利润增长(减少)的幅度。比如，$DOL_{(1)}$ 说明销售额为 400 万元时，销售额的增长(减少)会引起利润 1.33 倍的增长(减少)；$DOL_{(2)}$ 说明销售额为 200 万元时，销售额的增长(减少)将引起利润 2 倍的增长(减少)。

(2) 在固定成本不变的情况下，销售额越大，经营杠杆系数越小，经营风险也就越小；反之，销售额越小，经营杠杆系数越大，经营风险也就越大。比如，当销售额为 400 万元时，$DOL_{(1)}$ 为 1.33；当销售额为 200 万元时，$DOL_{(2)}$ 为 2。显然后者利润的不稳定性大于前者，故而后者的经营风险大于前者。

企业一般可以通过增加销售额、降低产品单位变动成本、降低固定成本比重等措施使经营杠杆系数下降，降低经营风险，但这往往要受到其他条件的制约。

二、财务风险与财务杠杆系数

一般地讲，企业在经营中总会发生借入资本。企业负债经营，不论利润多少，债务利息是不变的。于是当利润增大时，每 1 元利润所负担的利息就会相对地减少，从而使投资者收益有更大幅度地提高，这种债务对投资者收益的影响称为财务杠杆。

财务风险是指全部资本中债务资本比率的变化带来的风险。当债务资本比率较高时，投资者将负担较多的债务成本，并经受较多的负债作用所引起的收益变动的冲击，从而加大财务风险；反之，当债务资本比率较低时，财务风险就小。

与经营杠杆作用的表示方式类似，财务杠杆作用的大小通常用财务杠杆系数表示。财务杠杆系数越大，表明财务杠杆作用越大，财务风险也就越大。财务杠杆系数的计算公式为：

$$DFL = \frac{\Delta EPS / EPS}{\Delta EBIT / EBIT}$$

式中，DFL 为财务杠杆系数；ΔEPS 为普通股每股收益变动额；EPS 为变动前普通股每股

收益；ΔEBIT 为息税前盈余变动额；EBIT 为变动前息前税前盈余。

上述公式还可以推导为

$$DFL = \frac{EBIT}{EBIT - I - D/(1 - T)}$$

式中，I 为债务利息；D 为优先股股利；T 为所得税税率。

表 8-1　A、B、C 三家公司有关情况表　　元

项目＼公司	A	B	C
普通股本	2 000 000.00	1 500 000.00	1 000 000.00
发行股数	2 0 000.00	15 000.00	10 000.00
债务(利率 8%)	0.00	500 000.00	1 000 000.00
资本总额	0.00	2 00 000.00	2 000 000.00
息前税前盈余	0.00	200 000.00	200 000.00
债务利息	200 000.00	40 000.00	80 000.00
税前盈余	200 000.00	160 000.00	120 000.00
所得税(税率 33%)	66 000.00	52 800.00	39 600.00
税后盈余	134 000.00	107 200.00	80 400.00
财务杠杆系数	1.00	1.25	1.67
每股普通股收益	6.70	7.15	8.04
息前税前盈余增加	200 000.00	200 000.00	200 000.00
债务利息	0.00	40 000.00	80 000.00
税前盈余	400 000.00	360 000.00	320 000.00
所得税(税率 33%)	132 000.00	118 800.00	105 600.00
税后盈余	268 000.00	241 200.00	214 400.00
每股普通股收益	13.40	16.08	21.44

【例 8-2】 A、B、C 为三家经营业务相同的公司，它们的有关情况如表 8-1 所示。表 8-1 说明：

第一，财务杠杆系数表明的是息前税前盈余增长所引起的每股收益的增长幅度。比如，A 公司的息前税前盈余增长 1 倍时，其每股收益也增长 1 倍(13.4÷6.7－1)；B 公司的息前税前盈余增长 1 倍时，其每股收益增长 1.25 倍(16.08÷7.15－1)；C 公司的息前税前盈余增长 1 倍时，其每股收益增长 1.67 倍(21.44÷8.04－1)。

第二，在资本总额、息前税前盈余相同的情况下，负债比率越高，财务杠杆系数越高，财务风险越大，但预期每股收益也会相应较高。比如，B 公司与 A 公司相比，负债比率高(B 公司资产负债率为 500 000÷2 000 000×100%＝25%，A 公司资产负债率为 0)，财务杠杆系数高(B 公司为 1.25，A 公司为 1)，财务风险大，但每股收益也高(B 公司为 7.15 元，A 公司为 6.7 元)；C 公司比起 B 公司负债比率高(C 公司资产负债率为 1 000 000÷2 000 000×100%＝50%)，财务杠杆系数高(C 公司为 1.67)，财务风险大，但每股收益也高(C 公司为 8.04 元)。

负债比率是可以控制的。企业可以通过合理安排资本结构，适度负债，使财务杠杆利益抵消风险增大所带来的不利影响。

三、总杠杆系数

通过以上介绍可知，经营杠杆通过扩大销售影响息前税前盈余，而财务杠杆通过扩大息前税前盈余影响收益。如果两种杠杆共同起作用，那么销售稍有变动就会使每股收益产生更大的变动。通常把这两种杠杆的连锁作用称为总杠杆作用。

总杠杆作用的程度，可用总杠杆系数(DTL)表示，它是经营杠杆系数和财务杠杆系数的乘积。其计算公式为

$$\mathrm{DTL}=\mathrm{DOL}\cdot\mathrm{DFL}=\frac{Q(P-V)}{Q(P-V)-F-I-D/(1-T)}$$

或

$$=\frac{\mathrm{EBIT}+F}{\mathrm{EBIT}-I-D/(1-T)}$$

例如，甲公司的经营杠杆系数为2，财务杠杆系数为1.5，总杠杆系数即为

$$2\times1.5=3$$

总杠杆系数的意义：首先，在于能够估计出销售变动对每股收益造成的影响。比如，例8-2中销售每增长(减少)1倍，就会造成每股收益增长(减少)3倍；其次，它使我们看到了经营杠杆与财务杠杆之间的相互作用关系，即为了达到某一总杠杆系数，经营杠杆和财务杠杆可以有很多不同的组合。比如，经营杠杆系数较高的公司可以在较低的程度上使用财务杠杆；经营杠杆系数较低的公司可以在较高的程度上使用财务杠杆等等，这有待公司在考虑了各相关具体因素之后作出选择。

第二节　资本结构理论

资本结构是指企业各种长期资金筹集来源的构成和比例关系。短期资金的需要量和筹集是经常变化的，且在整个资金总量中所占比重不稳定，因此不列入资本结构管理范围，而作为营运资本管理。

在通常情况下，企业的资本结构由长期债务资本和权益资本构成。资本结构指的就是长期债务资本和权益资本各占多大比例。

一、早期的资本结构理论

早期资本结构理论是关于企业融资的一个早期融资理论体系，由美国著名经济学家大卫·杜兰特提出，即净收益理论、营业收益理论和传统折中理论。

(一) 净收益理论

净收益理论认为，负债可以降低企业的资本成本，负债程度越高，企业的价值越大。这是因为债务利息和权益资本成本均不受财务杠杆的影响，无论负债程度多高，企业的债务资本成本和权益资本成本都不会变化。因此，只要债务成本低于权益成本，那么负债越

多，企业的加权平均资本成本就越低，企业的净收益或税后利润就越多，企业的价值就越大。当负债比率为100%时，企业加权平均资本成本最低，企业价值将达到最大值。如果用 K_b 表示债务资本成本、K_s 表示权益资本成本、K_w 表示加权平均资本成本、V 表示企业总价值，则净收益理论可用图 8－1 来描述。

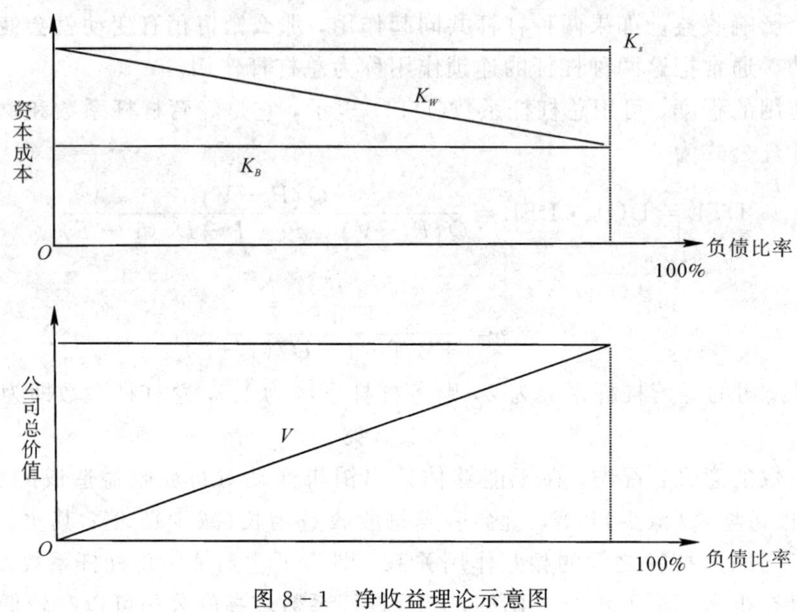

图 8－1　净收益理论示意图

（二）营业收益理论

营业收益理论认为，不论财务杠杆如何变化，企业加权平均资本成本都是固定的，因而企业的总价值也是固定不变的。这是因为企业利用财务杠杆时，即使债务成本本身不变，一旦加大了权益的风险，也会使权益成本上升，于是加权平均资本成本不会因为负债比率的提高而降低，而是维持不变。因此，资本结构与公司价值无关；决定公司价值的应是其营业收益。营业收益理论下，资本成本与公司总价值之间的关系可用图 8－2 描述。

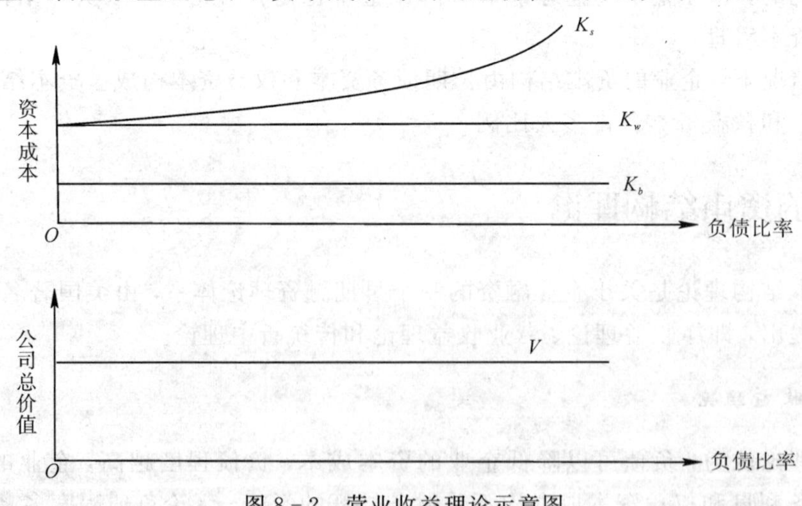

图 8－2　营业收益理论示意图

按照这种理论推论，不存在最佳资本结构，所以筹资决策也就无关紧要。可见，营业收益理论和净收益理论是完全相反的两种理论。

（三）传统折中理论

传统折中理论是一种介于净收益理论和营业收益理论之间的理论。传统折中理论认为，企业利用财务杠杆尽管会导致权益成本的上升，但在一定程度内却不会完全抵消利用成本率低的债务所获得的好处，因此会使加权平均资本成本下降，企业总价值上升。但是，超过一定程度地利用财务杠杆，权益成本的上升就不再能被债务的低成本所抵销，加权平均资本成本便会上升。之后债务成本也会上升，它和权益成本的上升共同作用，使加权平均资本成本上升加快。加权平均资本成本从下降变为上升的转折点，是加权平均资本成本的最低点，这时的负债比率就是企业的最佳资本结构，这种理论如图 8－3 所示。

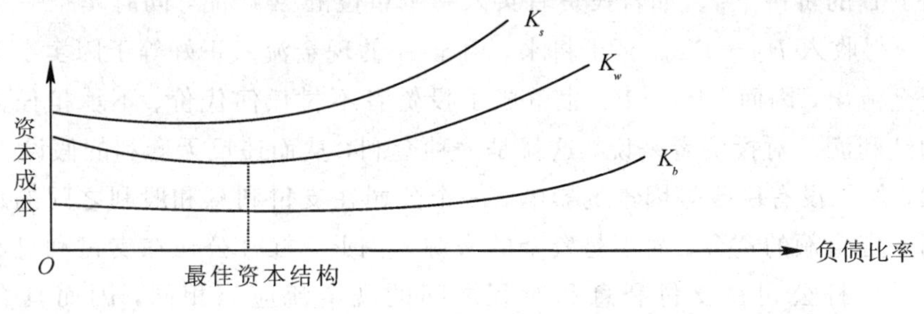

图 8－3　传统折中理论示意图

二、资本结构的 MM 理论

现代资本结构理论是由莫迪格莱尼与米勒（简称 MM）基于完美资本市场的假设条件提出来的，MM 的资本结构理论所依据的直接及隐含的假设条件如下：

（1）经营风险可以用息税前利润的方差来衡量，具有相同经营风险的公司称为风险同类。

（2）投资者等市场参与者对公司未来的收益与风险的预期是相同的。

（3）完美资本市场，即在股票与债券进行交易的市场中没有交易成本，且个人与机构投资者的借款利率与公司相同。

（4）借债无风险，即公司或个人投资者的所有债务利息均为无风险利率，与债务数量无关。

（5）全部现金流是永续的，即公司息前税前利润具有永续的零增长特征，债券也是永续的。

在上述假设的基础上，MM 首先研究“没有公司所得税”情况下的资本结构理论，其后又研究了“有公司所得税”情况下的资本结构理论。因此，MM 资本结构理论可以分为“无税 MM 理论”和“有税 MM 理论”。

在没有税收、没有市场摩擦、市场完备的情况下，公司价值与资本结构无关。这个定理被称为无税收条件下的莫迪格莱尼—米勒第一定理（MM 定理 I，无税收），它奠定了现代公司财务学的理论基础。以 V_U 表示没有发债时公司价值，V_L 表示负债经营时公司的价值。负债经营一般也叫杠杆经营，负债与股东权益的比率相应被称为杠杆率。

MM 定理Ⅰ(无税)：在一个无税、完备的市场上，如果公司的资金来源总量一定，则杠杆公司的价值等同于无杠杆公司的价值，即：$V_L = V_U$。换句话说，此时公司价值与资本结构无关。

在此，特别强调的是，MM 定理Ⅰ只假设资本结构即权益和负债的比例关系在改变，公司使用的资金总量不变。

MM 定理Ⅰ可以用无套利原理来证明。所谓套利，就是在不承担风险的情况下，利用零投资，就能赚取利润。一个市场如果是完备的，就不会存在这种机会。无套利原理的一个基本推论是：如果两项金融资产具有完全相同的现金流，则必有相同的价格。为了看清这一点，假设有两项金融资产 A 和 B，它们具有完全相同的现金流，但价格不等——A 的价格 P_A 低于 B 的价格 P_B。如若投资者买入一个单位的 A 产品，同时卖空一个单位 B 资产，可立即获得收入 $P_B - P_A$。至于将来，由于 A 的现金流入正好等于因卖空 B 资产而必须负担的资金流出，因而，$P_B - P_A$ 也就成了投资者不付任何代价、不承担任何风险的情况下所获的纯利润。对投资者来说，这就是一种套利，从而违反无套利的假设。

很显然，如果没有税收等因素的影响，一个公司在支付利息和股利之间的现金流取决于如何使用一定金额的资金，而不是资金的来源。因此，杠杆公司在支付利息和股利之间的现金流与无杠杆公司在支付利息和股利之间的现金流应当相同，因而具有相同的价值，即：

$$V_L = V_U$$

MM 定理Ⅰ的结果，可以用图 8-4 的“馅饼理论”来直观地表示。公司的价值好比一张饼，资本结构的调整只改变饼的切法，但不会改变整个饼的大小。

如上所述，在一个无税、完备的市场上，资本结构既不影响公司投资者(包括股东和债权人)的利息和股利之前的现金流，也不影响公司价值。由于公司价值等于现金流的折现值，在此情况下，资本结构也必定不能影响相应的折现率，即公司的资本成本。无杠杆(U)公司因为没有债务，公司的资本成本就是其权益的资本成本，即为 r_0。对于杠杆(L)公司，假设负债的资本成本为 r_B，权益的资本成本为 r_S。按照定义，公司的资本成本为：

$$\text{WACC} = \frac{B}{B+S} r_B + \frac{S}{S+B} r_S$$

其中，B 代表负债，S 代表权益。

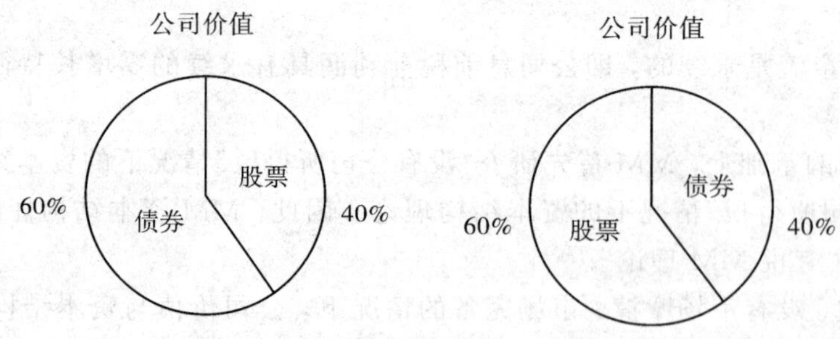

图 8-4 资本结构与公司价值(无税)

MM 定理Ⅰ(无税收)意味着：

$$\text{WACC}=\frac{B}{B+S}r_B+\frac{S}{S+B}r_S=r_0$$

MM 定理Ⅱ(无税收)：在一个无税、完备的市场上，$r_S=r_0+\frac{B}{S}(r_0-r_B)$。

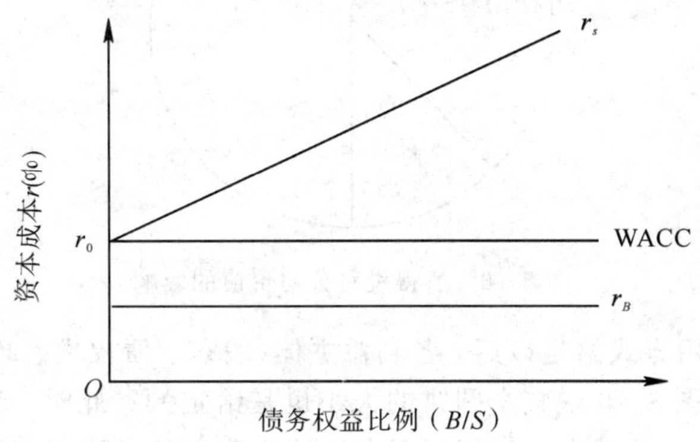

图 8-5　权益成本、债券成本和加权资本成本关系(无税)

权益成本、债券成本和加权资本成本之间关系如图 8-5 所示。其中，r_S 是权益成本，r_B 是债务成本，r_0 是无杠杆公司的资本成本，WACC 是加权平均资本成本。在没有税收的情况下，杠杆公司的 WACC 等于 r_0。

MM 定理Ⅱ(无税收)表明，权益成本会随财务杠杆增大而增加，原因是权益的风险随财务杠杆而增加。举例来说，某公司现有权益资金 1 亿元，没有负债。预测表明，公司到年底的息税前利润有两种可能性：2000 万元(可能性为 50%)或 200 万元(可能性为 50%)。按此预测，在没有杠杆的情况下，权益回报率有两种可能：20%(可能性为 50%)或 2%(可能性为 50%)。因此，即使糟糕的情况发生，股东的权益回报率也可为 2%。假设公司利用 5000 万元负债来替代股东权益，负债率为 8%。由于资本结构的调整并不影响公司息税前利润，这样一来，公司在支付 400(5000×8%)万元利息后，留给股东的净利润为：1600 万元(可能性为 50%)或－200 万元(可能性为 50%)，相应的权益回报率是：32%(可能性为 50%)或－4%(可能性为 50%)。很显然，此时权益资本的风险大为增加。

(一) 税收的影响

当公司需要缴纳所得税的时候，可以把政府看成一个不投资的利益分享者。这样一来，公司就有三种利益分享者：股东(要求得到红利和资本增值)、债权人(要求公司还本付息)以及税务局或政府(要求公司缴纳税款)。如果我们沿用图 8-4 的“饼理论”，由于政府的加入，饼现在被切成三块，如图 8-6 所示。公司的价值包括权益的价值 S、负债的权益 B，但不包括缴纳给政府的税收的价值。原因是股东和债权人都是公司的资金提供者，即投资人，而政府并不需要投资才收税。公司给债权人还本付息依据的是等价交换的市场原则，而公司给政府纳税却是无偿的，是在法律制约下的一种义务。换句话说，公司给债权人还本付息是交易，而给政府纳税则相当于(强制性的)无偿捐赠。

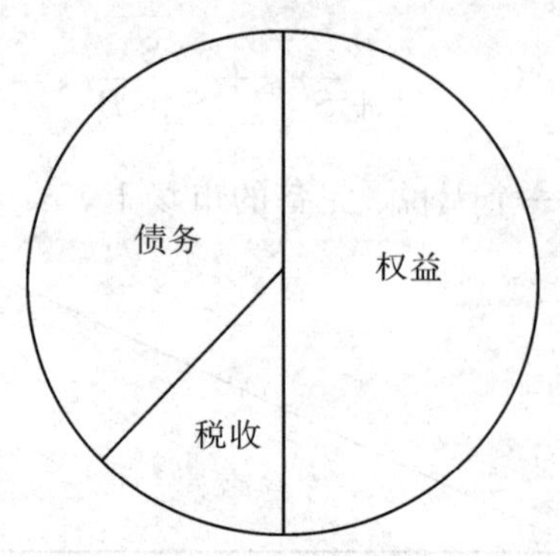

图 8-6　所得税对公司价值的影响

在公司的资金使用方式给定以后，各利益主体(股东、债权人、政府)可以分享的价值总和($B+G+S$)，即图 8-6 中整个圆饼的大小也是给定的。此时，政府税收的价值 G 越小，公司价值 $V=B+S$ 便越大。如何合理合法地让政府拿走的那一块价值 G 变小呢？这是本节资本结构的一个核心的内容：合法避税。

我们知道，公司的利息作为费用是在税前支付的，而股利的分派却是在税后。假设公司的所得税税率是 33%。如果公司支付的是 1000 万元利息，税前利润会减少 1000 万元，公司可相应少交纳 330 万元所得税；但是如果公司派发 1000 万元红利，所得税不会有任何减少。也就是说，支付利息可以省税，而股利支付则不可省税，这是财务学中的一个最基本的结果。

我们现在利用一个简单的例子从理论上阐述税收对公司价值的影响以及债务的避税功能。假设公司所得税税率是 T_c，并且公司付息和缴税前的收益(或叫息税前收益，EBIT)恒常不变，且公司将税后全部收益都用于支付股利。这些假设主要是为了计算方便，对我们的主要结论影响不大。

如果公司不使用杠杆，即公司资金全部为自有资金，则公司无利息负担。公司此时需以 EBIT 作为应税金额，按照所得税税率 T_c 交所得税。完税以后留给股东的净利润是 $\text{EBIT}(1-T_c)$。因为没有债权人，所以 $\text{EBIT}(1-T_c)$ 这个金额也是公司在税后所支付给所有投资者(此时没有债权人)的现金流量的总额。

现在考虑公司有杠杆，即负债经营时的情况。公司付给债券持有人的利息是在税前支付的。如果公司的债务是 B，债务的利息率是 r_B，则每年的利息总额为 $r_B\times B$。息税前收益 EBIT，减去利息费用，剩下的税前收益是 $\text{EBIT}-r_B\times B$，这也是公司的应税金额。据此，公司应交纳的所得税金额为 $(\text{EBIT}-r_B\times B)\cdot T_c$。这样一来，公司分给股东的税后净利润为

$$\text{EBIT}-r_B\times B-(\text{EBIT}-r_B\times B)\cdot T_c=(\text{EBIT}-r_B\times B)\cdot(1-T_c)$$

通过简单计算，我们立即发现，公司支付给所有投资者(股东和债权人)的现金流量的总额为

$$r_B\times B+(\text{EBIT}-r_B\times B)\cdot(1-T_c)=\text{EBIT}\cdot(1-T_C)+r_B\times B\times T_c$$

通过比较可以发现，与无杠杆公司相比，杠杆公司的投资者可获得的现金流多了 $r_B\times B\times T_c$，这个金额正好是政府少收的税金。因此，$r_B\times B\times T_C$ 体现了负债经营时公司因避税而增加的现金流量，利用永续年金的价值计算公式，此价值为

$$\frac{r_B \times B \times T_C}{r_B} = B \times T_c$$

这一价值，在财务学中通常被称为“税盾”(Tax Shield)。

综上所述，杠杆公司的价值(V_L)与无杠杆公司的价值(V_U)之间存在差异，这一差异就是税盾的价值 $T_c \cdot B$。因此有：

MM 定理Ⅰ(有公司所得税)：假设公司所得税税率为 T_c，杠杆公司的价值与无杠杆公司的价值存在如下关系：

$$V_L = V_U + T_c \cdot B$$

MM 定理Ⅰ(有公司所得税)的结果如图 8-7 所示。

结论：

(1) 一家负债经营公司的价值，等于非自有资本性的公司价值加上税盾的价值。

(2) 负债可以减轻公司的税收负担，因而可以增加公司的价值。

(3) 负债越多，公司的价值就越高。

(4) 公司的价值越高，股东获益就越高。

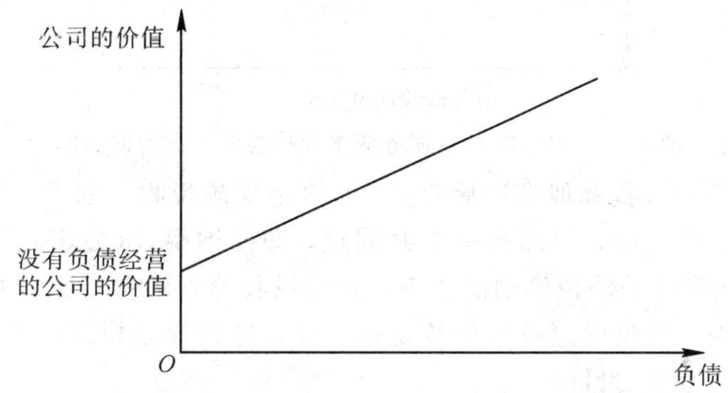

图 8-7　财务杠杆对公司价值的影响

再来看资本成本，由于利息是在税前支付，可以抵税。所以，如果债务的税前资本成本为 r_B，则相应的税后资本成本仅为 $r_B(1-T_c)$。这样，公司的(税后)加权平均资本成本可表示为：

$$\text{WACC} = \frac{S}{V_L} \cdot r_S + \frac{B}{V_L} \cdot r_B \cdot (1 - T_c) \qquad (8-3)$$

依据公式(8-3)，我们可以给出财务杠杆可增加公司价值的另一个解释：负债可以降低公司的资本成本 WACC，原因是权益的资本成本完全由公司的税后收益支付，而债务的资本成本则有一部分转嫁给了政府——由政府通过减少税收的方式来承担。利用加权平均资本成本法，我们前面讨论的公司的价值可表示为：

$$V_U = \frac{\text{EBIT}(1 - T_c)}{r_0}$$

$$V_L = \frac{\text{EBIT}(1 - \text{T}_c)}{\text{WACC}}$$

其中，r_0 为无杠杆公司权益的资本成本，也是该公司的 WACC。

相应地，在有公司税的情况下，MM 定理Ⅱ可表述成：

MM定理Ⅱ(有公司所得税)：考虑到公司所得税的影响，在一个均衡、无套利的资本市场上，我们有：

$$r_S = r_0 + \frac{B}{S} \cdot (1 - T_c)(r_0 - r_B)$$

财务杠杆增加了公司权益的风险，作为补偿，公司的权益成本伴随风险增加。如图8-8所示，权益成本会随财务杠杆增大而增加，原因是权益的风险随财务杠杆增大而增加，但在有公司税的情况下，财务杠杆能降低公司的资本成本WACC。注意，r_0是一个点，而r_S、r_B、WACC是整个曲线。

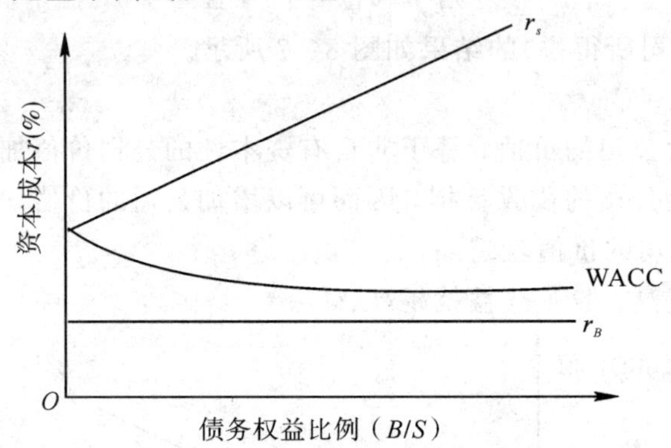

图8-8　财务杠杆对债务成本和权益资本成本的影响

通过财务杠杆避税以提高股东税后收益，是企业实施税收筹划常用的方式之一。税收筹划的内容广泛、手段多样，但都有一个共同点，即使纳税人(公司)获得最大经济利益。合法性、整体性、前瞻性是涉税筹划的关键，公司税收筹划的重点在于根据自身的情况和现行税收政策，特别是税收优惠政策的规定，通过合理选择公司组织形式、经营方法、会计方法，以达到合法节税的目的。

(二) 哈莫达公式

罗伯特·哈莫达将CAPM与有税的MM模型结合，导出举债筹资企业的股本收益率为

$$K_{SL} = K_{RF} + \beta_U(K_M - K_{RF}) + \beta_U(K_M - K_{RF})(1 - T)\left(\frac{D}{S}\right) \tag{8-4}$$

式中，β_U表示无负债时的β系数；K_{SL}＝无风险利率＋经营风险报酬率＋财务风险报酬率；K_{RF}是无风险利率，它补偿了权益资本的时间价值；$\beta_U(K_M - K_{RF})$是对股东承受的经营风险的补偿；$\beta_U(K_M - K_{RF})(1 - T)\left(\frac{D}{S}\right)$反映了对企业运用财务杠杆所引起的财务风险的补偿。

CAPM中的证券市场线(SML)可用来确定企业股本要求收益率，在证券市场均衡时，企业的股本期望收益率等于要求收益率，令SML公式$K_{SL} = K_{RF} + \beta_L(K_M - K_{RF})$与式(8-4)相等，则：

$$K_{RF} + \beta_L(K_M - K_{RF}) = K_{RF} + \beta_U(K_M - K_{RF}) + \beta_U(K_M - K_{RF})(1 - T)\left(\frac{D}{S}\right)$$

整理后得到：

$$\beta_L = \beta_U\left(1 + (1 - T)\left(\frac{D}{S}\right)\right) \tag{8-5}$$

式中，β_L 为有负债企业的 β 值；β_U 为无负债企业的 β 值；T 为公司税率；D 为负债的市场价值；S 为股本的市场价值。

在 CAPM 和 MM 模型的假设条件下，利用式(8-5)可将无负债企业的 β 系数和有负债企业的 β 系数作相应的转换。企业的经营风险和财务风险用 β_L 来衡量时表现为市场风险。β_L 的大小取决于 β_U 反映的经营风险和财务杠杆 D/S、税率 T 反映的财务风险。

（二）财务杠杆避税举例

虽然负债经营会提升公司价值，但也有人会有这样的担心：负债会增加公司的利息负担，那么会不会对股东利益产生负面影响？下面，我们通过一些简单的例子来回答这个问题。

【例 8-3】 XYZ 公司的 EBIT 有 50%的概率为 1000 万元，有 50%的概率为 2000 万元，且每年如此，永远持续下去。公司将净利润全部用于支付股利(换句话说，公司的留存比率等于零)。

公司现在没有任何负债，发行在外的股票为 $n=1000$ 万股，公司的所得税税率 $T_c=40\%$，无财务杠杆时的资本成本为 $r_0=11.25\%$。依据这些假设，无财务杠杆时，公司每年税后净利的预期值为

$$\begin{aligned} NE &= [(0.5 \times 1000 + 0.5 \times 2000) \cdot (1 - T_c)] \\ &= 1500 \times 0.6 = 900\ (万元) \end{aligned}$$

利用永续年金的定价公式，此时公司的价值为

$$V_U = \frac{NE}{r_0} = \frac{900}{11.25\%} = 8000\ (万元)$$

显然，此时每股股票的价值为 $P=\frac{V_U}{n}=8$ 元。表 8-2 总结了上述的价值分析过程。

表 8-2　无杠杆公司损益与价值分析

经营结果	坏	好
息税前收益(EBIT)	1000 万元	2000 万元
利息费用	—	—
税前收益	1000 万元	2000 万元
税款(税率 40%)	400 万元	800 万元
净收益	600 万元	1200 万元
公司总股本	1000 万股	
每股收益	0.60 元	1.20 元
预期每股收益	0.90 元	
股票价格	8.00 元/股	
股票收益率	7.50%	15.00%
预期收益率	11.25%	

接下来，我们分析财务杠杆变化的影响，公司决定发行5000万元永久型债券($r_B=8.8\%$)，并利用此资金来回购公司的部分股份。按照MM定理Ⅰ(有公司所得税)，股东重新评估公司重组后的价值(此方法也被称为修正现值法，即*APV*)：

$$V_L=V_U+T_c\cdot B=8000+40\%\times 5000=10000(\text{万元})$$

由此，股价会因重组的消息从每股8元升至每股10元(10000万元/1000万股)，从而为股东带来25%的超额回报，这对股东显然是有利的。这样一来，发债筹集的5000万元可回购500万股股票。此过程完结后，公司发行在外的股票还剩$n=500$万股。表8-3给出了公司资本结构调整后的损益与公司价值的情况。

表8-3　公司发债后的损益与价值分析

经营结果	坏	好
息税前收益(EBIT)	1000万元	2000万元
利息费用	440万元	440万元
税前收益	560万元	1560万元
税款(税率40%)	224万元	624万元
净收益	336万元	936万元
公司总股本	500万股	
每股收益	0.672元	1.872元
预期每股收益	1.272元	
股票价格	10.00元/股	
股票收益率	6.72%	18.72%
预期收益率	12.72%	

比较表8-2和表8-3，可以得到如下结论：

单纯的资本结构调整不会改变公司息税前收益(EBIT)，原因是这种调整不影响资金的使用。

(1) 财务杠杆的使用减少了公司的税收负担。尽管财务杠杆会增加公司的利息支出，但同时也减少了对权益资本的占用，每股收益反而会因负债经营而增加，股东也会因此收益(本例中股东共获得25%的超额回报)。

(2) 财务杠杆的使用增加了股票在好、坏两种情况下收益率的差距(收益率由无杠杆时的7.50%或15.00%变成了重组后的6.72%或18.72%)，即增加了股东承担的投资风险。

(3) 财务杠杆的使用导致自有资本的预期收益率提高(有负债前的11.25%，上升到负债后的12.72%)，可抵消金融风险。我们也可以用*MM*定理Ⅱ(有公司税)来计算杠杆公司的预期的权益收益率r_S：

$$\begin{aligned}r_S&=r_0+(1-T_c)\left(\frac{B}{S}\right)(r_0-r_B)\\&=11.25\%+(1-40\%)\frac{5000\text{万元}}{500\text{万股}\times 10\text{元/股}}(11.25\%-8.8\%)\\&=12.72\%\end{aligned}$$

(4) 财务杠杆的使用降低了公司的资本成本。依据公式(8－3)，公司的资本成本为

$$\begin{aligned}\text{WACC}&=\frac{S}{V_L}r_S+\frac{B}{V_L}(1-T_c)r_B\\&=\frac{5000}{10\ 000}\times 12.72\%+\frac{5000}{10\ 000}\times(1-40\%)\times 8.8\%\\&=9\%\end{aligned}$$

很显然，杠杆公司9%的资本成本低于无杠杆公司11.25%的资本成本。这也从另一个角度说明了为什么财务杠杆可提升公司价值。根据计算的WACC值，利用现金流折现法，也可得到杠杆的价值：

$$V_L=\frac{\text{EBIT}(1-T_c)}{\text{WACC}}=\frac{(0.5\times 1000+0.5\times 2000)(1-40\%)}{9\%}=10000\ (\text{万元})$$

高于无杠杆公司的8000万元。

【例8－4】 投资人考虑投资一个新的项目(公司)，该项目共需资金3亿元，预计每年可带来5000万元息税前利润(*EBIT*)。假设公司所得税税率 T_c 是33%，无财务杠杆时的资本成本 r_0 是10%。如果该项目全部使用自有资本，这个新的项目价值：

$$V_U=\frac{\text{EBIT}(1-T_c)}{r_0}=\frac{5000\times(1-33\%)}{10\%}=33\ 500\ (\text{万元})$$

3亿元的投资实现了3.35亿元价值，净现值(NPV)是0.35亿元。

如果投资人现在可以按照7%的利率借2亿元，则自己只需投资1亿元自有资金去完成这个项目。根据修正现值法，我们得到在采用财务杠杆后，项目(公司)的总价值为

$$V_L=V_U+T_c\cdot B=3.35+33\%\times 2=4.01\ (\text{亿元})$$

该项目净现值(NVP)也由杠杆时的0.35亿元上升为有杠杆时的1.01亿元。净现值的增加额就是 $T_C\cdot B$——6600万元。

在本例中，如果投资人不利用财务杠杆，投资3亿元可以实现3500万元的价值增值；如果使用2亿元的负债，投资者只需要使用1亿元自有资金，便可实现1亿元的价值增值。孰优孰劣，一目了然。

三、资本结构的其他理论

由于税收的影响，资本结构将影响公司的价值，增加负债会提高公司的价值。而且如前所述，在只考虑税收影响的情况下，我们会得到这样一个结论：负债比率越高，公司价值越高，也就是负债越多越好。照此推论，各公司的负债率(负债/总资产)岂不应接近100%？很显然，这个结论与事实不符。

为了使资本结构更贴近经济现实，我们有必要进一步考虑其他因素对资本结构安排的影响。在现实中，除了税收，还存在着风险因素。负债比例越高，风险也越高。风险因素同样也会影响公司的价值。企业的负债是有风险的负债，且风险随负债比率的增加而增大。这会导致债务成本随负债比率的增加而上升。因此，负债是一把双刃剑，一方面可以省税，另一方面也会使风险上升。风险因素会引发两种成本：一是财务危机成本，二是代理成本。

（一）权衡理论

1. 财务危机成本

财务危机指企业在履行偿债义务方面遇到了极大的困难，暂时或永久无法履行某些偿债义务，即不能按时还本和付息。财务危机成本分为直接成本和间接成本。直接成本是企业为了处理财务危机而发生的各项费用，如律师费、清算费等等；间接成本则指因发生财务危机而给企业经营管理带来的种种损失，如不能正常销售产品、不能正常获得原材料供应、为度过危机而不得不割肉补疮等而造成的损失。

例如，一个公司需要投资5亿元。公司今年的EBIT为1000万元。假设公司没有使用财务杠杆，所有资金皆为自有资金，则公司要维持下去不会有任何财务障碍。假设在5亿元当中，有2亿元的公司自有资金，3亿元是借来的，利息是8%，每年付一次。那么今年要支付的利息是2400万元，但是公司的EBIT才1000万元。这样一来，公司就会发生亏损。如果公司没有别的现金流来还利息，怎么办？这种情况就是财务危机。公司要么与债权人谈判，希望获得延期付息的机会；要么就得变卖资产偿付利息。这些都可能对公司的信誉与经营产生负面影响。公司的负债越多，固定的利息支出越大，则收益下降导致财务危机发生的概率越大。财务危机成本增大会大大抵消因负债税收屏蔽作用而增加的公司价值。

2. 代理成本

股东和债权人之间的代理问题，从根本上讲，主要体现在股东与债权人的利益是不一致的。债权人的钱由公司支配，可能发生以下几种情况：

（1）项目替换。公司由借款前承诺的投资于低风险项目转向借款后投资于高风险项目。高风险项目可能产生高额回报，但也可能导致巨额亏损。由于债权人只能按约定的利率获得回报，因而无法分享公司的超高回报的好处；但一旦公司因巨额亏损而无法还本付息，债权人则要分担高风险带来的后果。

（2）资金转移。股东可能利用其对公司资金的控制权，采用高红利派现等手段，将从债权人手里筹集的资金转移进自己的钱袋。

（3）逆向选择。公司放弃有利于提高公司整体价值的项目，选择降低公司整体价值但有可能对公司股东有利的项目。这种现象在公司负债率很高，甚至面临难以改善的财务困境时最有可能发生。若公司从事稳定项目的经营，到年末可获得5%的回报；若公司从事类似赌博的冒险性业务，有40%的可能获得50%的高回报，有60%的可能发生50%的亏损，预期收益率为－10%。很显然，在没有代理风险的情况下，公司选择从事稳定项目的经营。但对本例中的股东来说，稳定经营近乎自取灭亡，因为5%的收益只能使公司的总资产增加到1.89亿元，还是资不抵债(公司可能因此被迫进行破产重组)，股东在公司破产清算后依然一无所有。如果公司孤注一掷，冒险一搏，则有40%的机会使公司的总资产增加到2.7亿元，公司净资产将因此而由负转正。

所以现实当中，不仅要考虑负债经营所带来的税收屏蔽的益处，同时也要考虑风险对公司价值带来的负面影响。因此，经修改后的MM模型是一种权衡模型，可表示为

$$V_L = V_U + T_C B - (\text{预期的财务危机成本现值}) - (\text{代理成本现值})$$

权衡模型说明了企业有一个最优负债量，即存在着最优资本结构，按此资本结构筹

资，企业的价值最大，加权资本成本最低，公司最优负债规模与公司价值间关系如图 8－9 所示。

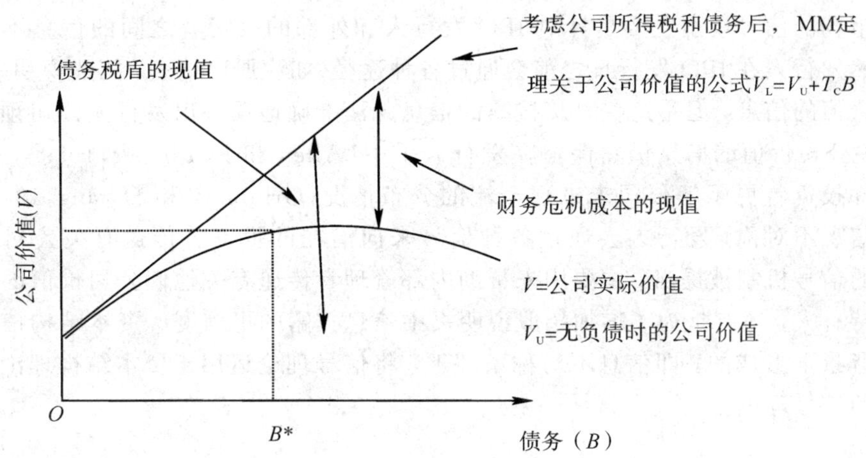

图 8－9　最优负债规模和公司的价值

由图 8－9 可见，税盾增加了杠杆公司的价值，财务杠杆风险成本降低了杠杆公司的价值，这两个相互冲突的因素共同产生最优负债规模 B^*。

（二）基于信号理论的资本结构理论

信号理论的萌芽是从阿罗(Arrow)有关信息经济学的著作里发展起来的，但一般认为 Arrow 的贡献主要在于信号模型的思想性方面，而斯宾塞(Spence)被看成是在方法上第一个正式提出信号模型的学者，应该说是 Spence 把信号模型发展成一种均衡理论模型。Spence 指出，无论是个人、企业还是政府，当它们不能直截了当地传达其个人偏好或意图时，“信号法”可以提供较大的帮助。例如举债经营传达出来的一个信号是：公司对未来收益有着良好的预期。这一理论也同样可以解释，为什么企业喜欢向员工分红派息而不是派现金，从信号理论的角度而言，分红派息强烈地表达了公司良好的前景。Riley 于 1979 年发展了信号均衡理论的一般模型。其指出，如果存在信号均衡，投资者就能在资本市场上依据内部人选择的信号进行竞争并支付合理价格，外部人也可以通过对内部人的决策行为的观察来消除信息不对称现象；而内部人根据由此产生的市场价格变化选择新的财务政策以达到个人效用最大化，这就是信号模型的基本思路。信号经济理论在各个市场都得到了广泛应用，从产品市场逐渐应用到信贷市场、证券市场还有资本市场。斯蒂格利茨(Stiglitz)说明了信息不对称在资本市场上的反应。他指出，金融市场的运行基础就是信息，如果没有证券交易委员会要求有关方面充分披露信息，投资者就很难确定自己购买的公司股票究竟真正价值是多少。有关上市公司的管理层及卖方也许知道有关上市公司内部存在的严重问题，但股票购买者却无从知道。

如果这种信息不对称现象经常发生，股市就有可能出现崩盘。市场中的一部分人比另一部分人更多、更清楚地了解有关信息，这就是信息不对称的关键所在。资本市场的参与者都面临着信息不对称的问题。具体表现就是：发行股票或债券的企业对投资项目的质量、经营状况的信息了解要比购买股票或债券的投资者了解的信息要多得多。由于信息不对称现象存在，金融监管机构、银行及一些大型投资机构的存在就非常自然了。

信号经济理论在各个市场都得到了广泛应用。在资本市场中存在许多有成本的信号模型。资本市场的信号模型主要是针对IPO发行人和外部的投资者之间的信息不对称提出来的。虽然发行人在IPO发行日之前会通过各种途径(如注册申请表、招股说明书等)披露有关公司价值的信息，但是这些直接披露的信息无法准确地反映出发行人公司预期价值的态度，有关公司价值的信息仍然保留在发行人手中(Allen和Faulhaber,1989)，发行人显然要比外部投资者更了解公司未来现金流的分布情况(Grinblatt和Hwang,1989)。为了克服这种信息不对称，发行人会通过各种信号来向潜在的投资者传送有关公司价值的信息。不同的信号机制被提出，主要用来帮助内部管理者传递有关他们公司价值的信息给潜在的股票持有人，还有是为了增加招股说明书中信息披露的可信度。资本结构信号理论正是在这种背景下形成的，即信息不对称条件下，将信号理论运用于资本结构理论中而形成资本结构的信号理论。

(三) 啄序理论

啄序理论(Pecking Order)是由美国经济学家梅耶(Mayer)提出，啄序理论原则为：① 内源融资；② 外源融资；③ 间接融资；④ 直接融资；⑤ 债券融资；⑥ 股票融资。其中，在内源融资和外源融资中首选内源融资；在外源融资中的直接融资和间接融资中首选间接融资；在直接融资中的债券融资和股票融资中首选债券融资。

当公司要为自己的新项目进行融资时，将优先考虑使用内部的盈余，其次是采用债券融资，最后才考虑股权融资。也就是说，内部融资优于外部债权融资，外部债权融资优于外部股权融资。所以从本质上说，Pecking Order理论认为存在一个可以使公司价值最大化(公司发行的股票和债券的价值最大化)的最优资本结构，并且以对不同性质的资本进行排序的方式，给出了决策者应当遵循的行为模式。正因为Pecking Order理论是关于资本结构优化的理论，所以支持或反驳Pecking Order理论的各种讨论，都是在现代公司金融资本结构理论的背景框架下进行的。

(四) 委托代理理论(Principal Agent Theory)

委托代理理论(Principal Agent Theory)认为：企业是由企业中各利益相关体组成的共同体，是这些利益相关体之间缔结的一组契约的联结。由于信息不对称、契约不完备等市场不完全性的存在，企业各利益主体之间的利益往往不一致，更多的时候还表现为相互之间的利益冲突。

根据Jensen和Meckling的研究，债务之所以被使用是由于所有者为了获取因自身的资源限制而无法得到的潜在有利可图的投资机会，但是债务的发行又会在债权人和所有者之间形成一种代理关系，从而产生代理成本。代理成本包括“委托人监督费用、代理人受限制费用和剩余损失之和”，它会随着发债水平的增加而增加。发行新股则等于是现在所有者以股权来换取新所有者的资金，新旧所有者之间不可避免地会引发利益冲突。新的所有者为保证他们的利益不受原所有者的损害，也必须付出监督费用等代理成本。因此，所有者必须在债务的代理成本和股票的代理成本之间进行权衡，以使其所承担的总代理成本最小。所有者承担的总代理成本最小的债权与股权比例就是最优资本结构。

该理论指出：规模较小的企业和资产担保价值较小的企业与股东、债权人之间信息不对称程度大，代理成本也大，所以企业规模、资产担保价值与资本结构可能存在正相关关系。

（五）市场时机理论

以往的资本结构理论，一般都假设资本市场有效或半强式有效。伴随着对资本市场有效性假说的质疑，产生了行为公司金融，其大量实证研究表明：投资者是非理性的，股价经常与其真实价值存在背离。行为公司金融放弃了市场半强式有效的假设，关注市场非有效对企业投融资行为及资本结构的影响。

Stein(1996)首先提出市场时机的概念。他研究了市场非有效而管理者理性情况下的企业融资，其研究结果表明：可以利用市场的无效性安排不同的融资方式，进而实现现有股东价值的最大化，如在股价被高估时倾向于增发新股，而在股价被低估时会通过债务融资回购股票，并且会选择信息不对称程度低的市场时机发行股票，从而降低新股发行的抑价效应。

Baker 和 Wurgler(2002)实证检验了市场时机对资本结构的影响，其研究结果表明，低杠杆的公司往往在股价较高时进行外部融资，而高杠杆公司则是在股价较低时进行外部融资的企业，发行时机对资本结构有持续的影响。市场时机理论认为，资本结构是历史市场时机积累的结果，而非动态优化的结果。Welch(2004)的惰性理论表明，股价的震动对公司资本结构有长期持续的影响，股票收益是资本结构变化的重要因素。

市场时机理论得到了调查研究的鼎力支持。Graham 和 Harvey(2001)对 300 多家美国公司首席财务官(CFO)的问卷调查表明，2/3 的 CFO 认为，股票市场对股价的高估或低估是公司股权融资考量的重要因素。Brau 和 Fawcett(2006)对公司 CFO 关于 IPO 的调查问卷结果也表明，股票市场的总体条件是企业 IPO 决策最重要的因素(82.94%的 CFO 选择了这一项)。Hovakimian(2001)关于 IPO 和增发新股的规模和事前的股价显著正相关的结论也支持了以上论断。

当前的研究中对市场时机理论和惰性理论的质疑主要有两个方面：

(1) 发行时机对资本结构的持续性影响更可能是由于调整成本的原因，在市场较“热”或股价更高的时候，公司通过股权融资调整资本结构的成本更低(Leary 和 Roberts，2005)；

(2) Baker 和 Wurgler(2002)使用外部融资加权平均的 M/B 作为市场时机的代理变量，而加权平均的 M/B 对资本结构的长期影响是因为它包含了成长机会信息，而公司的成长性对目标资本结构有重要的影响(Alti，2006)。

第三节　资本结构决策

资本结构是公司采取不同的筹资方式形成的，企业可以同时采用负债筹资和权益筹资。资本结构是公司理财的一项核心内容，其最终目的是确定最优资本结构。所谓最优资本结构是指能使企业综合资本成本最低、企业价值最大的资本结构。

一、资本结构的影响因素

长期债券与权益资本的组合形成了企业的资本结构。债务融资虽然可以实现抵税收益，但在增加债务的同时也会加大企业的风险，并最终要由股东承担风险的成本。因此，企业资本结构决策的主要内容是权衡债务的收益与风险，实现合理的目标资本结构，从而实现企业价值最大化。

影响资本结构的因素较为复杂，大体可以分为企业的内部因素和外部因素。内部因素通常有营业收入、成长性、资本结构、盈利能力、管理层偏好、财务灵活性以及股权结构等；外部因素通常有税率、利率、资本市场、行业特征等。一般而言，收益与现金流量波动性较大的企业要比现金流量较稳定的类似企业的负债水平低；成长性好的企业因其快速发展，对外部资金需求比较大，要比成长性差的类似企业的发债水平高；盈利能力强的企业因其内源融资的满足率较高，要比盈利能力较弱的类似企业的负债水平低；一般性用途资产比例高的企业因其资产作为债务抵押的可能性较大，要比具有特殊用途资产比例高的类似企业的负债水平高；财务灵活性大的企业要比财务灵活性小的类似企业的负债能力强。这里所说的财务灵活性是指企业利用闲置资金和剩余负债能力以应付可能发生的偶然情况和把握未预见机会(新的项目)的能力。

需要强调的是，企业实际资本结构往往受企业自身状况与政策条件及市场环境多种因素的共同影响，并同时伴随着企业管理层的偏好与主观判断，从而使资本结构的决策难以形成统一的原则与模式。

(一) 企业的外部影响因素

1. 经济政策环境

一个国家的经济政策体现了国家在一定时期对某项经济活动所持的态度，比方说我们国家开始对西部进行大开发，那么就会有一些优惠政策出台，这就对西部企业及投资者起到了很大的积极作用，在其他条件相似的情况下，一个国家平均资本负债率的大小取决于该国家规定的破产标准的严格程度，即企业所能承担的最大的财务风险。同时各国所采取的不同会计制度和会计政策，对资本负债比率影响也不同。

2. 行业状况及竞争程度

在实际工作中，不同行业的企业以及同一行业的不同企业，在运用债务的策略和方法上大不相同，从而也会使资本结构产生差别。企业管理者在进行资本结构决策时，必须考虑到行业水平及行业竞争程度。企业利用负债的能力受到其销售收入和利润的影响，而销售状况和利润的高低与企业所处行业的竞争程度密切相关。如果企业所处行业的竞争程度较弱或具有垄断性，则会有较稳定的销售利润水平。在这种情况下，公司可以大量举债，以提高资本结构中的负债比重。如果企业所处行业竞争较强或处于完全自由竞争的市场环境，各企业的利润水平会趋于平均化，企业就应降低负债，较多地使用权益性资本。

3. 金融市场环境

金融市场的长短期融资变化对资本结构有很大影响，如在一定时期市场资金很紧时，往往会使评估等级在同级以下的长期债券无市场可言。当长期借款困难且金融市场利率偏高而预期有下降趋势时，则企业不便发行长期高利率的债券，而适合发行短期债券。如果股票市场稳定，则企业可以保留一定的负债能力，采用增发股票的方式筹资，当市场利率下降时，再采用长期债券或长期借款的方式进行筹资。

4. 税收环境

企业必须交纳所得税，但债务筹资发生的利息费用以及固定资产的折旧费用可以抵税，这就为企业带来一部分额外收益。那么固定资产折旧期限越短，折旧额越大，企业抵税收益越大、筹资需要量就少。同时如果所得税税率越高，企业举债的好处就越大，当然，这里并不是提倡提高企业的所得税税率，这只是相对发行股票融资而言，因为股利是不具有抵税功能的，而且还要交税。国家应该按不同的企业规定、不同档次划定税率为宜。

5. 贷款人与信用等级评定机构的态度

虽然企业总是希望通过负债筹资来获取财务杠杆收益，但贷款人与信用等级评定机构的态度是不容忽视的，它们在企业负债筹资中往往起着决定性作用。通常企业都会与贷款人共同商讨其资本结构，并且对他们提出的意见予以充分重视，如果企业过度的利用负债资本，贷款人未必会接受超额贷款的要求，或者只在相当高的利率下才同意增加贷款。同时，信用等级评定机构对企业的等级评定往往在企业扩大融资和选择融资种类方面会产生重大的影响。

6. 法律环境

企业筹资的发展需要有一个健全的法律环境作为保障。随着企业筹资自主权不断扩大，金融市场日益发展完善，企业筹资渠道和筹资方式不断增多。在这种情况下，管理企业的金融活动不仅要依靠行政手段，更重要的是要借助法律即金融体制这一有力工具。企业在筹资过程中，需要依靠健全的金融法制维护资金供应者、需求者以及中介人的合法权益，并对其筹资加以约束规范。

（二）企业的内部影响因素

1. 企业的商业风险

实际上企业资本结构决策中包含两层含义，那就是企业盈利能力以及它的经营风险。一般我们获得的都是企业的历史资料，当然也可以从市场调查中获取一些当前情况，以便作为预测将来的决策依据。一般讲，销售收入稳定性受到市场竞争、企业的行业状况等多方面因素影响，而企业的销售收入增长率除受上述类似一些因素影响外，更受到企业的发展趋势影响。企业未来销售收入率是衡量企业每股收益(EPS)受杠杆效应影响的主要指标。如果销售收入和收益的增长率超过一定限度，当固定费用一定时，负债筹资对股票报酬有扩大效应。而同时，销售收入和收益增长率达到一定水平时，普通股价格也会上涨，这就为权益资本筹资创造了有利的条件。因此，在资本结构决策时需要管理者在权益和负债筹资之间进行权衡。企业销售收入及收益越稳定，其承受低风险负债的固定费用的能力就越强，其偿付能力要大于销售收入波动较大的企业或行业，因此可以适当提高负债比率。

2. 企业的规模大小

企业规模的大小会影响企业筹资，如果企业规模大、其经济实力、竞争能力和抗风险能力相对来说略强于小规模的企业，其偿债能力就相对较强，资本负债率就可能高些。从贷款人的心理来讲，他宁愿把钱贷给规模大的企业，也不愿借给小企业，因为假如双方都破产的话，前者的资产也会大于后者，俗话说瘦死的骆驼比马大。

3. 企业的抵押价值

一个企业的抵押价值越大，破产变卖资产时的资产重估的损失就越小，就会减少破产成本。另外在以担保取得负债资金时，抵押价值大的企业无疑容易得到资金，并且融资成本较小，信誉较高。比方说那些资产适用于作为抵押贷款的企业的负债额较大，如房地产企业的抵押贷款相当高，而以技术研究开发为主的企业则负债额较少，另外无形资产比例大的企业，其破产的风险较大，资产负债率要低，无形资产比例小的企业，其资产负债率可适当提高些。总之，抵押价值大的企业具有较高负债率的可能性大。

4. 企业的财务弹性

财务弹性是指在不利经济条件下，在适当期限内提高企业资本比例的能力。企业在确定目标资本结构时，必须对资金潜在的未来需求以及资金短缺的后果作出正确的分析和判断。企业产生现金的能力强，未来现金流入、流出在数量上和时间上比较均衡，财务状况稳定，则债务还本付息时支付现金的压力就小，其举债筹资能力强，资本结构中债务资本的比例相应就可以较大。

5. 企业的增长速度

企业的增长速度是表明企业整体实力的重要标志，是资本结构决策的重要前提。改革开放以来，经济增长速度快，企业需要大量的资金投入，为了满足资金需要，企业不得不对外负债，因为仅靠内部资金已不能满足需要。经济增长速度慢，资金需要量小，则可能只用留存收益来补充资本就足够了。

6. 企业的控制权

对于企业发行债券，只要到期还本付息就可以了，除非还不起债，企业与债权人达成协议，把债权转为股权。而发行股票，这里指的是普通股，会稀释原来股东的权利。就普通股股东或管理者而言，总希望维持对企业的控制权，当企业以发行普通股方式筹资时，由于新股东的加入，有可能改选董事，更换企业管理人员，从而影响对企业的控制。

7. 企业的资产结构

企业资本结构的稳定性和安全性，取决于资产结构与资本结构的对称性，即通过分析资产的流动性或变现能力与负债偿还压力的对称性，判断现有资本结构是否合理。一旦结合资产结构分析资本结构就会发现，单独分析资本结构是对既定风险的稀释或加强。例如分析资本结构特有的比率可能存在较小风险，如果长期资本比重大但长期资产比重大且周转期超出负债的偿还期限，企业面临的财务风险会加大，所以必须结合资产结构与资本结构的对称性来分析资本结构。

8. 企业承担的社会责任

大中型企业，尤其是与人们生活密切相关的企业，有责任持续地向社会提供产品和服务。因此，它们比较注重企业经营的长期稳定性，在确定资本结构时常采取限制负债增加的策略，以确保企业经营的长期稳定，更好地履行其社会职责；而对于小企业，承担的社会责任小，会冒一定财务风险加大负债比例，只要投资利润率大于利息率，它就会去做。

9. 企业的经营周期

企业的经营周期包括投入、成长、成熟、衰退四个阶段。在企业的投入期，产品刚刚打入市场，生产销售受限制，这时负债比率应低一些；在企业的成长期，产品占有了小部分市场，企业生产销售扩大，有发展前景，应适当扩大负债比率；当企业处于成熟阶段，产品渐渐趋于饱和，生产销售状况稳定，但预期的销售会有所下降，所以企业应该适当下调负债率；当企业处于衰退期，产品开始渐渐失去市场，生产销售滑坡，应压缩负债规模，寻找新的产品，重新开拓新出路。

10. 企业所有者和经营者的态度

管理风格主要表现在对两个因素的态度上：一是对公司控制权的态度：另一个是对风险的态度。因此，公司所有者和经营者的态度及管理风格对公司筹资的选择会产生直接的影响，从而也影响到公司资本结构决策。

二、资本结构决策的标准

资本结构决策的标准通常被认为：

（1）有利于最大限度地增加所有者的财富，能使企业价值最大化。因为财务目标的理念任何时刻都影响着企业的财务行为，资本结构决策也不例外；

（2）企业的加权平均资金成本最低。

由此，我们在讨论资本结构决策、调整负债与所有者权益之间的比例时，往往采用三种方法：① 企业价值最大判断法；② 加权平均资金成本最低判断法；③ 无差异点分析法。前两种又可合并成一种，因为普遍认为，资金成本最低，就是企业价值最大。

事实上，无论哪一种方法的资本结构决策，都不可避免地面临这样的问题，即在进行资本结构决策时，融资方式与渠道的选择是开放的，选择何种方式，主要取决于企业的财务分析，而没有过多地考虑资本市场的准入问题。似乎资本市场的进入也是开放的，其实并不然。

现实中的企业，不可能总是在要通过资本市场融资时调整资本结构。在企业的日常经营中，也同样面临许多资本结构决策的问题。如果利用前述的方法，显然将受到现实中资本市场诸多约束条件的制约。因此，当企业进行资本结构决策时，不可能任何时刻均会在股票与债券之间反复权衡。也就是说，在这种情况下，企业的资本结构决策将更多地依赖于本身资产活性的激活，因为事实上，企业要进行筹资时，除了因为规模扩张、资金不够外，主要在于流动资金过多被占用，资产活性不强，其运作能力、变现能力、收益能力不高。因此，在企业的日常经营中，企业资本结构决策时应拓宽决策的方式和渠道。

三、每股收益分析法

判断资本结构合理与否的一种方法是分析每股收益的变化。这种方法假定能提高每股收益的资本结构是合理的；反之则不够合理。由此前的分析已经知道，每股收益的高低不仅受资本结构(有长期负债融资和权益融资构成)的影响，还受到销售水平的影响。为合理处理以上三者的关系，就需要运用融资的每股收益分析方法。

每股收益分析是利用每股收益的无差别点进行的。所谓每股收益的无差别点，指每股收益不受融资方式影响的销售水平。根据每股收益无差别点，可以分析判断在什么样的销售水平下采用何种筹资方式。

每股收益无差别点可以通过计算得出。每股收益 EPS 的计算为：

$$EPS=\frac{(S-VC-F-I)(1-T)}{N}=\frac{(EBIT-I)(1-T)}{N}$$

式中：S 为销售额；VC 为变动成本；F 为固定成本；I 为债务利息；T 为所得税税率；N 为流通在外的普通股股数；EBIT 为息前税前盈余。

在每股收益无差别点上，无论是采用负债融资，还是采用权益融资，每股收益都是相等的。若以 EPS_1 代表负债融资，以 EPS_2 代表权益融资，有：

$$EPS_1=EPS_2$$

$$\frac{(S_1-VC_1-F_1-I_1)(1-T)}{N_1}=\frac{(S_2-VC_2-F_2-I_2)(1-T)}{N_2}$$

在每股收益无差别点上，$S_1=S_2$，则：

$$\frac{(S-VC_1-F_1-I_1)(1-T)}{N_1}=\frac{(S-VC_2-F_2-I_2)(1-T)}{N_2}$$

能使上述公式条件成立的销售额(S)，即为每股收益无差别点销售额。

【例 8－5】 某公司原有资本 700 万元，其中债务资本 200 万元(每年负担利息 24 万元)，普通股资本 500 万元(发行普通股 10 万股，每股面值 50 元)。由于扩大业务，需追加筹资 300 万元，其筹资方式有两种：

一是全部发行普通股：增发 6 万股，每股面值 50 元；

二是全部筹借长期债务：债务利率仍为 12%，利息 36 万元。

公司的变动成本率为 60%，固定成本为 180 万元，所得税税率为 33%。

将上述资料中的有关数据代入条件公式：

$$\frac{(S-0.6S-180-24)(1-33\%)}{10+6}=\frac{(S-0.6S-180-24-36)(1-33\%)}{10}$$

$$S=750(\text{万元})$$

此时的每股收益额为：

$$\frac{(750-750\times0.6-180-24)(1-33\%)}{16}=4.02(\text{元})$$

上述每股收益无差别分析，如图 8－10 所示。

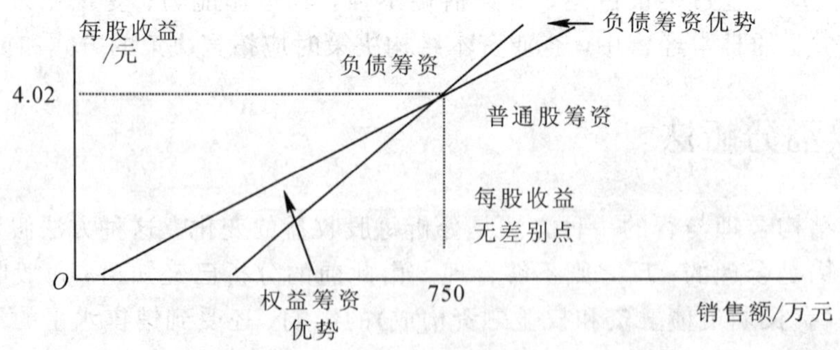

图 8－10　每股收益无差别分析图

从图 8－10 可以看出，当销售额高于 750 万元(每股收益无差别点的销售额)时，运用负债筹资可获得较高的每股收益；当销售额低于 750 万元时，运用权益筹资可获得较高的每股收益。

四、资本成本比较法

以上我们以每股收益的高低作为衡量标准对筹资方式进行了选择，这种方法的缺陷在于没有考虑风险因素。从根本上讲，理财的目标在于追求公司价值的最大化或股价最大化。然而只有在风险不变的情况下，每股收益的增长才会直接导致股价的上升，实际上经常是随着每股收益的增长，风险也加大。如果每股收益的增长不足以补偿风险增加所需的报酬，尽管每股收益增加，股价仍然会下降。所以，公司的最佳资本结构应当是可使公司的总价值最高，而不一定是每股收益最大的资本结构。同时，在公司总价值最大的资本结构下，公司的资本成本也是最低的。

公司的市场总价值 V 应该等于其股票的总价值 S 加上债券的价值 B，即：

$$V=S+B$$

假设公司的经营利润是可以永续的，股东和债权人的投入及要求的回报不变，股票的市场价值则可表示为：

$$S=\frac{(\text{EBIT}-I)(1-T)}{K_s}$$

式中，EBIT 为息前税前盈余；I 为年利息额；T 为公司所得税税率；K_S 为权益资本成本。

采用资本资产定价模型计算股票的资本成本 K_S：

$$K_S=R_S=R_F+\beta(R_m-R_F)$$

式中，R_F 为元风险报酬率；β 为股票的贝他系数；R_m 为平均风险股票必要报酬率。

而公司的资本成本，则应用加权平均资本成本(K_w)来表示，其公式为：

$$\begin{matrix}\text{加权平均}\\\text{资本成本}\end{matrix}=\begin{matrix}\text{税前债务}\\\text{资本成本}\end{matrix}\times\begin{matrix}\text{债务额占总}\\\text{资本的比重}\end{matrix}\times(1-\begin{matrix}\text{所得税}\\\text{税率}\end{matrix})+\begin{matrix}\text{权益资}\\\text{本成本}\end{matrix}\times\begin{matrix}\text{股东权益占}\\\text{总资本比重}\end{matrix}$$

$$K_w=K_b\left(\frac{B}{V}\right)(1-T)+K_s\left(\frac{S}{V}\right)$$

式中，K_b 为税前的债务资本成本。

【例 8-6】 某公司年息前税前盈余为 500 万元，资金全部由普通股资本组成，股票账面价值 2000 万元，所得税税率 40%。该公司认为目前的资本结构不够合理，准备用发行债券购回部分股票的办法予以调整。经咨询调查，目前的债务利率和权益资本的成本情况如表 8-4 所示。

表 8-4 不同债务水平对公司债务资本成本和权益资本成本的影响

债券的市场价值 B/百万元	税前债务资本成本 K_b(%)	股票 β 值	无风险报酬率 R_F(%)	平均风险股票必要报酬率 R_m(%)	权益资本成本 K_s(%)
0	—	1.20	10	14	14.8
2	10	1.25	10	14	15
4	10	1.30	10	14	15.2
6	12	1.40	10	14	15.6

续表

债券的市场价值 B/百万元	税前债务资本成本 K_b(%)	股票 β 值	无风险报酬率 R_F(%)	平均风险股票必要报酬率 R_m(%)	权益资本成本 K_s(%)
8	14	1.55	10	14	16.2
10	16	2.10	10	14	18.4

根据表 8-4 的资料，即可计算出筹借不同金额的债务时公司的价值和资本成本(见表 8-5)。

表 8-5 公司市场价值和资本成本

债券的市场价值 B/百万元	股票的市场价值 S/百万元	公司的市场价值 V/百万元	税前债务资本成本 K_b(%)	权益资本成本 K_s(%)	加权平均资本成本 K_w(%)
0	20.27	20.27	—	14.8	14.80
2	19.20	21.20	10	15	14.15
4	18.16	22.16	10	15.2	13.54
6	16.46	22.46	12	15.6	13.36
8	14.37	22.37	14	16.2	13.41
10	11.09	21.09	16	18.4	14.23

从表 8-5 中可以看到，在没有债务的情况下，公司的总价值就是其原有股票的市场价值。当公司用债务资本部分地替换权益资本时，一开始公司总价值上升，加权平均资本成本下降；在债务达到 600 万元时，公司总价值最高，加权平均资本成本最低；当债务超过 600 万元后，公司总价值下降，加权平均资本成本上升。因此，债务为 600 万元时的资本结构是该公司的最佳资本结构。

本章小结

(1) 固定成本在销售收入中的比重大小，对企业风险有重要影响。在某一固定成本比重的作用下，销售量变动对息税前利润产生的作用，被称为经营杠杆。经营杠杆的大小一般用经营杠杆系数表示，它是企业计算利息和所得税之前的盈余(简称息前税前盈余)变动率与销售量变动率之间的比率。

(2) 财务风险是指全部资本中债务资本比率的变化所带来的风险。当债务资本比率较高时，投资者将负担较多的债务成本，并经受较多负债作用所引起的收益变动的冲击。从而加大财务风险；反之，当债务资本比率较低时，财务风险就小。债务对投资收益的影响称为财务杠杆，财务杠杆系数表明的是息前税前盈余增长所引起的每股收益的增长幅度。

(3) MM 理论构成了现代资本结构理论的基石，此后的资本结构理论在逐步解除和放松 MM 理论假设条件的基础上，展开了更深入和更接近于实践的研究，并形成了各种流派和理论。

(4) 资本结构是公司理财的一项核心内容，其最终目的是确定最优资本结构。所谓最优资本结构是指能使企业综合资本成本最低、企业价值最大的资本结构。分析最优资本结构的方法一般有每股收益分析法和资本成本比较法两种方法。

重要概念：

MM 定理　经营杠杆　财务杠杆　资本结构　财务风险　权衡理论　啄序理论

练 习 题

1. 在支付公司所得税的情况下，财务困境成本与代理成本如何影响 MM 理论？

2. 企业处理财务困境的方法有哪些？

3. 什么是直接财务危机成本？什么是间接财务危机成本？

4. 权衡理论对于企业资本结构有什么启示？

5. 是否可以很容易辨认出使公司价值最大化的负债权益比，为什么？

6. 某公司目前正在考虑融资问题，如果全部为股权融资，资本成本为 10%；如果负债经营，则发行 2000 万元、利率为 6% 的债务，剩余部分为普通股。预计公司的 EBIT 为 600 万元。MM 理论的所有假设条件都成立。(1) 两种资本结构下企业价值分别是多少？(2) 负债经营时，股东要求的收益率是多少？(3) 两种资本结构下企业的加权平均资本成本分别是多少？

7. 接上题，考虑企业所得税，税率为 25%。计算：(1) 两种资本结构下企业价值分别是多少？(2) 负债经营时，股东要求的收益率是多少？(3) 两种资本结构下企业的加权平均资本成本分别是多少？

8. 某公司原有资本 700 万元，其中债务资本 200 万元(每年负担利息 24 万元)，普通股资本 500 万元(发行普通股 10 万股，每股面值 50 元)。由于扩大业务，需追加筹资 300 万元，假设没有筹资费用，其筹资方案有以下三种：

方案一：全部按面值发行普通股，增发 6 万股，每股发行价 50 元；

方案二：全部增加长期借款，借款利率仍为 12%，利息 36 万元；

方案三：增发新股 4 万股，每股发行价 47.5 元；剩余部分用发行债券筹集，债券按 10% 溢价发行，票面利率为 10%。

公司的变动成本率为 60%，固定成本为 180 万元，所得税税率为 25%。使用每股收益无差别点法计算，确定公司应当采用哪种筹资方式？

9. A 公司发行了 30 万股股票，每股 10 元，预期收益为 48 万元。若公司要发行 100 万负债，回购权益。负债的利率为 14%，市场假设不存在税收。则 A 公司发行负债后的负债权益比是多少？A 公司发行负债后的权益期望收益率是多少？

10. Janetta 集团公司每年股息税前利润(EBIT)为 750 000 美元，并且预计这项利润将能永远保持该水平。公司无财务杠杆权益资本成本为 15%，而公司税率为 35%。公司同时还发行了永续债券，市场价值为 150 万美元。请问公司价值是多少？

案例

MM理论与中国的融资实践

总的来说，就目前的市场环境而言，中国公司的融资偏好尚有别于MM理论及西方筹资顺序理论的预测。首先，在上市公司绝大部分股票不能流通而流通股股价偏高的情况下，通常作为非流通股持有者的大股东，从提高自身利益出发更偏爱股权融资；其次，中国公司的融资方式经常受到外部因素如政府经济政策及其执行情况的影响，公司债市场尚很不发达。相当多公司的融资方式可归结以下模式：不让增发则搞配股；不让配股则发可转债；如果这些方法行不通，则考虑向银行贷款。

基于中国证券市场的现实环境，中国上市企业更有可能遵循这样一个独特的融资顺序：留存利润—股票—债务—银行贷款。与西方标准顺序融资模式比较，股权与债权的优先顺序被颠倒了，这反映了我国资本市场的特殊性，以及这种特殊性下产生的上市公司特有的治理结构。较多的学者从比较股权融资和债权融资成本这一思路研究是否存在股权融资偏好：黄少安、张岗(2001)认为中国上市公司股权融资的成本大大低于债权融资成本，导致上市公司存在股权融资偏好，并从控制和政策因素角度探讨了上市公司的股权融资偏好的形成原因。沈艺峰和田静(1999)计算了1995—1997年百货类上市公司的融资成本。陈晓和单鑫(1999)以平衡理论为根据，以1997年的81家上市公司为样本，检验了债务融资是否会增加融资成本。谭峻和吴林祥(2002)计量了上市公司过度融资对上市公司业绩和股价的影响。郑江淮等(2001)从股权结构的角度实证分析上市公司大股东持股不能流通时，如果能以高于每股净资产的价格发行新股或配股，大股东将由于每股净资产的提高而从中受益。吴淑琨(2003)讨论了非流通股股东将优质资产剥离上市后，是选择监管策略从上市公司绩效中获得收益，还是选择侵害策略从流通股股东处获得收益。李善民等(2000)分析了制度和公司内部代理关系等资本结构的影响因素，认为中国上市公司可能会遵循一个“留存收益——股票——负债”的融资优先顺序。刘星(2000)则验证了影响我国上市公司融资策略和资本结构的公司内部影响因素。

请思考：

为什么在中国市场中，上市公司会出现股权融资偏好的现象？这一现象主要是由什么因素造成的？

第九章　股 利 政 策

学习目标

1. 掌握利润分配的原则和对象
2. 掌握股利政策的含义和类型
3. 了解公司股利支付的程序和方式
4. 理解公司股利政策理论含义
5. 掌握股票股利、股票分割和股票回购的概念

引例

现金流量稳定且增长机会有限的成熟公司常常给股东以大量的现金回报，这既可以通过股息分配，也可以通过使用现金回购公司普通股来实现。与之相反，有很好投资机会的快速增长公司更愿意将它们大多数的可用现金投资于新的项目，而不愿意支付股利或进行股票回购，长期被看作增长公司典范的微软，就证明了这一模式。

微软公司销售收入从 1989 年的 7.86 亿美元增长到 2002 年 6 月 30 日的 283.65 亿美元，这意味着微软每年的增长率接近 32%，由于在此期间，微软利润的增长大多数用于新产品和新技术的投资,即更注重增长，微软并没有支付股息。

2003 年以后，市场饱和与竞争导致销售收入增长放缓，于是微软决定开始向投资者支付股利，每股支付 8 美分股利，这也被誉为“启动式的股利”。随后，在 2004 年 7 月 20 日，微软宣布计划发放历史上最大额度的单笔现金股利：一次性支付 320 亿美元给所有在 2004 年 11 月注册的股东，平均每股 3 美元，这一股利政策震撼了整个金融市场。除此之外，微软还宣布在未来 4 年内花费超过 300 亿美元进行股票回购。

本章中，我们将探讨为什么有些公司倾向于支付股利、而有些公司完全不支付股利只进行股票回购、股利政策会受到哪些因素影响等问题。

第一节　利润分配概述

利润分配是企业按照国家有关法律、法规以及企业章程的规定，在兼顾股东与债权人及其他利益相关者的利益关系基础上，将实现的利润在企业与企业所有者之间、企业内部的有关项目之间、企业所有者之间进行分配的活动。利润分配决策是股东当前利益与未来发展之间权衡的结果，将会引起企业的资金存量与股东权益规模及结构的变化，也将对企业内部的筹资活动和投资活动产生影响。

一、利润分配的基本原则

利润分配是企业的一项重要工作，它关系到企业、投资者等有关各方的利益，涉及企

业的生存与发展。因此，企业在利润分配的过程中，应当遵循以下原则。

（一）依法分配原则

企业利润分配的对象是企业缴纳所得税后的净利润，这些利润是企业的权益，企业有权自主分配。国家有关法律、法规对企业利润分配的基本原则、一般次序和重大比例也作了较为明确的规定，其目的是为了保障企业利润分配的有序进行，维护企业和所有者、债权人以及职工的合法权益，促使企业增加积累，增强风险防范能力。国家对有关利润分配制定了相应的法律、法规，企业必须依法办事。

（二）资本保全原则

资本保全是责任有限的现代企业制度的基础性原则之一，企业在分配中不能侵蚀资本。利润的分配是对经营中资本增值额的分配，不是对资本金的返还。按照这一原则，一般情况下，企业如果存在尚未弥补的亏损，应首先弥补亏损，再进行其他分配。

（三）充分保护债权人利益原则

按照风险承担的顺序及合同契约的规定，企业必须在利润分配之前偿清所有债权人到期的债务，否则不能进行利润分配。同时，在利润分配之后，企业还应该保持一定的偿债能力，以免产生债务危机，危及企业生存。此外，企业在与债权人签订某些长期债务契约的情况下，其利润分配政策还应征得债权人的同意或审核方能执行。

（四）多方及长短期利益兼顾的原则

利益机制是契约机制的核心，而利润分配的合理与否是利益机制最终能否持续发挥作用的关键。利润分配涉及投资者、经营者、职工等多方面的利益，企业必须兼顾，并尽可能地保持稳定的利润分配。在企业获得稳定增长的利润后，应增加利润分配的数额或百分比。同时，由于发展及优化资本结构的需要，除依法必须留用的利润外，企业仍可以出于长远发展的考虑，合理留用利润。在积累与消费关系的处理上，企业应贯彻积累优先的原则，合理确定提取盈余公积金和分配给投资者利润的比例，使利润分配真正成为促进企业发展的有效手段。

二、利润分配的项目

按照我国《公司法》的规定，公司利润分配的项目包括法定公积金和股利两个部分。

1. 法定公积金

法定公积金从净利润中提取形成，用于弥补公司亏损、扩大公司生产经营或者转为增加公司资本。公司分配当年税后利润时应当按照10%的比例提取法定公积金；任意公积金的提取由股东大会根据需要决定；当法定公积金累计金额达到公司注册资本的50%时，可以不再提取。

2. 股利

这里的股利指向投资者分配的利润。公司向股东支付股利，要在提取公积金之后。股利的分配应当以股东持有的股份数额为依据，即每一股东取得的股利与其持有的份额成正比。

原则上，股份有限公司应从累计盈利中分派股利，无盈利不得支付股利，即“无利不分”的原则。特殊情况，在公司用公积金抵补亏损后，为维护其股票信誉，经股东会或股东大会特别决议，也可用公积金支付股利。

三、利润分配的顺序

公司向股东分派股利，应按照一定的分配顺序进行。按照我国《公司法》的有关规定，利润分配应按下列顺序进行：

（1）计算可供分配利润。可供分配利润等于本年利润（亏损）与年初未分配利润（亏损）之和。

如果可供分配利润为负数（即亏损），则不能进行后续分配；如果可供分配利润为正数（即本年累计盈利），则进行后续分配。

（2）计提法定公积金。按照抵减年初累计亏损后的本年净利润提取法定公积金。提取公积金的基数，不一定是可供分配利润，也不一定是本年的税后利润。只有不存在年初累计亏损时，才能按本年税后利润计算应提取数。这种“补亏”是按照账面数字进行的，与所得税法的亏损后转无关，关键在于不能用资本发放股利，也不能在没有累计盈余的情况下提取公积金。

（3）提取任意公积金。在提取法定公积金后，公司可以根据股东大会决议提取任意公积金。

（4）向股东分配股利。按照股东大会决议，进行股利分配。

另外，公司股东会或者董事会违反上述利润分配顺序，在抵补亏损和提取法定公积金之前向股东分配利润的，必须将违反规定发放的利润退还公司。

第二节　公司股利政策

股利分配既决定给股东分配多少红利，也决定有多少净利留在企业。减少股利分配，会增加保留盈余，这相当于把股东投资的报酬作为对企业的再投资，从而减少了外部筹资需求。在确定如何分配股利时，需考虑以下两点：①公司最重要的目标是股东价值最大化；②公司的现金流量实际上属于股东所有。因此，公司应当避免保留收入，除非管理者再投资的收益率高于股东自己用这些现金进行同样风险投资的收益率。

一、股利政策类型

（一）剩余股利政策

【例 9-1】 A 公司 2013 年末税后利润为 900 万，2014 年年初公司讨论决定股利分配的数额时，遇到如下问题：公司预计今年需要增加投资资本（即净经营资产总计增加额）

800 万，公司的目标资本结构是权益资本占 80%，债务资本占 20%，2014 年打算维持不变。按法律规定，公司需至少提取 10%的法定公积金。不考虑公司以前年度未分配利润，请问：公司该如何制定股利分配方案呢？

要回答这个问题，需了解剩余股利的分配方式政策。

如以上案例提到的问题，公司股利分配与其资本结构相关，而资本结构又是由投资所需要的资金构成的。因此，股利政策要受到投资机会以及资本成本的双重影响。剩余股利政策就是在公司有着良好的投资机会时，根据一定的目标资本结构，测算出投资所需的权益资本，先从盈余中留用，然后将剩余的盈余作为股利予以分配。

解决例 9－1 问题的步骤如下：

(1) 确定资本结构：权益资本 80%；

(2) 确定目标资本结构下投资所需的股东权益数额：800×80%＝640(万元)；

(3) 投资方案所需权益资本已经满足后若有剩余，再将其作为股利发放给股东，提取公积金后的金额为 900×(1－10%)＝810(万元)，剩余为 810－640＝170(万元)。

因此，A 公司 2014 年股利分配为 80 万元。

(二) 固定或持续增长股利政策

【例 9－2】 B公司股本为 1000 万股，假设股本保持不变，2013 年年初未分配利润为 0，2013 年度净利润为 2000 万，B 公司每股分配股利固定，为每股 1 元，按法律规定，公司需至少提取 10%的法定公积金。请问：B 公司该如何制定股利分配方案？

固定或持续增长的股利政策要求公司将每年发放的股利固定在某一相对稳定的水平，并在短时间内保持不变，只有当公司认为未来盈余水平会显著地、不可逆转地增长时，才增加年度的股利发放额。图 9－1 可以清晰地反映出固定或持续增长股利政策的特点。

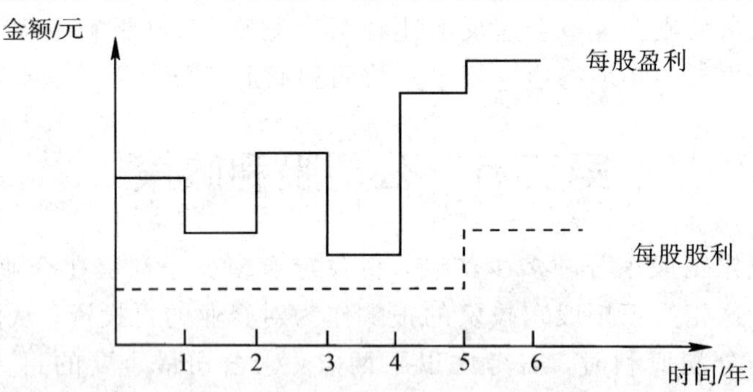

图 9－1 固定或持续增长股利政策

根据固定或持续增长的股利政策特点，例 9－2 的结论是：

提取法定公积金：2000×10%＝200(万)；

股利分配为：1000 万股×1 元/股＝1000(万元)；

留存金额为：2000×(1－10%)－1000＝800(万元)。

(三) 固定股利支付率政策

【例 9－3】 C公司股本为 1000 万股，公司奉行的是固定股利支付率政策，2013 年度净利润为 2000 万元，每股盈利为 2 元，股利支付为每股盈利的 60%，股利支付为每股 1.2 元；2014 年度净利润为 3000 万，每股盈利为 3 元，则 2014 年度每股股利支付为 1.8 元。

解决本问题首先要明白固定股利支付率政策的特点。固定股利支付率政策，是指公司确定股利占盈余的比率并长期按此比率支付股利的政策。在这种股利政策下，隔年股利随公司经营业绩的好坏上下波动，获得盈余高的年份股利高，获得盈余低的年份股利低，容易造成公司不稳定的感觉，对股票价格不利。这一点从例 9－3 也可以看出，2013 年每股支付股利 1.2 元，2014 年每股支付股利 1.8 元。

（四）低正常股利加额外股利政策

由于固定股利政策并不符合剩余股利理论，且股利的支付与公司盈余脱节，在盈余较低时仍然要支付固定股利，可能导致公司资金短缺，导致财务状况恶化；而固定股利支付率政策又容易导致股利变动较大，容易造成公司不稳定的感觉，对稳定股利价格不利。

低正常股利加额外股利政策，是公司一般情况下每年只支付固定的、数额较低的股利，在盈余多的年份，根据实际情况向股东发放额外股利。但额外股利并不固定化，并不意味着公司永久地提高了规定的股利率。

二、股利政策的衡量

（一）剩余股利政策

奉行剩余股利政策，意味着公司只将剩余的盈余用于发放股利，这样做的主要理由是：为了保持理想的资本结构，使公司的加权平均资本成本最低。如例 9－1 提到的，公司可以将提取法定公积金后的 900×(1－10%)＝810 万元全部用于股利分配，也可以留在公司用作投资。全部用于股利分配，然后公司再去筹借债务，或者将全部盈余留作投资，都会破坏目标资本结构，从而使得加权平均资本成本提高，不利于提高公司的价值(估价)。

（二）固定或持续增长股利政策

采用本政策的主要目的是避免由于出现经营不善而削减股利的情况，采用这种股利政策的理由在于：

(1) 稳定的股利向市场传递着公司正常发展的信息，有利于树立公司良好形象，增强投资者对公司的信心，从而稳定股票价格；

(2) 稳定的股利有利于投资者安排股利收入和支出，而不稳定的股利会不受部分依赖股利的股东欢迎，股票价格会因此而下降；

(3) 稳定的股利政策可能会不符合剩余股利理论，使得偏离目标资本结构。

（三）固定股利支付率政策

支持该股利政策的人认为，公司的股利支付应该与公司的盈余紧密结合，以体现多赢多分、少赢少分、无赢不分的原则，才算真正公平地对待了每一位股东。但是，在这种政策下，公司每年的股利变动较大，容易给人造成不稳定的感觉，对稳定股价不利。

（四）低正常股利加额外股利政策

这种股利政策使公司具有较大的灵活性。当公司盈余较少或投资需要较多资金时，可以维持设定的较低但正常的股利，股东不会有股利跌落感；而当盈余有较大幅度增加时，则可适度增发股利，把经济繁荣的部分利益分配给股东，使他们增强对公司的信心，有利于稳定股票价格。这种股利政策可使那些依靠股利度日的股东得到比较稳定的收入，从而吸引这部分股东。

三、股利政策的限制因素

前面探讨了股利政策的类型以及各自特点，具体采取何种股利政策是由管理层决定的，但就现实生活而言，公司的股利分配在其决策过程中会受到诸多主观与客观因素的影响，影响股利分配政策的主要因素有：

（一）有关法律的限制

为了保护债权人和股东的利益，有关法规对公司的股利分配经常作如下限制：

1. 资本保全

规定公司不能用资本(包括股本和资本公积)发放股利；

2. 企业积累

规定公司必须按净利润的一定比例提取法定公积金；

3. 净利润

规定公司年度累计净利润必须为正数时才可发放股利，以前年度亏损必须足额弥补；

4. 超额累积利润

由于股东接受股利缴纳的所得税高于其进行股票交易的资本利得税，于是许多国家规定公司不得超额累积利润，一旦公司的保留盈余超过法律认可的水平，将被加征额外税额。我国法律对公司累积利润尚未作出限制性规定。

（二）股东因素

公司的股利政策最终由代表股东利益的董事会决定，因此股东的要求将对股利分配产生影响。

1. 稳定的收入和避税

部分股东的收入主要来源于股利，因此他们往往要求公司支付稳定的股利。他们认为通过保留盈余引起股价上涨而获得资本利得是有风险的。若公司留存较多的利润，将受到这部分股东的反对。另外，由于股利收入的所得税高于股票交易的资本利得税，一部分股利收入较多的股东由于避税原因，往往反对公司发放较多的股利。

2. 控制权的稀释

公司支付的股利高，则意味着留存收益减少，这也意味着将来发行新股的可能性会增加。而发行新股必然会导致公司控制权的稀释，这可能遭到拥有公司控制权的股东们的反对。

（三）公司因素

股利的分配与公司盈余密切相关，因此，公司经营情况和能力将影响股利政策。

1. 盈余的稳定性

公司是否能获得长期稳定的盈余，是其股利决策的重要基础。盈余相对稳定的公司能够较好地把握自己，有可能支付比盈余不稳定的公司较高的股利；而盈余不稳定的公司一般采取低股利政策。对于盈余不稳定的公司来讲，低股利政策可以减少因盈余下降而造成的股利无法支付、股价急剧下降的风险，还可将更多的盈余再投资，以提高公司权益资本比重，减少财务风险。

2. 公司的流动性

支付较多的现金股利会减少公司的现金持有量，导致公司的流动性降低。公司要保持一定的流动性，不仅是公司经营所必需的，也是实施股利分配方案时必须考虑的因素。这里的流动性是指公司及时满足财务应付义务的能力。

3. 举债能力

具有较强举债能力的公司因其可以及时地筹措到所需现金，更有可能采取高股利政策；反之，举债能力弱的公司，则不得不多保留盈余，而采取低股利政策。

4. 投资机会

根据优序筹资理论，公司的筹资顺序是，先内源后外源，先债务后权益。因此，有着良好投资机会的公司，往往少发放股利，将大部分盈余用于再投资，这一点也是本章开篇案例中微软公司在其高速成长期的做法。反之，缺乏良好投资机会的公司，保留大量的现金会造成资金的闲置，倾向于支付较高的股利。因此，处于成长期的公司，多采用低股利政策；处于经营收缩期则采用高股利政策。

5. 资本成本

与发行新股相比，保留盈余不需花费筹资费用，是一种比较经济的筹资渠道。因此，从资本成本考虑，如果公司有扩大资金的需要，也应当采取低股利政策。

6. 债务需要

具有较高债务偿还需要的公司，可以通过举借新债、发行新股筹集资金偿还债务，也可以直接通过经营积累偿还债务。如果公司认为后者适当的话，将会减少股利的支付。

（四）其他限制

除了上述的因素以外，还有一些其他因素会影响公司的股利政策选择。

1. 债务合同约束

公司的债务合同，特别是长期债务合同，往往有限制公司现金支付程度的条款，这使公司只得采取低股利政策。

2. 通货膨胀

在通货膨胀的情况下，公司折旧基金的购买力水平下降，会导致没有足够的资金来源重置固定资产。这时盈余会被当作弥补折旧基金购买力水平下降的资金来源，因此在通货膨胀时期公司股利政策往往偏紧。

第三节 股利的支付程序与方式

一、发放现金股利的标准程序

发放股利的决策权掌握在公司董事会的手中，股利也只发放给在某一天登记在册的股东。如果公司宣布发放股利，就会成为公司一项不可撤销的负债。股利的发放程序如图9-2所示。

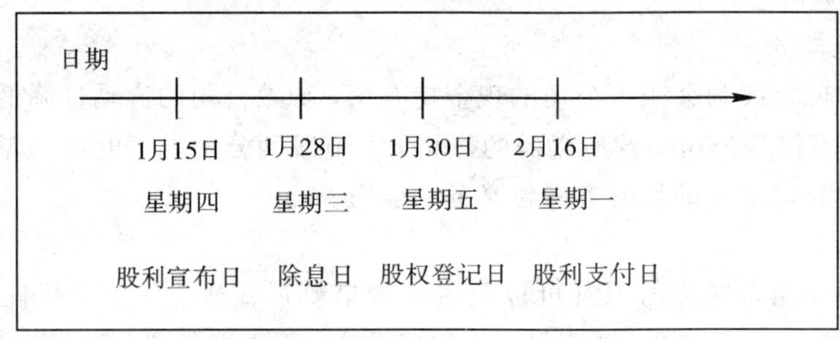

图9-2 股利发放的程序

1. 股利宣布日

股利宣布日即董事会宣布发放股利的日期。1月15日为股利宣布日，董事会通过决议定于2月16日向1月30日登记在册的所有股东发放股利。

2. 股权登记日

宣布发放的股利只分配给在这一天登记在册的股东，即只有在股权登记日这一天登记在册，才有资格领取本期股利。反之，如果是在1月30日这一天以后公司才收到投资者的购入股票通知书，则投资者将无权获得本期股利。

3. 除息日

除息日又称除权日，这一天，股票价格将不再含有股利。我国上市公司的除息日通常是在登记日的下一个交易日。这意味着除息日之前购买的股票价格中本身包含了本次派发的股利。因此，通常经过除息，调整上市公司每股股票对应的价值，以便投资者对股价进行对比分析，如图9-3所示。

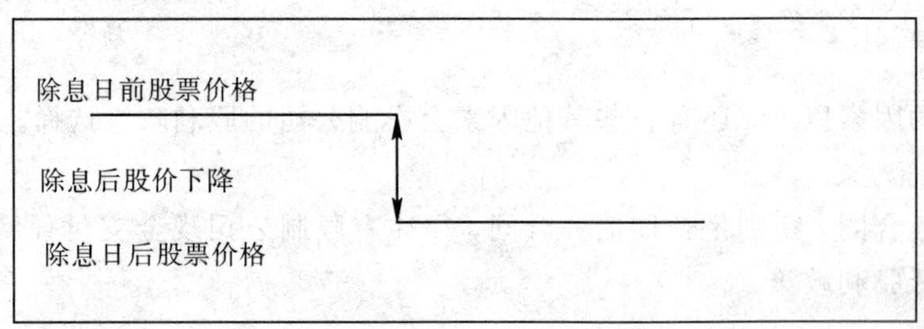

图9-3 股票价格除息示意图

4. 股利支付日

公司确定向股东正式发放股利的日期。一般情况下，公司会通过资金清算系统或其他方式于支付日将股利支付给股东。

二、股利支付的方式

1. 现金股利

顾名思义，股利通过现金来支付是股利的主要支付方式。发放现金股利将减少公司资产负债表上的现金和留存收益，因此公司支付现金股利除了要有累计盈余外，还要有足够的现金。

2. 股票股利

股票股利是一种以股票形式发放的股利。股票股利对企业来讲，没有现金流出企业，因此并不是真正意义上的股利，而只是增加流通在外的股票数量，同时降低股票的每股价值。

3. 财产股利

财产股利是指现金以外的其他资产进行支付的股利，主要是公司拥有的有价证券(股票、债券等)。

4. 负债股利

负债股利通常以公司的应付票据支付给股东，有时也通过发行公司债券抵付股利。

一般来讲，现金股利和股票股利为股利支付的最主要形式，但在实际应用中，公司支付股利的方式是现金或是股票、亦或二者兼有，均取决于公司的决策。目前来讲，财产股利和负债股利在我国公司实际中，很少使用，但这并非法律所禁止。

第四节 股利政策理论

股利分配作为公司理财的一部分，同样要考虑其对公司价值的影响。其核心问题是权衡公司股利支付决策与未来长期增长之间的关系，从而实现公司价值最大化。在股利分配对公司价值的影响这一问题上，存在两种不同的股利政策理论，即股利无关论与股利相关论。

一、完善资本市场假说——股利无关论

(一) 完善资本市场的特点

完善资本市场假说是指股票价格可以充分反映可用信息的资本市场，它对投资者和公司有以下重要含义：

(1) 投资者只能获得正常的收益率。因为在完善资本市场中，信息可以立即反映在价格中，因此等到信息披露后才意识到信息的价值，并不能使投资者获得好处。总之，在投资者进行交易之前，价格已经调整到位。

(2) 公司只能从出售的证券中获得预期得到的公允价值。“公允”的意思是说公司发行债券所收到的价格是其净现值。因此，在完善资本市场中，不存在通过愚弄投资者创造价

值的融资机会。

图 9－4 展示了股票价格的集中可能的调整方向：

第一，实线表示股票价格在有效市场采用的路线。在这种情况下，股票价格根据新的信息及时地进行调整，没有进一步变化。

第二，虚线描绘了延迟反应。市场在这里用了 20 天才完全吸收信息。最后，虚实线表明过度反应以及随后向真正价格的修正。虚线和虚实线表示在无效市场上股票价格可能采用的路线。如果股票价格要费时多日进行调整，适时买卖的投资者就可获利。

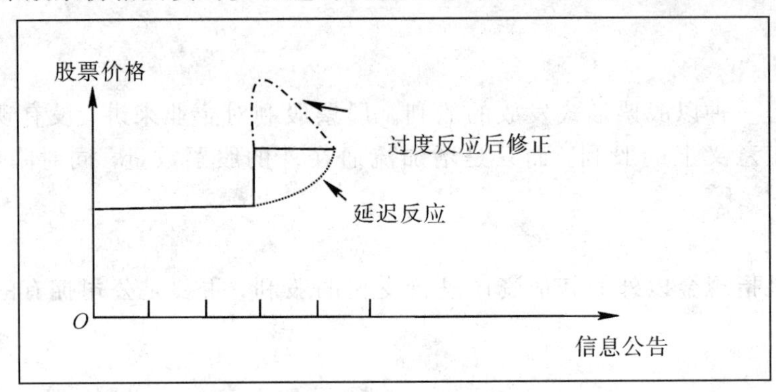

图 9－4　股价调整情况示意图

（二）完善资本市场的有效性条件

安德鲁·施莱弗（Andrel Sheifer）认为，只要具备理性、独立的理性偏差和套利三个条件中的任意一个，就可以导致市场的有效性。

1. 理性

假设所有投资者都是理性的，当市场发布新信息时，所有投资者都会以理性的方式调整自己对股价的估计。但这种假设的缺点是，要求所有人都表现出理性在现实中很难实现，但只要下面一条成立，市场仍然是完善的。

2. 独立的理性偏差

由于并非每个投资者都能对信息做出理性预期，但从整体上来讲，非理性乐观的人与非理性悲观的人在数量上大体相当。股价上涨很可能和市场有效预计的一致。因此，完善的市场并不要求理性的个人，而只需要各种非理性可以相互抵消。在这种情况下，市场依旧是完善的。

事实上，非理性偏差总可以被抵消并不现实。比如抵消后出现高估或低估，但是当以下条件成立时，市场依旧是完善的。

3. 套利

假设世界上只有两种人：非理性的业余投资者和理性的专业投资者。业余投资者容易受情感左右，有时会非理性地认为股价被低估，有时认为股价被高估。如果不同业余投资者的激情不能相互抵消，这些业余投资者自己就会把股价人为地推高或压低。

另一方面，专业投资者系统地、理性地进行交易。这部分人彻底地研究公司，清晰地估计股票价格，从而采取恰当的行动。如果股票价格被低估，这部分人就会买进股票。反之，则会卖出，从而产生套利行为。最终股票价格将依旧趋于完善资本市场的价格，即“公允”的价格。

（三）完善资本市场与股利无关论

从前面的分析可以看到，在完善资本市场下，股票价格充分反映了市场信息，即股价总是“公允”的。股利无关论认为股利分配对公司的市场价值不会产生影响，这一理论是由米勒（MERTON MILLER）与莫迪格利安尼（FRANCO MODIGLIANI）于1961年提出，其假设：

（1）没有公司所得税和个人所得税；

（2）没有股票的发行成本与交易成本；

（3）投资者对股利收益与资本利得收益具有同样的偏好；

（4）公司的投资决策与股利分配方案无关；

（5）投资者与公司管理人员对公司未来的投资机会具有同样的信息，即不存在信息不对称。

【例9－4】 设某公司全部资产均由股东权益构成，发行在外的普通股200 000股，2014年年底公司总价值4 000 000元。公司还将继续经营两年（2015年与2016年），两年后将清算关闭。公司的权益报酬率为20%，各项财务数据如表9－1所示。

表9－1　公司简化资产负债表

	2014年12月31日	2015年12月31日	2016年12月31日
总资产	4 000 000		
股东权益	4 000 000		
净利润		800 000	920 000

2015年年底，公司计划投资600 000元，该项投资2016年即可收回全部投资并产生20%的投资回报。筹资方案有三种：方案1，从2015年税后利润中提取；方案2，增发普通股；方案3，上述两种方案结合。公司最终考虑了两种方案：方案1，全部资金从2015年的税后利润中提取，公司股东将只得到余下的200 000元的现金股利；方案2，从2015年的税后利润中提取300 000元，余下的300 000元靠增发普通股新股筹集，公司股东将得到的500 000元的现金股利，两种方案如表9－2所示。

表9－2　现金股利分配方案

	方案1	方案2
内部现金总额	800 000	800 000
2015年现金股利	200 000	500 000
用于再投资的资金	600 000	300 000
2016年投资总额	600 000	300 000
外部筹措金额	0	300 000

公司新老股东从方案1、方案2中所得的收益如表9－3所示。

表 9-3 新老股东收益表

	方案 1		方案 2	
	总量	每股股利	总量	每股股利
2015 年 现金股利/元	200 000	1.00	500 000	2.50
2016 年				
清算时全部可分配的现金构成				
初始投资				
(A)老股东/元	4 000 000		4 000 000	
(B)新股东/元	0		300 000	
2015 年留存收益/元	600 000		300 000	
2016 年税后净利润/元	920 000		920 000	
减：分配给新股东的现金				
(A)初始投资	0		−300 000	
(B)税后利润(初始投资的 20%，元)	0		−60 000	
2016 年年底新老股东 可得到的现金/元	5 520 000	27.60	5160 000	25.80

由表 9-3 可知，根据方案 1，老股东在 2015 年年底每股股票可以得到 1.00 元(20 万元/20 万股)的现金股利。2016 年年底公司清算，全部价值为 2015 年年底(2016 年年初)公司股东权益价值 4 600 000 元(2014 年年底的 4 000 000 元加上 2015 年年底留下的 600 000 元净利润)加上 2016 年获得的 920 000 元 4600 000×20%的净利润，总计 5 520 000 元，平均每股 27.60 元。因此公司老股东 2016 年年底可以得到每股 27.60 元的现金收益。按照 20%的贴现率计算，2014 年年底时每股股票价格为

$$P_0=\frac{1.00}{1+20\%}+\frac{27.60}{(1+20\%)^2}=20\ (元)$$

根据方案 2，老股东在 2015 年年底和 2016 年年底每股股票分别可得到 2.50 元和25.80 元的现金收益，按照 20%的贴现率计算，2014 年年底时每股股票价格为

$$P_0=\frac{2.50}{1+20\%}+\frac{25.80}{(1+20\%)^2}=20\ (元)$$

由此可见，该公司股票价格与公司 2015 年的利润分配方案无关。

股利无关论认为：

(1) 投资者并不关心公司股利的分配。若公司留存较多的利润用于再投资，会导致公司股票价格上升；此时尽管股利较低，但需要用现金的投资者可以出售股票换取现金。若公司发放较多的股利，投资者可以利用现金再买入一些股票以扩大投资。也就是说，投资者对股利和资本利得并不偏好。

(2) 股利的支付率不影响公司的价值。既然投资者不关心股利的分配，公司的价值就完全由其投资政策及其获利能力决定，公司的盈余在股利和保留盈余之间的分配并不会影

响公司价值，既不会使公司价值增加，也不会使公司价值降低。

二、不完善资本市场——股利相关论

股利相关论认为公司的股利分配对公司市场价值有影响。在现实生活中，不存在无关论提出的假定前提，公司的股利分配是在种种制约因素下进行的，公司不可能摆脱这些因素的影响。由于存在种种影响对股利分配的限制，股利政策与股票价格就不是无关的，公司的价值或者说股票价格就不会仅仅由其投资的获利能力所决定。

股利无关论假设描述的是一种完善资本市场，在现实生活中，不存在无关论提出的假定前提，股利支付不是可有可无的，而是非常必要的，并且具有策略性。因为股利支付政策的选择对股票市价、公司的资本结构与公司价值以及股东财富的实现等都有重要影响，股利政策与公司价值是密切相关的。因此股利政策不是被动的，而是一种主动的理财计划与策略。股利相关论亦有不同的理论。

1. 税差理论

税差就是股利收益的税率高于资本利得的税率。税差理论认为，如果不考虑股票交易成本，分配股利的比率越高，股东的股利收益纳税负担会明显高于资本利得纳税负担，企业应采取低现金股利比率的分配政策。

如果存在股票的交易成本，甚至当资本利得税与交易成本之和大于股利收益税时，偏好定期取得股利收益的股东自然会倾向于企业采用高现金股利支付率政策。

该理论并没有明确提出应采用高现金股利还是低现金股利政策，主要强调了在“资本利得”和“股利收益”之间进行权衡。

2.“一鸟在手”理论

“一鸟在手”理论由戈登和林特纳提出。该理论认为股东的收入由两部分组成：一是股利；二是资本收益。由于股利收入要比留存盈利所带来的未来资本收益更为可靠，而且“今天的一元钱比明天的一元钱值钱”，股东更为偏好股利。如果不发股利，而让股东去赚取资本收益，无异于“双鸟在林”。“一鸟在手，强于二鸟在林”——股东更偏好于现金股利而非资本利得，倾向于选择股利支付率高的股票。因此，应维持高股利的股利政策，以消除投资者的不安定感。

$$企业权益价值=\frac{分红额}{权益资本成本}$$

当股利支付率提高时，股东承担的收益风险会降低，权益资本成本也会降低，则企业价值提高；当股利支付率下降时，股东的权益资本成本升高，企业的权益价值将会下降。

3. 信号传递理论

信号传递理论得以成立的基础是信息在各个市场参与者之间的概率分布不同，即信息不对称。在信息不对称的情况下，公司可以通过股利政策向市场传递有关公司未来盈利能力的信息。股利政策所产生的信息效应会影响股票的价格。

鉴于股利与投资者对股利信号信息的理解不同，所做出的对企业价值的判断也不同：

股利增长——可能传递了未来业绩大幅增长信号；也可能传递的是企业没有前景好的投资项目的信号。

股利减少——可能传递企业未来出现衰退的信号；也可能传递企业有前景看好的投资项目的信号。

4. 代理理论

企业中的股东、债权人、经理人员等诸多利益相关者的目标并非完全一致，在追求自身利益最大化的过程中有可能会以牺牲另一方的利益为代价，这种利益冲突关系反映在公司股利分配决策过程中表现为不同的代理成本，主要有以下几种：

(1) 股东与经理之间的代理问题。在所有权和经营权分离的企业中，掌握企业经营决策权的经理因不拥有或较少拥有剩余索取权而使得其努力经营所支付的成本与其所得不对称，导致经理的效用函数与股东的不一致，经理可能会因自身利益而导致其行为偏离股东的最优效用目标，从而使股东与经理人之间产生代理问题。例如，经理可能会将大量的现金浪费在追求高昂的个人消费、盲目地扩张企业规模、进行低回报率的投资等，这就增加了企业的代理成本。国外学者詹森因此提出了自由现金流量的假说，公司应将所持有的超过投资所有净现值为正的项目所需资本的剩余现金，作为自由现金流量应该返还给股东，实行多分配少留存的股利政策。

(2) 股东与债权人之间的代理问题。对公司拥有控制权的股东，会利用自己的控制权优势去影响不能干涉公司经营活动的债权人的利益，以使自己的利益最大化，而债权人为了保全自己的利益，往往会在借款合同中规定限制性条款，或者要求公司对外债务提供担保，这样就会产生代理问题和代理成本。

(3) 控股股东与中小股东之间的代理问题。控股股东与中小股东之间的代理问题。控股股东利用其持股比例优势控制公司的董事会与管理层，其为了自己的利益将公司的资产或者利润转移出去，从而损害了中小股东的利益。因此，中小股东希望企业采用多分配少留存的股利政策，以防止控股股东损害自身利益。

代理理论的分析视角为研究与解释特定环境中的企业股利分配行为提供了一个基本分析逻辑。高现金股利分配政策虽然可以降低代理成本，缓解公司各个利益相关者之间的利益冲突问题，但同时这种股利分配政策反过来又会对公司的融资产生负面影响，因此公司要理性处理好这三者之间的关系，通过多种方式合理解决代理问题、股利分配问题和筹资问题。

以上几种股利相关论观点都从某一角度解释了股利政策和股价的相关性，不足之处在于没有同时考虑多种因素影响。在不完善资本市场上，公司股利政策效应还要受许多因素的影响，如所得税负担、筹资成本、市场效率、公司本身因素等。

三、顾客效应

不同的股东或投资者会偏好不同的股息支付政策。举例来说：退休人员、养老基金以及大学捐助基金通常更偏好现金收入，因此这部分人群会希望公司将大部分利润以股息的形式发放。这部分投资者的纳税级次通常比较低，甚至为零，因此在发放股利时，无须考虑税收的问题；股东和部分收入高的人群因其处于较高的纳税级次，在其收入最高的年份更可能偏好于再投资，从而提高股票价格。

投资者的边际税率差异性导致了不同投资者对待股利政策态度的差异。边际税率高的投资者会选择实施低的股利支付率的股票，边际税率低的投资者则会选择实施高股利支付率的股票。这种投资者依据自身边际税率而显示出的对实施相应股利政策股票的选择偏好现象被称为“顾客效应”。顾客效应理论认为，公司在制定或调整股利政策时，不应该忽视股东对股利政策的需求；公司应该根据投资者的不同需求，对投资者分门别类地制定股利政策：

（1）低收入阶层和风险厌恶的投资者，由于其税负低，并且偏好现金股利，因此公司应该试试高现金分红比例的股利政策；

（2）高收入阶层和风险偏好的投资者，由于其税负高，并且偏好资本增长，希望少发放现金股利，并且希望通过获得资本利得适当避税，因此，公司应实施低现金分红股利政策，甚至不分红的股利政策。

顾客效应反映的问题不光是公司制定不同的股利政策，换个角度来看，投资者会根据不同公司的股利支付政策来选择股票，因为投资者选择股票的灵活性更大。因为公司虽然可以从一种股息政策转换为另外一种股息政策，然后让不喜欢新政策的投资者将股票卖给喜欢新政策的投资者。但其缺点是，频繁的股利政策转换会导致无效率。这是因为：

（1）存在交易成本；

（2）售出股票的股东可能不得不缴纳资本利得税；

（3）喜欢新政策的投资者很可能没有那么多。

因此管理层在改变股利政策时应持审慎态度。

第五节 股票股利、股票分割和股票回购

一、股票股利

股票股利是指公司以发放的股票作为股利的支付方式。因为它并不直接用现金支付，因而发放股票股利的结果是，增加了每位股东持有的股票数量，不会增加股东财富，不会导致公司资产流出或负债增加，同时，也不会因此而增加公司财产，但会引起所有者权益项目的结构变化。与此同时，由于流通在外的股票数量增加了，每股股票的价值也会相应下降。

【例 9-5】 A 公司在实施股票股利前，所有者权益情况如表 9-4 所示。

表 9-4 A 公司所有者权益情况表 元

项 目	发放股票前
股本（面额为 1 元，均为普通股）	200 000
资本公积	400 000
留存收益	2 000 000
股东权益合计	2 600 000

（1）假设 A 公司宣布发放 10% 的股票股利，即发放 200 000×10%＝20 000 股普通股股票，并规定现有股东每持有 10 股可得 1 股新发放的股票。若该股票当时市价 20 元，随着股票股利的发放，按照市价需从留存收益中划出的资金为：20×200 000×10%＝

400 000(元)，其中20 000转为股本，380 000转为资本公积，这样，公司的权益总额保持不变。

其会计学原理为：

借：利润分配——未分配利润　　400 000（元）

贷：股本　　20 000（元）

　　资本公积　　380 000（元）

上述会计借贷中利润分配指的就是留存收益。

通过股票股利的发放，A公司的所有者权益转变为以下结构，如表9-5所示。

表9-5　发放股票股利后A公司所有者权益情况表　　元

项　目	发放股票后
股本(面额为1元，均为普通股)	220 000
资本公积	780 000
留存收益	1 600 000
股东权益合计	2 600 000

(2) 假设A公司发放股票股利后，盈利总额和市盈率(每股市价/每股盈利)不会改变，这将会导致由于普通股数量增加造成每股收益和每股市价的下降；又由于股东所持股份的比例不会改变，每位股东所持股票的市场价值总额仍保持不变。

【例9-6】 假设股东小王持有20 000股普通股股票，公司本年盈余为440 000元；另假设市盈率不发生改变，发放股票股利对小王的影响如表9-6所示。

表9-6　股票股利发放前后对比表　　元

项　目	发放前	发放后
每股收益	440 000÷200 000＝2.2	440 000÷220 000＝2
每股市价	20	20÷(1＋10％)＝18.18
小王持股比例	20 000÷200 000＝10％	22 000÷220 000＝10％
小王所持股票总价值	20×20 000＝400 000	18.18×22 000＝400 000

通过分析可以知道，从纯粹经济角度看，股票股利没有改变公司股东权益总额，既不会增加股东财富，也不能增加公司价值，与此同时，股票股利也不会改变股东财富的分配，仅仅增加了股份数量，但股票股利对股东和公司都有着特殊的意义。主要表现在以下几个方面：

(1) 使股票的交易价格保持在合理的范围内。在盈余和现金股利不变的情况下，发放股票股利可以降低每股价值，使股价保持在合理的范围之内，从而吸引更多的投资者。设想一下，苹果、谷歌、微软等优秀的公司如果不发放股票股利或进行股票分割，其股价会达到几千美元，这会大大超出正常的交易价格范围。

(2) 以较低的成本向市场传达利好信号。通常情况下，当管理者对公司前景看好时，会发放股票股利。根据信号传递理论，外部人会把股票股利的发放视为利好信号。另外，发放股票股利通常是成长中的公司所为，因此投资者往往认为发放股票股利预示着公司将会有较大发展，利润将大幅度增长，足以抵消增发股票带来的消极影响，这种心理会稳定住股价甚至反而使其略有上升。

(3) 有利于保持公司的流动性。发放股票股利可使股东分享公司的盈余而无需分配现金，只涉及所有者权益的内部结构调整。这使公司留存了大量现金，便于进行再投资，有利于公司长期发展；反之，如果每股现金股利的水平较高则会影响到公司现金持有水平，配合适当发放一定数量的股票股利，可以使得股东在分享公司盈余的同时也使得其现金留存在企业内部作为营运资金或其他用途。

二、股票分割

在金融界，有一种普遍观点认为，股票存在着一个最优价格区间。“最优”意味着如果价格位于这个价格区间之内，公司的价值将实现最大化。股票分割就是将面额较高的股票交换成面额较低的股票的行为。例如，原来的一股股票交换成两股股票。需要注意的是，股票分割不属于某种股利方式，但其产生的效果与发放股票股利近似。

【例 9－7】 B 公司原发行在外的普通股股数为 200 000 股，每股面额 2 元，若按照 1 股换成 2 股的比例进行股票分割，分割前、后的每股收益计算如表 9－7 所示。

表 9－7 股票分割前后股东权益对比表 元

项目	分割前金额	分割后金额
普通股	200 000×2＝400 000	400 000×1＝400 000
资本公积	800 000	800 000
未分配利润	4 000 000	4 000 000
股东权益合计	5 200 000	5 200 000

假定市盈率不变，B 公司本年净利润为 440 000 元，股票分割前每股市价为 22 元，那么股票分割前的每股收益为 440 000÷200 000＝2.2(元)，分割前市盈率＝每股市价/每股收益＝22/2.2＝10。

股票分割后公司净利润不变，分割后的每股收益为 440 000÷400 000＝1.1(元)。由于市盈率保持不变，每股市价会从 22 元下降到 11 元，每股市价＝市盈率×每股收益＝10×1.1＝11(元)。

一般来讲，股票分割的主要目的在于通过增加股票数量降低每股市价，从而吸引更多的投资者。上述案例也说明了股票分割具有降低股价的作用。此外，股票分割往往是成长中公司的行为，宣布股票分割会带给人一种“公司正在发展之中”的感觉，从而通过这种信号在短时间内提高股价。

案例

宝姿折股后 3 年飙涨 7 倍

宝姿(00589，HK)是家喻户晓的品牌服装企业，但 2003 年上市之初，其股价表现十分平淡，且成交十分稀少，每天的换手率多在 0.1%以下。不过，2004 年 11 月 16 日，宝姿实施 1 折 4 的拆股方案之后，其股性被彻底激活，并且迎来了一轮超级大牛市。

折股前一天，宝姿股价以 15.95 港元报收，折股当天其收盘价为 4 港元左右。和宏利金融类似，随后的一个月，宝姿股价在维持一段时间的调整后开始飙升。2005 年到 2008 年初，尽管期间宝姿股价也有猛烈的阶段性调整，但总体趋势都是以上升为主。2008 年 1 月 10 日，宝姿最高价达到 31.5 港元，在拆股后的 3 年时间，宝姿股价累计上涨 750%。

如果一家公司想降低其股票价格，那么它是该采用股票分割还是股票股息呢？股票分割一般用于股票价格急剧增长之后，以使其股价大幅下降。股票股息则一般用在每年的常规分配中，它能将股票价格控制在正常的范围内。例如，如果一家公司的收入与股息以每年 10%的速度增长，则其股票价格一般也将按照统一速度上涨，并且很快就会超出合适的交易价格区间。如果每年按照 10%的比例分配股票股息可以将股票价格保持在最优交易区间之内。但值得注意的是，小比例的股票股息会产生些问题以及不必要的费用，因此现在公司大多数采用股票分割的方式而不是股票股息的方式来降低其股票价格。

三、股票回购

股票回购是指公司在有多余现金时，向股东回购自己的股票，这是公司向股东分配利润的一个重要形式，尤其在避税效用显著时，股票回购就可能是股利政策的一个有效的替代方式。

股票回购通常按公开市场回购、要约回购和目标回购三种方式进行：

(1) 公司就像普通投资者一样按照公司股票当前市场价格购买自己的股票。在这种公开市场回购中，公司无需披露其购买身份，因此，股票卖方根本无法判断其股票是回售给公司还是其他投资者。

(2) 要约回购，即公司向所有股东宣布以某一价格回购一定数量的股票。举例来说：假如 AC 公司流通在外的股票数为 100 万股，每股股价 50 元，公司发出要约将以每股 60 元的价格回购 30 万股。AC 公司将回购价格定得高于 50 元是为了吸引股东卖出股票。实际上，如果要约价格足够高，股东打算卖出的股票数量会多于 30 万股。在极端情况下，所有流通在外的股票都愿意接受要约，此时 AC 公司将按照 10∶3 的比例回购股票。

(3) 目标回购，即公司向特定的股东回购一定数量的股票。公司之所以采用目标回购的方式，可能会有以下考虑：向个别大股东回购股票的价格通常低于要约回购价格，法律费用也较低。另外，回购大股东的股票还可以避免对管理层不利的收购兼并。

下面考虑一个完善资本市场下，即理想世界中股票回购的案例。

【例 9-8】 假设某公司普通股的每股收益、每股市价等资料如表 9-8 所示。

表 9-8 某公司普通股资料表

税后利润	4 000 000
流通股数	1 000 000
每股收益(4 000 000/1 000 000)	4
每股市价	40
市盈率(40/4)	10

假定公司准备从盈利中拨出 1 000 000 元发放现金股利，每股可得股利为 1 元

(1 000 000÷1 000 000)，那么每股市价将为 41 元(原市价 40 元＋预期股利 1 元)。若公司改为用 1 000 000 元以每股 41 元的价格回购股票，可购得 24 390 股(1 000 000÷41)，那么每股收益将为：

$$\text{EPS}=\frac{4\ 000\ 000}{1\ 000\ 000-24\ 390}=4.1(\text{元})$$

如果市盈率仍为 10，股票回购后的每股市价将为 41 元(4.1×10) 。这与支付现金股利之后的每股市价相同。由此可见，公司不论采用支付现金股利的方式还是股票回购的方式，分配给股东的每股现金都是 1 元。

本例说明了在完善市场里，发放股利与股票回购对公司具有相同效果。这一结论与 MM 提出的负债融资与股权融资无关、股利与资本利得无关的理论非常相似。那么选择股票回购有何意义呢？

1. 对股东的意义

对股东而言，股票回购后股东得到的资本利得需缴纳资本利得税，发放现金股利后股东则需缴纳股息税。而一般情况下，前者会低于后者。这说明股票回购，会使股东得到纳税上的好处。但另一方面，上述分析建立在各种假设之上，如假设可以以 41 元价格(计算出的市价)回购股票、假设股票回购后市盈率不变等等。然而，现实中这些因素很可能因为股票回购而发生变化，其结果是否对股东有利难以预料。也就是说，股票回购对股东利益具有不确定性影响。

2. 对公司的意义

公司通常将股利视为对股东的承诺，轻易不愿减少现有股利，而股票回购则不会看作类似的承诺。因此，当公司的现金流量长期稳定增长时，公司可能会提高其股利；相反，如果公司现金流量的增长只是暂时的，公司通常会回购其股票。

很多公司回购其股票是因为他们认为回购是最好的投资，当管理层认为股价暂时低估时尤其可能发生回购。股票回购有着与股票发行相反的作用。股票发行被认为是公司股票被高估的信号，如果公司管理层认为公司目前的股价被低估，通过股票回购，向市场传递了公司目前股价被低估的积极信息，宣布股票回购后股票市场的短期反应通常是积极的。也有实证研究表明，回购股票公司的股价长期市场表现要好于没有回购股票的公司。

如果公司认为资本结构中权益资本的比例较高，可以通过股票回购提高其负债比率，改变公司的资本结构，并有助于降低加权平均资本成本。虽然发放现金股利也可以减少股东权益，增加财务杠杆，但两者在收益相同情形下每股收益不同。特别是通过发行债券融资回购本公司的股票时，可以快速提高公司负债比率。

通过股票回购，可以减少外部流通的普通股数量，提高了股票价格，在一定程度上降低了公司被收购的风险。公司拥有回购的股票(库藏股)，可以用来交换被收购或被兼并公司的股票，也可以用来满足认股权证持有人认购公司股票或可转换债券持有人转换公司普通股的需要，还可以在执行管理层与员工股票期权时使用，避免发行新股而稀释股权。

本章小结

(1) 股利政策是股东当前利益与未来发展之间权衡的结果，引起企业的资金存量与股东权益规模及结构的变化，对企业内部的筹资活动和投资活动也会产生影响。

(2) 公司股利政策的目标是股东价值最大化，公司的股利分配在其决策过程中会受到诸多主观与客观因素的影响。

(3) 股利分配作为公司理财的一部分，其核心问题是权衡公司股利支付决策与未来长期增长之间的关系，从而实现公司价值最大化。在股利分配对公司价值的影响这一问题上，存在股利无关论与股利相关论两种不同的股利政策理论。

(4) 现金股利、股票股利以及股票分割和股票回购都具有不同的特点，对于公司的财务状况会产生不同的影响。

重要概念：

股票股利　现金股利　剩余股利政策　固定股利支付率政策　股利无关论　股票分割　股票回购

练　习　题

1. 简述利润分配的原则。

2. 简述利润分配的顺序。

3. 简述股利政策的类型。

4. 简述股利支付方式。

5. 四海公司 20×9 年需要追加外部筹资 49 万元；公司敏感负债与销售收入的比例为 18%，利润总额占销售收入的比率为 8%，公司所得税率 25%，税后利润 50%留用于公司；20×8 年公司销售收入 15 亿元，预计 20×9 年增长 5%。试测算四海公司 20×9 年：

(1) 公司资产增加额；

(2) 公司留用利润额。

6. A 公司正在研究其股利分配政策。目前该公司发行在外的普通股共 200 万股，净资产 400 万元，今年每股支付 1 元股利。预计未来 3 年的税后利润和需要追加的投资资本如下：

年　份	1	2	3
税后利润/万元	400	500	400
追加的投资资本/万元	200	1000	400

假设公司目前没有借款并希望逐步增加负债的比重，但是负债率不能超过 30%。筹资时优先使用留存收益，其次是长期借款，必要时采用增发普通股。假设上表给出的“税后利润”可以涵盖增加借款的利息，并且不考虑所得税的影响。增发股份时，每股面值 1 元，预计发行价格每股 2 元，假设增发当年不需要支付股利，下一年开始发放股利，那么：

(1) 假设维持目前的每股股利，计算各年需要增加的借款和股权资金；

(2) 假设采用剩余股利政策，计算各年需要增加的借款和股权资金。

7. 某公司成立于 20×1 年 1 月 1 日，20×1 年度实现的净利润为 1200 万元，分配现金股利 700 万元，提取公积金 500 万元(所提公积金均已指定用途)。20×2 年实现的净利润为 1000 万元(不考虑计提法定公积金的因素)。20×3 年计划增加投资，所需资本为 800 万元。假设公司目标资本结构为权益资本占60%，长期借入资本占40%，那么求：

(1) 在保持目标资本结构的前提下，计算20×3年投资方案所需的权益资本和需要从外部借入的长期债务资本；

(2) 在保持目标资本结构的前提下，如果公司执行剩余股利政策，计算20×2年度应分配的现金股利；

(3) 在不考虑目标资本结构的前提下，如果公司执行固定股利政策，计算20×2年度应分配的现金股利、可用于20×3年投资的留存收益和需要额外筹集的资本；

(4) 在不考虑目标资本结构的前提下，如果公司执行固定股利支付率政策，计算该公司的股利支付率和20×2年度应分配的现金股利；

(5)假定公司20×3年面临着从外部融资的困难，只能从内部筹资，不考虑目标资本结构，计算在此情况下20×2年度应分配的现金股利。

案例

宏股集团股利政策选择

宏股集团是一家上市公司，自2008年以来公司的经营状况和业绩始终处于相对稳定状态，且在收益分配上，每年均发放了一定比例的现金股利(0.2元/股至0.5元/股)。2015年公司受到了市场环境等不利的因素影响，收益水平大幅度下降，公司总资产报酬率从去年的12%下降到4%，而且现金流量也明显趋于恶化。为此，公司于2016年初专门召开董事会，对2015年公司的股利分配方案进行研究。会上王强董事长和刘平、陈莉、张林三位董事分别作了重点发言：

董事长王强：公司前几年的经营状况和经营业绩始终比较好，因此每年均支付给投资者一定的现金股利，树立了公司在广大投资者面前良好的市场形象，增强了投资者投资本公司股票的信心，促进了企业不断发展壮大。但是去年公司由于受到外部环境等多种因素的影响，经营状况不佳，企业的获利水平下降，而且据推测这种不利局面将可能持续一段时期。另外，虽然2015年公司未分配利润达5000万元，但计划全年将拿出其中的60%进行投资。因此，2015年公司的股利分配方案需要各位董事根据目前公司实际进行认真研究讨论，尽快形成预案交股东大会表决。

刘平：我认为2015年公司仍然要分配一定比例的现金股利，其理由在于：第一，公司长期以来一直分配现金股利，且逐年递增，若2015年突然停止发放现金股利，难免会引起投资者不满，从而影响公司长期形成的良好的市场形象，而且很有可能进一步恶化公司的理财环境；第二，根据测算，公司若按上年0.5元/股的分配水平支付现金股利，约需现金3000万元左右。从公司目前的资产负债率来看，仅有40%，而本行业平均资产负债率在60%左右，因此公司尚有一定的举债空间，而且公司历来举债能力较强，可以通过适当举借来弥补现金流量的不足，所以公司的现金流量不会存在问题。

陈莉：我认为公司2015年应暂停支付现金股利而改为分配股票股利，其理由有三：第一，公司2015年的经营状况和经营业绩不佳，资产报酬率下降，这本身已使公司的留存收益减少，影响到公司下年度的投资和发展，此时如果再支付相当数量的现金股利，则必然进一步增加公司现金的支付压力，对公司无疑是雪上加霜；第二，尽管公司目前有一定的举债空间和能力，可以通过举债使现金流量问题得到一定程度的缓解，但由于公司在短期内经营状况和收益水平的问题得不到很好的改善，因此，举债只能是权宜之计，不能从根本上减缓公司现金支付压力，同时在公司经营状况不理想的情况下，举债会加大财务杠杆作用，使财务风险增大；第三，暂停支付现金股利而改为分配股票股利不仅能继续维持投资者的投资信心，有利于保持公司的市场形象，而且可以节约现金支出，不增加现金支付的压力。

张林：我同意陈莉提出的暂停支付现金股利的观点及理由，但我也不赞成她提出的分配股票股利的观点，因为分配股票股利后，公司股本总额增加，而在近期公司获利状况不能改观的情况下，每股收益必然下降，从而会导致公司股票市价下跌，影响公司市场形象，因此我建议2015年公司暂不发放股利。

请思考：

如果你是公司董事或是财务顾问，你会赞同哪位董事的观点？或提出何种新的建议，请说明理由。

第十章　财务规划与营运管理

学习目标

1. 熟悉短期财务规划的内容，掌握全面预算的方法
2. 掌握长期财务计划与预测的内容和方法
3. 熟悉营运资本投资政策
4. 理解现金管理、信用管理和存货管理的概念和内容

引例

中石油天然气集团公司(以下简称中石油集团)决心吸取教训，以中航油海外资金管理大漏洞为鉴，由国外大银行提供主账户，各子公司则在主账户下分别统一以中石油名称开户，确保了集团对海外资金的监控。

为了保证此管理模式操作合法顺畅，中石油集团更获得外管局特权，在10亿美元额度下无需报批，海外资金可自由进出。

(1) 方案出台

近日，中石油有关人士向《财经时报》透露："为加强对海外油气资产的资金管理，5月初拟定的境外资金集中管理方案已于日前启动。"据了解，中石油集团财务公司计划用2到3年的时间，对该系统予以落实和完善。

实施资金集中管理后，中石油集团财务公司将通过其指定的签约银行，对海外子公司的资金使用和调配进行统一管理。这也是中石油集团继1999年将国内资金管理大权收归集团后，在理财方面的又一重大举措。仅2004年，中石油集团的海外业务贸易额达100亿美元。

(2) 中航油教训推动改革

与1999年中石油集团国内公司财务改革前类似，中石油海外资金账户由海外子公司分别设立，户头林立，管理松散，曾屡屡出现资金流失的现象。

有分析人士指出：中石油推出海外资金集中管理是吸取中航油期货事件的教训，规避投资风险的举措。但中石油内部人士告诉《财经时报》：实际上中石油在完成国内公司的资金集中管理后，就着手开展对海外资产管理模式的研究。

实际上，从2003年年底，中石油集团先后对所属的勘探开发、国际工程等海外子公司的资金管理情况进行了深入调研。"但不能否认，中航油事件是一个推动。"该人士分析。

2004年，中石油集团又对海外资金财务进行了一次清查，将实施集中管理提上日程。中石油集团总会计师贡华章谈到这项工作显得十分感慨，实现集中管理后，下面的子公司跟我们藏猫猫的现象将不多见了。

在一次内部论坛上，贡华章坦言："即使是集团内部资金流向，即海外勘探公司和海外工程公司之间的款项支付上，我们有时都不能将账务查清。此种管理虽然可以保证海外业务的资金需求，但各企业间资金的调配和审批时间常常被延误。"

除了流失风险，银行风险和汇率风险也凸显了松散管理的弊端。国外银行良莠不齐，子公司对各银行的资信状况和服务能力难以有全面深入的把握。而不同国家汇率变化引发贬值的风险，也将提高海外投资的成本。

(3) 获特权加强控制

据了解，中石油集团是国家外汇资产管理局推行海外资金安全管理试点的第一家央企，自然也就获得了相应的特殊优惠政策。

贡华章介绍：外管局同意，在10亿美元余额范围内的外汇资金可以自由汇入汇出，不需要报外管局。投资海外获得的收入可以留存在海外账户，不需汇回国内。同时，中石油需要外汇资金亦可自由换汇。

2005年3月，中石油集团推出了《中国石油集团公司境外资金集中管理方案》。4月，选定了法国巴黎银行、中国银行、渣打银行和汇丰银行4家国内外知名银行，作为中石油集团境外资金管理的签约银行。

贡华章介绍："因为我们业务分布世界各地，不可能像国内一样选定一家银行就可以覆盖，也不可能像国内一样获得更大的授信，所以必须选择多家银行。"

具体的实施办法是：集团财务公司将在各签约银行设立主账户，各子公司则在各签约银行的主账户下分别统一以中石油名称开户，此举最大的意义在于确保了集团对海外投资资金的监控。

贡华章表示："这一举措与国内资金集中管理的货款封闭运行类似。集团财务公司可以对各子公司账户资金实施限额管理，超过限额的资金存入主账户，集团公司可以根据总体资金需求情况，统一对外融资，降低融资成本，满足企业境外资金需求。"

业内人士分析指出："此次选定的都是国际知名银行，通过这些银行实现资金调动、划转，并辅以拆借、外汇转换等理财服务，能够有效的规避利率、汇率风险，提高资金收益。"

第一节　短期财务规划

一、经营周期与现金周期

短期财务涉及公司的短期经营活动，一个典型制造性公司的短期经营活动包括以下一系列事件及决策，如表10-1所示：

表10-1　典型制造公司短期经营活动表

事　件	决　策
1.购买原材料	1.订购多少库存
2.支付购货款	2.借款还是减少现金余额
3.生产产品	3.选择什么样的生产技术
4.销售产品	4.对客户提供现金条款还是信用条款
5.收款	5.如何收款

这些经营活动将导致现金流入与现金流出模式的不同步和不确定性。不同步的原因是

原材料采购货款的支付与产品销售的现金收回并不发生在同一时间。不确定是因为无法确切地知道未来的销售额与成本。

图 10－1 是一家典型制造型企业的短期经营活动和现金流关系图。

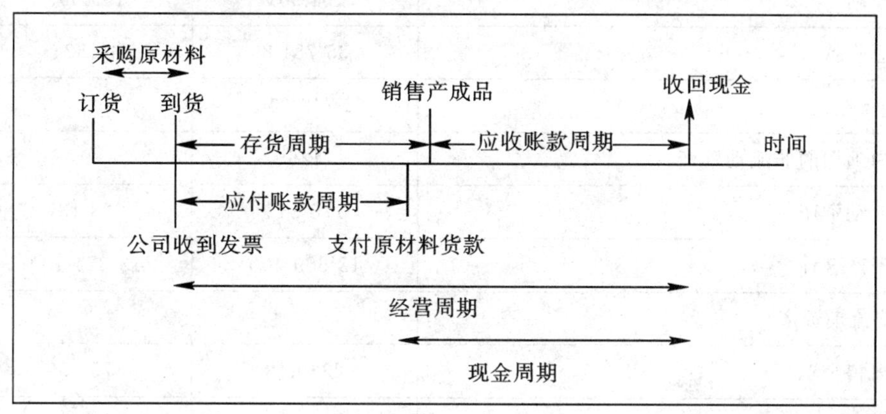

图 10－1　典型制造型企业的短期经营活动及现金流图

由图 10－1 可知，从存货到应收账款收现这段时间间隔形成一个经营周期。而原材料货款付现到应收账款收现则形成一个现金周期。现金流量图包括经营周期和现金周期。现金流入和现金流出之间的缺口要求进行短期财务决策，这个缺口与经营周期和应付账款周期的长度有关，公司可以通过借款或变卖有价证券来填补该缺口。另外，改变存货周期、应收账款周期和应付账款周期可以缩短该缺口。

经营周期长度等于存货周期和应收账款周期之和。存货周期是指接收订单、生产和销售产品所需时间的长度。应收账款周期是回收现金款所需的时间长度。

现金周期是指现金支出至现金回收的时间长度，可以看成经营周期减去应付账款周期的差额。即：

现金周期＝经营周期－应付账款周期

应付账款周期是指公司在购买各种资源（如原材料和工资）的过程中，能够延期支付的时间长度（工资可以看做公司购买的劳务）。

在实际中，存货周期、应收账款周期和应付账款周期可以分别用存货天数、应收账款天数以及应付账款天数来衡量。

表 10－2　中国重工资产负债表　　万元

	2013 年	2012 年
一、流动资产		
货币资金	6 314 590	6 726 810
应收票据	155482	163005
应收账款	2 187 710	2 289 490
预付款项	906 906	535 041
应收利息	140 071	177 543

续表一

	2013 年	2012 年
应收股利	164.961	149.083
其他应收款	35 781.8	45 824
存货	2 749 940	3 193 420
一年内到期的非流动资产	426	0
其他流动资产	178 313	223 137
流动资产合计	12 669 400	13 354 400
二、非流动资产		
可供出售金融资产	2350.18	173.459
长期股权投资	107 037	107 738
投资性房地产	3138.98	2891.96
固定资产原值	4 100 400	3 664 320
累计折旧	1 242 630	1 088 550
固定资产净值	2 857 780	2 575 770
固定资产减值准备	1137.86	1137.86
固定资产净额	2 856 640	2 574 630
在建工程	949 022	1 063 360
工程物资	848.95	5009.27
无形资产	534 519	542 261
开发支出	5084.25	1648.1
长期待摊费用	11 867.5	12 887.4
递延所得税资产	81 624.1	89 427.7
其他非流动资产	119 513	161 948
非流动资产合计	4 671 640	4 561 970
三、资产总计	17 341 000	17 916 400
四、流动负债		
短期借款	2 531 170	1 456 470
应付票据	454 810	369 789
应付账款	2 690 070	2 803 980

续表二

	2013 年	2012 年
预收款项	1 636 720	2 623 950
应付职工薪酬	48 036.7	48 277.8
应交税费	49 096	15 974.9
应付利息	16 878.6	20 251.8
应付股利	5 354.89	5 579.69
其他应付款	376 927	403 561
一年内到期的非流动负债	1 329 350	2 087 310
其他流动负债	166.447	1851.6
流动负债合计	9 138 590	9 837 000
五、非流动负债		
长期借款	1 996 730	2 122 760
应付债券	381 873	710 355
长期应付款	57.109	46.5387
专项应付款	362 143	325 167
预计非流动负债	326 429	363 002
递延所得税负债	34 344.4	54 077.5
其他非流动负债	61 034.4	59 389.3
非流动负债合计	3 162 610	3 634 800
负债合计	12 301 200	13 471 800
六、所有者权益		
实收资本(或股本)	1 546 460	1 466 770
资本公积	1 645 130	1 323 620
专项储备	5 514.3	2 831.81
盈余公积	120 592	111 364
未分配利润	1 466 110	1 276 410
归属于母公司股东权益合计	4 783 810	4 181 000
少数股东权益	256 026	263 607
所有者权益(或股东权益)合计	5 039 830	4 444 600
八、负债和所有者权益(或股东权益)总计	17 341 000	17 916 400

表 10－3　中国重工利润表　　万元

报表日期	2013 年	2012 年
一、营业总收入	5 126 920	5 850 140
营业收入	5 126 920	5 850 140
二、营业总成本	4 843 790	5 537 110
营业成本	4 378 190	5 070 450
营业税金及附加	12 216	15 806.1
销售费用	78 375.9	75 648.5
管理费用	409 884	408 818
财务费用	－53 137.5	－55 667.4
资产减值损失	18 260.8	22 053.9
投资收益	6 234.74	5 636.81
对联营企业和合营企业的投资收益	－857.264	－389.08
三、营业利润	289 366	318 663
营业外收入	90 138.5	152 665
营业外支出	38 463.9	30 815.5
非流动资产处置损失	816.696	1 651.14
利润总额	341 041	44 0512
所得税费用	64 470.7	84 047.6
四、净利润	276 570	356 464

下面计算现金周期：

(1)
$$\text{平均存货}=\frac{2\ 749\ 940+3\ 193\ 420}{2}=2\ 971\ 680(\text{万})$$

此处用成本来计算存货周转率：

$$\text{存货周转率}=\frac{\text{销售成本}}{\text{平均存货}}=\frac{4\ 378\ 190}{2\ 971\ 680}=1.47$$

这表明存货在一年中周转了 1.47 次。

$$\text{存货周转天数}=\frac{365}{1.47}=248.30(\text{天})$$

(2)
$$\text{平均应收账款}=\frac{2\ 187\ 710+2\ 289\ 490}{2}=2\ 238\ 600(\text{万})$$

$$\text{平均应收账款周转率}=\frac{5\ 126\ 920}{2\ 238\ 600}=2.29$$

$$\text{应收账款天数}=\frac{365}{2.29}=159.39(\text{天})$$

(3)
$$\text{平均应付账款}=\frac{2\ 690\ 070+2\ 803\ 980}{2}=2\ 747\ 025(\text{万})$$

$$平均应付账款周转率=\frac{4\ 378\ 190}{2\ 747\ 025}=1.59$$

$$应付账款天数=\frac{365}{1.59}=229.56(天)$$

(4) 下面计算经营周期和现金周期

经营周期=存货周转天数+应收账款周转天数=248.30+159.39=407.69(天)

现金周期=经营周期天数-应付账款周转天数=443.50-229.56=213.94(天)

值得注意的是，由于行业的差别，现金周转周期会有很大不同。

二、短期财务规划

短期计划通常以一个年度为计划期，也称为年度预算。预算是计划工作的成果，既是决策的具体化，又是控制生产经营活动的依据。在传统上预算被看成控制支出的工具，但新的观念将其看成是“利用企业现有资源增加企业价值的一种方法。”

(一) 全面预算概述

1.全面预算的内容

全面预算是由一系列预算构成的体系，各预算之间相互联系，关系比较复杂，很难用一个简单的办法准确描述，图 10－2 反映了各预算之间的主要联系。

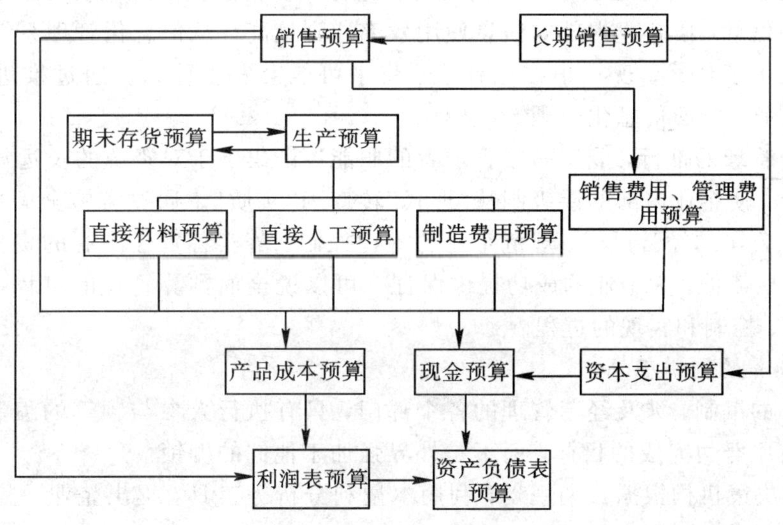

图 10－2　全面预算关系图

企业应根据长期市场预测和生产能力，编制长期销售预算，以此为基础，确定本年度的销售预算，并根据企业财力确定资本支出预算。销售预算是年度预算的编制起点，根据“以销定产”的原则确定生产预算，同时确定所需要的销售费用。生产预算的编制，除了考虑计划销售量外，还要考虑现有存货和年末存货。根据生产预算来确定直接材料、直接人工和制造费用预算。产品成本预算和现金预算是有关预算的汇总。利润表预算和资产负债表预算是全部预算的综合。

全面预算按其涉及的预算期分为长期预算和短期预算。长期预算包括长期销售预算和资本支出预算，有时还包括长期资金筹措预算和研究与开发预算。短期预算是指年度预算或时间更短的季度、月度预算，如直接材料预算、现金预算等。通常，长期预算和短期预算的划分以1年为期限。

2. 全面预算的作用

全面预算管理是市场经济下的计划管理，是把企业的经营目标通过正式的、量化的形式表述出来并概括出实现经营目标的具体步骤。

(1) 全面预算能够细化企业发展规划和年度经营目标，它是对整体经营活动一系列量化的计划安排，有利于实现以上目标的监控执行；

(2) 通过全面预算的编制，将有助于企业上下级之间，部门与部门之间的相互交流与沟通，增进相互之间的了解，加深部门及员工对经营目标的理解和认同；

(3) 全面预算管理是实施绩效管理的基础，是对部门及员工绩效考核的主要依据，通过预算与绩效管理相结合，使部门和员工的考核真正做到"有章可循，有法可依"；

(4) 全面预算管理可合理分配资源，强化内部控制，发现管理中的漏洞和不足，降低日常经营风险；

(5) 通过全面预算可以加强对费用支出的控制，有效降低公司的营运成本，开源节流，实现企业的经营目标。

随着现代信息技术的发展，越来越多的企业已经意识到拥有一个有效的信息化管理系统将对提升企业的现代管理水平起到极大的促进作用。信息化管理系统可以使企业系统高效地利用各种信息，使企业内部的信息使用效率达到最高。从信息化管理系统中可以了解到企业过去发生了什么、现在正在做什么、将来可能会发生什么。通过推进全面预算管理，可以加快企业全面信息化管理。

全面预算管理的推行，能使高层管理者的职能逐渐集中于对资源的长远规划与对下级的绩效考核上，使企业内部的层级制从"形式"转变为"实质"。通过实施全面预算管理，可以明确并量化公司的经营目标、规范企业的管理控制、落实各责任中心的责任、明确各级责权、明确考核依据，为企业的成功提供保证。可以说全面预算管理的过程，就是战略目标分解、实施、控制和实现的过程。

3. 全面预算的编制程序

企业预算的编制，涉及经营管理的各个部门，只有执行人参与预算的编制，才能使预算成为他们自愿努力完成的目标，而不是外界强加于他们的枷锁。

(1) 企业决策机构根据长期规划，利用本量利分析等工具，提出企业一定时期的总目标，并下达规划指标；

(2) 最基层成本控制人员自行草编预算，使预算较为可靠、较为符合实际；

(3) 各部门汇总部门预算并初步协调本部门预算，编制出销售、生产、财务等预算；

(4) 预算委员会审查、平衡各预算，汇总出公司的总预算；

(5) 经过总经理批准，审议机构通过或者驳回修改预算；

(6) 主要预算指标报告给董事会或上级主管单位，讨论通过或者驳回修改；

(7) 批准后的预算下达给各部门执行。

（二）全面预算的编制方法

企业全面预算的构成内容比较复杂，编制预算需要采用适当的方法。常见的预算编制方法主要包括增量预算法和零基预算法、固定预算法与弹性预算法、定期预算法与滚动预算法，这些方法广泛应用于营业活动有关预算的编制中。

1. 增量预算法和零基预算法

编制预算的方法按其出发点的特征不同，可分为增量预算方法和零基预算法两大类。

（1）增量预算法。增量预算法又称调整预算法，是指以基期水平为基础，分析预算期业务量水平及有关影响因素的变动情况，通过调整基期项目及数额，编制相关预算的方法。

增量预算方法的前提条件是：① 现有的业务活动是企业所必需的；② 原有的各项业务都是合理的。

增量预算方法的缺点是当预算期的情况发生变化时，预算数额受到基期不合理因素的干扰，可能导致预算不准确，不利于调动各部达成预算目标的积极性。

（2）零基预算法。零基预算法是“以零为基础编制预算”的方法。采用零基预算法编制预算费用时，不考虑以往期间的费用项目和费用数额，主要根据预算期的需要和可能分析费用项目和费用数额的合理性，综合平衡编制费用预算，具体步骤如下：

① 根据企业预算期利润目标、销售目标和生产指标等，分析预算期各项费用项目，并预算费用水平；

② 拟订预算期各项费用的预算方案，权衡轻重缓急，划分费用支出的等级并排列先后顺序；

③ 根据企业预算期预算费用控制总额目标，按照费用支出等级及顺序，分别落实相应的费用控制目标，编制相应的预算费用。

应用零基预算法编制费用预算的优点是，不受前期费用项目和费用水平的制约，能够调动各部门降低费用的积极性，但其缺点是编制工作量大。

2. 固定预算法与弹性预算法

编制预算的方法按其业务量基础的数量特征不同，可分为固定预算方法和弹性预算方法。

（1）固定预算法。固定预算法又称静态预算法，是指在编制预算时，只根据预算期内正常、可实现的某一固定的业务量（如生产量、销售量等）水平作为唯一基础来编制预算的方法。

固定预算法存在适应性差和可比性差的缺点。一般适用于经营业务稳定，生产产品产销量稳定，能准确预测产品需求及产品成本的企业，也可用于编制固定费用预算。

（2）弹性预算法。弹性预算法又称动态预算法，是在成本性态分析的基础上，依据业务量、成本和利润之间的联动关系，按照预算期内可能的一系列业务量（如生产量、销售量、工时等）水平编制系列预算的系列预算方法。

理论上，该方法适用于编制全面预算中所有与业务量有关的预算，但实际中主要用于编制成本费用预算和利润预算，尤其是成本费用预算。

编制弹性预算，要选用一个最能代表生产经营活动水平的业务量计量单位。

弹性预算法所采用的业务量范围，视企业或部门的业务量变化情况而定，务必使实际业务量不至于超出相关的业务量范围。一般来说，可定在正常生产能力的70%～110%之间，或以历史最高业务量和最低业务量作为其上下限。弹性预算法编制预算的准确性，在很大程度上取决于成本性态分析的可靠性。

与按特定业务量水平编制的固定预算法相比，弹性预算法有两个显著特点：① 弹性预算是按一系列业务量水平编制的，从而扩大了预算的适用范围；② 弹性预算是按成本性态分类列示的，在预算执行中可以计算一定实际业务量的预算成本，便于预算执行的评价和考核。

运用弹性预算法编制预算的基本步骤是：

① 选择业务量的计量单位；

② 确定适用的业务量范围；

③ 逐项研究并确定各项成本和业务量之间的数量关系；

④ 计算各项预算成本，并用一定的方式来表达。

弹性预算法又分为公式法和列表法两种具体方法：

公式法是运用总成本性态模型，测算预算期的成本费用数额，并编制成本费用预算的方法。根据成本性态，成本与业务量之间的数量关系可用公式表示为

$$y = a + bx$$

其中，y 表示某项预算成本总额，a 表示该项成本汇总的预算固定成本额，b 表示该项成本中的预算单位变动成本额，x 表示预计业务量。

【例 10－1】 某企业制造费用中的修理费用与修理工时密切相关。经测算，预算期修理费用中的固定修理费用为 3 000 元，单位工时的变动修理费用为 2 元；预计预算期的修理工时为 3 500 小时。运用公式法，测算预算期的修理费用总额。

因为任何成本都可用公式 $y=a+bx$ 来近似表示，所以，只要在预算中列示 a(固定成本)和 b(单位变动成本)，便可以随时利用公式计算任一业务量(x)的预算成本(y)：

$$3\ 000 + 2 \times 3\ 500 = 10\ 000(\text{元})$$

表 10－4 是应用公式法编制的制造费用预算。

表 10－4 制造费用预算表(公式法)

业务量范围	420～660(人工工时)	
费用项目：	固定费用/(元/每月)	变动费用/(元/人工工时)
运输费用		0.20
电力费用		1.00
材料费用		0.10
修理费用	85	0.85
油料费用	108	0.20
折旧费用	300	
人工费用	100	
合计	593	2.35
备注	当业务量超过 600 工时后，修理费用中的固定费用将由 85 元上升为 185 元	

公式法的优点是便于计算任何业务量的预算成本。但是，阶梯成本和曲线成本只能用数学方法修正为直线，才能应用公式法。必要时，还需在“备注”中说明适用不同业务量范围的固定费用和单位变动费用。

列表法是在预计的业务量范围内将业务量分为若干个水平，然后按不同的业务量水平编制预算。

应用列表法编制预算，首先要在确定的业务量范围内划分若干个不同水平，然后分别计算各项预算值，汇总列入一个预算表格，表 10－5 是利用列表法编制的制造费用预算。

表 10－5　制造费用预算表(列表法)

业务量(直接人工工时)	420	480	540	600	660
占正常生产能力百分比	70%	80%	90%	100%	110%
变动成本：					
运输费用($b=0.2$)	84	96	108	120	132
电力费用($b=1.0$)	420	480	540	600	660
材料费用($b=0.1$)	42	48	54	60	66
合计	546	624	702	780	858
混合成本：					
修理费用	442	493	544	595	746
油料费用	192	204	216	228	240
合计	634	697	760	823	986
固定成本：					
折旧费用	300	300	300	300	300
人工费用	100	100	100	100	100
合计	400	400	400	400	400
总计	1 580	1721	1862	2003	2244

列表法的优点是：不管实际业务量多少，不必经过计算即可找到与业务量相近的预算成本；混合成本中的阶梯成本和曲线成本，可按总成本性态模型计算填列，不必用数学方法修正为近似的直线成本。但是，运用列表法编制预算，在评价和考核实际成本时，往往需要使用插补法来计算“实际业务量的预算成本”，会比较麻烦。

就表 10－5 提供的资料来说，若仅按 600 小时直接人工工时编制，就成为固定预算，其总额为 2 003 元。这种预算只有在实际业务量接近 600 小时的情况下，才能发挥作用，显然是不合适的。在表 10－5 中，分别列出了 5 种业务量水平的成本预算数据。根据企业情况，也可以按更多的业务量水平来列出。这样，无论实际业务量达到何种水平，都有适用的一套成本数据来发挥控制作用。

如果固定预算法是按 600 小时编制的，成本总额为 2003 元。在实际业务量为 500 小时的情况下，不能用 2003 元去评价实际成本的高低，也不能按业务量变动比例调整后的预算成本 1669(2003×500/600)元去考虑实际成本，因为并不是所有的成本都一定同业务量成正比例关系。

如果采用弹性预算法，就可以根据各项成本同业务量的不同关系，采用不同方法确定“实际业务量的预算成本”，去评价和考核实际成本。例如，当实际业务量为 500 小时，运输费等各项变动成本可用实际工时乘以单位业务量变动成本来计算，即变动总成本 650＝(500×0.2＋500×1＋500×0.1)元。固定总成本不随业务量变动，仍为 400 元。混合成本可用内插法逐项计算：500 小时处于 480 小时和 540 小时两个水平之间，修理费用应该在

493～544 元之间，设实际业务的预算修理费为 x 元，则

$$\frac{500-480}{540-480}=\frac{x-493}{544-493}$$

$$x=510(\text{元})$$

油料费用在 480 小时和 540 小时分别为 204 元和 216 元，500 小时应为 208 元，可见：

500 小时预算成本＝(0.2＋1＋0.1)×500＋510＋208＋400＝1768(元)

这样计算出来的预算成本比较符合成本的变动规律，可以用来评价和考核实际成本，比较确切并容易被考核人所接受。

3.定期预算法与滚动预算法

(1) 定期预算法。定期预算法是以固定不变的会计期间(如年度、季度、月份)作为预算期间编制预算的方法。

采用定期预算法编制预算，保证预算期间与会计期间在时期上配比，便于依据会计报告数据与预算的比较，考核和评价预算的执行结果。但不利于前后各个期间的预算衔接，不能适应连续不断的业务活动过程预算管理。

(2) 滚动预算法。滚动预算法又称连续预算法或永续预算法，是在上期预算完成情况基础上，调整和编制下期预算，并将预算期间逐期连续向后滚动推移，使预算期间保持一定的时期跨度。

滚动预算按其预算编制和滚动时间单位的不同可分为逐月滚动预算、逐季滚动预算和混合滚动预算三种方式。

① 逐月滚动预算。逐月滚动预算是指在预算编制过程中，以月份为预算的编制和滚动单位，每个月调整一次预算的方法。

如图 10－3 所示，在 2013 年 1 月至 12 月的预算执行过程中，需要在 1 月末根据当月预算的执行情况，修订 2 月至 12 月的预算，同时补充下一年 2014 年 1 月份的预算；到 2 月末可根据预算的执行情况，修订 3 月至 2014 年 1 月的预算，同时补充 2014 年 2 月份的预算，以此类推。

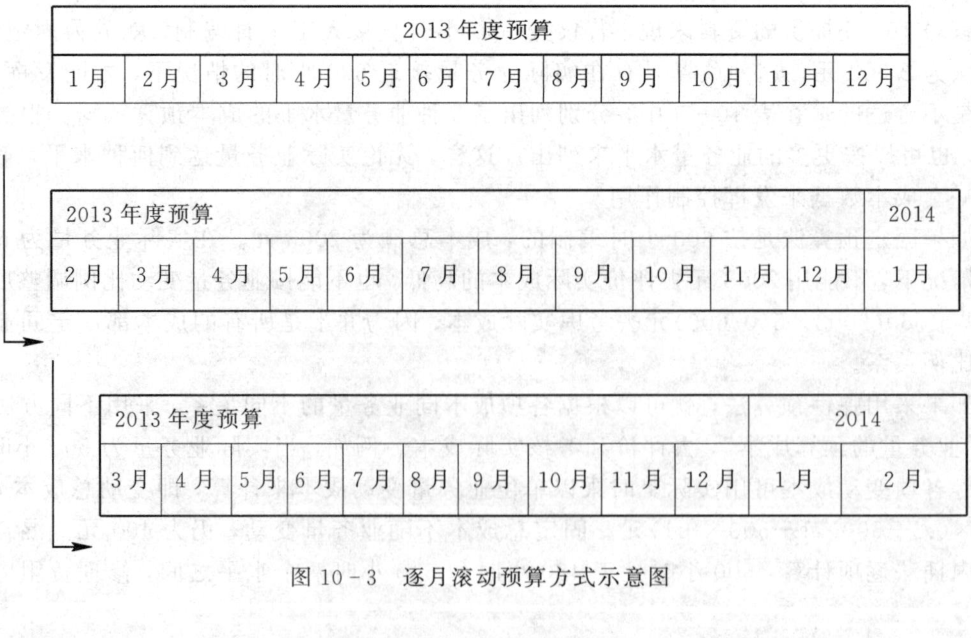

2013 年度预算											
1 月	2 月	3 月	4 月	5 月	6 月	7 月	8 月	9 月	10 月	11 月	12 月

2013 年度预算											2014
2 月	3 月	4 月	5 月	6 月	7 月	8 月	9 月	10 月	11 月	12 月	1 月

2013 年度预算										2014	
3 月	4 月	5 月	6 月	7 月	8 月	9 月	10 月	11 月	12 月	1 月	2 月

图 10－3　逐月滚动预算方式示意图

按照逐月滚动方式编制的预算比较精确，但工作量较大。

② 逐季滚动预算。逐季滚动预算是指在预算编制过程中，以季度为预算的编制和滚动单位，每个季度调整一次预算的方法。

逐季滚动编制的预算比逐月滚动的工作量小，但精确度较差。

③ 混合滚动预算。混合滚动方式是指在预算编制过程中，同时以月份和季度作为预算的编制和滚动单位的预算编制方法，如图 10-4 所示。

2013 年度预算					
第一季度			第二季度	第三季度	第四季度
1 月	2 月	3 月	预算总数	预算总数	预算总数

2013 年度预算					2014
第二季度			第三季度	第四季度	第一季度
4 月	5 月	6 月	预算总数	预算总数	预算总数

图 10-4　混合滚动预算方式示意图

这种预算方法的理论依据是：人们对未来的了解程度具有对近期把握较大，对远期的预计把握较小的特征。运用滚动预算法编制预算，使预算期间依时间顺序向后滚动，能够保持预算的持续性，有利于结合企业近期目标和长期目标，考虑未来业务活动，使预算随时间的推进不断调整和修订，力争使预算与实际情况更相适应，充分发挥预算的指导和控制作用。

（三）营业预算的编制

营业预算是企业日常营业活动的预算，包括销售预算、生产预算、直接材料预算、直接人工预算、制造费用预算、产品成本预算、销售费用预算和管理费用预算等。

1. 销售预算

销售预算是整个预算的编制起点，其他预算的编制要以销售预算为基础。销售预算的主要内容是销售量、单价和销售收入。销售预算中通常还包括预计现金收入的计算，其目的是为编制现金预算提供必要的资料。表 10-6 是 A 公司的销售预算表：

销售预算的主要内容是销量、单价和销售收入。销量是根据市场预测或销货合同并结合企业生产能力确定的。单价是通过价格决策确定的。销售收入是两者的乘积，在销售预算中计算得出。

销售预算通常要分品种、分月份、分销售区域、分推销员来编制。为了简化，表 10-6 只划分了季度销售数据。

表 10-6　销售预算表　　元

季　度	一	二	三	四	全年
预计销售量/件	100	150	200	180	630
预计单位售价	200	200	200	200	200

续表

季　度	一	二	三	四	全年
销售收入	20 000	30 000	40 000	36 000	126 000
预计现金收入					
上年应收款	6 200				6200
第一季度(销货 20 000)	12 000	8 000			20 000
第二季度(销货 30 000)		18 000	12 000		30 000
第三季度(销货 40 000)			24 000	16 000	40 000
第四季度(销货 36 000)				21 600	21 600
现金收入合计	18 200	26 000	36 000	37 600	117 800

销售预算中通常还包括预计现金收入的计算，其目的是为编制现金预算提供必要的资料。第一季度的现金收入包括两部分，即上年应收账款在本年第一季度收到的货款，以及本季度销售中可能收到的货款部分。表 10 - 6 中，假设每季度销售收入中，本季度收到现金 60%，另外的 40%现金要到下季度才能收到。

2. 生产预算

生产预算是在销售预算的基础上编制的，其主要内容有销售量、生产量、期初和期末存货量，表 10 - 7 是 A 公司的生产预算表：

表 10 - 7　生产预算表　　　　件

季　度	一	二	三	四	全年
预计销售量	100	150	200	180	630
加：预计期末产成品存货	15	20	18	20	20
合计	115	170	218	200	650
减：预计期初产成品存货	10	15	20	18	10
预计生产量	105	155	198	182	640

通常企业的生产和销售不能做到“同步同量”，需要设置一定的产成品存货，以保证能在发生意外时按时供货，并可均衡生产，节省赶工的额外支出。期末产成品存货数量通常按下期销售量的一定百分比确定，表 10 - 7 中按 10%安排期末产成品存货。年初产成品存货是编制预算时预计的，年末产成品存货根据长期销售趋势来确定。表 10 - 7 中假设年初有产成品存货 10 件，年末留存 20 件，产成品存货预算也可单独编制。

生产预算的“预计销售量”来自销售预算，表中其他数据计算方法如下：

预计期末产成品存货＝下季度销售量×10%

预计期初产成品存货＝上季度期末产成品存货

预计生产量＝(预计销售量＋预计期末产成品存货)－预计期初产成品存货

生产预算在实际编制时是比较复杂的，策略受到市场能力的限制，产成品存货数量受到仓库容量的限制，只能在此范围内来安排产成品存货数量和各期生产量。此外，有的季度可能销量很大，可以用赶工方法增产，为此要多付加班费。如果提前在淡季生产，会因增加产成品存货而多付资金利息。因此，要权衡两者得失，选择成本最低的方案。

3. 直接材料预算

直接材料预算是以生产预算为基础编制的，同时要考虑原材料存货水平。

表 10-8　直接材料预算表

季　度	一	二	三	四	全年
预计生产量/件	105	155	198	182	640
单位产品材料用量/(千克/件)	10	10	10	10	10
市场需用量/千克	1050	1550	1980	1820	6400
加：预计期末存量/千克	310	396	364	400	400
合计：	1360	1946	2344	2220	6800
减：预计期初存量/千克	300	310	396	364	300
预计材料采购量/千克	1060	1636	1948	1856	6500
单价/(元/千克)	5	5	5	5	5
预计采购金额/元	5300	8180	9740	9280	32500
预计现金支出					
上年应付账款/元	2350				2350
第一季度(采购 5300 元)	2650	2650			5300
第二季度(采购 8180 元)		4090	4090		8180
第三季度(采购 9740 元)			4870	4870	9740
第四季度(采购 9280 元)				4640	4640
合计	5000	6740	8960	9510	30 210

表 10-8 是 A 公司的直接材料预算表，其主要内容有直接材料的单位产品用量、生产需用量、期初和期末存量等。“预计生产量”的数据来自生产预算；“单位产品材料用量”的数据来自标准成本资料或消耗定额资料；“生产需用量”是上述两项的乘积。年初和年末的材料存货量，是根据当前情况和长期销售预测估计的；各季度“期末材料存量”根据下季度生产量的一定百分比确定，表 10-8 中按 20%计算；各季度“期初材料存量”是上季度的期末存货；预计各季度“采购量”根据下式计算确定：

预计采购量＝(生产需用量＋期末存量)－期初存量

为了便于以后编制现金预算，通常要预计各季度材料采购的现金支出。每个季度的现金支出包括偿还上期应付账款和本期应支付的采购货款。表 10-8 中假设材料采购的货款有 50%在本季度内付清，另外 50%在下季度付清，这个百分比是根据经验确定的。如果材料品种很多，需要单独编制材料存货预算表。

4. 直接人工预算

直接人工预算也是以生产预算为基础编制的，其主要内容有预计产量、单位产品工时、人工总工时、每小时人工成本和人工总成本。“预计产量”数据来自生产预算；单位产品人工工时和每小时人工成本数据，来自标准成本资料；人工总工时和人工总成本是在直接人工预算中计算出来的。A 公司的直接人工预算如表 10-9 所示。由于人工工资都需要使用现金支付，所以，不需要另外预计现金支出，可直接参加现金预算的汇总。

表 10-9　直接人工预算表

季　度	一	二	三	四	全年
预计产量/件	105	155	198	182	640
单位产品工时/(小时/件)	10	10	10	10	10
人工总工时/小时	1050	1550	1980	1820	6400
每小时人工成本/(元/小时)	2	2	2	2	2
人工总成本/元	2100	3100	3960	3640	12800

5. 制造费用预算

考虑到制造费用的复杂性，为简化预算的编制，通常按成本性态将制造费用分为变动性制造费用和固定性制造费用。变动性制造费用以生产预算为基础来编制。如果有完善的标准成本资料，用单位产品的标准成本与产量相乘，即可得到相应的预算金额。如果没有标准成本资料，就需要逐项预计计划产量所需要的各项制造费用。固定性制造费用，需要逐项进行预计，通常与本期产量无关，按每季度实际需要的支付金额预计，然后求出全年数。表 10-10 是 A 公司的制造费用预算表。

表 10-10　制造费用预算表　　元

季　度	一	二	三	四	全年
变动制造费用：					
直接人工(1 元/件)	105	155	198	182	640
直接材料(1 元/件)	105	155	198	182	640
修理费(2 元/件)	210	310	396	364	1 280
水电费(1 元/件)	105	155	198	182	640
小计	525	775	990	910	3 200
固定制造费用：					
修理费	1000	1140	900	900	3940
折旧	1000	1000	1000	1000	4000
管理人员工资	200	200	200	200	800
保险费	75	85	110	190	460
财产税	100	100	100	100	400
小计	2375	2525	2310	2390	9600
合计	2900	3300	3300	3300	12800
减：折旧	1000	1000	1000	1000	4000
现金支出费用	1900	2300	2300	2300	8800

为了便于以后编制产品成本预算，需要计算小时费用率：

$$变动制造费用分配率=\frac{3200}{6400}=0.5(元/小时)$$

$$固定制造费用分配率=\frac{9600}{6400}=1.5(元/小时)$$

为了便于以后编制现金预算，需要预计现金支出。制造费用中，除折旧费外都需支付现金，所以，根据每个季度制造费用数额扣除折旧费后，即可得出“现金支出的费用”。

6. 产品成本预算

产品成本预算是销售预算、生产预算、直接材料预算、直接人工预算、制造费用预算的汇总，其主要内容是产品的单位成本和总成本。单位产品成本的有关数据，来自前述三个预算；生产量、期末存货量来自生产预算；销售量来自销售预算；生产成本、存货成本和销货成本等数据，根据单位成本和有关数据计算得出。表 10-11 是 A 公司的产品成本预算表。

表 10-11　产品成本预算表

	单位成本			生产成本（640 件）	期末存货（20 件）	销货成本（630 件）
	每千克或每小时	投入量	成本/元			
直接材料	5	10 千克	50	32000	1000	31 500
直接人工	2	10 小时	20	12 800	400	12 600
变动制造费用	0.5	10 小时	5	3200	100	3150
固定制造费用	1.5	10 小时	15	9600	300	9450
合计			90	57 600	1800	56 700

7. 销售及管理费用预算

销售费用预算是指为了实现销售预算而支付的费用预算。它以销售预算为基础，要分析销售收入、销售利润和销售费用的关系，力求使销售费用得到最有效使用。表 10-12 所示为销售及管理费用预算表。

表 10-12　销售及管理费用预算表　　元

项目	金额
销售费用：	
销售人员工资	2000
广告费	5500
包装、运输费	3000
保管费	2700
管理费用：	
管理人员薪金	4000
福利费	800
保险费	600
办公费	1400
合计	20 000
每季度支付现金(20 000÷4)	5000

管理费用是搞好一般管理业务所必要的费用。随着企业规模的扩大，一般管理职能日益重要，其费用也相应增加。在编制管理费用预算时，要分析企业的业务成绩和一般的经济状况，务必做到费用合理化。管理费用多属于固定成本，所以一般是以过去的实际开支为基础，按预算期的可预见变化来调整。重要的是，必须充分考察每种费用是否必要，以便提高费用效率。

三、现金预算

现金预算是短期财务计划的基本工具，现金预算可以辨别短期资金的需求和机会，明确需要筹集的短期借款，是一种在现金流量图上识别现金流缺口的方法。现金预算的思路是：分别估计现金流入和流出，以查看其缺口，下面举例说明。

（一）现金收回

【例 10－2】 FT 公司的全部现金流入来自玩具的销售。现金预算过程以对下一年的销售预测为起点，假设 FT 公司的应收账款回收期为 90 天，即一个季度。也就是：

本季度现金收回＝上季度销售额

假设上一年第四季度销售额为 100 万元，则本年度现金来源如表 10－13 所示。

表 10－13　FT 公司现金来源表(一)　　万元

	一季度	二季度	三季度	四季度
销售额	100	200	150	100
现金收回	100	100	200	150
期初应收账款	100	100	200	150
期末应收账款	100	200	150	100

期末应收账款＝期初应收账款＋本期销售额－应收账款本期收回(现金收回)

【例 10－3】 假设本季度现金收回等于上季度销售额，现在把条件做一定修改，假设本季度销售额中有 30％本季度收回，其余部分下季度收回，则其现金来源变为表 10－14。

表 10－14　FT 公司现金来源表(二)　　万元

	一季度	二季度	三季度	四季度
销售额	100	200	150	100
现金收回	100	130	185	135
期初应收账款	70	70	140	105
期末应收账款	70	140	105	70

（二）现金流出

上面只考虑了现金的流入，未考虑现金流出。现金流出一般有以下几个类型：

(1) 应付账款的支付。如购买原材料、劳务等，一般通过销售量来预测。为简单起见，此处假定：

账款支付＝上季度采购额

采购额＝下季度的销售额预测/2

(2) 工资、税金及其他费用。包括其他所有需要实际支付的经营成本。注意，折旧也被认为是一种正常的经营成本，但由于折旧并不导致现金流出，因此此处不包含折旧。

(3) 资本支出。购买长期资产的现金支付，假设 FT 公司在第四季度有一笔大的资本支出，其他季度无支出。

(4) 长期融资。包括未清偿的债务利息、本金支付以及股利。

【例 10－4】 按上面假设，求解 A 公司的现金流出情况，结果如表 10－15 所示。

表 10－15　现金流出表如下　　万元

	一季度	二季度	三季度	四季度
销售额	100	200	150	100
采购额	100	75	50	50
应付账款支付	50	100	75	50
工资、税金及其他费用	20	40	30	20
资本支出	0	0	0	100
长期财务费用：利息及股利	10	10	10	10
现金运用总结	80	150	115	180

(三) 现金余额

【例 10－5】 假设公司设立了最小 5 万元的营运现金余额要求，则 A 公司净现金额如表 10－16 所示。其中，累计融资需求中，负数代表融资金额，比如－35 代表需要向外融资 35 万。

表 10－16　净现金余额表　　万元

	一季度	二季度	三季度	四季度
总现金收入	100	100	200	150
总现金支出	80	150	115	180
净现金流量	20	－50	85	－30
累计超额现金余额	20	－30(－50＋20)	55(85－30)	25(－30＋55)
最小现金余额需求	5	5	5	5
累计融资需求	15(20－5)	－35(－30－5)	50(55－5)	20

(四) 现金预算的作用

现金预算的编制，以各项营业预算和资本预算为基础，反映各预算的收入款项和流出款项，并作对比分析，其目的在于当资金不足时筹措资金，当资金多余时及时处理现金余额并且提供现金收支的控制限额，发挥现金管理的作用。

(1) 提高企业回避财务风险的能力。企业经常需要有足够的现金来支付职工工资，偿付应付账款、票据以及其他到期债务，不能及时偿付债务，称为“无偿债能力”。无偿债能力的企业，可能被迫宣告破产。即使经营管理得很好的企业，在市场银根紧缩、自身搞基本建设、扩大销售活动或生产规模的时期，有时也会感到头寸短绌。因此，企业经营者必须小心翼翼地规划现金流量，使手头现金随时够用。

凯恩斯的货币需求理论指出，企业持有现金的动机主要有三个：第一，交易动机。这是营业性和资本性的目的所产生的一种日常业务需要；第二，预防动机。这是为了应付意外事件而做的现金准备；第三，投机动机。其真正含义是企业应持有足够的现金以抓住随时可能出现的盈利机会。作为生产经营单位，企业应确定最合理的现金持有量，即现金存量所花费的代价最低且又能确保现金需求的持有量水平。如果现金持有量太大，会降低企业收益水平；如果现金持有量太小，又可能影响交易的正常进行以及意外的现金需要，产生交易中断的风险。这就要求财务人员下一番工夫，测定出本企业最合理的现金持有量。最合理的现金持有量能使企业的现金机会成本、管理成本和短缺成本三者的综合成本最低。其中，机会成本是指企业为了维持一定的现金存量而放弃了一些投资获利的机会；管理成本是指企业对置存的现金资产进行管理而需要支付的代价；短缺成本是指企业由于缺乏必要的现金资产，不能应付必要的业务开支，而使企业蒙受各种损失。企业可根据三种成本与现金持有量的关系，利用“现金持有量成本分析图”法找出三者综合成本最低点。企业在这个成本最低点时的现金持有量，即为企业最合理的现金持有量。现金预算通过对现金持有量的安排，可以使企业保持较高的盈利水平，同时保持一定的流动性，并根据企业对资金的运用水平决定负债的种类结构和期限结构，使企业在债务到期时不至于很被动。

在市场经济条件下，企业面临各种各样的风险，而其中对企业影响最大的则属财务风险。财务风险最主要的表现形式就是支付风险，这种风险是由企业未来现金流量的不确定性与债务到期日之间的矛盾引起的。许多企业正是没有处理好二者之间的关系，影响企业的正常生产经营活动，甚至于破产。

现金预算可以预测未来时期企业对到期债务的直接偿付能力，可以直接地揭示出企业现金短缺的时期，使理财部门能够在现金短缺时期来临之前安排筹资，从而避免在债务到期时，因无法偿还而影响企业的信誉，为企业以后融资增加阻力；或企业被迫“拆东墙补西墙”，在高利率条件下举借新的债务，这些都在一定程度上增加了企业的财务风险。

(2) 促进了企业内部各部门间的合作与交流，减少了相互间的冲突与矛盾。现金预算是以销售预算、生产预算、直接材料预算等各项经营预算为基础的，需要他们提供的数据，而销售预算是各项预算的基础。这就需要企业加强内部各部门之间的沟通交流，相互之间提出改进建议，明确各部门的责任，便于他们之间的协调，避免由于责任不清楚造成相互推诿的事件发生，调动企业各部门的积极性，为企业搞好现金预算奠定基础。

(3) 提供企业绩效评价标准，便于考核、强化内部控制。现代市场是一个极其复杂的大系统，单个企业在这个大系统中仅仅是一个分子，企业要在复杂多变、激烈竞争的环境中求得生存和发展，必须强化和依赖于有效的经营管理。理财是企业经营管理的重要方面，处于整个管理的核心地位，而现金预算则是理财的重中之重。美国前证券管理委员会主席哈罗德·威廉斯曾说过：“如果让我在利润信息和现金流量信息之间作一个比较选择，那么，我选择现金流量”。特别对于发展日趋成熟、组织规模增大、结构日趋复杂的大型企业管理中，由于现金流量与企业的生存、发展、壮大息息相关，所以企业越来越关注现金流量信息。实践证明，企业对现金流量的管理与控制已成为理财的关键。

现金预算用于预测组织还有多少库存现金，以及在不同时点上对现金支出的需要量。不管是否可以称之为预算，也许这是企业最重要的一项控制，因为把可用的现金去偿付到期的债务乃是企业生存的首要条件。一旦出现库存、机器以及其他非现金资产的积压，那么，即便有了可观的利润也并不能给企业带来什么好处。现金预算还表明，可用的超额现金量能为制定营利性投资计划、优化配置组织的现金资源提供帮助。

第二节　长期财务计划与预测

通过分析财务报表，了解企业过去的经营状况，对于管理者和投资者来说都非常重要，但是由于这些决策面向未来，预测准确性往往并不高。但预测的价值在于应对变化的未来，未来的不确定性越大，预测能给企业带来的收益越大。

一、长期计划

（一）长期计划内容

长期计划是指一年以上的计划。该计划为实现企业的长期目标服务，关系到企业的发展远景，其目的是扩大和提升企业的发展能力。长期计划的主要内容是规划企业为实现长期目标所应采取的一些主要行动步骤、分期目标和重大措施以及企业各部门在较长时期内应达到的目标和要求。

长期计划一般以战略计划为起点，涉及公司理念、公司经营范围、公司目标和公司战略。长期计划包括经营计划和财务计划。经营计划是在已制定的公司战略基础上，提供详细的实施指导，保证公司实现目标。财务计划是以货币形式预计计划期内资金的取得与运用、各项经营收支以及财务成果的书面文件，通常企业制定的长期计划期限为 5 年。

在制定长期计划时，管理者一般需要编制预计财务报表，并在以下四个方面使用：

(1) 通过预计财务报表可以评价企业预期经营业绩是否与企业总目标一致以及是否达到了股东的期望水平；

(2) 预计财务报表可以预测拟进行的经营变革将产生哪些影响；

(3) 管理者利用财务报表预测企业未来的融资需求；

(4) 预计财务报表被用来预测企业未来现金流。因为现金流量决定企业的总价值，所以管理者通过预测不同经营计划下的实体现金流量和这些计划的资本需求，可选择使股东价值最大化的计划。

（二）财务计划的步骤

财务计划是依据企业发展战略和经营计划，对未来一定期间的财务活动及其结果进行的规划、布置和安排，它规定了企业计划期财务工作的任务目标以及预期的财务状况和经营成果。财务计划的基本步骤如下：

(1) 确定计划期并编制预计财务报表，并运用这些预测结果分析经营计划对预计利润和财务比率的影响。这些预测结果还能用于监督实施阶段的经营情况。实施情况一旦偏离计划，管理者能否很快得知，是控制系统好坏的重要标准，也是公司能否在一个变化迅速的世界取得成功的必要因素；

(2) 确认支持长期计划所需要的资金。包括购买设备等固定资产以及存货、应收账款、研究开发、主要广告宣传所需要的资金；

(3) 预测未来计划期可使用的资金，包括预测可从内部产生的和向外部融资的两部分，如负债率、流动比率、利息保障倍数等限制；

(4) 在企业内部建立并保持一个控制资金分配和使用的系统，目的是保证基础计划的适当展开；

(5) 制定调整基本计划的程序。基本计划在一定的经济预测基础上制定，当基本计划所依赖的经济预测与实际的经济状况不符时，需要对计划及时做出调整。该步骤属于"反馈环节"，即基于实际情况的变化对财务计划进行相应修改；

(6) 建立基于绩效的管理层报酬计划。

二、财务预测

(一) 财务预测步骤

(1) 销售预测。财务预测的起点是销售预测，一般把销售数据看作已知数据，销售预测本身不是理财的职能，但只有当销售预测结束后才能开始财务预测。

(2) 估计经营资产和经营负债。通常经营资产是销售收入的函数，根据历史数据可以分析出该函数关系。根据销售收入和经营资产与销售收入的函数，可以预测所需的经营资产数额。另外，大部分经营负债也是销售收入的函数，也应该预测经营负债的自发增长，这种增长可以减少企业外部融资数额。

(3) 估计各项费用并保留盈余。假设各项费用也是销售收入的函数，则可以根据预计销售收入估计费用和损失，并在此基础上确定净利润。净利润和股利支付率共同决定企业自身可以提供的资金数额。

(4) 估计所需融资。外部融资额等于预计经营资产总量与已有经营资产总量、自发增长的经营负债、可动用的金融资产、内部提供的利润留存的差。

(二) 销售百分比法

销售百分比法是假设资产、负债与销售收入存在稳定的百分比关系，因此可以根据预计销售收入和相应的百分比来预计资产、负债，进而确定融资需求的一种财务预测方法。

【例 10-6】 A 公司 2013 年度资产负债表简表如表 10-17 所示。

(1) 经过预测，该公司 2014 年度销售额增长 30%，达到 2600 万元；

(2) 资产负债表中各项资产和自然负债(应付账款、应付工资及税收)，损益表中的产品成本、管理及销售费用等与销售额同比例增长。

编制该公司 2014 年的预计资产负债表和预计损益表。

表 10－17　A 公司 2013 年资产负债表简表及 2014 年预计资产负债表　（万元）

	2013 年 12 月 31 日	预计 2014 年值
资产		
货币资金	40	52
应收账款	350	455
存货	400	520
流动资产合计	790	1027
固定资产净值	610	793
资产总计	1400	1820
负债		
银行借款	40	40
应付账款	240	312
应付工资与税收	60	78
流动负债合计	340	430
长期借款	280	280
负债合计	620	710
股东权益		
普通股	600	600
留存收益	180	338
股东权益合计	780	938
负债与股东权益总计	1400	1648
外部资金需求		172

表 10－18　A 公司 2013 年损益简表及 2014 年预计损益表　　万元

	2013 年	预计 2014 年值
销售收入	2000	2600
减：产品成本	1500	1950
销售及管理费用	210	273
息税前收益	290	377
减：利息支出	25	25
税前利润	265	352
减：所得税（40%）	106	141
净利润	159	211
股利分配	53	53
留存收益	106	158

(1) 确定销售增长率。先看损益表：销售收入增长30%，为2600万元；产品成本增长30%，达到1950万元；其余项目以此类推。

(2) 确定资产与销售的变化比率。再看资产负债表：在资产方面，为适应销售额的增加，公司资产总额增加30%，由1400万元增加至1820万元，净增420万元，且流动资产各项和固定资产净值均按30%增长。

(3) 确定融资需求：由于资产总额增加420万，即融资总需求为420万。

(4) 确定外部融资额：在负债和固定权益方面，各项资产负债按比例增长30%，总计增加90万元，留存收益增加158万元(由预计损益表10-18得到)，资金来源共计增加248万元。资金需求与供给相差172万元，需要从公司外部筹集。

(三) 财务预测的其他方法

为了改进财务预测的质量，有时需要使用更精确的方法。

1. 回归分析

财务预测的回归分析，是利用一系列历史资料求得各项资产负债表项目和销售收入的函数关系，然后给予计划销售收入预测资产、负债数量，最后预测融资需求。

通常假设销售收入与资产、负债等存在线性关系。例如，假设存货与销售收入之间存在线性关系，其直线方程为：

$$存货 = a + b \times 销售收入$$

根据历史资料和回归分析的最小二乘法可以求出直线方程的系数 a 和 b，然后根据计划销售收入和直线方程预计存货的金额。完成资产、负债项目的预计后，其他计算步骤与销售百分比法相同。

2. 计算机预测

对于大型企业来说，无论是销售百分比法还是回归分析法都显得过于简化。实际上影响资金需求的变量很多，如产品组合、信用政策、价格政策等。把这些变量纳入预测模型后，计算量大增，手工处理难度较大，需要使用计算机辅助处理。

三、资金需求

由于企业要以发展求生存，销售增长是任何企业都需要追求的目标。企业增长的财务意义是资金增长。在销售增长时企业往往需要补充资金，这主要是因为销售增加通常会引起存货和应收账款等资产的增加。销售增长得越多，需要的资金越多。

从资金来源上看，企业增长的实现方式有三种：

(1) 完全依靠内部资金增长。有些小企业无法取得借款，有些大企业不愿意借款，它们主要是靠内部积累实现增长。内部有限的财务资源往往会限制企业的发展，使其无法充分利用扩大企业财富的机会。

(2) 主要依靠外部资金增长。从外部筹资，包括增加债务和股东投资，也可以实现增长。但主要依靠外部资金实现增长是不能持久的。增加负债会使企业的财务风险增加，筹资能力下降，最终会使借款能力完全丧失；通过增发股票等方式增加股东投资，不仅会分散控制权，而且会稀释每股收益，除非追加投资有更高的报酬率，否则不能增加股东财富。

(3) 平衡增长。平衡增长即保持目前的财务结构和与此有关的财务风险，按照股东权益的增长比例增加借款，以此支持销售增长。这种增长一般不会消耗企业的财务资源，是一种可持续的增长。

(一) 销售增长率与外部融资的关系

既然销售增长会带来资金需求的增加，那么销售增长和筹资需求之间就存在某种函数关系，根据这种关系，就可以直接计算特定销售增长下的筹资需求。假设它们之间成正比关系，换言之，两者之间有稳定的百分比(每增加1元销售收入需要追加的外部融资额)。该百分比也称为“外部融资额占销售增长的百分比”，简称“外部融资销售增长比”。

此处假设外部可动用的金融资产为0。

$$\text{外部融资额}=\text{资产销售百分比}\times\text{销售收入增加}-\text{负债销售百分比}\times\text{销售收入增加}-\text{预计销售收入}\times\text{预计销售净利率}\times(1-\text{预计股利支付率})$$

两边同除“销售收入增加”，则变为：

$$\text{外部融资销售增长比}=\text{资产销售百分比}-\text{负债销售百分比}-\left(\frac{1+\text{增长率}}{\text{增长率}}\right)\times\text{预计销售净利率}\times(1-\text{预计股利支付率})$$

【例10-6】 某公司上年销售收入为3 000万元，本年计划销售收入为4 000万元，销售增长率为33.33%。假设资产占销售的百分比为66.67%，负债为6.17%，且两者保持不变，可动用的金融资产为0，预计销售净利率为4.5%，预计股利支付率为30%。

$$\begin{aligned}\text{外部融资销售增长百分比}&=0.6667-0.0617-\frac{1.3333}{0.3333}\times4.5\%\times(1-30\%)\\&=0.605-0.126\\&=0.479\end{aligned}$$

$$\begin{aligned}\text{外部融资额}&=\text{外部融资销售增长比}\times\text{销售增长额}\\&=0.479\times1\ 000\\&=479\end{aligned}$$

如果销售增长500万元(即销售增长率为16.7%)，则：

$$\begin{aligned}\text{外部融资额}&=500\times\left[0.6667-0.0617-\frac{1.167}{0.167}\times4.5\%\times(1-30\%)\right]\\&=500\times0.384\ 9\\&=192.45\end{aligned}$$

外部融资销售增长比不仅可以预计外部融资额，而且可以用于调整股利政策。当该公司预计销售增长5%时，则：

$$\begin{aligned}\text{外部融资销售增长比}&=0.6667-0.0167-\frac{1.05}{0.05}\times4.5\%\times(1-30\%)\\&=0.605-0.6615\\&=-5.65\%\end{aligned}$$

(二) 内含增长率

销售增长必然引起企业对资金需求的增长，有三种途径满足：动用金融资产；增加内部留存收益；外部融资。如果企业没有可以动用的金融资产，且不能或不打算从外部融资，则只能通过内部积累来满足资金增长的需求，这种没有任何外部融资的情况下公司可以实现的最大增长率，称之为内含增长率。

假设外部融资额为零，参考例 10－6 可得：

$$0=\text{资产销售百分比}-\text{负债销售百分比}-\left(\frac{1+\text{增长率}}{\text{增长率}}\right)\times\text{预计销售净利率}\times(1-\text{预计股利支付率})$$

$$0=0.6667-0.0617-\left(\frac{1+\text{增长率}}{\text{增长率}}\right)\times 4.5\%\times(1-30\%)$$

$$\text{增长率}=5.493\%$$

（三）可持续增长率

1. 可持续增长率的概念

可持续增长率是企业当前经营效率和财务政策决定的内在增长能力。具体来说是指在不增发新股并保持目前经营效率和财务政策条件下，公司销售所能增长的最大比率。此处的经营效率指的是销售净利率和资产周转率，财务政策指的是股利支付率和资本结构。因为可持续增长率的假设条件基本上符合大多数公司的情况，一般公司不能随意增发新股，在我国证券监管部门对于上市公司增发新股有严格的审批程序，而且两次增发之间也有一定的间隔年限。另外，经营政策对公司而言一般不会轻易变动，所以这个指标代表企业一个适宜的发展速度。

可持续增长率基于以下假设：

(1) 公司不愿或者不能筹集新的权益资本，增加债务是其唯一的外部筹资来源；

(2) 公司打算继续维持目前的目标资本结构；

(3) 公司打算继续维持目前的目标股利政策；

(4) 公司的净利率将维持当前水平，并且可以涵盖负债的利息；

(5) 公司的资产周转率将维持当前的水平。

在上述假设条件成立的情况下，销售的增长率与可持续增长率相等。公司的这种增长状态，称为可持续增长或平衡增长。在这种状态下，其资产、负债和股东权益同比例增长，可持续增长情况下的资产、负债和股东权益如表 10－19 所示：

表 10－19 资产负债变动表

<table>
<tr><td rowspan="2">年初资产 100 万元</td><td>年初负债 40 万元</td></tr>
<tr><td>年初股东权益 60 万</td></tr>
<tr><td rowspan="2">新增资产 10 万元</td><td>新增负债 4 万元</td></tr>
<tr><td>新增股东权益 6 万元</td></tr>
</table>

2. 可持续增长率的计算

限制销售增长的是资产，限制资产增长的是资金来源（负债与权益）。在不增发新股，不改变经营效率和财务政策的情况下，限制资产增长的是股东权益增长。因此，可持续增长率的计算公式推导如下：

$$可持续增长率=股东权益增长率$$
$$=\frac{股东权益本期增加}{期初股东权益}$$
$$=\frac{本期净利润\times本期利润留存率}{期初股东权益}$$
$$=期初权益本期净利率\times本期利润留存率$$
$$=\frac{本期净利润}{本期销售收入}\times\frac{本期销售收入}{期末总资产}\times\frac{期末总资产}{期初股东权益}\times本期利润留存率$$
$$=销售净利率\times总资产周转次数\times期初权益期末总资产乘数\times本期利润留存率$$

【例 10-8】 A公司的销售净利率为5%，总资产周转次数为2次，期初权益期末总资产乘数为1.5，利润留存率为60%，求可持续增长率。

可持续增长率=销售净利率×总资产周转次数×期初权益期末总资产乘数×本期利润留存率

=5%×2×1.5×60%=9%

3. 可持续增长率的应用

超常增长意味着企业必须筹集超额资金，企业高管应预先意识到企业超过可持续增长率增长所导致的财务问题，提前计划和解决资金来源问题。企业可选择的融资渠道包括外部融资和内部融资，其中外部融资指增发新股和提高财务杠杆，内部融资指提高收益留存率。

(1) 增发新股。如果一个公司愿意且有能力通过增发新股来筹集权益资本，则其可持续发展问题迎刃而解。问题在于增发新股对一些公司不可行，而对另一些公司又没有吸引力。其一，大多数公司不能随时增发新股，许多国家对公司增发新股有严格的审批程序，并且至少要间隔一定年限；其二，增发新股未必能找到买主，许多公司越来越发觉新股难以发售，尤其对于中小公司，除非它们拥有极具吸引力的投资项目，否则难以保证成功发售新股；其三，许多有能力的公司并不愿意通过增发新股筹集资金。如美国非金融公司在1965～1998年第一季度期间内的资金来源中，增发新股的比例为－7.1%(希金斯，中译本，2003)；其四，股票筹资成本较高，会分散公司的控制权，稀释每股收益。

(2) 提高财务杠杆。向外借款的好处在于筹资成本低，只要企业的投资项目回报率高于借款筹资成本，负债融资将会给公司带来超额收益。但增加债务会增加公司财务风险，受到现有债权人的反对，财务杠杆提高到一定程度，公司借款能力下降，公司将最终丧失借款能力。

(3) 提高收益留存率。如果公司拥有好的投资机会，或股东相信留存收益可以投在赚取令人满意的收益率的有效方面，保持一个较高的收益留存率，将会以较低的成本为公司筹集超常增长所需资金且增加股东财富。但收益留存率的上限是100%，而且留存收益额依赖于公司盈余金额。这一策略的局限性在于：首先，按照“一鸟在手”理论，公司股票价格可能因收益留存率的增加而下降；其次，提高收益留存率的关键是要让股东感觉公司找到了一个更好的投资机会，如果公司并没有找到好的投资项目或无法令股东感到满意而提高收益留存率，公司股价将会因股东的不满意而下跌。

筹集超常增长所需资金的其他策略还有剥离劣势项目和兼并“现金牛”等。但上述策略都是改变财务比率的权宜之计，不可能长久持续下去。一个理智的公司应该保持财务政策的稳定，不可在改变财务政策上操之过急，否则会使公司财务陷入危机甚至招致破产。

4. 企业增长潜力分析

企业的增长潜力来源于影响可持续增长率的4个财务比率：销售净利率、总资产周转率、收益留存率、权益乘数的可持续水平。收益留存率和权益乘数属于财务政策范畴，前文已讨论，下面主要讨论公司如何从经营效率(即销售净利率和总资产周转率)角度分析公司增长潜力。

这里的核心分析指标是资产净利率，公司在分析财务指标潜力时，将目前的财务指标值与历史或同行比较，若所分析指标比历史或同行好，则本指标的分析到此结束，否则需进一步分解指标，如此类推。

总的说来，企业的可持续增长潜力最终来源于管理水平的提高和技术创新，这对企业来说又不是一件容易做到的事情。

综上所述，企业不可能长久地实现超常增长，可持续增长率的意义在于为企业的增长速度提供了一个参照系。它时刻提醒企业高管，当企业增长超过可持续增长率时，不要忽视由此所带来的财务问题。公司的发展需要管理层注意保持公司目标与其经营效率和财务资源之间的平衡。单纯的销售增长，是无效的增长，不会增加股东财富。

第三节 营运资本投资政策

营运资本管理是短期财务问题，包括投资和筹资两个方面。短期与长期的划分通常以1年作为分界点。因此营运资本投资通常涉及1年或1年以内的现金流入和流出。

由于市场上竞争的加剧和市场环境的动荡，营运资本管理对于企业盈利能力以及生存能力的影响越来越大，因此营运资本管理成为一个越来越受重视的领域。营运资本管理比较复杂，涉及企业的所有部门，尤其需要采购、生产、销售和信息处理等部门的配合与努力。

一、营运资本相关概念

1. 营运资本

营运资本是指投入日常经营活动即营业活动的资本。

$$营运资本=流动资产-流动负债$$

由于：

$$流动资产+长期资产=股东权益+长期负债+流动负债 \qquad (10-1)$$

所以

$$\begin{aligned}流动资产-流动负债&=(股东权益+长期负债)-长期资产\\&=长期筹资-长期资产\\&=长期筹资净值\end{aligned}$$

$$流动资产=流动负债+长期筹资净值 \qquad (10-2)$$

由公式(10-1)可知，当流动资产大于流动负债时，营运资本是正值，表示流动负债提供了部分流动资产的资金来源，另外的部分是由长期资本支持的，这部分金额就是营运资本。因此营运资本也可以理解成长期资本中用于流动资产的部分，即长期筹资净值。

与此同时，公式(10-2)说明流动资产投资所需资金的一部分由流动负债支持，另一部分由长期资本支持。尽管流动资产和流动负债都是短期项目，但对于大多数健康运营的企业来讲，营运资本为正值。长期财务与短期财务的内在联系，不仅表现为长期筹资经常支持流动资产投资，而且长期资产的折旧和摊销会引起净营运资本增加，而长期资产购置会引起净营运资本减少。

2. 营运资本投资管理

营运资本是流动资产和流动负债的差额。营运资本管理可以分为流动资产管理和流动负债管理两个方面，前者是对营运资本投资的管理，后者则是对营运资本筹资的管理。

营运资本投资管理分为流动资产投资政策和流动资产投资日常管理两部分。

(1) 流动资产投资政策。流动资产投资政策是指如何确定流动资产的相对规模，其衡量指标为流动资产/收入比率。它是流动资产周转率的倒数，也称1元销售占用流动资产。

流动资产/收入比率＝流动资产/销售收入＝1元销售占用流动资产

根据该比率的高低，可以将流动资产投资政策分为两种：稳健型流动资产投资政策与激进型流动资产投资政策。

稳健型流动资产投资政策要求保持较高的流动资产/收入比率；激进型流动资产投资政策要求保持较低的流动资产/收入比率。

(2) 流动资产投资的日常管理。流动资产投资的日常管理是流动资产投资政策的执行过程。流动资产投资的日常管理主要包括现金管理、存货管理与应收账款管理。

一般情况下，财务部门管理现金流动，生产部门管理存货流动，销售部门管理应收账款流动，这说明流动资产管理涉及公司的多个部门。这些日常营业活动虽然都会影响公司的流动性，但财务主管并不直接决策，而由相关营业人员分散决策。

日常营业活动是频繁发生、重复进行的，例如向顾客收款每天要发生许多次。经常重复的例行活动的决策过程可以程序化，即通过建立控制系统来完成。例如，企业需要建立现金控制系统、存货控制系统和应收账款控制系统等。财务主管的职责是根据既定的流动资产投资政策制定控制标准和控制程序，并监控系统运行的有效性。

二、影响流动资产投资需求的因素

总流动资产投资＝流动资产周转天数×每日成本流转额

＝流动资产周转天数×每日销售额×销售成本率

由此可知，流动资产投资的需求取决于流动资产周转水平、销售额和成本水平三个因素。

1. 流动资产周转天数

流动资产周转天数＝现金周转天数＋存货周转天数＋应收账款周转天数

流动资产周转天数越长，需要的流动资产投资就越多。如果销售额和成本水平是确定的，就可以根据流动资产周转天数计算出所需的流动资产投资。其决定因素有：

① 行业和技术特征。不同行业的流动资产/收入比率相差悬殊，例如机械制造企业比超级市场需要更多的流动资产；同一行业不同细分市场上的公司，流动资产投资需求也不

同，例如食品超市比五金超市需要较少的流动资产投资，因为食品的保质期决定了公司的流动资产周转天数很短；同一细分市场上，采用不同采购方式、生产技术和销售模式，流动资产投资需求不同，例如采用自动化流水线生产需要较少的存货，而分步走生产需要较多的存货。不同企业所处的行业、采用的技术和经营模式不同，决定了它们的流动资产周转天数会有所不同。

② 企业所处的外部环境。不同国家的类似企业流动资产周转天数有显著差别，经济发达地区与欠发达地区类似企业流动资产周转天数也有明显区别。例如，订货至到货的时间，与企业所处的环境有关。

③ 管理流动资产周转的效率。同一地点、技术特征相同的企业，其流动资产/收入比率有一定差别。采用计算机管理信息系统的公司往往可以加快采购和销售订单的处理速度，有效缩短周转天数，节约流动资产投资。

2.每日销售额

对于特定企业来说，销售额越大，需要的流动资产就越多。销售额的增长，需要更多的现金、存货和应收账款的支持，其变动会引起流动资产投资需求的增加。

3. 销售成本率

销售成本率可以反映成本水平。在其他情况不变的情况下，成本率的上升会导致更多的流动资产投资需求。

三、流动资产投资政策的类型

确定流动资产投资的最优水平就是要求识别投资政策的不同成本水平，其目的是平衡激进型政策与稳健型政策各自的成本，以达到最佳的平衡。

流动资产管理可以认为是在随投资水平上升而上升的成本和随投资水平上升而下降的成本之间的权衡问题。这里涉及两类成本：一类为持有成本；一类为短缺成本。

持有成本是指随流动资产投资水平上升而上升的成本。一般存在两类持有成本，一种是持有流动资产的机会成本，因为与其他资产相比，流动资产的回报率低；另一种是维持该资产经济价值而花费的成本，比如存货的仓储成本。

短缺成本是指随流动资产投资水平下降而下降的成本。与持有成本相对，短缺成本也大致有以下两种：一为交易或订购成本。交易成本是将资产转化成现金的成本；如佣金，而订购成本则是订购存货的成本，如生产准备成本。二为与安全库存有关的成本，包括失去销售、丧失客户信誉的成本以及中断生产计划的成本。

1. 稳健型流动资产投资政策

它包括：

持有大量的现金余额和短期债券；

大规模的存货投资；

放宽的信用条件，从而持有较高水平的应收账款。

稳健型流动资产投资政策的流动资产持有水平最高，激进型最低。由于稳健型短期财务政策在现金、短期证券、存货和应收账款等项目上的投资水平较高，因此需要更高的现金流出，这种政策成本高。但是，该政策未来的现金流入最高。由于给客户提供了宽松的信用政策，可以刺激销售。同时，大量的存货可以为客户提供快速交货服务，从而在一定程度上增加销售量。此外，由于稳健型的流动资产投资政策可以通过快速的信用条件，可能要价要较高。最后，该政策因存货短缺导致停产的可能性也较小。

2. 激进型流动资产投资政策

它要求：

保持低水平的现金余额，不投资于短期证券；

小规模存货投资；

不允许赊销，没有应收账款。

该政策可以节约流动资产的持有成本，例如节约资金的机会成本。但与此同时，公司要承担较大的风险，例如经营中断和失去销售收入等短缺成本。

第四节　现金及有价证券管理

流动资产投资需求主要来自现金、有价证券、存货和应收账款，有时还包括预付账款的需求。

现金是指在生产过程中暂时停留为货币形态的资金，是流动性最强的资产，主要包括库存现金、银行存款、银行本票和银行汇票等。拥有足够的现金对降低企业财务风险，增强企业资金的流动性具有十分重要的意义。

有价证券是企业现金的一种转换形式。有价证券变现能力强，可以随时兑换成现金。企业有多余现金时，常常需要将现金兑换成有价证券；现金流出量大于流入量需要补充现金时，再出让有价证券换回现金。在这种情况下，有价证券就成了现金的替代品。获取收益是持有有价证券的原因。这里讨论有价证券是将其视为现金的替代品，是“现金”的一部分。

一、企业持有现金的动机

企业持有现金的动机主要有交易性动机、预防性动机和投机性动机三个方面。

1. 交易性动机

交易性动机是企业必须持有一定现金以满足其日常业务的现金支付需要。企业为了组织日常生活，必须保持一定数量的现金。如果收入多于支出，会形成现金库存；反之则需要借入现金。因此，企业必须维持适当的现金余额以保证交易的正常进行。企业的生产经营规模、经营性质、特点、周期以及经营的稳定性等因素是影响交易性现金余额大小的主要因素。

2. 预防性动机

预防性动机是指企业持有一定现金以应付紧急情况所产生的现金需要。由于市场和各种不确定因素的存在，企业一般难以对未来现金流量做出准确的预期，因此，在日常业务现金需要量的基础上，企业应该追加一定数量的现金余额来应付未来现金流量的随机波动。企业生产经营的稳定性、现金流量的可预测性和企业的举债能力是影响预防性现金余额的重要因素。

3. 投机性动机

投机性动机是指企业持有一定现金以备满足某种投机行为的现金需要，如买卖价格有利的有价证券等。企业为投机目的而持有的现金余额称为投机性现金余额，投机动机只是企业考虑现金需要量所考虑的次要因素。一般来说，企业不应维持过多的投机性现金余额。

二、现金的成本

企业持有现金的成本通常由以下三个部分组成：

1. 持有成本

现金的持有成本是指企业因保留一定现金余额而增加的管理费及丧失的再投资收益，包括管理成本和机会成本。企业持有现金，对现金进行管理，必定会发生相关的管理费用，这部分费用在一定范围内和现金持有量的多少关系不大，具有固定成本的性质。机会成本是企业不能同时用现金进行有价证券投资所产生的，机会成本和现金持有量成正比。

2. 转换成本

现金的转换成本是指企业用现金购入有价证券以及转让有价证券换取现金时付出的交易费用，如委托买卖佣金、委托手续费、证券过户费、实物交割手续费等。

3. 短缺成本

现金的短缺成本是指在现金持有量不足而又无法及时通过有价证券变现加以补充而给企业造成的损失，现金的短缺成本与现金持有量呈反方向变动关系。短缺现金成本不考虑企业其他资产的变现能力，仅就不能以充足的现金支付购买费用而言，内容大致包括：丧失购买机会、造成信用损失和得不到折扣好处。

在市场正常的情况下，一般来说，流动性强的资产，其收益性较低，这意味着企业尽可能少地置存现金，即使不将其投入本企业的经营周转，也应尽可能多地投资于能产生高收益的其他资产，避免资金闲置或用于低收益资产而带来的损失。这样，企业便面临现金不足和现金过量两方面的威胁。企业现金管理的目标就是在资产的流动性和盈利性之间做出抉择，以获得最大的长期利润。

三、现金收支管理策略

现金收支管理的目的在于提高现金使用效率，为达到这一目的，应从以下几个角度考虑：

(1) 力争现金流量同步。如果企业能尽量使它的现金流入和现金流出发生的时间趋于一致，就可以使其所持有的交易性现金余额水平降到最低，这就是所谓的现金流量同步。

(2) 使用现金浮游量。从企业开出支票，受票人收到支票并存入银行，至银行将款项划出企业账户，中间需要一段时间。现金在这段时间的占用称为现金浮游量。在这段时间里，尽管企业已经开出了支票，却仍可以动用在活期存款账户上的这笔资金。不过，在使用现金浮游量时，一定要控制好使用的时间，否则会发生银行存款的透支。

(3) 加速收款。加速收款主要指缩短应收账款的时间。发生应收账款会增加企业的资金占用，但它又是必要的，因为它可以扩大销售规模，增加销售收入。这里关键在于寻找合适的平衡点，既扩大销售又能缩短收款期限。

(4) 推迟应付账款的支付。在不影响自己信誉的前提下，尽可能地推迟应付账款的支付期，充分运用供货方所提供的信用优惠，这里需要权衡折扣优惠与急需现金直降的利弊得失。

四、最佳现金持有量

现金是一种非盈利性资产，过多的持有现金势必造成资源浪费，因此企业必须确定现金的最佳持有量。最佳现金持有量的确定方法主要有成本分析模式、存货周转模式和现金周转模式。

(一) 成本分析模式

成本分析模式基本思路就是要寻求持有现金的相关总成本最低时的现金余额。其中，持有成本中的管理成本是固定成本，与最佳现金持有量的决策无关，因此管理成本不是最佳现金持有量的决策变量。运用成本分析模式确定现金最佳持有量时，只考虑持有现金产生的机会成本和短缺成本，对管理成本和转换成本则不予考虑。

机会成本＝现金持有量×有价证券利率(报酬率)

短缺成本和现金持有量反方向变动关系，如果把管理成本、机会成本与短缺成本线画在一张图上，就能表现出持有现金的总成本，容易找出最佳现金持有量的点，如图 10－5 所示。

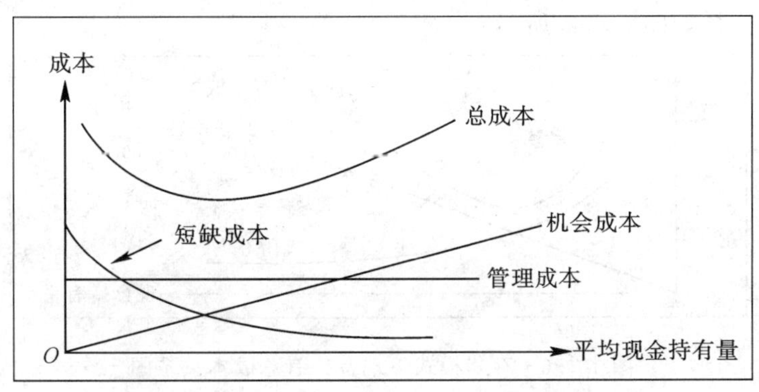

图 10－5　成本分析模式下现金持有总成本关系图

可以看到，现金持有量越大，机会成本就越高，但短缺成本或转换成本就越低；现金持有量越小，机会成本也越小，但短缺成本或转换成本就越高。其核心是机会成本，机会成本选择恰当与否，直接关系到方案的科学性与合理性。企业为了经营业务，需要有一定的现金，付出机会成本代价是必要的，但现金拥有量过多，机会成本代价大幅度上升，就不合算了。现金持有量过多过少对企业经营都不利。若现金持有量过少，则不能应付业务开支，由此造成的损失称为短缺现金成本。现金管理的目的就是要使持有现金的成本最低而效益最大。

【例 10－8】 甲企业有以下三种现金持有方案，有关成本资料如表 10－20 所示：

表 10－20 现金持有备选方案 元

项目	A	B	C
现金持有量	150 000	200 000	250 000
机会成本率	8%	8%	8%
短缺成本	50 000	40 000	35 000

采用成本分析模式计算出该企业各种方案下的现金持有量，如表 10－21 所示：

表 10－21 最佳现金持有量测算表 元

方案	短缺成本	机会成本	相关总成本
A	50 000	12 000	62 000
B	40 000	16 000	56 000
C	35 000	20 000	55 000

根据以上分析比较，C 方案的相关总成本最低，即企业持有现金为 250 000 元时，总代价最低，因此企业最佳现金持有量为 250 000 元。

（二）存货模式

存货模式的基本原理是权衡现金持有成本与转换有价证券的成本，使二者总成本最低时的现金余额为最佳现金持有量。利用存货模式计算现金最佳持有量时，对短缺成本不予考虑，只对机会成本和固定性转换成本加以考虑。企业现金持有量总成本与持有机会成本、转换成本的关系如图 10－6 所示：

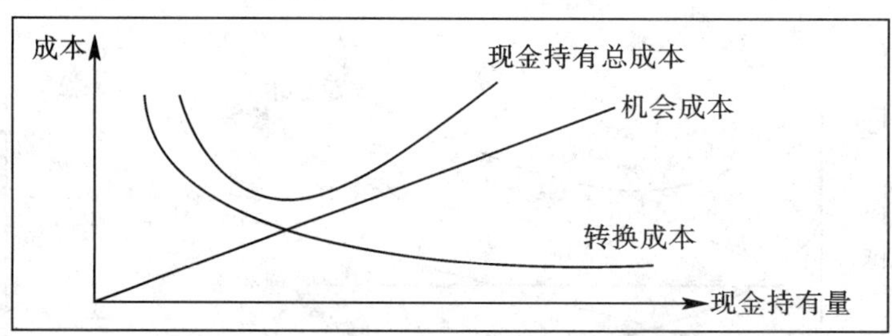

图 10－6 存货模式下现金持有总成本关系图

计算公式如下：

现金管理相关总成本＝持有机会成本＋转换成本

$$TC=\left(\frac{Q}{2}\right)\times K+\left(\frac{T}{Q}\right)\times F \tag{10-3}$$

当持有现金的机会成本与证券变现的交易成本相等时，现金管理的相关总成本最低，即

$$\left(\frac{Q}{2}\right)\times K=\left(\frac{T}{Q}\right)\times F$$

由此算出最佳现金持有量：

$$Q=\sqrt{\frac{2TF}{K}} \tag{10-4}$$

将公式 10－4 代入公式 10－3 中，可以计算出最佳现金持有量下相关总成本：

$$\mathrm{TC}=\sqrt{2TFK}$$

上述公式中，TC 为现金管理相关总成本；Q 为 最佳现金持有量；K 为有价证券在该期间内的利率；T 为一个周期内现金的总需要量；F 为每次转换有价证券的固定成本。

【例 10－9】 S 企业预计全年(360 天)需要现金 600 万元，现金与有价证券的转换成本是每次 600 元，有价证券的年报酬率是 8%，那么：

$$最佳现金持有量=\sqrt{\frac{2\times 6\ 000\ 000\times 600}{8\%}}=300\ 000(元)$$

$$\begin{aligned}现金管理相关总成本&=\sqrt{2\times 6\ 000\ 000\times 600\times 8\%}\\&=24\ 000(元)\end{aligned}$$

$$转换成本=\left(\frac{6\ 000\ 000}{300\ 000}\right)\times 600=12\ 000(元)$$

$$持有机会成本=\frac{300\ 000}{2}\times 8\%=12\ 000(元)$$

$$有价证券交易次数=\frac{6\ 000\ 000}{300\ 000}=20(次)$$

$$有价证券交易间隔期=\frac{360}{20}=18(天)$$

(三) 随机模式

随机模式是在现金需求难以预知的情况下进行的现金持有量确定方法。企业可以根据历史经验和需求，预算出一个现金持有量的控制范围，制定出现金持有量的上限和下限。争取将企业现金持有量控制在这个范围之内。当现金持有量达到控制上限时，用现金购入有价证券，使现金持有量下降；若现金持有量下降到控制下限时，则抛出有价证券换回现金，使现金持有量回升；若现金量在控制范围的上下限之内，便不必进行现金和有价证券的转换，保持它们各自的现金存量。这种对现金持有量的控制关系如图 10－7 所示。

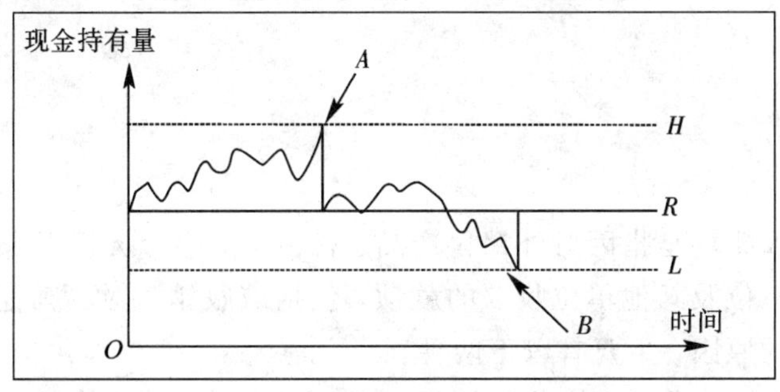

图 10－7　随机模式下现金持有量控制关系图

在上图中，虚线 H 为现金存量的上限，虚线 L 为现金存量的下限，实线 R 为最优现金返回线。从图中可以看到，企业的现金存量是随机波动的，当其达到 A 点时，即达到了现金控制的上限，企业应当用现金购买有价证券，使现金回落到最优现金返回线 R 的水平；当现金存量降至 B 点，即现金控制线的下限时，企业则应转让有价证券，换回现金，使其存量返回至现金返回线的水平。现在存量在上下线之内的波动属于控制范围的变化，是合理的，不予理会。以上关系中的上限 H、现金返回线 R 可按下列公式计算：

$$R=\sqrt[3]{\frac{3b\delta^2}{4i}}+L$$

$$H=3R-2L$$

式中 b 为每次有价证券的固定转换成本；i 为有价证券的日利息率；δ 为预期每日现金余额变化的标准差(可根据历史资料测算)。

下限 L 的确定，受到企业每日的最低现金需求、管理人员的风险承受倾向等因素的影响。

【例 10－10】 假定某公司有价证券的年利率为 9%，每次固定转换成本为 50 元，公司认为任何时候其银行活期存款及现金余额均不能低于 1000 元，又根据以往经验测算出，现金余额波动的标准差 800 元。最优现金返回线 R、现金控制上限 H 的计算为

$$\text{有价证券日利率}=\frac{9\%}{360}=0.025\%$$

$$R=\sqrt[3]{\frac{3b\delta^2}{4i}}+L=\sqrt[3]{\frac{3\times50\times800^2}{4\times0.025\%}}+1000=5579(\text{元})$$

$$H=3R-2L=3\times5579-2\times1000=14737(\text{元})$$

当公司的现金余额达到 14 737 元时，即应以 9158(14 737－5579)元的现金去投资于有价证券，使现金持有量回落为 5579 元；当公司的现金余额降至 1000 元时，则应转让4579(5579－1000)元的有价证券，使现金持有量回升为 5579 元。

随机模式建立在企业的现金未来需求总量和收支不可预测的前提下，因此计算出来的现金持有量比较保守。

第五节　信用管理

一、应收账款

这里所说的应收账款是指因对外销售产品、材料、供应劳务以及其他原因，应向购货单位或接受劳务的单位及其他单位收取的款项，包括应收销售款、其他应收款、应收票据等。发生应收账款的原因，主要有以下两种：

第一，商业竞争。这是发生应收账款的主要原因。在社会主义市场经济的条件下，存在着激烈的商业竞争。竞争机制的作用迫使企业以各种手段扩大销售。除了依靠产品质量、价格、售后服务、广告等外，赊销也是扩大销售的手段之一。对于同等的产品价格、类

似的质量水平、一样的售后服务，实行赊销的产品或商品的销售额将大于现金销售的产品或商品的销售额。这是因为顾客将从赊销中得到好处。出于扩大销售的竞争需要，企业不得不以赊销或其他优惠方式招揽顾客，于是就产生了应收账款。由竞争引起的应收账款，是一种商业信用。

第二，销售和收款的时间差。商品成交的时间和收到货款的时间经常不一致，这也导致了应收账款。当然，现实生活中现金销售是很普遍的，特别是零售企业更常见。不过对一般批发和大量生产企业来讲，发货的时间和收到货款的时间往往不同。这是因为货款结算需要时间的缘故。结算手段越是落后，结算时间就越长，销售企业只能承认这种现实，并承担由此引起的资金垫支。由于销售和收款的时间差而造成的应收账款不属于商业信用，也不是应收账款的主要内容。

应收账款是企业的一项资金投放，是为了扩大销售和盈利而进行的投资。而投资肯定要发生成本，这就需要在收益和成本之间进行权衡。

二、应收账款的信用政策

应收账款资产是企业的主要财务政策之一，由信用条件、信用标准和收款政策三部分组成。

（一）信用条件

信用条件是销货企业要求赊购客户支付货款的条件，包括信用期限、折扣期限和现金折扣。信用期限是企业为顾客规定的最长付款时间，折扣期限是为顾客规定的可享受现金折扣的付款时间，现金折扣是在顾客提前付款时给予的优惠。信用条件通常用 2/10，n/30 的形式表示，其中 30 为信用期限，即客户要在 30 天内付款；10 为折扣期限，即客户在 10 天内付款，可以得到现金折扣的 2%的优惠；信用条件优惠可以增加销售额，同时也会增大成本。因此，确定信用条件需要综合考虑成本与收益的关系。

（二）信用标准

信用标准是指公司决定授予客户信用所要求的最低标准，代表公司愿意承担的最大的付款风险的金额。如果客户达不到该项信用标准，就不能享受公司按商业信用赋予的各种优惠，或只能享受较低的信用优惠。如果公司执行的信用标准过于严格，可能会降低对符合信用风险标准客户的赊销额，因此会限制公司的销售机会。如果公司执行的信用标准过于宽松，可能会对不符合可接受信用风险标准的客户提供赊销，因此会增加随后还款的风险并增加坏账费用。因此，信用标准的确定要求在应收账款成本和收益间取得一个平衡，力争使边际收益等于边际成本。

【例 10－11】 甲企业有 A、B 两个信用条件备选方案，其变动成本率为 80%，资金成本率 10% 。公司计划将 30 天的信用期放宽至 45 天，该企业其他有关资料如表 10－22 所示，比较两种信用条件优劣。

表 10－22 甲企业信用方案的有关资料 元

项目 \ 信用期限	30 天	45 天
销售收入	1 500 000	1 800 000
变动成本	1 200 000	1 440 000
边际贡献	300 000	360 000
收账费用	5000	6000
坏账损失	5000	10 000

本例中，除去收账费用和坏账损失后的边际收益计算如下：

A 方案边际收益＝1500 000－1200 000－5000－5000＝290 000(元)

B 方案边际收益＝1800 000－1440 000－6000－10000＝344 000(元)

由此可见，B 方案能为企业带来更大的收益，优于 A 方案。另外为简化计算，本例中未考虑资金的时间成本。

(三) 确定收款政策

收款政策是指当企业的应收账款不能如期收回时，企业所采取的收账策略和方法。对于短期拖欠的账款，企业可以采取发信、打电话催收的方法；对于拖欠较长的账款，可以采用派人上门催款，请公司法律顾问协助等方法；对于长期拖欠的账款，企业可以请有关代理机构帮助催收，甚至上法院起诉等方法。一般来讲，积极的收账政策会产生较好的收账效果，减少坏账损失，但积极的收账政策必然导致较高的收账费用。因此，合理的收账政策应在权衡增加的收账费用和减少的坏账损失后做出。

三、最佳信用政策的确定

假定某公司目前并不对外提供信用，则该公司既没有坏账，也没有信用管理部门，当然，其销售额也会没有现在高。考虑另一家提供信用的公司，该公司有许多客户，有信用管理部门，但也有坏账损失成本。

这里使用置存成本和机会成本来分析如何确定信用政策，其中：

置存成本表示与信用提供和应收账款投资相联系的成本。置存成本包括拖延后收到的现金、坏账损失以及信用管理成本。

机会成本表示不提供信用时减少的销售额。在信用授予的情况下，该成本会下降。

信用政策的置存成本和机会成本的总和被称为信用总成本曲线。在信用总成本曲线上有一个总成本最小点。如果公司的授予水平超出最小点，则新客户所带来的净现金流量增量无法补偿在应收账款投资上所支出的置存成本。

最优信用政策取决于各个公司的自身特点，如果公司信用政策比公司的产品价格有更大的灵活性，或公司有着过剩的生产能力、低变动经营成本、高税率档次及固定的客户，则该公司比其他公司更愿意提供相对宽松的信用条件。

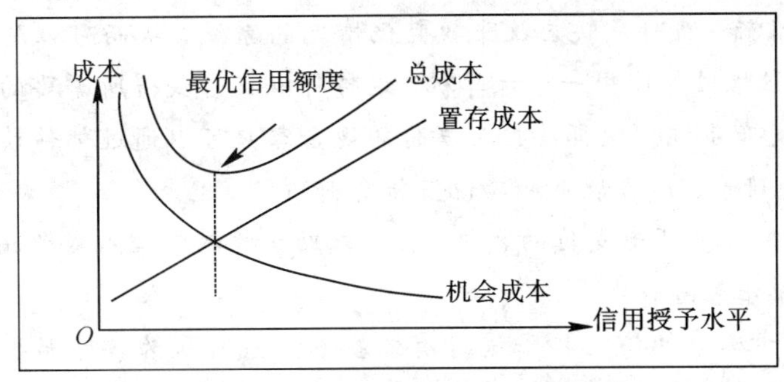

图 10-8 最佳信用政策确定示意图

案例

信用管理谨慎为本——约翰百货的信用管理系统

约翰拥有并经营着自己的公司——约翰百货公司。到现在为止，约翰百货公司年销售额超过 1 000 万美元，约翰还希望自己的销售能扩展到一些郊区，这样他的年销售额会翻一番或翻两番。对约翰来说，唯一让他担心的是赊账。对于他所卖货物的价格和质量，约翰有能力不赊账销售，这并不是很多人都能达到的，许多也经营百货的人无不觉得约翰是一位"奇人"，因为他们总是背上沉重的赊账负担。

可是，最终为了生存和发展，约翰也不得不实行一定的赊账，从而获得更多的顾客。但是，他不是毫无条件地向顾客赊账，相反，他对赊账有严格的条件限制。约翰检查了所有的信用卡公司，发现都得向这些公司支付一定百分比的款项，约翰认为这样做不值，于是，他决定建立自己的信用部。根据 1987—1988 年度的工业标准，百货公司有工业财产 100 多万美元，那么税后净利润平均为 1.3%，但约翰税后利润为 2.5%，他比平均利润要高出 1.2%，正是由于没有采用信用销售而节约了向信用卡公司所支付的一定百分比的销售额。

在这方面，主要得归功于约翰雇佣凯特任新的信用部的经理，并要求凯特为一套新的信用管理系统制定出必要条件。凯特按照约翰的要求和公司的利益制定出的条件如下：

(1) 信用申请表必须完整而又没有歧视性条款，但除此之外，也应有不止三个信用证明人的情况。申请人的信用历史、地址以及职业必须明确注明，这样要是他们不付款，可以通过地址找到他们；

(2) 建立信用分级系统。根据每个顾客的级别指定一个合理的信用额度限制，并且还要有提高这个额度限制的特定条件；

(3) 设立清除边缘账户的分系统；

(4) 对那些允许的客户的累积信用应收取国家法律所许可的最高利息；

(5) 对价格昂贵的分期付款信用方案，其偿还期限应不超过 3 年；

(6) 建立快速有效的评估系统，有效又不影响公司的销售，同时不允许产生一个不合标准的客户；

(7) 建立一个准确、及时反映应收账款变化情况的系统，从而可以随时了解有多少信用还未支付。同时在信用部使用一台计算机，这样可以及时获得所需要的所有信息；

(8) 建立信息发布系统。使那些按时支付的现金客户可以通过邮件获得账单以及一些宣传品(比如广告小册子、广告散页和其他宣传资料)；

(9) 对那些超过45天还未支付的客户，在不求助于收款代理人或信用公司律师的情况下，制订一套催款标准程序；

(10) 参照信用卡客户的使用权限进行有效鉴别。凯特认为，对那些应收账款的附设分类账每天持续记录下去是非常重要的。约翰还指出，如果一个客户有700美元的信用限制，要及时开账单，如果账单不能按时发出，那么支付也就不能按时。

点评：财务控制是财务决策方案得以实现的保证，而内部控制制度包括组织机构的设计和企业内部采取的所有相互协调的方法和措施。这些方法和措施用于保护企业的财产，检查企业会计工作的准确性和可靠性，提高经营效率。

约翰百货公司就有着一套量身定制的信用管理系统，避免了向信用卡公司支付一定百分比的销售额，使公司的税后利润大幅度提高。这为我们加强企业财务内部控制又提供了一条思路。

第六节　存货管理

一、存货管理的意义

存货是指企业在正常生产经营过程中持有的、以备出售的产成品或商品，或为了出售仍然处于生产过程中的产品，或在生产过程、劳务过程中消耗的材料、物料等。因为它不仅在企业营运资本中占很大比重，而且又是流动性较差的流动资产。存货管理就是对企业的存货进行管理，主要包括存货的信息管理和在此基础上的决策分析，最后进行有效控制，达到存货管理的最终目的，提高经济效益。

企业置留存货一方面是为了保证生产或销售的经营需要；另一方面是出自价格考虑，零购物资的价格往往较高，而整批购买在价格上有优惠。但是，过多地存货要占用较多资金，并且会增加包括仓储费、保险费、维护费、管理人员工资在内的各项开支，因此，进行存货管理目标就是尽力在各种成本与存货效益之间做出权衡，达到两者的最佳结合，这就是存货管理的目标。

存货作为一项重要的流动资产，它的存在势必占用大量的流动资金。一般情况下，存货占工业企业总资产的30%左右，占商业流通企业的比例则更高，其管理利用情况如何，直接关系到企业的资金占用水平以及资产运作效率。因此，一个企业若要保持较高的盈利能力，应当十分重视存货的管理。在不同的存货管理水平下，企业的平均资金占用水平差别是很大的。通过实施正确的存货管理方法，降低企业的平均资金占用水平，提高存货的流转速度和总资产周转率，才能最终提高企业的经济效益。

二、存货的成本

存货成本主要包括进货成本、储存成本和缺货成本。

(一) 进货成本

进货成本主要由存货的购置成本和订货成本构成。

购置成本是指存货本身的价值，在一定时期进货总量既定的条件下，无论企业采购次数如何变动，存货的进价通常是保持相对稳定的，因而属于决策无关成本；年需求量用 D 表示，单价用 U 表示，于是购置成本为 $D\times U$。

订货成本是指企业的存货订单的成本，一部分与订货次数有关，属于决策的相关成本，如差旅费、邮资等，成为订货的变动成本，每次订货的变动成本用 K 表示；订货次数等于年需求量 D 与每次进货量 Q 之商；另一部分与订货次数无关，这类固定性进货费用则属于决策的无关成本，用 F_1 表示。订货成本的计算公式为

$$订货成本=F_1+\frac{D}{Q}K$$

订货成本加上购置成本，就等于存货的进货成本，其公式可以表达为

$$\begin{aligned}进货成本&=订货成本+购置成本\\&=订货固定成本+订货变动成本+购置成本\end{aligned}$$

$$\mathrm{TC_a}=F_1+\frac{D}{Q}K+DU$$

(二) 储存成本

储存成本，即企业为持有存货而发生的成本。一是因为对实物的保管而发生的多种支出，如仓库的折旧费、保险费、修理费、冷暖气费、通风照明费等仓储费用，以及仓库内部的装卸搬运费、仓库管理费等；二是因为存储的货物本身占用资金的费用，为储存物资占用资金而支付的利息或占用费、物资陈旧变质、损坏、拆耗所发生的损失等，通常用 TC_c 来表示储存成本。

储存成本可以分为变动储存成本和固定储存成本两类。其中，固定成本与存货数量的多少无关，如仓库折旧、仓库职工的固定月工资等，通常用 F_2 来表示，固定储存成本属于决策的无关成本；而变动储存成本则与存货储存数额成正比例变动关系，如存货资金的应计利息、存货的破损和变质损失、存货的保险费用等，单位成本用 K_c 来表示，这类成本属于决策的相关成本，用公式表达为

$$储存成本=储存固定成本+储存变动成本$$

$$\mathrm{TC_c}=F_2+K_c\frac{Q}{2}$$

(三) 缺货成本

缺货成本，是指因存货不足而给企业造成的损失。包括材料供应中断造成的停工损

失、产品库存货造成的拖欠发货损失和丧失销售机会的损失(还应包括需要主观估计的商誉损失)；如果生产企业紧急采购代用原材料解决库存材料中断之急，那么缺货成本表现为紧急额外购入成本(紧急额外购入的开支会大于正常采购的开支)。若允许缺货现象，则缺货成本与存货数量反向相关，属于决策相关成本，缺货成本用 $\mathrm{TC_s}$ 表示。如果用 TC 表示储存货物的总成本，它的计算公式为

$$\mathrm{TC}=\mathrm{TC_a}+\mathrm{TC_c}+\mathrm{TC_s}=F_1+\frac{D}{Q}K+DU+F_2+K_c\frac{Q}{Z}+\mathrm{TC_s}$$

企业存货的最优化，即是使上式 TC 值最小。

三、存货模型

财务部门需要参与的决策主要是决定进货时间和进货量(分别用 T 和 Q 表示)。按照存货管理的目的，需要通过合理的进货批量和进货时间，使存货的总成本最低，这个批量叫做经济订货批量或经济批量。有了经济订货批量，可以很容易地找出最适宜的进货时间。

按照存货管理的目标，使储备存货总成本最低的订货批量就是经济订货批量。与存货成本有关的因素很多，为了使复杂的问题简化，就需要设立一些假设，在此基础上建立经济订货批量的基本模型，然后再逐一去掉假设来解决较复杂的问题。经济订货量基本模型需要设立的假设有：

(1) 企业能够及时补充存货，即需要订货时便可立即取得存货；

(2) 能集中到货，而不是陆续入库；

(3) 没有缺货，即无缺货成本，$\mathrm{TC_s}$ 为零，这是因为良好的存货管理本来就不应该出现缺货成本；

(4) 年需求量固定不变，即 D 为已知常量；

(5) 日需求量是固定不变的；

(6) 没有数量折扣，即 U 为已知常量；

(7) 企业现金充足，不会因现金短缺而影响进货；

(8) 所需存货市场供应充足，不会因买不到需要的存货而影响其他。

在上述假设前提条件下，存货总成本的公式可以简化为

$$\mathrm{TC}=F_1+\frac{D}{Q}K+DU+F_2+K_c\frac{Q}{2}$$

当 F_1，K，D，U，F_2，K_c 为常数时，TC 的大小取决于 Q。为了求出了 TC 的极小值，对其进行求导，可得出下列公式：

$$Q^*=\sqrt{\frac{2KD}{K_c}}$$

上式称为经济订货量的基本模型。求出每次订货批量，可使 TC 达到最小值。这个基本模型还可以演变为其他形式：

每年最佳订货次数公式：

$$N^{*}=\frac{D}{Q}=\frac{D}{\sqrt{\frac{2KQ}{K_{c}}}}=\sqrt{\frac{DK_{c}}{2K}}$$

与批量有关的存货总成本公式：

$$\mathrm{TC}(Q^{*})=\frac{KD}{\sqrt{\frac{2KD}{R_{c}}}}+\frac{\sqrt{\frac{2KD}{K_{c}}}}{2}\times K_{c}=\sqrt{2KDK_{c}}$$

最佳订货周期公式：

$$t^{*}=\frac{1}{N}=\frac{1}{\sqrt{\frac{DK}{2K}}}$$

经济订货量占用资金：

$$I^{*}=\frac{Q^{*}}{2}\times U=\frac{\sqrt{\frac{2KD}{K_{c}}}}{2}\times U=\sqrt{\frac{KD}{2K_{c}}}U$$

【例 10－12】 某企业每年耗用某种材料 3 600 千克，该材料单位成本为 10 元，单位存储成本为 2 元，一次订货成本为 25 元，则：

$$Q^{*}=\sqrt{\frac{2KD}{K_{c}}}=\sqrt{\frac{2\times 25\times 3600}{2}}=300(\text{千克})$$

$$N^{*}=\frac{D}{Q^{*}}=\frac{3600}{300}=12(\text{次})$$

$$\mathrm{TC}(Q^{*})=\sqrt{2KDK_{c}}=\sqrt{2\times 25\times 3600\times 2}=600(\text{元})$$

四、存货模型的扩展

经济订货量的基本模型是在前述各假设成立条件下建立的，但现实生活中能够满足这些假设条件的情况十分罕见。为使模型更接近于实际情况，具有更高的实用性，需逐一放宽假设，同时改进模型。

（一）订货提前期

一般情况下，企业的存货不能随时补充，因此不能等存货用光再去订货，而需要在没有用完时提前订货。提前订货的情况下，企业再次发出订货单时，尚有存货的库存量，称为再订货点，用 R 表示，如图 10－9 所示，其计算公式为

$$R=L\times d$$

续前例，企业订货日至到货期的时间为 10 天，每日存货需要量为 10 千克，那么：

$$R=L\cdot d=10\times 10=100(\text{千克})$$

即当企业尚存 100 千克存货时，就应当再次订货，等到下批订货到达时，原有库存刚好用完。此时，有关存货的每次订货量、订货次数、订货间隔时间等并无变化，与瞬时补

充相同。这就是说，订货提取期对经济订货量并无影响，可仍以原来瞬时补充情况下的300千克为订货批量，只不过在达到再订货点(库存100千克)时即发出订货单罢了。

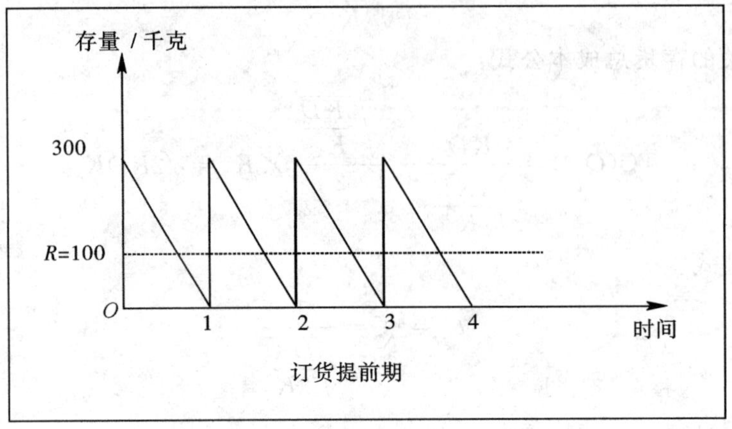

图10-9 订货提前期关系图

(二)存货陆续供应和使用

在上述案例中，是假设存货一次全部入库，故存货增加时存量变化为一条垂直直线。事实上，各批存货可能陆续入库，使存量陆续增加。尤其是产成品入库和在产品转移，几乎总是陆续供应和陆续耗用的。在这种情况下，模型需要做适当修改。

【例10-13】 某零件年需求量D为3 600件，每日送货量P为30件，每日耗用量d为10件，单价U为10元，一次订货成本K为24元，单位储存变动成本K_c为2元，存货数量变动如图10-10所示。

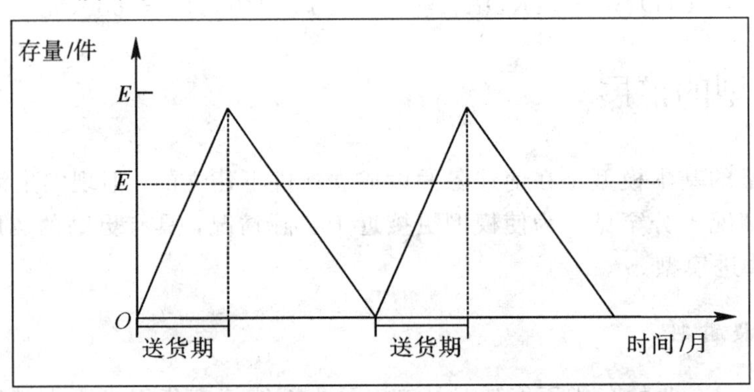

图10-10 陆续供货时存货数量的变动关系图

设每批订货数为Q，由于每日送货量为P，故：

(1) 该批货全部送达所需的日数为Q/P，称之为送货期；

(2) 因零件每日耗用量为d，故送货期内的全部耗用量为$\frac{Q}{P}d$；

(3) 由于零件边送边用，所以每批送完时，最高库存量为$Q-\frac{Q}{P}d$；

(4) 平均库存量则为$\frac{1}{2}\left(Q-\frac{Q}{P}d\right)$；

图 10-10 中，E 表示最高库存量，$\bar{E}$ 表示平均库存量。

(5) 与批量有关的总成本为

$$\begin{aligned}\mathrm{TC}(Q)&=\frac{D}{Q}K+\frac{1}{2}\left(Q-\frac{Q}{P}d\right)-K_{\mathrm{c}}\\&=\frac{D}{Q}\cdot K+\frac{Q}{2}\left(1-\frac{d}{P}\right)\cdot K_{\mathrm{c}}\end{aligned}\tag{10-5}$$

在订货变动成本与储存变动成本相等时，$TC(Q)$有最小值，故存货陆续供应和使用的经济订货量公式为

$$\frac{D}{Q}\cdot K=\frac{Q}{2}\left(1-\frac{d}{P}\right)\cdot K_{\mathrm{c}}$$

由此求出

$$Q^{*}=\sqrt{\frac{2KD}{K_{\mathrm{c}}}\frac{P}{P-d}}\tag{10-6}$$

将公式(10-6)代入上述 $TC(Q)$公式(10-5)，可得出存货陆续供应时使用的经济订货量成本公式为

$$\mathrm{TC}(Q^{*})=\sqrt{2KDK_{\mathrm{c}}(1-\frac{d}{P})}\tag{10-7}$$

将数据代入公式(10-6)、(10-7)即可得：

$$Q^{*}=\sqrt{\frac{2KD}{K_{\mathrm{c}}}\frac{P}{P-d}}=\sqrt{\frac{2\times24\times3600}{2}\times\frac{30}{30-10}}=360(\text{件})$$

$$\mathrm{TC}(Q^{*})=\sqrt{2KDK_{\mathrm{c}}\left(1-\frac{d}{p}\right)}=\sqrt{2\times24\times3600\times2\times(1-\frac{10}{10})}=480(\text{元})$$

另外，陆续供应使用的经济订货量模型，还可以用于自制和外购的决策选择。自制零件属于边送边用的情况，单位成本可能较低，但每批零件投产的生产准备成本比一次外购订货的订货成本可能高出许多。外购零件的单位成本可能较高，但订货成本可能比较低。要在二者之间进行选择，只需要比较两者的总成本即可。

(三) 保险储备

以前讨论假定存货的供需稳定且确知，即每日需求量不变，交货时间也固定不变。实际上，按照某一订货量和再订货点发出订单后，如果需求增大或送货延迟，就会发生缺货或供货中断。为防止由此造成的损失，就需要多储备一些存货以备应急之需，称为保险储备。

存货保险储备量是避免企业缺货或供货中断的安全存量，在正常情况下不动用，只有当每日需求量突然增大或交货延迟时才使用。影响存货保险储备量的因素主要有每日需求量和交货时间。

考虑保险储备的再订货点：

$$R = 交货时间 \times 平均日需求量 + 保险储备 = L \cdot d + B$$

确定保险储备的原则是使保险储备的储存成本及缺货成本之和最小。

设单位缺货成本为 K_u，一次订货缺货量为 S，年订货次数为 N，保险储备量为 B，单位储存变动成本为 K_c，则：

$$C_s = K_u \times S \times N$$

$$C_B = B - K_c$$

保险储备模型：

$$TC(B,S) = B \times K_c + K_u \times S \times N$$

储存成本＝保险储备×单位储存成本

缺货成本＝一次订货期望缺货量×单位缺货成本×年订货次数

相关总成本＝保险储备成本＋缺货成本

现实中，缺货量 S 具有概率性，其概率可根据历史经验估计得出，保险储备量 B 可选择而定。

【例 10－13】 假定某存货的年需求量 D 为 3 600 件，单位储存变动成本 K_c 为 2 元，单位缺货成本 K_u 为 4 元，交货平均时间 L 为 10 天；已经计算出经济订货量 Q 为 300 件，每年订货次数 N 为 12 次。交货期内的存货需要量及其概率分布如表 10－23 所示：

表 10－23 某种存货交货期内的需求量及其概率分布表

需要量 $10 \times d$	70	80	90	100	110	120	130
概率	0.01	0.04	0.20	0.50	0.20	0.04	0.01

先计算不同保险储备的总成本：

(1) 不设置保险储备量。即 $B=0$ 且以 100 件为再订货点。此种情况下，当需求量为 100 件或小于 100 件时，不会发生缺货，其概率为 0.75(0.01＋0.04＋0.20＋0.50)；

当需求量为 110 时，缺货 10(110－100)件，其概率为 0.20；

当需求量为 120 时，缺货 20(120－100)件，其概率为 0.04；

当需求量为 130 时，缺货 30(130－100)件，其概率为 0.01。

因此，当 $B=0$ 时缺货的期望值 S_0 和总成本 $TC(S, B)$ 可计算如下：

$$S_0 = (110-100) \times 0.20 + (120-100) \times 0.04 + (130-100) \times 0.01 = 3.1(件)$$

$$TC(S、B) = B \times K_c + K_u \times S \times N = 0 \times 2 + 4 \times 3.1 \times 12 = 148.8(元)$$

(2) 保险储备量为 10 件。即 $B=10$ 件，以 110 件为再订货点。在这种情况下，当需求量小于等于 110 件时，不会发生缺货，其概率为 0.95(0.01＋0.04＋0.20＋0.50＋0.20)；

当需求量为 120 件时，缺货 10 件，其概率为 0.04；

当需求量为 130 件时，缺货 20 件，其概率为 0.01。

因此，保险储备 $B=10$ 件时，缺货的期望值 S_{10} 和总成本 $TC(S, B)$ 可计算如下：

$$S_{10} = (120-110) \times 0.04 + (130-110) \times 0.01 = 0.6(件)$$

$$TC(S, B) = B \times K_c + K_u \times S \times N = 10 \times 2 + 4 \times 0.6 \times 12 = 48.8(元)$$

(3) 同理，当保险储备量 $B=20$ 时，可计算如下：

$$S_{20} = (130-110) \times 0.01 = 0.1(件)$$

$$TC(S, B) = B \times K_c + K_u \times S \times N = 20 \times 2 + 4 \times 0.1 \times 12 = 44.8(元)$$

(4) 当保险储备量 $B=30$ 件。不会发生缺货，因此：

$$S_{30}=0$$

$$TC(S,B)=B\times K_c+K_u\times S\times N=30\times 2+4\times 0\times 12=60(\text{元})$$

通过以上计算，比较不同保险储备量的总成本，以最低者为最佳。因此，保险储备量应该为 20 件，即应以 120 件为再订货点。

本章小结

(1) 财务规划是指企业在预算期内反映有关货币资金收支和财务状况的计划，按预算期的长短可以分为长期财务计划和短期财务规划。

(2) 短期规划通常以一个年度为计划期，也称为年度预算。企业使用全面预算的方法来控制企业的生产经营活动，企业全面预算的构成内容比较复杂，编制预算需要采用适当的方法。常见的预算方法主要包括增量预算法与零基预算法、固定预算法与弹性预算法、定期预算法与滚动预算法，这些方法广泛应用于营业活动有关预算的编制过程中。

(3) 长期财务计划是指预算期在 1 年以上的计划，一般为企业的经营战略预算。筹资预测是企业财务预测的重要组成部分，筹资预测较为常见使用的方法是销售百分比法。

(4) 企业营运管理主要是对企业的营运资本进行管理，包括对于现金、有价证券、存货及应收账款的管理。

重要概念：

现金周期 财务计划 长期计划 全面预算 零基预算法 现金预算 销售百分比法 营运资本 信用条件

练 习 题

1. 简述现金预算的作用。

2. 简述内涵增长率与可持续增长率的异同。

3. 简述流动资产投资政策的类型。

4. 简述企业持有现金的动机。

5. 影响流动资产投资的因素有哪些?

6. 试论述现金管理的策略。

7. 试论述存货管理的意义。

8. 某公司每年需要用某种材料 6 000 件，每次订货成本为 150 元，每件材料的年储存成本为 5 元，该种材料的采购价格为 20 元/件，一次订货量在 2 000 件以上时可获得 2%的折扣，在 3 000 件以上时可获得 5%的折扣。要求：

(1) 公司每次采购多少件材料时成本最低?

(2) 若企业最佳安全储存量为 400 件，再订货点为 1 000 件，假设一年工作 50 周，每周工作 5 天，则企业订货至到货的时间为多少天?

(3) 公司存货平均资金占用多少?

9. 甲公司是一个家用电器零售商，经营约 500 种家用电器产品。据预测该产品年销量为1 080台，一年按360天计算，平均日销售量3台；固定的储存成本2 000元/年，变动的储存成本为100元/台(一年)；固定的订货成本为1 000元/年，变动的订货成本为74.08元/次；公司的进货价格为每台500元，售价为每台580元；如果供应中断，单位缺货成本为80元。订货至到货的时间为4天，在此期间销售需求的概率分布如下：

需求量/台	9	10	11	12	13	14	15
概率	0.04	0.08	0.18	0.4	0.18	0.08	0.04

要求：在假设可以忽略各种税金影响的情况下计算：

(1) 该商品的经济订货量；

(2) 该商品按照经济订货量进货时存货所占用的资金(不含保险储备资金)；

(3) 该商品按照经济订货量进货的全年存货取得成本和储存成本(不含保险储备成本)；

(4) 该商品含有保险储备量的再订货点。

案例

美邦服饰：去存货化的两个驱动力

在服装行业，库存是始终悬在各大企业头上的一把锋利的双刃剑。一方面，如果库存较低，就会出现断货，减少利润，失去加盟商的信任；另一方面，如果库存较高，一旦消化不掉，每天都会贬值，并占用大量的资源，增加运营风险，影响企业的持续健康经营。

美邦服饰一度受高库存水平的困扰，以至于在2012年新春酒会上，每个高层管理者都被要求针对如何消化存货进行轮流发言，检讨、反思、献计献策。经过一段时间的努力，美邦服饰的库存从历史最高点，回落到行业平均水平。

美邦服饰之所以如此重视消化库存，是有原因的。美邦服饰一直被认为是ZARA在中国最忠实的学生，高举快时尚旗帜，以快取胜，快速的产品设计、快速的货品投放、快速的客户反应等等，公司的各个环节都需要具备极为迅速的反应能力。

快时尚旗帜意味着，存货一旦积压，就会迅速从顾客眼球中消失，顾客不再愿意为此买单。另外，和传统服饰相比，快时尚的存货贬值速度更快，如果短时间内销售不完，跳水销售不可避免，造成公司资产蒸发。

在库存最高点的2011年一季度，美邦服饰库存和资产的比例达到35.3%，而同期的杉杉服装，只有8.8%。如果不能及时消化库存，按照平均55%的折扣计算，30亿的库存，将直接损失16.5亿，而这将是90亿总资产的18%！这样的损失，对美邦服饰的行业地位无疑是个巨大的冲击。事实上，在这种运营模式下，较低的库存水平是盈利的基础。在库存历史最高点的2011年一季度，每股净资产和每股收益均处在历史较低水平，分别为3.53元和0.2元；之后，美邦服饰开始消化库存，每股净资产、每股收益均持续上升，截至去年四季度，分布达到4.11元、1.2元。

为消化存货，美邦服饰双管齐下，一方面，通过加强终端的控制力度、建立高效的物流体系以降低新库存的产生；另一方面，丰富销售渠道、提高折扣比例，加强对现有存货的消化力度。

为控制新存货的产生，美邦服饰从2010年以来，以五倍于加盟店的成本，在一线城市建立直营店、折扣店，逐步加大对销售终端的控制力度，截至2012年一季度，基本已经在全部的一线城市实现了直营，直营店销售收入也达到总收入的45%。美邦服饰期望获得更多的一手信息，强化终端市场需求的科学预测，减少新库存。

然而，美邦服饰从加盟店走向直营店的模式，宣告以前"轻资本化"模式的结束，"重资本化"模式的到来。"重资本化"的模式，意味着较高的运营成本，房租、电费、人工费、促销费等等，这要求美邦服饰具有较为安全的现金流水平，以支付各种经营开支。

持续的、较为安全的现金流水平，意味着美邦服饰必须缩短资产运转周期，提高资产变现能力，换句话说，就是要美邦服饰全力消化库存，确保具备较低的库存水平。

可以说，快时尚理念、重资本运作模式是美邦服饰去存货化的两大重要推动力，一个加速存货贬值，另一个放大存货贬值给企业带来的影响。在去存货化的道路上，美邦服饰可以说动力十足，远大于传统服装巨头。

尽管美邦服饰在去存货化的路上迈出了成功的一步，但从长期来看，要想保持这种去存货化的势头，美邦服饰尚需加强市场调研力度，向ZARA、H&M等国际巨头看齐，时刻掌握目标客户群的消费偏好，以减少由于市场需求把握不准确造成的库存；同时，要加强对加盟店的管理，建立系统的加盟店激励模式，为锁定市场终端、抢占市场制高点创造条件。

请思考：

在加强营运管理方面，美邦服饰为什么会把重点放在去库存上？

第十一章　公司并购及反并购策略

学习目标

1.理解公司并购的含义

2.理解公司并购相关理论

3.了解公司并购的收益与成本

4.了解并购策略

5.掌握企业并购的财务规划内容和方法

引例

2013年十大并购案例

2013年我国各行业都发生了很多重大的企业并购，机构评选出2013年“中国十大并购”事件。此次评出的“十大并购事件”，从某种程度上来讲，展现出了行业发展的趋势，受到了业界和海内外经济界的密切关注。

(1) 北京王府井收购春天百货。

2013年1月，王府井百货本月初发布公告称，收到控股股东王府井国际的通知，其境外全资子公司贝尔蒙特在1月24日和春天百货签署协议，以19.97亿港元(约16.03亿元人民币)拿下春天百货39.53%的股权。根据中国香港地区的收购法则，该交易完成后将触发以上市公司全部股份为目标的强制性全面要约收购。

(2) 中石油收购埃尼东非天然气区块权益。

2013年3月15日，中石油斥资约255亿人民币(42亿美元)，收购了意大利石油集团埃尼运营的关键区块20%的权益，这标志着中石油进军东非的第一步，也是中国迄今为止对海外天然气田最大的一笔投资。

(3) 阿里巴巴战略投资新浪微博。

2013年4月29日，阿里巴巴集团以约35.6亿人民币(5.86亿美元)战略投资新浪微博公司发行的优先股和普通股，占稀释摊薄后总股份的约18%，成为新浪微博第二大股东。此外，新浪授予阿里巴巴一项期权，允许阿里巴巴在未来按事先约定的定价方式，将其在新浪微博的全稀释摊薄后的股份比例提高至30%。

(4) 国家电网入股澳大利亚能源企业。

2013年5月17日，国家电网公司与新加坡电力公司(Singapore Power International)签署协议，国家电网决定出资约364.8亿人民币(60亿美元)收购新加坡电力公司子公司澳大利亚Jemena公司60%的股权和澳大利亚新能源澳洲网络19.1%的股份。12月20日，交易获得了澳大利亚财政部有条件的批准。

(5) 双汇收购史密斯菲尔德。

2013 年 5 月 29 日，双汇国际控股有限公司和美国史密斯菲尔德食品公司发布联合公告，双方达成协议，双汇国际以约 432 亿元人民币(71 亿美元)收购史密斯菲尔德。该收购获得了美国外国投资委员会的审批许可。9 月 26 日，双汇国际与史密斯菲尔德食品公司联合宣布收购完成。

(6) 清华紫光收购展讯。

2013 年 7 月 12 日，展讯通信与清华紫光联合宣布，双方已达成合并协议，紫光将以现金方式收购展讯通信的全部流通股份，收购总价约 108 亿人民币(17.8 亿美元)。此次收购完成后，展讯通信将变成清华紫光旗下的全资子公司，其股票将在纳斯达克全球市场退市。

(7) 百度收购 91 无线。

2013 年 8 月 14 日，百度与 91 无线正式签署收购协议，以约 112.5 亿人民币(18.5 亿美元)收购网龙网络旗下 91 无线网络 100%股权。10 月 1 日，该笔交易顺利完成，91 无线成为百度的全资附属公司。91 无线是国内三大移动应用商店之一，月活跃用户约 9000 万。

(8) 中石化收购埃及项目。

2013 年 8 月 30 日，中国石油化工集团宣布支付约 188 亿人民币(31 亿美元)现金，收购阿帕奇集团的埃及油气业务 33%的权益，这是中石化史上规模第三大的收购交易。

(9) 越秀集团收购创兴银行股权。

2013 年 10 月 25 日晚，创兴银行及其大股东创兴企业发布联合公告称，越秀金融控股有限公司是越秀企业集团全资公司，向创兴银行股东收购最多 3.2625 亿股股份，占已发行股本 75%。本次收购作价约 116.44 亿港元，是地方国企在香港的首个银行收购。

(10) 顺风光电收购无锡尚德。

2013 年 11 月 1 日，顺风光电发布公告称，将以 30 亿元人民币的总代价，收购无锡尚德所有股权。11 月 12 日，无锡尚德重整计划获债权人高票通过，顺风光电开始接盘无锡尚德。12 月 20 日，顺风光电发布公告称，该公司主要股东郑建明已经以其唯一个人身份向无锡尚德管理人支付了转让代价余额 25 亿元。无锡尚德在 2013 年 3 月被无锡市中院裁定进入破产程序，随后无锡官方开始对无锡尚德实施破产重整工作。

在国内，上海华然投资咨询有限公司利用自身的企业调查能力和广泛的信息渠道来源，帮助客户发掘最有成长力的公司和最合适的投资并购对象，降低并购前双方的信息不对称性和并购风险。从多年的并购咨询业务经验中，也在实际中总结发展出了一套相当完善的并购流程管理方法。运用此方法，成功地为大型跨国企业以及中国企业完成了交易额数亿至数十亿的并购案。

在国际上，近年来并购也是频频发生，涉及金额巨大跨国公司间或国内公司间的并购，可以使得企业规模迅速扩张，竞争能力和市场份额得以迅速增长，那么企业并购有哪些类型，它的动因是什么，需要考虑的因素有哪些，本章将逐一论述。

第一节　公司并购概述

公司并购是指公司间的产权交易行为。一般来讲，公司并购有以下三种方式：吸收合并或新设合并、收购股权和收购资产。

一、吸收合并或新设合并

吸收合并是指一家企业被另一家企业吸收。兼并企业保持其名称和身份并且收购被兼并企业的全部资产和负债。被吸收合并企业不再作为一个独立经营实体而存在。

新设合并除了会产生一个全新的企业外其他方面都与吸收合并相同。新设合并是指兼并和被兼并企业终止各自的法人形式，共同组织一家新的企业。在新设合并中，兼并企业和被兼并企业的区分并不重要。但是，吸收合并和新设合并适用的法则基本是相同的。不论是吸收合并还是新设合并，收购都会使双方企业资产和负债联合。

【例 11-1】 设 A 公司和 B 公司发生吸收合并，A 公司作为存续方，以一股 A 公司股票换取两股 B 公司股票的方式并购了 B 公司。从法律上看，A 公司股东的状况并未发生直接的变化，而 B 公司的股票不再存在，B 公司股东经过换股后成为了 A 公司的股东。

而如果 A、B 公司发生新设合并，合并后设立新的 C 公司，则 A、B 公司的股票均不复存在，A、B 公司原股东成为 C 公司的股东。

尽管吸收合并与新设合并在法律形式上有所不同，但在公司运作实质上并无大的差异，因此又被统称为公司合并或者公司并购。

小知识

根据我国《公司法》的规定，公司合并应当签订合并协议并编制资产负债表及财产清单。公司应当自做出合并决议之日起十日内通知债权人，并于三十日内在报纸上公告。债权人自接到通知书之日起三十日内，未接到通知书的自公告之日起四十五日内，可以要求公司清偿债务或者提供相应的担保(174 条)。公司合并时，合并各方的债权、债务，应当由合并后存续的公司或者新设的公司继承(175 条)。

二、收购股权

收购的另一种方式是用现金、股票或其他证券购买目标企业具有表决权的股票。收购开始通常是一家企业管理层向另一家企业管理层私下发出要约，但有时该要约直接发向目标企业的股东，这可以通过要约收购实现。要约收购就是由一家企业直接向目标企业的股东发出收购其股票的公开要约。收购要约一般可以通过报纸、广告等公告方式进行通知。

选择收购股票方式或是兼并方式所需要考虑的因素有以下几方面：

(1) 收购股票无需召开股东大会，也无需投票。如果目标企业股东不愿意接受该要约，它们有权决定而且不出售股票；

(2) 收购股票方式下，采用要约收购可以绕过管理层和董事会，直接与目标企业的股东打交道；

(3) 收购股票经常是非善意的。由于目标企业的管理层通常会积极地抵制收购的发生，故而收购常常选择避开他们。目标企业管理层的抵制往往造成收购成本高于兼并成本；

(4) 在要约收购中，由于总有一小部分股东坚持不出让股票，故而目标企业总是无法被完全吸收；

(5) 若实现要约完全吸收则需通过兼并方式，有许多收购股票方式后来都以兼并告终。

三、收购资产

企业还可以通过收购目标公司资产的方式取得对公司的控制权和资产的使用权。为了灵活运用资产并购和股权收购，在涉及收购方案前，必须对资产收购和股权收购之间的特点差异以及我国相关法律法规进行分析，降低收购经济成本，减少收购法律风险。两者的主要区别在于：

(1) 主体和客体不同。股权收购的主体是收购公司和目标公司股东的股票，客体是目标公司的股权，而资产收购的主体是收购公司和目标公司，客体是目标公司的资产。

(2) 负债风险差异。股权收购后，收购公司成为目标公司控股股东，收购公司仅在出资范围内承担责任，目标公司的原有责任仍然由目标公司承担。但因为目标公司的原有债务对今后股东的收益有着巨大的影响，因此在股权收购之前，收购公司必须调查清楚公司的债务状况。对于目标公司的或有债务在收购时往往难以预料，因此，股权收购存在一定的负债风险。

在资产收购中，资产的债券债务状况一般比较清晰。收购公司只要关注资产本身的债权债务状况，基本可以控制收购风险。

(3) 税收差异。在股权收购中，纳税义务人是收购公司和目标公司股东，而与目标公司无关。资产收购中，纳税义务人是收购公司和目标公司本身。

(4) 第三方权益影响差异。股权收购中，影响最大的是目标公司的其他股东。资产收购中，影响最大的是对该资产享有某种权利的人。如担保人、抵押权人、专利权人等。

目前国内公司资产收购的主要目的并不是实现控制权的转移，而是为了实现盈利的上升。收购优质资产已成为一些上市公司新的利润增长点——资产收购"买来"业绩增长。据统计，近三分之一的上市公司通过资产收购实现业绩增长。

第二节　公司并购理论

一、并购分类

根据并购的不同功能或并购涉及的产业组织特征，可以将并购分为横向并购、纵向并购和混合并购三种基本类型。

(一) 横向并购

横向并购的基本特征就是企业在国际范围内的横向一体化。近年来，由于全球性的行业重组浪潮，结合我国各行业实际发展需要，加上我国国家政策及法律对横向重组的一定支持，行业横向并购的发展十分迅速。

（二）纵向并购

纵向并购是发生在同一产业的上下游企业之间的并购。纵向并购企业之间不是直接的竞争关系，而是供应商和需求商之间的关系。因此，纵向并购的基本特征是企业在市场整体范围内的纵向一体化。

（三）混合并购

混合并购是发生在不同行业企业之间的并购。从理论上看，混合并购的基本目的在于分散风险，寻求范围经济。在面临激烈竞争的情况下，我国各行各业的企业都不同程度地想到多元化，混合并购就是多元化的一个重要方法，为企业进入其他行业提供了有力、便捷、低风险的途径。

上面的三种并购活动在我国发展情况各不相同。目前，我国企业基本摆脱了盲目多元化的思想，更多的横向并购发生了。数据显示，横向并购在我国并购活动中所占比重始终在50%左右。横向并购毫无疑问会对行业发展带来最直接的影响。混合并购在一定程度上也有所发展，主要发生在实力较强的企业中，相当一部分混合并购情况中较多的行业都有着比较好的效益，但发展前景不明朗。纵向并购在我国比较不成熟，基本都集中在钢铁、石油等能源与基础工业行业。这些行业的原料成本对行业效益有很大影响，因此，纵向并购成为企业强化业务的有效途径。

二、并购的主要理论

（一）协同效应

假设A企业准备兼并B企业。A企业的价值是V_A，B企业的价值为V_B。对于上市公司，可以合理地认为V_A与V_B分别等于A企业和B企业在外流通股票的市场价值。联合企业AB的价值V_{AB}与A、B两企业单一价值之和的差额即为并购产生的协同效应：

$$协同效应 = V_{AB} - (V_A + V_B)$$

由上式可以知道，协同效应产生在并购之后，联合企业的价值大于并购企业增长的现金流量产生价值之和。

$$\Delta CF_t = \Delta 收入_t - \Delta 税负_t - \Delta 资本需求_t$$

其中，Δ收入$_t$表示并购的净增收入；Δ成本$_t$表示并购净增成本；Δ税负$_t$表示净增税负；Δ资本需求$_t$表示新投资要求的净增运营资本和净增固定资产。下面论述协同效应的来源。

(1) 收入上升。进行并购的一个重要原因在于合并后的企业可能会比两家单一企业产生更多的收入。增加的收入可能来自营销利得、战略收益和市场力量。

营销利得是指通过改进营销策略，通过并购可以产生更多的经营收入。可改进的方面如下：

① 先前无效的媒介节目和广告收入；

② 现有的薄弱的分销网络；

③ 不平衡的产品结构。

战略收益即一些并购会得到战略上的益处。在这一点上，战略收益更像一种选择权而不是一次标准的投资机会。例如，设想一家缝纫机公司兼并一家计算机公司，如果依靠技术创新可以制造出电脑驱动的缝纫机，那么联合企业在未来市场上一定会占据不错的位置。

市场中的垄断力量是为了减少竞争，如果形成了垄断，价格会上升，企业由此可以获得垄断利润。

(2) 成本下降。合并后的企业可能会比两家单一企业更有效率。通过并购，企业可以在许多方面提高经营效率。

① 规模经济产量升高的同时是产品的平均成本降低，称之为规模经济。图 11-1 描述了一般企业单位成本与规模的关系。可以看到，平均成本先下降后上升，规模经济出现在企业成长到最佳规模点的过程中，随后出现规模不经济现象。

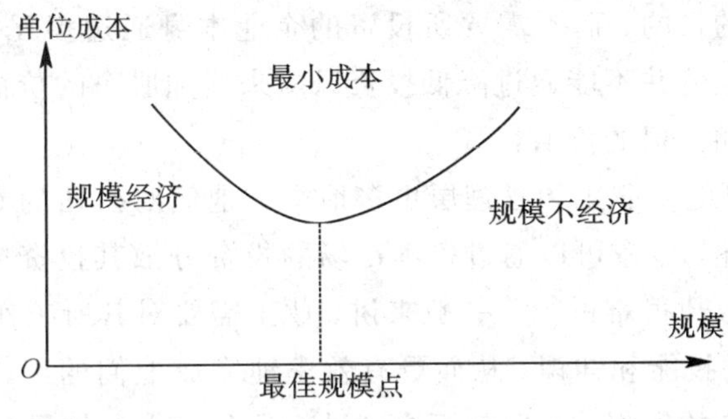

图 11-1　企业最佳规模示意图

② 纵向一体化的经济效益。纵向兼并的主要目的在于使那些联系密切的经营活动协作更加容易。如石油用来制造塑料和其他化学物品，而杜邦公司需要稳定的石油供给，所以诱发杜邦和康奈公司的纵向兼并案。

③ 技术转让。纵向一体化的另一个原因是技术转让。一个汽车制造商如果认为电子企业的某项特殊技术能够改进汽车的性能，那么该汽车公司很可能兼并一家先进的电子企业。如通用汽车公司和休斯飞机的兼并就是一个典型案例。

④ 资源互补。一些企业兼并其他企业是为了更好地利用现有资源。如滑雪器材厂商兼并网球器材厂商，其主要目的是实现夏季、冬季的平稳销售，并且更好地利用商场资源。

(3) 税收利得。获得税收利得可能成为某些并购发生的强大动力。由并购产生的税收利得大致有以下几个方面：

① 利用由经营损失形成的纳税亏损。如果一个企业同时拥有一个盈利和一个亏损部门，则该企业的税收会很低，因为亏损可以将收益抵消。然而，如果这两个部门分别是两家独立的企业，则无法利用企业的亏损额来抵消盈利企业的收益。由此可知，兼并可以起到降低税收的作用。

② 利用未被充分利用的举债能力。由于一些企业的负债水平低于最优负债点，在这种情况下，被兼并的公司往往是那些低负债或者没有负债的公司，兼并企业可以在兼并后

提高其负债水平，从而创造更多的税收抵免收益。另外，即使被兼并的两家企业均处于最优负债水平，又因为两家企业合并后，会使风险降低，从而提高举债能力，并因此提高税收收益。

(4) 降低资本成本。企业合并后，许多设施都会增加一倍。例如，两个企业原来都有各自的办公总部，兼并后执行主管搬至同一办公大楼，可以将另一总部卖掉。另一些多余的设备也可以同样进行出售。若将同一行业的两家企业兼并，可以巩固它们的研发部门，将一部分多余的研发设备出售，从而实现降低资本成本的目的。

(二) 多元化

通过跨行业的企业合并可以扩大企业的经营范围，增加企业的收入来源，并利用不同行业、不同企业收入变化不完全正相关，可以相互抵消的特点来稳定合并后的企业的收益，降低企业的经营风险。但从股东的角度看，他们可以通过对不同行业企业的股权投资来达到分散投资风险的目的，而不需要所投资的企业本身通过多元化来分散风险。因此，在很多情况下多元化经营并不能通过降低投资风险来增加股东的价值。但是，多元化有可能从以下几个方面增加公司的价值：

首先，多元化有可能使职工和管理层更多地增加他们对公司的专有投入，从而使公司的价值增加。如前所述，股东可以通过资本市场的投资分散其投资风险，但企业职工和管理者的投入风险的分散却很难进行。一般来讲，职工需要对其所工作的企业做一些专门的投入，掌握行政管理的技能和知识，从而更有效率地完成他们的工作。但是，如果他们的这种投入不能得到相应的回报，他们就不愿意进行这种投入。如果公司能够通过多元化经营更加稳定地生存和发展，就为管理者和职工提供了更加稳定的工作前景、更多的升迁和增加报酬的机会，从而提高劳动效率，降低成本。

其次，现代企业理论认为，员工在工作中会积累与自己公司相关的工作信息和经验，由此形成的工作团队在公司清算后一旦各奔东西，就丧失了其原有的效率。多元化经营的企业可以把这样的工作团队由亏损的部门转向盈利和有增长前景的部门，以充分利用团队在组织中的价值。

最后，企业在经营过程中在与客户、供应商和员工的交往中创造了一定的组织资本，这种组织资本是不可分割的，由公司专有的，包括公司信誉、研发能力、员工培训、固定资产投资等。多元化经营有可能将这种组织资本转移到新的行业，使之得到充分的利用。

(三) 增强市场力量

传统的市场力量理论认为企业并购的动机源于对企业经营环境的控制，并购降低了市场中企业数量，提高了市场集中度，便于剩余企业进行串谋，操纵市场价格，从而获得超额垄断利润。但事实上，市场集中度提高往往是激烈竞争、优胜劣汰的结果，而且在实际竞争中，企业串谋几乎不可能实现。因为市场一方竞争者的并购扩张行为将迫使其他企业进行并购重组，同时，先发企业往往有很强的动机加快并购步伐，即具有继续并购的动机，引起企业之间的并购重组大战。而且这种并购有助于提高市场(特别是信息产品市场)的标准化程度，实现企业间的资源互补。如发生于1997年的波音与麦道公司的合并，形成了世界上第一大飞机制造公司。

（四）降低代理成本

代理理论认为，公司股东与管理层之间存在着委托代理问题，两者的利益不一致会导致管理者的某些行为偏离股东利益。所有者仅拥有少量的公司股票或者公司股权分散，就难以有效地监督管理层，则容易产生代理问题。企业并购在一定程度上可以限制和削弱管理者的这种行为，降低代理成本，成为解决代理问题的重要途径，从而提升公司价值。

（五）公司战略重组

通过公司合并获得所需的管理技能和发展能力，以实现公司在新领域的增长或应对新的竞争形势。虽然这种技能和能力的调整在一定程度上可以通过公司的内部发展来实现，但通过公司并购的方式可以更快地完成，有助于加速公司的战略转型。

第三节　并购的收益与成本

企业并购是市场经济条件下的一种普遍和正常现象，是企业为了生存和发展而进行的战略选择。而收益成本分析，则是企业并购活动中的重要环节，只有运用好收益成本分析，才能提高企业并购活动的成功率。

一、收益分析

企业并购是一种经济行为，其最终收益一是获取最大化的利润；二是获取市场势力，减少竞争压力。现实经济生活中，并购的最终收益又以各种不同的具体形态表现出来，大致有以下几种：

（一）获取规模经济的收益

企业并购可以获得企业所需要的产权及资产，实行一体化经营，达到规模经济。企业的规模经济由生产规模经济和管理规模经济两个层次组成。生产规模经济主要包括：企业通过并购对生产资本进行补充和调整，达到规模经济的要求，在保持整体产品结构不变的情况下，各工厂实现单一化生产，达到专业化生产的要求。企业通过横向并购，可扩大生产规模，降低单位产品成本，减少竞争对手，提高价格竞争力；企业通过纵向并购，可以有效解决由于专业化引起的各生产流程的分离，降低运输成本，充分利用生产能力。管理规模经济主要表现在：由于管理费用可在更大范围内分摊，使单位产品的管理费用大大减少，从而可以节省管理费用；并购企业可针对不同的市场层面进行专门化的生产和服务，并共用同一销售渠道，可以节约营销费用；可以集中足够的人力、物力和财力，致力于新技术、新产品的开发；并购后的大企业往往拥有较好的资信且其财力充足，可以较好地适应外部环境的变化。

(二)降低交易成本的收益

交易费用理论的创始人罗纳德·科斯认为，企业使用价格机制也要支付成本，即交易成本，它是运用市场价格机制的成本，主要包括搜寻价格信息的成本和交易中讨价还价的成本等。企业并购实际上是合并后的大企业增大其交易范围，变原来小规模的企业与外部市场的交易为合并后的大企业的内部交易，这大大降低了企业的交易成本。正如科斯所指出的，通过一个组织，并让某个权威(企业家)来支配资源，就能节约某些市场运行成本。威廉姆森进一步发展了科斯的理论，认为企业的纵向并购可有效地削弱人的机会主义和有限理性，克服环境的不确定性。同时，企业内部的长期雇佣合同也促进了合作，权威性的组织安排避免了讨价还价、通信联络等方面的交易成本，一体化的组织结构稳定了要素供给和产品销售分配。

(三)降低代理成本的收益

1976年，詹森和麦克林提出了“代理成本”问题。代理成本源于经理人员不是企业的完全所有者这一事实。在部分所有的情况下，股东的目标可能会与管理者的目标发生冲突。为了保证管理者能为股东的利益而努力工作，公司必须付出代价，这些代价被称为代理成本。代理成本主要包括：监督管理者行为的耗费；调整公司组织结构，以限制管理者行为的耗费；调整公司组织结构，以限制管理者行为偏离组织目标的耗费；因管理者不是完全所有者，可能不及时采取行动而失去获利机会所造成的机会成本等。要降低代理成本，一般可以考虑采用组织机制与市场机制两方面的制度安排。当这些机制不足以降低代理成本时，接管则被看作是最后的外部控制机制。通过公开收购或代理权争夺而造成的接管，将使企业的现任管理者被潜在的竞争者所取代。并且，如果由于低效或代理问题而使企业经营业绩不佳，那么并购机制使得接管的威胁始终存在。所有这些，都使并购机制可以降低代理成本。

(四)获取剩余控制权的收益

产权安排的重要性在于契约的不完全性。契约的不完全性导致了所谓的“剩余控制权”问题，即在契约未说明情况下的权力归属和行使问题。剩余控制权的配置反过来又影响事先的投资激励，无剩余控制权的一方由于担心事后的利益损失而会降低投资意愿。因此，控制权的配置与激励和效率有密切的联系。根据产权理论，当契约不完全时，就需要随着时间的推移，将不完全契约进行修正或重新协商。重新协商过程会产生成本，包括：产生于重新协商过程本身的事后成本；由对重新协商的预期产生的事前成本；还有第三种成本，即由于契约不完全，各方可能都不愿意进行关系专用性投资。当存在由于关系专用性投资导致的“套住”问题时，它会影响当事人事后讨价还价的地位，从而影响事前的投资决策。通过并购，并购方获得了更多的剩余控制权，提高了进行关系专用性投资的积极性，从而能够得到并购所创造盈余的大部分。

(五)延长企业生命周期的收益

在市场经济中，产品生命周期和企业生命周期密切相关，它们都经过投入期、成长期、成熟期和衰退期四个阶段。当产品进入成熟期，销售量和利润稳定增长时，企业也进入成熟期。这时，市场上生产或模仿同类产品的厂商越来越多，如果这时企业满足于现状，则产品销售与利润增势趋缓，并开始出现负增长，产品和企业的衰退期来临，这种状态叫企业成长的边界点。企业能否持续成长，关键在于其成长过程中的一个个边界点能否被相继突破，而这又取决于产品和企业能否得到创新。并购属于企业外部交易型战略，是企业创新的重要方式，因此通过并购可有效延长企业的生命周期。

（六）其他收益

包括获取买卖差价的收益、合理避税的收益、寻找机会和分散风险的收益、降低进入新行业壁垒的收益、获取免费广告的收益等。

二、成本分析

准确全面地估量并购成本，既是一个难题，又是一项极其重要的工作，它是影响企业并购成功的关键因素，企业并购的成本主要有：

（一）搜集信息成本

并购成功与否，较大程度上取决于搜集并购企业信息的准确性、完整性。搜集并购企业信息主要指搜集目标企业的信息，以此作为并购依据，这必然会付出成本代价。一般说来，如果被并购企业属于本行业，搜集信息成本相对较少；不属于本行业，则该成本相对较大。

（二）谈判成本

在敌意收购情况下，并购企业一般不需与目标企业谈判，而是秘密地收购被并购企业分散在外的股票，对其形成包围之势，使被并购方不得不接受条件，将企业出售，从而实现控制权的转移，它不需要谈判成本。但在善意收购条件下，并购方为了取得被并购方的认同和合作，须与对方谈判，而这需付出谈判成本，在不同方式的并购中，双方谈判的内容不一，谈判成本也不相同。

（三）资产交易成本

它是企业并购成本的主要部分。下面以购买式并购、承担债务式并购、吸收股份制并购、控股式并购为例来加以简单说明：

1. 购买式并购

并购方一般以现金将目标企业的整体产权买断，其资产交易成本由目标企业基价和浮动价格二者确定。在这种现金并购中，有两个重要因素影响现金并购的出价：一是目标企业所在地管辖股票销售收益的所得税法；二是股本的平均股权成本，因为超出部分应支付资本收益税。一般来说，现金并购的资产交易成本高，因为如果企业完全以自有的流动资金来偿付交易价格，其现金流动性可能会出现不足；如果企业部分向银行贷款，则又要支付贷款利息，所以资产交易成本高。

2. 承担债务式并购

并购企业以承担被并购企业的全部债务为条件，接受其资产实现并购，所以其资产交易成本即是目标企业的全部债务，但它并不以现金支付，而是以抵押、协议的方式承担被并购企业的债务，因此资产交易成本低。

3. 吸收股份制并购

将目标企业的净资产作为股金投入并购方，如果并购方是一股份公司，就相当于用目标企业的产权去购买并购方的股权，因此又称资产换股式，所以并购方的资产交易成本相当于目标企业净资产的股份价值。对并购方来说，资产交易成本低。

4. 控制式并购

这是一种典型的股票并购方式，它是增加发行本公司的股票，以新发行的股票去替换目标公司的股票，达到控股地位，所以并购方的资产交易成本即为达到控股地位的目标企业的股票市价。这种方式，扩大了并购公司的规模，但有可能由于发行新股减少了每股收益和每股净资产，使得股价下跌，同时，这种方式也有可能会产生反向并购，即被并购的非上市公司的股东通过上市公司发行新股票取得对上市公司的主导控制权，因此并购方要防止这种反向并购风险产生，这种方式通常是分阶段进行，有时还需承受目标公司股票价格上扬的代价，资产交易成本较高。

（四）反并购成本

有时并购公司的行为可能会招致被并购公司的激烈反应，他们会阻止并购方的并购行为，从而加大并购方的并购成本，甚至会使并购行动失败，并购方承担沉没成本的损失。为了避免目标公司的这种过激反应，并购公司应说服目标公司的高级管理人员，使他们了解，公司收购是对双方有益的行为，是一个发展契机。另外，还应通过新闻媒介、内部报告及有关公共活动，向广大股东和政府有关部门说明公司收购的好处，争取他们支持和配合，这些活动所花费的成本也应包含在企业并购成本中。

（五）整合成本

整合成本又称一体化成本。当并购发生法律效力后，从法律上讲，该项并购活动已经结束，但对于并购企业来说，并购活动最重要、最困难的任务还在后头，还有一项最为重要的活动即一体化活动需要企业完成。一体化活动的效果关系着并购活动的成功与否。为一体化而花费的成本，我们称之为整合成本，它主要包括：

1. 业务一体化成本

业务一体化指联合、调整和协调并购双方采购、产品开发、生产、营销、财务等各项职能活动。这项活动通过合并双方共同的业务，放弃多余的业务，做到优势互补，产生协同效应，而合并业务和放弃多余业务都须付出成本，称为业务一体化成本。

2. 组织结构一体化成本

在涉及双方产权变动的情况下，不管是新设一个企业，还是并购方法人地位不变，并购后都要进行组织结构的合并、调整，而这需付出一体化成本。组织结构一体化应贯彻目标统一、分工协调、权责一致、精干高效的原则，使并购后的组织结构高效、弹性运作。

3. 管理一体化成本

又称管理协调成本，即协调并购后企业的管理活动所付出的成本。管理一体化成本有一定限度，这个限度可用科斯的交易成本理论来解释。该理论认为，企业内部的组织管理是有成本的，当企业扩大时，对企业家的功能来说，收益可能会减少，因为企业内部组织追加交易的成本可能会上升；当企业扩大到这样一点，在这个点上，企业内部所耗费的管理成本等于市场进行这一项交易所耗费的成本时，企业规模便不再扩大。所以企业并购时，一定要考虑管理一体化成本，切忌盲目扩大规模，只有当企业内部的管理一体化成本少于企业间的交易成本时，企业并购才有意义。

4. 人事一体化成本

人事一体化是难度较大的问题，也是影响并购后效率的一个重要因素。之所以说它难，是因为：第一，冗员处理难；第二，并购后，人们有这样一种错觉，好像被并购方是一个失败者，被并购企业的员工处于从属地位，这样难免会使目标企业员工产生消极思想，这需要公司领导做大量的思想工作，端正人们的认识；第三，重新分配、调整领导和职工难，因为这涉及他们的切身权力和利益。

5. 企业文化一体化成本

为了使并购后的企业协调高效运行，而不是一盘散沙、貌合而神离，除了进行组织结构、管理、业务、人事等方面的一体化外，还需整合双方的企业文化。这就需要把优势企业的优秀文化传播给被并购企业，用优秀企业的优良作风、严明纪律、企业道德、整体意识以及风险、时间、效率观念等来影响和约束员工，这项成本是经常性的成本，是企业必须支付的代价。一般说来，并购整合成本与被并购企业的管理水平密切相关，被并购企业管理水平高，并购后的整合成本低；被并购企业管理水平低，并购后的整合成本高。

（六）机会成本

并购方在并购活动过程中，由于并购，难免会失去其它一些投资机会，这种投资机会带来的收益，称之为并购的机会成本。企业并购时，要对市场上的机会综合判断，选择能使自已获益最多的机会。

第四节　反并购策略

一、善意接管还是恶意接管

1. 善意接管

并购通常是由企业而非被收购企业发起的。因此，必须由收购方决定是否收购，收购的策略以及愿意支付的最高价格，制定初始标价，并与目标企业联系。收购企业的执行总裁一般会邀请目标方的执行总裁并提出兼并意见。如果目标方接受，那么兼并将最终达成。其中，会涉及许多会议，用以协商关于价格、支付方式和其他一些限制作用的因素。随后目标方董事会正式批准收购。有时候收购方董事会也必须正式批准，最终由股东投票赞成收购议案。只有当以上提到的程序都执行完毕，才被视为善意接管。

2. 恶意接管

并非所有的并购都是善意的。目标方管理层可以拒绝并购，此时收购方就必须决定是否接续收购，如果收购，采取什么策略。面对拒绝，收购方可能开始秘密购买目标方的股票。通常称这些股票为发起收购的立足点。但美国相关法规规定如果收购方在10天内购买目标企业股票达到5%，就必须向美国证券交易委员会提交相关文件，并在文件中提供详细信息，包括收购方的意图以及它在目标企业中的地位。如此一来，秘密收购就会被终止，收购方必须公开自己收购目标企业的计划。目标企业的股票价格因此可能上升，新的价格显示了目标企业被溢价收购的可能性。

虽然收购方会在公开市场继续购买目标方的股票，但是用这种方式实现收购不太可能。收购方更可能采取要约收购，即直接向目标企业的股东发出以高出当时市场价的溢价购买其股票的要约。要约收购可能明确说明收购方会购买所有接受要约的股东手中的股票，直到收购方得到50%的目标企业公开发行的股票为止。如果愿意出售的股票超过要约数，收购双方就会按比例进行收购。举个极端的例子，如果所有股东都愿意出售股票，每个股东都可以按要约两股卖出一股的比例出售股票。收购方也会声称只有接受要约的股票数额达到它要求的最低数额，收购方才同意接受所有要约股票。

另外，法规(美国)还规定要约收购必须公开进行至少20天，这个延时是给目标企业时间以做出应对反应。例如目标企业可能通知股东不要接受要约，或是发表声明给要约收购方造成负面压力，又或是鼓励其他企业参与竞标过程。

事实上，收购方并不需要100%的股份来控制目标企业。通常，在一些企业中，20%左右的股票份额即可达到对企业的控制。一般被认为只有当收购方掌握足够的股票时就可以有权利推选大多数董事会成员，从而任命收购方所希望的管理者。但有效的控制通常并非如此，当一些资深的董事成员支持收购方时，新的董事会成员一般会做顺水人情。

二、被兼并方的防御性策略

目标公司的经理人通常会阻挠接管的发生。虽然阻挠活动可能对目标公司的股东有好处(如果兼并公司提高价格或其他公司参与竞标)，但是兼并活动可能会损害到经理人的利益(比如，目标公司经理人为了保住自己的职位而阻挠接管活动)。

(一) 设定新的公司章程

公司章程是指规范企业的条款或公司组织章程，其中规定了发生接管需要满足的条件。企业通常可以通过修改章程以增加企业的收购难度。例如考虑以下两种修订条款：

(1) 分类董事会。

在一个没有分类的执行董事会，股东会每年选举一次董事会成员。但在分类董事会或是交错董事会中，每年只有一部分董事成员需要改选，董事成员会有若干年任期。例如，每年1/3的董事成员要改选，董事成员任期为3年。分类董事会延长了收购方入驻董事成员所必需的时间。在上述例子中，收购方在并购后第一年只能获得1/3的席位，只有第二年收购方才能占据2/3的席位。因此，收购方不能如它所愿，迅速更改管理层。然后，还有观点认为分类董事会不一定有效，因为老股东经常会支持收购方。

(2) 绝对多数表决条款。

公司章程规定一定的表决率，像兼并这样的重大决议只有超过规定的表决率才能通过。在章程中，绝对多数表决意味着比率要高于50%以上或2/3的多数表决为正常，当然这个数字可以更大。显然在面对恶意管理层时，绝对多数表决条款可以增加收购难度。很多有关绝大多数条款的章程规定了所谓的隔离条款，也就是如果董事会同意兼并，那么绝大多数表决条款会失效，这项条款只是为了确保阻止恶意接管。

(二) 金保护伞

金保护伞是指在接管时，收购方解聘管理层需要提供丰厚的解聘补偿。其核心是增大收购成本来阻止接管。然而，也有观点认为这种阻止效果不会很明显，因为解聘补偿即使再丰厚，也可能只是收购一家企业成本中的很少一部分。当然，也有人认为金保护伞事实上促进了接管的发生。理由是有着失业威胁的管理层会倾向于阻止任何接管，而巨额的解聘补偿会缓和接管对自己的影响，反而降低了管理层对接管的阻止。

(三) 毒丸计划

毒丸(Poison Pill)长期以来是阻止接管的理想武器。毒丸计划是美国著名的并购律师马丁・利普顿(MartinLipton)1982年发明的，正式名称为“股权摊薄反收购措施”，最初的形式很简单，就是目标公司向普通股股东发行优先股，一旦公司被收购，股东持有的优先股就可以转换为一定数额的收购方股票。毒丸计划于1985年在美国特拉华法院被判决合法化。

在最常见的形式中，一旦未经认可的一方收购了目标公司一大笔股份(一般是10%至20%的股份)时，毒丸计划就会启动，导致新股充斥市场。一旦毒丸计划被触发，其他所有的股东都有机会以低价买进新股。这样就大大地稀释了收购方的股权，继而使收购变得代价高昂，从而达到抵制收购的目的。美国有超过2 000家公司拥有这种工具。

“毒丸”计划一般分为“弹出”计划和“弹入”计划。“弹出”计划通常指履行购股权，购买优先股。譬如，以100元购买的优先股可以转换成目标公司200元的股票。“弹出”计划最初的影响是提高股东在收购中愿意接受的最低价格。如果目标公司的股价为50元，那么股东就不会接受所有低于150元的收购要约。因为150元是股东可以从购股权中得到的溢价，它等于50元的股价加上200元的股票减去100元的购股成本。这时，股东可以获得的最低股票溢价是200%。

在“弹入”计划中，目标公司以很高的溢价购回其发行的购股权，通常溢价高达100%，就是说，100元的优先股以200元的价格被购回。而敌意收购者或触发这一事件的大股东则不在回购之列。这样就稀释了收购者在目标公司的权益。“弹入”计划经常被包括在一个有效的“弹出”计划中。因此，一般认为毒丸计划所带来的巨大股权稀释是不可克服的。

案例

新浪的反收购策略——毒丸计划

美国东部时间2005年2月18日消息，盛大(Nasdaq：SNDA)于美国当地时间周五透露，截至2005年2月10日，该公司同控股股东地平线媒体有限公司一起通过公开股票市场交易收购了新浪公司(Nasdaq：SINA)大约19.5%的已发行普通股。而且，盛大已经按照美国证券法向美国证券交易委员会提交了Schedule 13 D报告，该公司在报告中表明了对所持有新浪股票的受益所有权，同时还公布了相关交易以及其它需要在Schedule 13 D报告中说明的特定内容。紧接着，2月19日23时，新浪CEO兼总裁汪延代表管委会发给全体员工一封信，表明了新浪不被控制不受影响的态度。2月24日，新浪正式表态，不欢迎通过购买股票的方式控制新浪，同时其管理层抛出"毒丸"计划以反击盛大收购。

根据新浪方面的解释，新浪股东可以按其拥有的每份购股权购买等量的额外普通股。由于盛大目前的持股已超过新浪普通股的10%，而该购股权计划最多允许其再购买不超过0.5%的新浪普通股。

而一旦盛大再收购新浪0.5%或以上的股权，购股权的持有人(收购人除外)将有权以半价购买新浪公司的普通股。如新浪其后被收购，购股权的持有人将有权以半价购买收购方的股票。每一份购股权的行使价格是150美元。

假设以目前(截至3月26日)每股32美元计算，一半的价格就是16美元，新浪股东可以购买9.375(150/16)股。新浪目前总股本为5 048万股，除盛大所持的19.5%(984万股)外，能获得购股权的股数为4 064万股，一旦触发购股权计划，那么新浪的总股本将变成43 148万股(4 046×9.375＋4 046＋984)。这样，盛大持有的984万股原占总股本的19.5%，一经稀释，就降低为2.28%，毒丸稀释股权的作用得到充分的显示。

在一般情况下，新浪可以以每份购股权0.001美元或经调整的价格赎回购股权，也可以在某位个人或团体获得新浪10% 或以上的普通股以前(或其获得新浪10%或以上普通股的10天之内)终止该购股权计划，最终盛大只能无奈放弃新浪。根据Nasdaq数据显示，盛大此时的市值约为21.3亿美元，新浪是12.9亿美元。

盛大对新浪的股票收购，"这是在美国资本市场上第一次一个亚洲公司对另一个亚洲公司进行'没有想到的'收购。无论对法律界还是投资银行界来说都是里程碑式的事情。"

(四) 绿票讹诈

绿票讹诈(Greenmail)又译讹诈赎金，又称溢价回购，由Green(美元的俚称)和Blackmail(讹诈函)两个词演绎而来，指的是单个或一组投资者大量购买目标公司的股票。其主要目的是迫使目标公司溢价回购上述股票(进行讹诈)。出于防止被收购的考虑，目标公司以较高的溢价实施回购(给付赎金)，以促使上述股东将股票出售给公司，放弃进一步收购的打算。这种回购对象特定，不适用于其他股东。

在欧美等国家，绿票讹诈是指投机者购买公司大量股票，企图加价出售给公司收购者，或者是以更高的价格把股票卖回给公司以避免这部分股份落入公司收购者之手。

由于Greenmail涉及对特定股东的高价股票回购，有研究者认为这一行为会导致袭击者损害公司其他股东的利益。反对Greenmail方法的人认为公司的袭击者是目标公司的掠夺者，对他们进行定向股票回购会损害其他股东的利益，管理层通过Greenmail来保护自己免受经理人市场竞争的压力也是不合适的，因此建议通过法律和公司章程对此加以限制。

（五）白衣骑士

当公司成为其他企业的并购目标后(一般为恶意收购)，公司的管理层为阻碍恶意接管的发生，去寻找一家“友好”公司进行合并，而这家“友好”公司被称为“白衣骑士”。一般来说，受到管理层支持的“白衣骑士”的收购行动成功可能性很大，并且公司的管理者在取得机构投资者的支持下，甚至可以自己成为“白衣骑士”，实行管理层收购。

但事实上，不谋求自身的利益而“肯为朋友两肋插刀”的企业几乎是不存在的。“白衣骑士”并不是天使。为了吸引友好公司来与恶意收购者竞价并最终击退后者，处于被收购威胁中的目标公司通常会与这家友好公司达成一些协议。当然，这些协议都是尽可能地使“白衣骑士”从中获益。

在与“白衣骑士”谈判时，对给出的优惠条款应当谨慎。企业董事会也不应该由于私人原因或者个人利益而任意拒绝其他收购者的出价。

如果是基于有利于股东的原则而采用“白衣骑士”策略来抵御恶意收购，那么“白衣骑士”的收购条款应当比恶意收购者更加优厚。从本质上说，“白衣骑士”策略就是寻找能够提供更优厚收购条件的收购者与恶意收购者展开竞争收购来保障投资者的权益。但是在实际操作中，尤其是上市公司，由于管理层大权在握，并没有真正从投资者利益角度出发。如果公司治理结构不够健全，“白衣骑士”策略在很多时候往往会沦为为了保护管理层的权益，基于管理层的个人利益和私人交情来寻找“最熟悉最友善”收购者的扭曲结果。

案例

丽珠集团寻找白衣骑士

在2002年丽珠集团的股权之争中，公司管理层与第一大股东光大集团不合，光大集团有意将全部股权转让给合作伙伴东盛科技。为了避免公司控制权落入东盛科技之手，公司管理层主动与太太药业配合，将公司第二大股东丽士投资所持有的丽珠集团的股份以较优惠的价格全部转让给太太药业，而丽士投资由丽珠集团员工持股会持股90%。太太药业同时通过二级市场收购流通A股和B股，以及协议收购法人股等方式最终成为丽珠集团的实际控制人。太太与丽珠有很强的需求互补性，前者缺少像丽珠那样优势品牌的处方药以及销售渠道，而后者也需要“太太式”的管理。所以，通过引进“白衣骑士”，丽珠集团既避免了被非友好方所控制，又促进了行业发展，提高了公司的整体质量和竞争力。

（六）资本结构调整和回购

目标企业通常会通过发行债券来发放股利，这种交易叫做资本杠杆化。股份回购是指发债所得的资金用于回购股票，这种方式与前一种交易相类似。这两种交易从多个方面躲避接管。首先，增多的负债产生更大的税盾效应，股票价格会上涨，预计的上涨会使目标企业对投资方的吸引力降低。但股价上涨的前提是负债水平在资本结构调整之前是低于最优水平的。因此资本杠杆化并不适用于所有的目标企业。咨询师强调：首先，低负债但有稳定现金流的企业是收购的最佳对象；其次，作为资本结构调整的一部分，管理层发行新的有价证券，使得管理层在被收购之前拥有更多的投票控制权。控制权的增大使得恶意收购更加困难；第三，资产负债表中有大量现金的企业通常被认为是很有吸引力的目标企业。作为资本化的一部分，目标企业可以将现金分发股利或者回购股票，从而降低自身作为接管目标企业的吸引力。

（七）排他式自我收购

排他式自我收购与目标回购相反，这种自我收购是指企业向目标股东之外的其他股东要约收购自己的一定数量股票。

（八）资产重组

为了改变资本结构，企业可能出售现有的资产或是购买资产来规避接管。目标企业通常出售或者剥离资产有两大原因：

第一，目标企业可能集合了不同业务路线的综合资产，而这些部门综合在一起效率很差。通过将这些部门拆分到不同企业，其价值也许会提高。通过专注于企业真正熟悉的几个领域，企业的功能会发挥到最优。剥离后的企业，股价会上升，自然对投标方的吸引力降低。

第二个理由是投标方可能只对目标企业某一部分感兴趣。目标企业可以通过出售这一部门来降低投标方的兴趣。虽然这种战略可以使企业避免被收购，但如果该部门对目标企业比对购买方更有价值的话，目标企业股东的利益会受到损害。

第五节　公司并购的财务规划

一、公司并购的出资方式

在公司并购活动中，支付是完成交易的最后一个环节，也是并购交易最终能否成功的重要因素之一，支付可以通过不同的出资方式来实现。在实践中，企业并购的出资方式有三种，即现金收购、股票收购和混合支付。其中，并购中最先采用的是现金收购方式，其后才出现了股本收购方式和综合证券收购方式。据美国第一波士顿公司对1981－1985年并购活动中支付方式的调查结果，大约有一半以上的交易是以现金方式支付的；以普通股股票支付的并购交易每年都在20%以下且呈下降趋势；而以混合支付的并购交易则呈逐年递增的趋势。

（一）出资方式选择的影响因素

选择何种出资方式，要视具体情况而定。影响出资方式的因素通常包括并购方的企业特征、股东利益和目标公司的要求。

1. 并购方自身的企业特征

即并购企业是上市公司还是非上市公司。如果并购方是上市公司，由于在融资方式上的便利性和资产变现上的流动性都比较强，因此在支付方式的选择上就具有很大的灵活性，除现金方式之外，并购方还可以非常方便地选择股票、债券或两者的结合等方式。与此相反，非上市公司一般只能用现金来进行收购，因为卖方一般不希望把自己的投资锁定在一种缺乏流动性的证券上。

2. 并购公司的股东利益

在选择出资方式时，并购公司还要考虑到本公司股东对股本结构变化的可能反应、资产的流动性和金融市场融资能力等因素。在有效市场中，股票的市价可以反映企业价值。如果出资方式的选择损害了现有股东的利益，就容易引起股东的不满，一方面会导致股票市场价格的下跌，另一方面也会使股东大会重新考虑并购计划，甚至否决并购计划。

3. 目标公司的要求

在选择出资方式时，并购方也要考虑目标公司的股东、管理层的具体要求和目标公司的财务结构以及近期股价水平等等。这些都会影响并购能否顺利完成以及并购后的经营整合效果。支付方式并不是由并购方单方面决定的，它的最后确定有赖于并购双方的协商。

任何实施并购的企业都必须在决策时充分考虑采取何种方式完成并购。并购方必须充分认识不同出资方式的差别，依据具体的情况作出正确的决策。如果单纯采用一种方式会受到某种条件的限制，则可以考虑采用变通的方式。

（二）现金收购

现金收购是一种单纯的收购行为，它是由并购企业支付给目标公司股东一定数额的现金，借此取得目标公司的所有权。

1. 现金收购的特点

现金收购是公司并购活动中最清楚而又最迅速的一种支付方式，在各种支付方式中占很高的比例。这主要是因为：首先，现金收购的估价简单易懂；其次，对卖方比较有利，常常是卖方最愿意接受的一种出资方式。因为用这种方式出资，所得到的现金额是确定的，不必承担证券风险，亦不会受到并购后公司的发展前景、利息率以及通货膨胀率变动的影响；第三，便于收购交易尽快完成。现金的支付同时就实现了股权的转移，并购方可以立即行使对目标企业的控制。例如，在我国，只有当并购方完全支付价款之后，才能够对目标企业进行管理，在完全支付价款之前，并购方无法对目标企业实施控制权。

并购以现金方式来支付，不会产生任何税收负担。如果并购方确认现金出资方式会导致卖方承担资本收益税，则必须考虑可能减轻这种税收负担的安排。否则，卖方只会以自己可能得到的收益净值为标准，作出是否接受出价的决定，而不是以买方实际支付的现金数额为依据。在通常情况下，一个不会引起税收负担的中等水平的现金出价，要比一个可能导致有惩罚性税收的较高水平的现金出价，对卖方更具有吸引力。

在现金出资方式下，即使资本收益税是不能免除的，但是可以通过分期支付的手段来减轻税收负担。这是因为支付期限内，卖方可以得到年度减让的优惠，从而减轻总体纳税负担。

采用推迟或分期支付的方式与采用一次性付清的方式相比，有两个优点：首先，可以减轻现金收购给并购方带来的短期内大量现金负担，而且以后的支付来源还可以转向目标公司的经营成果；其次，可以给目标公司的股东带来税收上的好处。目标公司的股东当然愿意获得减轻资本收益税的机会，而延迟支付的出资安排则可以给他们提供更大的弹性来安排其收益，从而尽可能支付最少的税额。

2. 现金收购的影响因素

并购企业在决定是否采用现金出资方式时，通常需要考虑包括并购方的资产流动性、资本结构、货币问题和融资能力等几个方面因素。

(1) 短期的流动性。由于现金收购要求并购企业在确定的日期支付一定数量的货币，而立即支付大额现金必然会产生企业的现金亏空，因此有无足够的即时付现能力是并购企业选择现金出资方式时首先需要考虑的因素。

(2) 中长期的流动性。在这主要从较长期的观点看待并购企业现金支付的可能性。由于有些公司很可能在相当长的时间内难以从大量现金中恢复过来，因此并购方必须认真考虑现金回收率以及回收年限。

(3) 货币的流动性。在跨国并购中，并购企业还须考虑自己拥有的现金是否是可以直接支付的货币或可自由兑换的货币，以及从目标公司回收的是否为自由兑换的货币，以及目标公司所在国是否实行外汇管制等问题。

(4) 融资能力。由于收购中所需要的现金通常超过了并购企业持有的数量，因此，并购企业能否通过各种方式迅速筹集现金，也是并购企业在选择现金出资方式时要考虑的重要因素。通常，效益比较好而且能够产生大量现金的企业具有较强的融资能力。不过20世纪80年代末，由于垃圾债券市场的兴起，一些信用等级较低的企业也通过发行垃圾债券获得了大量的现金，用于企业并购。所以，融资能力不仅取决于公司自身的财务状况，还和资本市场的发展有关。

(三) 股票收购

股票收购指的是并购企业通过增加发行本公司的股票，以新发行的股票替换目标公司的股票，从而达到收购目的的出资方式。

1. 股票收购的特点

和现金出资方式相比，股票收购的主要特点有两个：首先，并购企业不需要支付大量现金，因而不会影响并购公司的现金状况。其次，并购完成后，目标公司的股东不会因此失去他们的所有者权益，只是这种所有权由目标公司转移到了并购公司，使他们成为该扩大了的公司的新股东。也就是说，当收购交易完成之后，目标公司被纳入了并购公司，并购公司扩大了规模。并且扩大后的公司股东由原有并购公司股东和目标公司的股东共同组成，但是并购公司的原有股东通常会在经营控制权方面占主导地位。

由于股票收购的上述特点，因而有必要区别公司的收购与合并。企业收购中的买方占据主导地位，所发行的是买方本公司的股票，交易的结果是把目标公司纳入本公司，本公司保留原有的法人资格，目标公司的法人资格将不复存在；而公司合并中的双方处于对等的地位，合并中所发行的不是任一交易当事人的股票，而是一个共同拥有和经营的新公司的股票，交易的结果是合并各方原有的公司消失，组成一个新的合并公司。

2. 股票收购方式的影响因素

由于股票收购主要的手段是换股，即以股权换股权，同时还会涉及公司股权结构的变化，所以它要比现金收购更为复杂，在决策过程中需要考虑的因素更多。

(1) 并购方的股权结构。股票收购方式的一个突出特点是它对原有股权比例会有重大影响，因而并购企业必须首先确定大股东在多大程度上能够接受股权特别是控制权的稀释。

(2) 每股收益的变化。由于增发新股可能会对每股收益产生不利的影响，如目标公司的盈利状况较差，或者是支付的价格较高，则会导致并购后企业每股利益的减少。虽然在许多情况下，每股收益的减少只是短期的，但是每股收益的减少仍可能给股价带来不利影响，导致股价下跌。所以，并购企业在采用股票收购方式之前，需要确定是否会产生每股收益和股价下跌的不利情况；如果会发生这种情况，那么在多大程度上是可以被接受的。

(3) 每股净资产价值的变动。每股净资产是衡量股东权益的一项重要指标。由于新股的发行会减少每股所拥有的净资产，所以对股票价格会有不利影响。如果采用股票收购导致每股净资产值的下降，并购方需要确定这种下降在多大程度上能够被现有的股东接受。

(4) 当前股价水平。当前股价水平是并购方决定采用现金收购或是股票收购的一个主要影响因素。一般来说，在股票市场处于上升过程中，股票的相对价格较高，这时发行股票作为出资方式可能更有利于买方，而且增发的新股对卖方也会具有较强的吸引力。否则卖方可能不愿持有，即刻抛空套现，导致并购企业股价进一步下跌，损害原有股东的利益。因此，并购方应事先考虑本公司股价所处的水平，同时还应预测增发新股会对股价波动带来多大程度的影响。

(5) 当前的股利政策。新股发行往往与并购方原有的股利政策有着一定的联系。一般而言，股东都希望得到较高的股利水平，在债券利率比较高的情况下，并购企业发行利率固定且水平较低的债券将更为有利；反之，如果股利支付率较低，增发新股就比借贷更为有利。因此。并购方在收购活动的实际操作中，要比较股利支付率和借贷利率的高低，以决定采取何种出资方式。

(6) 股利或货币的限制。在跨国并购中，并购企业要向其他国家的居民发行本公司的股票，就必须确定本国在现在和将来都不会作出限制股利或外汇支付的管制；而且外国居民在决定接受股票收购方式之前，通常也需要得到这种确认。

(7) 外国股权的限制。有些国家对于本国居民持有外国公司或以外币标价的股权证券实行限制，有的国家则不允许外国公司直接向本国居民发行股票。因此在跨国并购中，采用股票收购方式就会遇到某些法律上的障碍，这是并购企业需要予以注意的。

(8) 上市规则的限制。对于上市公司，不论是收购非上市公司还是收购上市公司，都会受到其所在证券交易所上市规则的限制，有时候，在并购交易完成以后，由于买方(上市公司)自身发生了一些变化，很可能要作为新的上市公司重新申请上市。这样一来，并购方就可能会由于某种原因自此失去了上市资格。所以，作为买方的上市公司在决定采用股票收购方式完成并购交易时，要事先确认是否与其所在证券所上市规则的有关条文发生冲突。若有冲突，还可考虑请求证券监管部门予以豁免。

(四) 综合证券收购

在公司并购活动中，并购企业不仅可以采用现金收购、股票收购等出资方式，而且可以采用综合证券收购(或称混合证券收购)方式来完成并购交易。所谓综合证券收购，指的是并购企业对目标公司提出收购要约时，其出价有现金、股票、认股权证、可转换债券等多种形式证券的组合。

1. 公司债券

如果并购企业将公司债券作为一种出资方式，那么债券必须满足许多条件，一般要求它可以在证券交易所或场外交易市场上流通。与普通股相比，公司债券通常是一种更便宜的资金来源，而且向债券持有者支付的利息一般是可以免税的，所以对目标公司的股东也非常有吸引力。以公司债券作为出资方式时，通常是与认股权证或可转换债券结合起来。

2. 认股权证

认股权证是一种由上市公司发出的证明文件，赋予它的持有者一种权利，即持有人有权在指定的时间内(即有效期内)，按照指定的价格认购由该公司发行的一定数量(按换股比率计算)的新股。值得注意的是：认股权证本身并不是股票，其持有人不能视为公司股东，因此不享受正常的股东权益(如分享股息派发、股票权等)，当然也就无法参与对公司的经营管理。购入认股权证后，持有人获得的是一个换股权利，而不是责任，行使与否在于他本身的决定，不受任何约束。

对并购企业而言，发行认股权证的好处是，可以延期支付股利，从而为公司提供了额外的股本基础。但由于认购权行使将涉及公司控股权的转变，因此，为保障公司现有股东的利益，公司在发行认股权证时，一般要按照控股比例派送给现有股东。股东可用这种证券行使优先低价认购公司新股的权利，也可以在市场上随意将认股权证出售，购入者则成为认股权证的持有人，获得相同的认购权利。

并购企业在发行认股权证时，必须详细规定认购新股权的条款如换股价格、有效期限以及每认股权证可换普通股的股数(换股比率)。为保障持有人利益，这些条款在认股权证发出后，一般不能随意更改，任何条款的修订，需经股东特别大会通过方可生效。

3. 可转换债券

可转换债券向其持有者提供一种选择权，在某一给定时间内可以按某一特定价格将债券换为股票。在发行可转换债券时，并购企业需要事前确定转换为股票的期限、转换股票属于何种类型股票和该种股票每股的发行价(兑换价格)等。

从并购企业的角度看，采用可转换债券作为支付方式的优点是：通过发行可转换债券，公司能以比普通债券更低的利率和较宽松的合同条件出售债券；通过发行可转换债券，并购企业可以按照比现行价格更高的价格出售股票；当公司正在开发一种新产品或一种新业务的时候，可转换债券也是很有用的，因为预期从这种新产品或新业务所获得的额外利润可能正好是与转换期相一致的。

对目标公司股东而言，采用可转换债券的好处是：具有债券的安全性和作为股票可使本金增值的有利性相结合的双重性质；在股票价格较低的时期，可以将它的转换期延迟到预期股票价格上升的时期。

4. 其他方式

除了上述的出资方式以外，并购企业可以发行无表决权的优先股股票支付价款。优先股股东虽在股利方面享有优先权，但不会影响现有的普通股东对公司的控制权。这是以发行优先股作为出资方式的突出特点。不过，在并购的实践中，优先股通常要附有可转换或者可赎回的条款，最终要由公司将优先股转换为普通股或者用现金从持有者手中购买。

综上所述，并购公司在收购目标公司时采用综合证券的出资方式，既可以避免支付更多的现金，造成本企业的财务状况恶化，又可以防止控股权的转移。正是由于这两大优点，综合证券收购方式在各种出资方式中所占比例，近年来呈现逐年上升的趋势。

二、并购的融资规划

在并购活动中，根据对目标企业的估价和确定的出资方式，并购企业需要对所需筹集的资金进行事前规划。这是并购财务规划的必要步骤之一。并购企业为并购活动所需投入的资金，通常是由并购价格、维持目标企业正常营运所需的资金以及并购目的等因素共同决定的。

1. 并购价格

关于并购目标企业所需支付的价格及其包含的内容，在理论上一直存在不同的看法。在实践中，并购价格不仅仅是购买股权资本的价格，而且还包括购买长期负债所欠付的价格。这种做法，在美国称之为全部对价，而且投资银行也是以此价格收取“成交费用”的。在目标公司资产一定的情况下，负债愈多，净值就越少，并购企业支付给目标公司股东的实际收购价格就愈少，有的时候甚至可以分文不花，就可取得全部股权。目标公司若在收购前以增加负债的方式进行资本返还，并购企业虽然可以以较低价格实现收购，但买的却是一家负债比率很高的公司，这样的公司对收购后的正常经营活动将极为不利，沉重的债务负担和支付初期利息的压力甚至会导致并购企业考虑是否再次出售该公司。

有时，债务合同中的限制性条款也会影响到资本结构的变化，从而对收购价格产生间接影响。一般而言，长期债务合同中规定的限制性条件包括股利支付、重大资本支出、最高负债比率的限制等。但是有些合同中会规定，当公司主要大股东转让一定股权时，公司须立即偿还此项长期负债。在这种情况下，并购企业就要把收购后债权人是否愿意续借此项长期贷款作为在收购决策上所考虑的主要收购条件，尤其是在长期负债过分庞大的企业的收购决策里更是如此。由此可见，收购价格与目标公司资本结构是相互影响的关系。

2. 目标企业正常营运的需要

实践中，在收购时应考虑所要投入的资金，除了用来偿还长期负债外，并购企业还须投入相当数量的短期资金，偿还短期负债或补充营运资金。只有这样，才能保证收购后目标企业不因为资金流动性不佳而陷入财务危机。并购企业在进行并购决策的过程中，需要认真分析目标企业短期债务和营运资金短缺的影响。为了目标企业在并购后能够正常营运，并购企业必须在并购时注入一大笔流动资金。虽然这笔资金可以在以后通过各种方式收回，但是在进行融资规划时，并购方必须认真考虑如何筹措这笔资金。

3. 并购的目的

收购的战略动机对并购的资金投入数量也有影响。若并购企业有意长期持有目标公司并进行公司业务整合，一般会投入较多资金；如并购企业准备买来后进行整顿，等待时机再行出售的话，则会减少投入资金；在目标公司的业务与并购企业经营相互独立的情况下，考虑将来经营遇到的经营风险，并购企业就不会投入过多资金，而且会让目标公司自行举债以筹集所需要的资金。

在不同并购目的的影响下，并购方的动机不同，也会影响到并购过程中长期资金投入与短期资金投入的不同比例。如果企业收购中买者只是暂时持有，待适当改革后重新出售，这样就只需相当数量的短期资金就可以达到目的。如果并购方是为了长期持有目标公司，他就会根据目标公司现有的资本结构及其持续营运的需要，来确定收购资金的具体筹集方式。

三、企业杠杆收购

在企业并购的过程中，杠杆收购作为一种新鲜的事物，对并购理论和实践的发展起到过重要的推动作用。

（一）杠杆收购的概念

杠杆收购(Leverage Buy - Out，LBO)是指通过增加公司的财务杠杆来完成收购交易。实质上，它是在一个公司进行并购活动时，以目标公司的现有资产作为抵押，主要通过借款筹集资金进行收购的一项财务活动。杠杆收购与一般收购的区别在于：一般收购的负债主要由收购方的资金或其他资产偿还，而杠杆收购中引起的负债主要依靠被收购企业今后内部产生的经营效益，结合有选择的出售一些原有资产进行偿还，收购者的资金只占一小部分，通常为10%～30%左右。

杠杆收购于 20 世纪 60 年代出现于美国，随后风行于北美和西欧。最初，杠杆收购交易只在规模较小的公司中进行，但 80 年代以后，随着银行、保险公司等各种金融机构的介入以及垃圾债券市场的发展，带动了杠杆收购的发展。由于杠杆收购交易能使股票持有者和贷款机构获得厚利，还有可能使公司管理人员通过杠杆收购成为公司的所有者，因而发展很快。

（二）杠杆收购的具体操作形式

杠杆收购的具体运用，通常有五种可供选择的方式。

(1) 负债控制。即收购方与银行商定以偿还目标公司的长期债务作为自己的实际投资。其中一部分银行贷款作为并购企业的资本，划到目标企业的股本之中，并达到控股地位，以完成并购。

(2) 连续抵押。在并购交易时，不运用并购企业的自有经营资本，而是以目标企业的资产作抵押，向银行争取相当数量的货款，等并购成功后，再将目标企业的资产作为抵押，向银行申请收购新的企业的货款，如此连续抵押下去。

(3) 合资加并购。如果收购企业势单力薄，可依靠自己的经营优势和信誉，先与其他企业合资形成较大资本，然后再兼并比自己大的企业。

(4) 甜头加时间差。并购企业在向金融机构借款收购企业时，可在利率等方面给金融机构更大的让步，但交换条件是可以在较长时间内还本付息。这也是杠杆收购中常见的一种方式。

(5) 以目标企业作为抵押品发行垃圾债券。垃圾债券是指信用等级非常低的债券，其票面收益水平比一般债券要高。并购企业以目标企业的重要资产作为抵押，发行垃圾债券，所筹资金用于支付给目标公司的股东。而向垃圾债券持有者支付本息的资金，则来源于并购后企业的经营现金净流量。

由此可见，杠杆收购和普通并购最显著的差别就在于杠杆收购以激进型融资结构政策作为指导思想，在融资过程中最大限度地利用负债融资方式，而且将未来支付债务本息的能力寄托在对目标公司进行整合后所能够获得的现金流量之上，以期获得财务杠杆效应。

（三）杠杆收购的经济分析

杠杆收购，作为一种并购方式，曾经风行一时，以激进型融资结构政策为指导思想的杠杆收购，要获得成功必然要包含下述基本的要素，而且它必须给参与各方带来丰厚的利润。只有如此，才能被资本市场的参与者所接受。

一般认为，成功的杠杆收购通常应具备以下几个方面的基本条件：

(1) 并购企业的管理层具有较高的管理技能。这是并购以后对目标企业实施整合所必不可少的因素，具备了这一条件，并购以后企业之间协同效应的发挥就可以获得管理上的保障。

(2) 并购企业的经营状况比较稳定。并购企业的经营状况稳定与否，直接会影响到金融机构和债券市场对企业未来偿付能力的评价，也是并购企业能否获得债务资本的前提。

(3) 并购后整合计划周全、合理。由于杠杆收购所具有的高风险特征，因此，只有合理、周全的并购整合计划，才可能使并购活动和并购后的整合活动得以顺利实施。

(4) 并购企业的负债数量比较少。并购企业的当前负债数量和比例，是影响其再融资能力的重要因素。如果并购企业本身负债就比较高，那么它再次进行负债，就会受到一定的限制。例如有些债务合同的保护性条款就规定了企业负债数量或比例的最高限度。

(5) 并购企业或者目标企业的经营现金流量比较稳定。因为偿还高额利息的资金来自于整合后的企业，如果并购企业或者目标企业的经营现金流量比较稳定的话，利息支付就有了保障，企业也就不会陷入并购后支付困难的境地。

(6) 目标企业的资产变现能力比较强。这也是保证并购后企业支付能力的重要因素。并购后，企业通常要处理一部分不需要的资产。如果目标企业的资产很容易在市场上变现，那么即使经营现金不足以支付到期的债务本息，企业也可以通过变卖资产来获得现金。

在实践中，杠杆收购的运用还会受到企业产业特征的影响。通常，以技术、知识为基础的智力密集型企业在进行杠杆收购时，一般比较困难。因为这些企业的资产大部分是由无形资产和知识产权构成的，资产的抵押价值比较低，金融机构就难以提供货款。

（四）杠杆收购的价值来源

杠杆收购之所以能够具有巨大的影响，当然是因为它可以为并购的参与各方提供高额的利润，那么通过杠杆收购获得的利益是源于利益的再分配(即利益的转移)还是源于并购之后产生的协同效应呢？对此人们存在着不同的看法，比较一致的看法是，在杠杆收购中，交易双方和金融机构获得的利益主要来源于三个方面：

(1) 收购中的交易双方可以通过杠杆收购实现合法避税。由于在收购过程中，目标企业的资产价值需要进行评估，从而提高并购以后的资产账面价值，通过增加折旧的提取以减轻税负；由于并购过程中大量地用债务方式融资，并购后企业支付利息可以扣减税前利润，从而实现合法避税。当然，在杠杆收购中，政策的税收利益显然要受到损害。

(2) 杠杆收购有利于管理协同效应的发挥。通过杠杆收购，增加了并购企业和金融机构在目标企业的控股地位，可以提高管理效率，完成与目标企业的有机整合，发挥管理协同效应。

(3) 目标企业的价值被市场低估。由于目标企业的内在价值高于当前的市场价值，通过杠杆收购，并购企业就可以获得"隐藏价值"。

由此可见，在杠杆收购交易所产生的利益中，第(1)和第(3)两个方面的收益属于价值转移，而第(2)个方面的收益则属于价值创造。

(五) 杠杆收购的特殊形式——管理层收购(MBO)

管理层收购是杠杆收购的一种，当杠杆收购中的并购方是目标企业内部的管理人员时，这种杠杆收购就是管理层收购。管理层收购就是目标企业的管理层利用借贷所融资本购买本企业的股份，从而改变本企业的所有者结构、控制权结构和资产结构，进而达到重组本企业并获得预期收益目的的一种并购行为。

管理层收购主要有以下几个特征：

(1) 管理层收购的主要投资者是目标企业内部的经理和管理人员，他们对本企业非常了解，并有很强的经营管理能力。他们通常会设立一家新的企业，并以该新企业的名义来收购目标企业。管理层收购完成后，这些经理和管理人员的身份由单一的经营者变成所有者和经营者合一的双重身份。

(2) 管理层收购主要通过借贷来完成，因此，管理层收购的融资结构由优先债(先偿债务)、次级债(后偿债务)与股权三部分构成。这样，目标企业的管理者必须有较强的组织运作资本的能力，融资方案必须满足贷款者的要求，也必须为权益持有人带来预期收益。

(3) 管理层收购完成后，目标企业可能由一个上市公司变为一个非上市公司。一般来说，这类企业经营了一段时间后，又会伺机成为一个新的公众公司并且上市套现。另外一种情况是，当目标企业为非上市公司时，管理层收购完成后，管理者往往会对该企业进行重组整合，待取得一定的经营业绩后，再谋求上市，使管理层收购的投资者获得超常回报。

随着管理层收购在实践中的发展，其形式也在不断变化。除了目标企业的管理者为唯一投资收购者这种管理层收购形式外，实践中又出现了另外两种管理层收购形式：一种是由目标企业管理者与外来投资者或并购专家组成投资集团来实施并购；另外一种是管理者收购与员工持股计划(ESOP)或职工控股收购(EBO)相结合，通过向目标企业员工发售股权，进行股权融资，从而避免纳税，降低收购成本。

本章小结

(1) 公司并购是指公司间的产权交易行为。一般来讲，公司并购有以下三种方式：吸收合并或新设合并、收购股权和收购资产。根据并购的不同功能或并购涉及的产业组织特征，可以将并购分为三种基本类型：横向并购、纵向并购和混合并购。

(2) 收益成本分析是企业并购活动中的重要环节，只有运用好成本收益分析，才能提高企业并购活动的成功率。

(3) 企业并购的融资规划是并购活动成功的关键环节，在实践中，企业并购的出资方式有三种，即现金收购、股票收购和混合支付。在并购活动中，根据对目标企业的估价和确定的出资方式，并购企业需要对所需筹集的资金进行事前规划。

(4) 并购企业为并购活动所需投入的资金，通常是由并购价格、维持目标企业正常营运所需的资金以及并购目的等因素共同决定的。在企业并购的过程中，杠杆收购作为一种新鲜的事物，对并购理论和实践的发展起到了重要的推动作用。

重要概念：

公司并购　横向并购 纵向并购 混合并购 协同效应 整合成本 现金收购 股票收购　综合证券收购　杠杆收购　管理层收购

练　习　题

1. 简述并购的分类
2. 协同效应的概念是什么？
3. 被兼并方的防御性策略有哪些？
4. 换股和现金收购的不同点有哪些？
5. 计算题

A 公司拟收购 B 公司，两家公司在收购前的相关财务资料见下表：

A 公司并购 B 公司前相关财务资料		
项　目	A 公司	B 公司
税后利润	240 万元	20 万元
发行在外普通股股数	60 万股	10 万股
市盈率	5	8

假如 B 公司目前的每股净收益为 2 元，将每年永续增长 4%，则

(1) B 公司的价值为多少？

(2) 如果 A 公司为 B 公司每股发行在外的股票支付 14 元，则这一收购的 NPV 为多少？

(3) 如果 A 公司按每股净收益为换股率换取 B 公司发行在外的全部股票，那么这一收购的 NPV 为多少？

(4) 如果这一方式可取，则应该选择现金收购还是换股收购？

案例

TCL 并购带来的巨亏

2005 年 12 月 12 日，TCL 集团股份有限公司(下称 TCL 集团，深交所交易代码：000100)股东大会将审议一份一个月前公布的董事会提案。在此份提案中，TCL 集团董事

会宣布将放弃原定的收购兼并计划，并不再投入两个计划中的新项目，以抽出9.45亿元上市募股资金，用于补充TCL集团及其子公司的营运资金。

TCL公告称，此举有两个好处：一是为公司重点支持与保障的产业提供稳定长期的资金供给；二是减少眼下流动资金贷款的资金成本，每年可节约财务费用3 742.2万元。

在投资者看来，这一举措或许是TCL现状的一种最现实的描述：TCL如同一只压在巨石下的乌龟，正在努力掀翻石块，继续前行；压在龟背上的巨石，就是TCL两次海外并购带来的巨大亏损。

自收购汤姆逊集团的彩电业务和阿尔卡特公司的手机业务以来，TCL不断进行内部重组与调整，以应对接踵而来的整合难题。但是，资金吃紧的状况仍日复一日，尽管目前还没有迹象表明银行和供货商正在对其收紧银根。

最新数据显示，TCL集团今年前三个季度实现主营业务收入365.30亿元人民币，同比增长41.57%；录得净亏损11.39亿元人民币，每股收益进一步扩大为－0.44元，每股净资产为1.58元，净资产收益率－27.84%。

现金流成为明显的问题。经营、投资和筹资现金净额均为负数，相比一年前，总体的现金及现金等价物水平从34.2亿变成了-21.4亿元；今年三季度经营活动产生的现金流量为－2.68亿元，同比下降了95.39%。

“这是TCL发展历史上最困难的阶段。”TCL集团李东生对《财经》坦言。将整个集团拖向亏损泥潭的，正是作为公司国际化前沿阵地的两家合资公司——与法国汤姆逊在彩电业务的合资公司TCL-汤姆逊电子有限公司(TCL-Thomson Electronics Limited，简称TTE)，以及与阿尔卡特公司合资的TCL阿尔卡特移动电话有限公司(TCL&Alcatel Mobile Phone Limited，简称T&A)——前者为集团带来17.85%的亏损，后者加上TCL移动在国内市场的迅速下滑，要为余下的亏损负责。

现在，每一分钱对于TCL都很重要，能否及时解决并购带来的麻烦，已成为生死存亡的关键。

2003年年底决意收购汤姆逊的时候，李东生没有丝毫犹疑。其时，汤姆逊2003年的亏损总额达到1.85亿欧元(约合人民币17.32亿元)，即使除去4 400万欧元(约合人民币4.12亿元)的非经营性支出，也还亏损13亿元之巨。但在国内市场已趋饱和的情况下，没有什么比打入国际市场特别是欧美市场更令人兴奋的了。

TCL集团认为，此番收购，比自己独立拓展欧美市场，在时间上至少可以提前五到六年；就规模而言，收购已使TCL成为一个全球化企业。到目前为止，TCL全球6万名员工中，已有超过1万名身在海外，且在海外设有五个研发中心。至2005年，TCL的海外业务占到总业务的50%。

但是，TCL付出的代价比想像的要大得多。收购汤姆逊彩电业务时，TCL集团面临最大的风险就是如何消化其巨额的亏损。对于控制成本一向自信的TCL曾计划18个月内扭亏，事实证明，这个时间表太乐观了。到今年三季度，彩电业务仍给集团带来净亏损1.09亿元。目前，TCL彩电部门在欧美市场的销售额已经超过中国国内，并占到彩电总销售额的44%，但这很大程度上是因欧美市场上价格较高所致。真正在销量和利润上的主要贡献，则全部来自于国内市场和新兴市场。

欧洲和北美市场表现令人失望，2004年总销量143万台，仍在亏损；而在收购前，原汤姆逊公司的彩电在这两个市场的全年销量超过600万台。虽然销量的下滑有可能是TCL主动放弃一部分市场“止血扭亏”的一种手段，但无论如何不是一个好消息。

一个更重要的因素是，TCL从汤姆逊收购的CRT(阴极射线管)彩电生产设备已经过时了。就在TCL收购前后，彩电行业正经历液晶电视的快速发展。但TCL没有预料到，新技术彩电的市场来得竟会这么快。尽管汤姆逊拥有可以利用的彩电专利有34 000多项，但如兴业证券研究员王金沿指出，TCL集团所获生产线和专利技术绝大多数，正是基于CRT显示技术。在液晶电视对CRT电视的替代过程中，这部分资产不仅不能给公司产生盈利，还将给公司形成巨大的财务负担。

TCL已经开始在国内市场的平板电视等高端产品上发力，但在欧洲，由于新产品推出延误，仍为CRT电视产品的价格迅速下滑所累，亏损严重。

这使TCL面临的局面更加棘手。如果仅仅控制成本，问题要简单得多；但现在TCL在欧洲与北美市场一方面要扭亏止损，另一方面又要加大投入，将生产设备升级换代，否则市场份额的迅速流失，将使得控制成本的努力变成零。

此外，TCL当初和汤姆逊签署协议时留下的“盲点”，亦限制了TCL的腾挪空间。由于TTE只拥有合资后产生的专利权，对于以往汤姆逊所有的专利技术，仍须支付专利费——眼下，这仍在增加TCL相当一块成本，2004年公司预付专利费6.20亿港元，折合人民币6.57亿元。好在大部分基于模拟标准和CRT显示技术的专利都将过时，未来随着公司彩电结构调整，相应的专利费用会持续减少。

TCL对彩电业务全球布局做了大规模重组，包括组建中国、欧洲、北美、新兴市场、策略性OEM五个利润中心，关闭了亏损的德国原施耐德生产基地，对墨西哥生产基地进行了合并等。今年4月，TCL又与汤姆逊签订协议，收购欧洲和北美销售网络，形成全球一体化的研发、采购、生产、销售及管理。

不过，所有这些对于公司构建在液晶电视时代的核心竞争力还没有显现太大价值。实际上，由于市场竞争激烈，2003年以来，彩电产品的综合毛利率不可阻挡地不断下降，从收购之初的20%左右下降到2005年三季度的15.38%；加之短期内进一步削减在欧美生产成本的空间已经很小，TCL彩电的成本控制空间已日益有限。直到目前，除了不断对当初收购框架协议下的众多合作事项进行修正，以促进企业整合，人们仍很难看到TCL基于收购带来的产品核心竞争力的提升。

对此，李东生的回答相当坦白而务实：“我们之所以遇到比较大的压力，很大程度上是因为我们的前期估计还不够充分。”

相比之下，如果说TCL的彩电整合还令投资者在担忧中抱有期待，TCL与阿尔卡特在手机上的合作，或可用“危险”来形容。

目前TCL集团紧张的资金情况，大部分要拜通信业务所赐。通信业务所在的香港上市公司TCL通讯科技控股有限公司(下称TCL通讯，香港交易所代码：2618)今年前三季度的主营业务收入为40.21亿港元，同比减少22.30%，净利润亏损16.01亿港元。以TCL集团所持有TCL通讯股份比例54.67%计，通讯业务给集团带来的净亏损达到9.06亿港元，占集团亏损总额的82.15%。

今年5月，TCL通讯与阿尔卡特即提前落实了在2004年约定的换股协议，将双方的合资公司T&A变成TCL通讯的全资子公司；阿尔卡特则变为持有TCL通讯4.8%股份的一个“公众股东”。此举被视为双方 2004 年联姻的破裂，亦是手机业务“危险”的信号。

如果说彩电收购项目因遭遇产业革命而制约了协同效应，那么 TCL 通讯与阿尔卡特的合资，则近乎于一个草率的决定。

与彩电业务不同，TCL 的手机业务在收购之时不仅全无国际市场经验，在国内亦脚跟不稳。负责国内手机业务的子公司 TCL 移动已面临相当危险的市场环境。随着诺基亚在 2004 年掀起价格战，降价达 30%～40%，国内企业惯用的价格战术亦失去发挥空间，全面进入竞争激烈的微利时代。

这不难解释 TCL 收购阿尔卡特手机业务的意图——希望借其技术实力和品牌形象开拓新市场。但急于收购的 TCL 在合资的谈判协议中，面对连年亏损的阿尔卡特手机业务，并未占得先机；不但没有买到未来增长点的 3G 业务，大部分阿尔卡特拥有的专利交互许可协议，合资公司“都需要与相关技术出售方就新的协议进行谈判”，实际上设置了未来快速推出相关技术新产品的障碍，使市场反应速度和成本都受到影响。

况且，合资公司尚需接收 700 名原阿尔卡特雇员。以每月每人 1 万欧元的人力开支计，仅此一项，不足八个月即可将 TCL 通讯投入的 5500 万欧元消耗殆尽。

此外，国内市场的迅速下滑，使得 TCL 在整合亏损高达 7440 万欧元的阿尔卡特手机业务时更捉襟见肘。TCL 移动在国内的市场占有率已经由 2003 年鼎盛时的 11%下滑到目前不足 4%。

事实上，今年的大部分时间，TCL 移动都被清理历史库存所拖累。收购阿尔卡特手机部门后，一度由阿尔卡特一方主持管理研发和制造。因两者的产品设计不同，原 TCL 和阿尔卡特的手机仍是各自为战，未能完成采购和销售体系的整合，体现规模效应。直到现在，合资公司也几乎没有推出引人注目的新品。

正因如此，TCL 手机亏损一泻千里，在 2004 年最后一个季度(手机的销售旺季)就亏损 2.83 亿元，2005 年亏损继续扩大。目前，其手机业务的毛利率已从合资时的 22%下降到 0.34%。在将合资公司变为全资子公司后，TCL 得以在所有业务环节贯彻自己的意图，包括剥离了营运费用极高的法国全资子公司 SAS 公司，仅此一项，可每年节约 2 亿元人民币的开支。但由于收购未能带来协同效应，加上不断贻误市场时机，已使 TCL 的手机业务深陷泥潭。TCL 和阿尔卡特两个品牌的市场份额都在下滑，已跌出国产手机三强。

市场普遍认为，因收购后手机业务亏损压力增加，整合期将远远超过 18 个月的早先预期，并成为未来 TCL 集团最重的财务负担。

请思考：

从收益和成本的角度分析 TCL 公司的并购活动给企业价值带来了哪些影响？

附　录

附表一

复利终值系数表

期数	1%	2%	3%	4%	5%	6%	7%	8%	9%	10%
1	1.0100	1.0200	1.0300	1.0400	1.0500	1.0600	1.0700	1.0800	1.0900	1.1000
2	1.0201	1.0404	1.0609	1.0816	1.1025	1.1236	1.1449	1.1664	1.1881	1.2100
3	1.0303	1.0612	1.0927	1.1249	1.1576	1.1910	1.2250	1.2597	1.2950	1.3310
4	1.0406	1.0824	1.1255	1.1699	1.2155	1.2625	1.3108	1.3605	1.4116	1.4641
5	1.0510	1.1041	1.1593	1.2167	1.2763	1.3382	1.4026	1.4693	1.5386	1.6105
6	1.0615	1.1262	1.1941	1.2653	1.3401	1.4185	1.5007	1.5869	1.6771	1.7716
7	1.0721	1.1487	1.2299	1.3159	1.4071	1.5036	1.6058	1.7138	1.8280	1.9487
8	1.0829	1.1717	1.2668	1.3686	1.4775	1.5938	1.7182	1.8509	1.9926	2.1436
9	1.0937	1.1951	1.3048	1.4233	1.5513	1.6895	1.8385	1.9990	2.1719	2.3579
10	1.1046	1.2190	1.3439	1.4802	1.6289	1.7908	1.9672	2.1589	2.3674	2.5937
11	1.1157	1.2434	1.3842	1.5395	1.7103	1.8983	2.1049	2.3316	2.5804	2.8531
12	1.1268	1.2682	1.4258	1.6010	1.7959	2.0122	2.2522	2.5182	2.8127	3.1384
13	1.1381	1.2936	1.4685	1.6651	1.8856	2.1329	2.4098	2.7196	3.0658	3.4523
14	1.1495	1.3195	1.5126	1.7317	1.9799	2.2609	2.5785	2.9372	3.3417	3.7975
15	1.1610	1.3459	1.5580	1.8009	2.0789	2.3966	2.7590	3.1722	3.6425	4.1772
16	1.1726	1.3728	1.6047	1.8730	2.1829	2.5404	2.9522	3.4259	3.9703	4.5950
17	1.1843	1.4002	1.6528	1.9479	2.2920	2.6928	3.1588	3.7000	4.3276	5.0545
18	1.1961	1.4282	1.7024	2.0258	2.4066	2.8543	3.3799	3.9960	4.7171	5.5599
19	1.2081	1.4568	1.7535	2.1068	2.5270	3.0256	3.6165	4.3157	5.1417	6.1159
20	1.2202	1.4859	1.8061	2.1911	2.6533	3.2071	3.8697	4.6610	5.6044	6.7275
91	1.2324	1.5157	1.8603	2.2788	2.7860	3.3996	4.1406	5.0338	6.1088	7.4002
22	1.2447	1.5460	1.9161	2.3699	2.9253	3.6035	4.4304	5.4365	6.6586	8.1403
23	1.2572	1.5769	1.9736	2.4647	3.0715	3.8197	4.7405	5.8715	7.2579	8.9543
24	1.2697	1.6084	2.0328	2.5633	3.2251	4.0489	5.0724	6.3412	7.9111	9.8497
25	1.2824	1.6406	2.0938	2.6658	3.3864	4.2919	5.4274	6.8485	8.6231	10.835
26	1.2953	1.6734	2.1566	2.7725	3.5557	4.5494	5.8074	7.3964	9.3992	11.918
27	1.3082	1.7069	2.2213	2.8834	3.7335	4.8223	6.2139	7.9881	10.245	13.110
28	1.3213	1.7410	2.2879	2.9987	3.9201	5.1117	6.6488	8.6271	11.167	14.421
29	1.3345	1.7758	2.3566	3.1187	4.1161	5.4184	7.1143	9.3173	12.172	15.863
30	1.3478	1.8114	2.4273	3.2434	4.3219	5.7435	7.6123	10.063	13.268	17.449
40	1.4889	2.2080	3.2620	4.8010	7.0400	10.286	14.975	21.725	31.409	45.259
50	1.6446	2.6916	4.3839	7.1067	11.467	18.420	29.457	46.902	74.358	117.39
60	1.8167	3.2810	5.8916	10.520	18.679	32.988	57.946	101.26	176.03	304.48

续表

期数	12%	14%	15%	16%	18%	20%	24%	28%	32%	36%
1	1.1200	1.1400	1.1500	1.1600	1.1800	1.2000	1.2400	1.2800	1.3200	1.3600
2	1.2544	1.2996	1.3225	1.3456	1.3924	1.4400	1.5376	1.6384	1.7424	1.8496
3	1.4049	1.4815	1.5209	1.5609	1.6430	1.7280	1.9066	2.0972	2.3000	2.5155
4	1.5735	1.6890	1.7490	1.8106	1.9388	2.0736	2.3642	2.6844	3.0360	3.4210
5	1.7623	1.9254	2.0114	2.1003	2.2878	2.4883	2.9316	3.4360	4.0075	4.6526
6	1.9738	2.1950	2.3131	2.4364	2.6996	2.9860	3.6352	4.3980	5.2899	6.3275
7	2.2107	2.5023	2.6600	2.8262	3.1855	3.5832	4.5077	5.6295	6.9826	8.6054
8	2.4760	2.8526	3.0590	3.2784	3.7589	4.2998	5.5895	7.2058	9.2170	11.703
9	2.7731	3.2519	3.5179	3.8030	4.4355	5.1598	6.9310	9.2234	12.167	15.917
10	3.1058	3.7072	4.0456	4.4114	5.2338	6.1917	8.5944	11.806	16.060	21.647
11	3.4785	4.2262	4.6524	5.1173	6.1759	7.4301	10.657	15.112	21.199	29.439
12	3.8960	4.8179	5.3503	5.9360	7.2876	8.9161	13.215	19.343	27.983	40.038
13	4.3635	5.4924	6.1528	6.8858	8.5994	10.699	16.386	24.759	36.937	54.451
14	4.8871	6.2613	7.0757	7.9875	10.147	12.839	20.319	31.691	48.757	74.053
15	5.4736	7.1379	8.1371	9.2655	11.974	15.407	25.196	40.565	64.359	100.71
16	6.1304	8.1372	9.3576	10.748	14.129	18.488	31.243	51.923	84.954	136.97
17	6.8660	9.2765	10.761	12.468	16.672	22.186	38.741	66.461	112.14	186.28
18	7.6900	10.575	12.376	14.463	19.673	26.623	48.039	85.071	148.02	253.34
19	8.6128	12.056	14.232	16.777	23.214	31.948	59.568	108.89	195.39	344.54
20	9.6463	13.744	16.367	19.461	27.393	38.338	73.864	139.38	257.92	468.57
21	10.804	15.668	18.822	22.575	32.324	46.005	91.592	178.41	340.45	637.26
22	12.100	17.861	21.645	26.186	38.142	55.206	113.57	228.36	449.39	866.67
23	13.552	20.362	24.892	30.376	45.008	66.247	140.83	292.30	593.20	1178.7
24	15.179	23.212	28.625	35.236	53.109	79.497	174.63	374.14	783.02	1603.0
25	17.000	26.462	32.919	40.874	62.669	95.396	216.54	478.90	1033.6	2180.1
26	19.040	30.167	37.857	47.414	73.949	114.48	268.51	613.00	1364.3	2964.9
27	21.325	34.390	43.535	55.000	87.260	137.37	332.96	784.64	1800.9	4032.3
28	23.884	39.205	50.066	63.800	102.97	164.84	412.86	1004.3	2377.2	5483.9
29	26.750	44.693	57.576	74.009	121.50	197.81	511.95	1285.6	3137.9	7458.1
30	29.960	50.950	66.212	85.850	143.37	237.38	634.82	1645.5	4142.1	10143
40	93.051	188.88	267.86	378.72	750.38	1469.8	5455.9	19427	66521	*
50	289.00	700.23	1083.7	1670.7	3927.4	9100.4	46890	*	*	*
60	897.60	2595.9	4384.0	7370.2	20555	56348	*	*	*	*

注：* >99 999

$$复利终值系数 = (1+i)^n = P(1+i)^n$$

式中，P 为现值初始值；i 为报酬率或利率；n 为计息期数；S 为终值或本利和。

附表二 复利现值系数表

期数	1%	2%	3%	4%	5%	6%	7%	8%	9%	10%
1	0.9901	0.9804	0.9709	0.9615	0.9524	0.9434	0.9346	0.9259	0.9174	0.9091
2	0.9803	0.9612	0.9426	0.9246	0.9070	0.8900	0.8734	0.8573	0.8417	0.8264
3	0.9706	0.9423	0.9151	0.8890	0.8638	0.8396	0.8163	0.7938	0.7722	0.7513
4	0.9610	0.9238	0.8885	0.8548	0.8227	0.7921	0.7629	0.7350	0.7084	0.6830
5	0.9515	0.9057	0.8626	0.8219	0.7835	0.7473	0.7130	0.6806	0.6499	0.6209
6	0.9420	0.8880	0.8375	0.7903	0.7462	0.7050	0.6663	0.6302	0.5963	0.5645
7	0.9327	0.8706	0.8131	0.7599	0.7107	0.6651	0.6227	0.5835	0.5470	0.5132
8	0.9235	0.8535	0.7894	0.7307	0.6768	0.6274	0.5820	0.5403	0.5019	0.4665
9	0.9143	0.8368	0.7664	0.7026	0.6446	0.5919	0.5439	0.5002	0.4604	0.4241
10	0.9053	0.8203	0.7441	0.6756	0.6139	0.5584	0.5083	0.4632	0.4224	0.3855
11	0.8963	0.8043	0.7224	0.6496	0.5847	0.5268	0.4751	0.4289	0.3875	0.3505
12	0.8874	0.7885	0.7014	0.6246	0.5568	0.4970	0.4440	0.3971	0.3555	0.3186
13	0.8787	0.7730	0.6810	0.6006	0.5303	0.4688	0.4150	0.3677	0.3262	0.2897
14	0.8700	0.7579	0.6611	0.5775	0.5051	0.4423	0.3878	0.3405	0.2992	0.2633
15	0.8613	0.7430	0.6419	0.5553	0.4810	0.4173	0.3624	0.3152	0.2745	0.2394
16	0.8528	0.7284	0.6232	0.5339	0.4581	0.3936	0.3387	0.2919	0.2519	0.2176
17	0.8444	0.7142	0.6050	0.5134	0.4363	0.3714	0.3166	0.2703	0.2311	0.1978
18	0.8360	0.7002	0.5874	0.4936	0.4155	0.3503	0.2959	0.2502	0.2120	0.1799
19	0.8277	0.6864	0.5703	0.4746	0.3957	0.3305	0.2765	0.2317	0.1945	0.1635
20	0.8195	0.6730	0.5537	0.4564	0.3769	0.3118	0.2584	0.2145	0.1784	0.1486
21	0.8114	0.6598	0.5375	0.4388	0.3589	0.2942	0.2415	0.1987	0.1637	0.1351
22	0.8034	0.6468	0.5219	0.4220	0.3418	0.2775	0.2257	0.1839	0.1502	0.1228
23	0.7954	0.6342	0.5067	0.4057	0.3256	0.2618	0.2109	0.1703	0.1378	0.1117
24	0.7876	0.6217	0.4919	0.3901	0.3101	0.2470	0.1971	0.1577	0.1264	0.1015
25	0.7798	0.6095	0.4776	0.3751	0.2953	0.2330	0.1842	0.1460	0.1160	0.0923
26	0.7720	0.5976	0.4637	0.3607	0.2812	0.2198	0.1722	0.1352	0.1064	0.0839
27	0.7644	0.5859	0.4502	0.3468	0.2678	0.2074	0.1609	0.1252	0.0976	0.0763
28	0.7568	0.5744	0.4371	0.3335	0.2551	0.1956	0.1504	0.1159	0.0895	0.0693
29	0.7493	0.5631	0.4243	0.3207	0.2429	0.1846	0.1406	0.1073	0.0822	0.0630
30	0.7419	0.5521	0.4120	0.3083	0.2314	0.1741	0.1314	0.0994	0.0754	0.0573
35	0.7059	0.5000	0.3554	0.2534	0.1813	0.1301	0.0937	0.0676	0.0490	0.0356
40	0.6717	0.4529	0.3066	0.2083	0.1420	0.0972	0.0668	0.0460	0.0318	0.0221
45	0.6391	0.4102	0.2644	0.1712	0.1113	0.0727	0.0476	0.0313	0.0207	0.0137
50	0.6080	0.3715	0.2281	0.1407	0.0872	0.0543	0.0339	0.0213	0.0134	0.0085
55	0.5785	0.3365	0.1968	0.1157	0.0683	0.0406	0.0242	0.0145	0.0087	0.0053

续表

期数	12%	14%	15%	16%	18%	20%	24%	28%	32%	36%
1	0.8929	0.8772	0.8696	0.8621	0.8475	0.8333	0.8065	0.7813	0.7576	0.7353
2	0.7972	0.7695	0.7561	0.7432	0.7182	0.6944	0.6504	0.6104	0.5739	0.5407
3	0.7118	0.6750	0.6575	0.6407	0.6086	0.5787	0.5245	0.4768	0.4348	0.3975
4	0.6355	0.5921	0.5718	0.5523	0.5158	0.4823	0.4230	0.3725	0.3294	0.2923
5	0.5674	0.5194	0.4972	0.4761	0.4371	0.4019	0.3411	0.2910	0.2495	0.2149
6	0.5066	0.4556	0.4323	0.4104	0.3704	0.3349	0.2751	0.2274	0.1890	0.1580
7	0.4523	0.3996	0.3759	0.3538	0.3139	0.2791	0.2218	0.1776	0.1432	0.1162
8	0.4039	0.3506	0.3269	0.3050	0.2660	0.2326	0.1789	0.1388	0.1085	0.0854
9	0.3606	0.3075	0.2843	0.2630	0.2255	0.1938	0.1443	0.1084	0.0822	0.0628
10	0.3220	0.2697	0.2472	0.2267	0.1911	0.1615	0.1164	0.0847	0.0623	0.0462
11	0.2875	0.2366	0.2149	0.1954	0.1619	0.1346	0.0938	0.0662	0.0472	0.0340
12	0.2567	0.2076	0.1869	0.1685	0.1372	0.1122	0.0757	0.0517	0.0357	0.0250
13	0.2292	0.1821	0.1625	0.1452	0.1163	0.0935	0.0610	0.0404	0.0271	0.0184
14	0.2046	0.1597	0.1413	0.1252	0.0985	0.0779	0.0492	0.0316	0.0205	0.0135
15	0.1827	0.1401	0.1229	0.1079	0.0835	0.0649	0.0397	0.0247	0.0155	0.0099
16	0.1631	0.1229	0.1069	0.0930	0.0708	0.0541	0.0320	0.0193	0.0118	0.0073
17	0.1456	0.1078	0.0929	0.0802	0.0600	0.0451	0.0258	0.0150	0.0089	0.0054
18	0.1300	0.0946	0.0808	0.0691	0.0508	0.0376	0.0208	0.0118	0.0068	0.0039
19	0.1161	0.0829	0.0703	0.0596	0.0431	0.0313	0.0168	0.0092	0.0051	0.0029
20	0.1037	0.0728	0.0611	0.0514	0.0365	0.0261	0.0135	0.0072	0.0039	0.0021
21	0.0926	0.0638	0.0531	0.0443	0.0309	0.0217	0.0109	0.0056	0.0029	0.0016
22	0.0826	0.0560	0.0462	0.0382	0.0262	0.0181	0.0088	0.0044	0.0022	0.0012
23	0.0738	0.0491	0.0402	0.0329	0.0222	0.0151	0.0071	0.0034	0.0017	0.0008
24	0.0659	0.0431	0.0349	0.0284	0.0188	0.0126	0.0057	0.0027	0.0013	0.0006
25	0.0588	0.0378	0.0304	0.0245	0.0160	0.0105	0.0046	0.0021	0.0010	0.0005
26	0.0525	0.0331	0.0264	0.0211	0.0135	0.0087	0.0037	0.0016	0.0007	0.0003
27	0.0469	0.0291	0.0230	0.0182	0.0115	0.0073	0.0030	0.0013	0.0006	0.0002
28	0.0419	0.0255	0.0200	0.0157	0.0097	0.0061	0.0024	0.0010	0.0004	0.0002
29	0.0374	0.0224	0.0174	0.0135	0.0082	0.0051	0.0020	0.0008	0.0003	0.0001
30	0.0334	0.0196	0.0151	0.0116	0.0070	0.0042	0.0016	0.0006	0.0002	0.0001
35	0.0189	0.0102	0.0075	0.0055	0.0030	0.0017	0.0005	0.0002	0.0001	*
40	0.0107	0.0053	0.0037	0.0026	0.0013	0.0007	0.0002	0.0001	*	*
45	0.0061	0.0027	0.0019	0.0013	0.0006	0.0003	0.0001	*	*	*
50	0.0035	0.0014	0.0009	0.0006	0.0003	0.0001	*	*	*	*
55	0.0020	0.0007	0.0005	0.0003	0.0001	*	*	*	*	*

注：* <0.0001

$$\text{复利现值系数} = (1+i)^{-n}, P = \frac{S}{(1+i)^n} = S(1+i)^{-n}$$

式中，P 为现值或初始值；i 为报酬率或利率；n 为计息期数；S 为终值或本利和。

附表三

年金终值系数表

期数	1%	2%	3%	4%	5%	6%	7%	8%	9%	10%
1	1.0000	1.0000	1.0000	1.0000	1.0000	1.0000	1.0000	1.0000	1.0000	1.0000
2	2.0100	2.0200	2.0300	2.0400	2.0500	2.0600	2.0700	2.0800	2.0900	2.1000
3	3.0301	3.0604	3.0909	3.1216	3.1525	3.1836	3.2149	3.2464	3.2781	3.3100
4	4.0604	4.1216	4.1836	4.2465	4.3101	4.3746	4.4399	4.5061	4.5731	4.6410
5	5.1010	5.2040	5.3091	5.4163	5.5256	5.6371	5.7507	5.8666	5.9847	6.1051
6	6.1520	6.3081	6.4684	6.6330	6.8019	6.9753	7.1533	7.3359	7.5233	7.7156
7	7.2135	7.4343	7.6625	7.8983	8.1420	8.3938	8.6540	8.9228	9.2004	9.4872
8	8.2857	8.5830	8.8923	9.2142	9.5491	9.8975	10.260	10.637	11.029	11.436
9	9.3685	9.7546	10.159	10.583	11.027	11.491	11.978	12.488	13.021	13.580
10	10.462	10.950	11.464	12.006	12.578	13.181	13.816	14.487	15.193	15.937
11	11.567	12.169	12.808	13.486	14.207	14.972	15.784	16.646	17.560	18.531
12	12.683	13.412	14.192	15.026	15.917	16.870	17.889	18.977	20.141	21.384
13	13.809	14.680	15.618	16.627	17.713	18.882	20.141	21.495	22.953	24.523
14	14.947	15.974	17.086	18.292	19.599	21.015	22.551	24.215	26.019	27.975
15	16.097	17.293	18.599	20.024	21.579	23.276	25.129	27.152	29.361	31.773
16	17.258	18.639	20.157	21.825	23.658	25.673	27.888	30.324	33.003	35.950
17	18.430	20.012	21.762	23.698	25.840	28.213	30.840	33.750	36.974	40.545
18	19.615	21.412	23.414	25.645	28.132	30.906	33.999	37.450	41.301	45.599
19	20.811	22.841	25.117	27.671	30.539	33.760	37.379	41.446	46.019	51.159
20	22.019	24.297	26.870	29.778	33.066	36.786	40.996	45.762	51.160	57.275
21	23.239	25.783	28.677	31.969	35.719	39.993	44.865	50.423	56.765	64.003
22	24.472	27.299	30.537	34.248	38.505	43.392	49.006	55.457	62.873	71.403
23	25.716	28.845	32.453	36.618	41.431	46.996	53.436	60.893	69.532	79.543
24	26.974	30.422	34.427	39.083	44.502	50.816	58.177	66.765	76.790	88.497
25	28.243	32.030	36.459	41.646	47.727	54.865	63.249	73.106	84.701	98.347
26	29.526	33.671	38.553	44.312	51.114	59.156	68.677	79.954	93.324	109.18
27	30.821	35.344	40.710	47.084	54.669	63.706	74.484	87.351	102.72	121.10
28	32.129	37.051	42.931	49.968	58.403	68.528	80.698	95.339	112.97	134.21
29	33.450	38.792	45.219	52.966	62.323	73.640	87.347	103.97	124.14	148.63
30	34.785	40.568	47.575	56.085	66.439	79.058	94.461	113.28	136.31	164.49
40	48.886	60.402	75.401	95.026	120.80	154.76	199.64	259.06	337.88	442.59
50	64.463	84.579	112.80	152.67	209.35	290.34	406.53	573.77	815.08	1163.9
60	81.670	114.05	163.05	237.99	353.58	533.13	813.52	1253.2	1944.8	3034.8

续表

期数	1%	2%	3%	4%	5%	6%	7%	8%	9%	10%
期数	12%	14%	15%	16%	18%	20%	24%	28%	32%	36%
1	1.0000	1.0000	1.0000	1.0000	1.0000	1.0000	1.0000	1.0000	1.0000	1.0000
2	2.1200	2.1400	2.1500	2.1600	2.1800	2.2000	2.2400	2.2800	2.3200	2.3600
3	3.3744	3.4396	3.4725	3.5056	3.5724	3.6400	3.7776	3.9184	4.0624	4.2096
4	4.7793	4.9211	4.9934	5.0665	5.2154	5.3680	5.6842	6.0156	6.3624	6.7251
5	6.3528	6.6101	6.7424	6.8771	7.1542	7.4416	8.0484	8.6999	9.3983	10.146
6	8.1152	8.5355	8.7537	8.9775	9.4420	9.9299	10.980	12.136	13.406	14.799
7	10.089	10.731	11.067	11.414	12.142	12.916	14.615	16.534	18.696	21.126
8	12.300	13.233	13.727	14.240	15.327	16.499	19.123	22.163	25.678	29.732
9	14.776	16.085	16.786	17.519	19.086	20.799	24.713	29.369	34.895	41.435
10	17.549	19.337	20.304	21.322	23.521	25.959	31.643	38.593	47.062	57.352
11	20.655	23.045	24.349	25.733	28.755	32.150	40.238	50.399	63.122	78.998
12	24.133	27.271	29.002	30.850	34.931	39.581	50.895	65.510	84.320	108.44
13	28.029	32.089	34.352	36.786	42.219	48.497	64.110	84.853	112.30	148.48
14	32.393	37.581	40.505	43.672	50.818	59.196	80.496	109.61	149.24	202.93
15	37.280	43.842	47.580	51.660	60.965	72.035	100.82	141.30	198.00	276.98
16	42.753	50.980	55.718	60.925	72.939	87.442	126.01	181.87	262.36	377.69
17	48.884	59.118	65.075	71.673	87.068	105.93	157.25	233.79	347.31	514.66
18	55.750	68.394	75.836	84.141	103.74	128.12	195.99	300.25	459.45	700.94
19	63.440	78.969	88.212	98.603	123.41	154.74	244.03	385.32	607.47	954.28
20	72.052	91.025	102.44	115.38	146.63	186.69	303.60	494.21	802.86	1298.8
91	81.699	104.77	118.81	134.84	174.02	225.03	377.46	633.59	1060.8	1767.4
22	92.503	120.44	137.63	157.42	206.34	271.03	469.06	812.00	1401.2	2404.7
23	104.60	138.30	159.28	183.60	244.49	326.24	582.63	1040.4	1850.6	3271.3
24	118.16	158.66	184.17	213.98	289.49	392.48	723.46	1332.7	2443.8	4450.0
25	133.33	181.87	212.79	249.21	342.60	471.98	898.09	1706.8	3226.8	6053.0
26	150.33	208.33	245.71	290.09	405.27	567.38	1114.6	2185.7	4260.4	8233.1
27	169.37	238.50	283.57	337.50	479.22	681.85	1383.1	2798.7	5624.8	11198
28	190.70	272.89	327.10	392.50	566.48	819.22	1716.1	3583.3	7425.7	15230
29	214.58	312.09	377.17	456.30	669.45	984.07	2129.0	4587.7	9802.9	20 714
30	241.33	356.79	434.75	530.31	790.95	1181.9	2640.9	5873.2	12 941	28 172
40	767.09	1342.0	1779.1	2360.8	4163.2	7343.9	22 729	69 377	207 874	609 890
50	2400.0	4994.5	7217.7	10 436	21 813	45 497	195 373	819 103	*	*
60	7471.6	18 535	29 220	46 058	114 190	281 733	*	*	*	*

注：* >999 999.99

$$年金终值系数=\frac{(1+i)^n-1}{i},\ S=A\frac{(1+i)^n-1}{i}$$

式中，A 为每期等额支付(或收入)的金额；i 为报酬率或利率；n 为计息期数；S 为年金终值或本利和。

附表四

年金现值系数表

期数	1%	2%	3%	4%	5%	6%	7%	8%	9%	10%
1	0.9901	0.9804	0.9709	0.9615	0.9524	0.9434	0.9346	0.9259	0.9174	0.9091
2	1.9704	1.9416	1.9135	1.8861	1.8594	1.8334	1.8080	1.7833	1.7591	1.7355
3	2.9410	2.8839	2.8286	2.7751	2.7232	2.6730	2.6243	2.5771	2.5313	2.4869
4	3.9020	3.8077	3.7171	3.6299	3.5460	3.4651	3.3872	3.3121	3.2397	3.1699
5	4.8534	4.7135	4.5797	4.4518	4.3295	4.2124	4.1002	3.9927	3.8897	3.7908
6	5.7955	5.6014	5.4172	5.2421	5.0757	4.9173	4.7665	4.6229	4.4859	4.3553
7	6.7282	6.4720	6.2303	6.0021	5.7864	5.5824	5.3893	5.2064	5.0330	4.8684
8	7.6517	7.3255	7.0197	6.7327	6.4632	6.2098	5.9713	5.7466	5.5348	5.3349
9	8.5660	8.1622	7.7861	7.4353	7.1078	6.8017	6.5152	6.2469	5.9952	5.7590
10	9.4713	8.9826	8.5302	8.1109	7.7217	7.3601	7.0236	6.7101	6.4177	6.1446
11	10.3676	9.7868	9.2526	8.7605	8.3064	7.8869	7.4987	7.1390	6.8052	6.4951
12	11.2551	10.5753	9.9540	9.3851	8.8633	8.3838	7.9427	7.5361	7.1607	6.8137
13	12.1337	11.3484	10.6350	9.9856	9.3936	8.8527	8.3577	7.9038	7.4869	7.1034
14	13.0037	12.1062	11.2961	10.5631	9.8986	9.2950	8.7455	8.2442	7.7862	7.3667
15	13.8651	12.8493	11.9379	11.1184	10.3797	9.7122	9.1079	8.5595	8.0607	7.6061
16	14.7179	13.5777	12.5611	11.6523	10.8378	10.1059	9.4466	8.8514	8.3126	7.8237
17	15.5623	14.2919	13.1661	12.1657	11.2741	10.4773	9.7632	9.1216	8.5436	8.0216
18	16.3983	14.9920	13.7535	12.6593	11.6896	10.8276	10.0591	9.3719	8.7556	8.2014
19	17.2260	15.6785	14.3238	13.1339	12.0853	11.1581	10.3356	9.6036	8.9501	8.3649
20	18.0456	16.3514	14.8775	13.5903	12.4622	11.4699	10.5940	9.8181	9.1285	8.5136
21	18.8570	17.0112	15.4150	14.0292	12.8212	11.7641	10.8355	10.0168	9.2922	8.6487
22	19.6604	17.6580	15.9369	14.4511	13.1630	12.0416	11.0612	10.2007	9.4424	8.7715
23	20.4558	18.2922	16.4436	14.8568	13.4886	12.3034	11.2722	10.3711	9.5802	8.8832
24	21.2434	18.9139	16.9355	15.2470	13.7986	12.5504	11.4693	10.5288	9.7066	8.9847
25	22.0232	19.5235	17.4131	15.6221	14.0939	12.7834	11.6536	10.6748	9.8226	9.0770
26	22.7952	20.1210	17.8768	15.9828	14.3752	13.0032	11.8258	10.8100	9.9290	9.1609
27	23.5596	20.7069	18.3270	16.3296	14.6430	13.2105	11.9867	10.9352	10.0266	9.2372
28	24.3164	21.2813	18.7641	16.6631	14.8981	13.4062	12.1371	11.0511	10.1161	9.3066
29	25.0658	21.8444	19.1885	16.9837	15.1411	13.5907	12.2777	11.1584	10.1983	9.3696
30	25.8077	22.3965	19.6004	17.2920	15.3725	13.7648	12.4090	11.2578	10.2737	9.4269
35	29.4086	24.9986	21.4872	18.6646	16.3742	14.4982	12.9477	11.6546	10.5668	9.6442
40	32.8347	27.3555	23.1148	19.7928	17.1591	15.0463	13.3317	11.9246	10.7574	9.7791
45	36.0945	29.4902	24.5187	20.7200	17.7741	15.4558	13.6055	12.1084	10.8812	9.8628
50	39.1961	31.4236	25.7298	21.4822	18.2559	15.7619	13.8007	12.2335	10.9617	9.9148
55	42.1472	33.1748	26.7744	22.1086	18.6335	15.9905	13.9399	12.3186	11.0140	9.9471

续表

期数	12%	14%	15%	16%	18%	20%	24%	28%	32%	36%
1	0.8929	0.8772	0.8696	0.8621	0.8475	0.8333	0.8065	0.7813	0.7576	0.7353
2	1.6901	1.6467	1.6257	1.6052	1.5656	1.5278	1.4568	1.3916	1.3315	1.2760
3	2.4018	2.3216	2.2832	2.2459	2.1743	2.1065	1.9813	1.8684	1.7663	1.6735
4	3.0373	2.9137	2.8550	2.7982	2.6901	2.5887	2.4043	2.2410	2.0957	1.9658
5	3.6048	3.4331	3.3522	3.2743	3.1272	2.9906	2.7454	2.5320	2.3452	2.1807
6	4.1114	3.8887	3.7845	3.6847	3.4976	3.3255	3.0205	2.7594	2.5342	2.3388
7	4.5638	4.2883	4.1604	4.0386	3.8115	3.6046	3.2423	2.9370	2.6775	2.4550
8	4.9676	4.6389	4.4873	4.3436	4.0776	3.8372	3.4212	3.0758	2.7860	2.5404
9	5.3282	4.9464	4.7716	4.6065	4.3030	4.0310	3.5655	3.1842	2.8681	2.6033
10	5.6502	5.2161	5.0188	4.8332	4.4941	4.1925	3.6819	3.2689	2.9304	2.6495
11	5.9377	5.4527	5.2337	5.0286	4.6560	4.3271	3.7757	3.3351	2.9776	2.6834
12	6.1944	5.6603	5.4206	5.1971	4.7932	4.4392	3.8514	3.3868	3.0133	2.7084
13	6.4235	5.8424	5.5831	5.3423	4.9095	4.5327	3.9124	3.4272	3.0404	2.7268
14	6.6282	6.0021	5.7245	5.4675	5.0081	4.6106	3.9616	3.4587	3.0609	2.7403
15	6.8109	6.1422	5.8474	5.5755	5.0916	4.6755	4.0013	3.4834	3.0764	2.7502
16	6.9740	6.2651	5.9542	5.6685	5.1624	4.7296	4.0333	3.5026	3.0882	2.7575
17	7.1196	6.3729	6.0472	5.7487	5.2223	4.7746	4.0591	3.5177	3.0971	2.7629
18	7.2497	6.4674	6.1280	5.8178	5.2732	4.8122	4.0799	3.5294	3.1039	2.7668
19	7.3658	6.5504	6.1982	5.8775	5.3162	4.8435	4.0967	3.5386	3.1090	2.7697
20	7.4694	6.6231	6.2593	5.9288	5.3527	4.8696	4.1103	3.5458	3.1129	2.7718
21	7.5620	6.6870	6.3125	5.9731	5.3837	4.8913	4.1212	3.5514	3.1158	2.7734
22	7.6446	6.7429	6.3587	6.0113	5.4099	4.9094	4.1300	3.5558	3.1180	2.7746
23	7.7184	6.7921	6.3988	6.0442	5.4321	4.9245	4.1371	3.5592	3.1197	2.7754
24	7.7843	6.8351	6.4338	6.0726	5.4509	4.9371	4.1428	3.5619	3.1210	2.7760
25	7.8431	6.8729	6.4641	6.0971	5.4669	4.9476	4.1474	3.5640	3.1220	2.7765
26	7.8957	6.9061	6.4906	6.1182	5.4804	4.9563	4.1511	3.5656	3.1227	2.7768
27	7.9426	6.9352	6.5135	6.1364	5.4919	4.9636	4.1542	3.5669	3.1233	2.7771
28	7.9844	6.9607	6.5335	6.1520	5.5016	4.9697	4.1566	3.5679	3.1237	2.7773
29	8.0218	6.9830	6.5509	6.1656	5.5098	4.9747	4.1585	3.5687	3.1240	2.7774
30	8.0552	7.0027	6.5660	6.1772	5.5168	4.9789	4.1601	3.5693	3.1242	2.7775
35	8.1755	7.0700	6.6166	6.2153	5.5386	4.9915	4.1644	3.5708	3.1248	2.7777
40	8.2438	7.1050	6.6418	6.2335	5.5482	4.9966	4.1659	3.5712	3.1250	2.7778
45	8.2825	7.1232	6.6543	6.2421	5.5523	4.9986	4.1664	3.5714	3.1250	2.7778
50	8.3045	7.1327	6.6605	6.2463	5.5541	4.9995	4.1666	3.5714	3.1250	2.7778
55	8.3170	7.1376	6.6636	6.2482	5.5549	4.9998	4.1666	3.5714	3.1250	2.7778

注：

计算公式：

$$\text{年金现值系数} = \frac{1-(1+i)^{-n}}{i}, \quad P = A\,\frac{1-(1+i)^{-n}}{i}$$

式中 A 为每期等额支付(或收入)的金额；i 为报酬率或利率；n 为计息期数；P 为年金现值或本利和。

附表五 e^{rt}**的值：1 元的连续复利终值**

e^{rt}	r									
t	1%	2%	3%	4%	5%	6%	7%	8%	9%	10%
1	1.0101	1.0202	1.0305	1.0408	1.0513	1.0618	1.0725	1.0833	1.0942	1.1052
2	1.0202	1.0408	1.0618	1.0833	1.1052	1.1275	1.1503	1.1735	1.1972	1.2214
3	1.0305	1.0618	1.0942	1.1275	1.1618	1.1972	1.2337	1.2712	1.3100	1.3499
4	1.0408	1.0833	1.1275	1.1735	1.2214	1.2712	1.3231	1.3771	1.4333	1.4918
5	1.0513	1.1052	1.1618	1.2214	1.2840	1.3499	1.4191	1.4918	1.5683	1.6487
6	1.0618	1.1275	1.1972	1.2712	1.3499	1.4333	1.5220	1.6161	1.7160	1.8221
7	1.0725	1.1503	1.2337	1.3231	1.4191	1.5220	1.6323	1.7507	1.8776	2.0138
8	1.0833	1.1735	1.2712	1.3771	1.4918	1.6161	1.7507	1.8965	2.0544	2.2255
9	1.0942	1.1972	1.3100	1.4333	1.5683	1.7160	1.8776	2.0544	2.2479	2.4596
10	1.1052	1.2214	1.3499	1.4918	1.6487	1.8221	2.0138	2.2255	2.4596	2.7183
11	1.1163	1.2461	1.3910	1.5527	1.7333	1.9348	2.1598	2.4109	2.6912	3.0042
12	1.1275	1.2712	1.4333	1.6161	1.8221	2.0544	2.3164	2.6117	2.9447	3.3201
13	1.1388	1.2969	1.4770	1.6820	1.9155	2.1815	2.4843	2.8292	3.2220	3.6693
14	1.1503	1.3231	1.5220	1.7507	2.0138	2.3164	2.6645	3.0649	3.5254	4.0552
15	1.1618	1.3499	1.5683	1.8221	2.1170	2.4596	2.8577	3.3201	3.8574	4.4817
16	1.1735	1.3771	1.6161	1.8965	2.2255	2.6117	3.0649	3.5966	4.2207	4.9530
17	1.1853	1.4049	1.6653	1.9739	2.3396	2.7732	3.2871	3.8962	4.6182	5.4739
18	1.1972	1.4333	1.7160	2.0544	2.4596	2.9447	3.5254	4.2207	5.0531	6.0496
19	1.2092	1.4623	1.7683	2.1383	2.5857	3.1268	3.7810	4.5722	5.5290	6.6859
20	1.2214	1.4918	1.8221	2.2255	2.7183	3.3201	4.0552	4.9530	6.0496	7.3891
21	1.2337	1.5220	1.8776	2.3164	2.8577	3.5254	4.3492	5.3656	6.6194	8.1662
99	1.2461	1.5527	1.9348	2.4109	3.0042	3.7434	4.6646	5.8124	7.2427	9.0250
23	1.2586	1.5841	1.9937	2.5093	3.1582	3.9749	5.0028	6.2965	7.9248	9.9742
24	1.2712	1.6161	2.0544	2.6117	3.3201	4.2207	5.3656	6.8210	8.6711	11.0232
25	1.2840	1.6487	2.1170	2.7183	3.4903	4.4817	5.7546	7.3891	9.4877	12.1825
26	1.2969	1.6820	2.1815	2.8292	3.6693	4.7588	6.1719	8.0045	10.3812	13.4637
27	1.3100	1.7160	2.2479	2.9447	3.8574	5.0531	6.6194	8.6711	11.3589	14.8797
28	1.3231	1.7507	2.3164	3.0649	4.0552	5.3656	7.0993	9.3933	12.4286	16.4446
29	1.3364	1.7860	2.3869	3.1899	4.2631	5.6973	7.6141	10.1757	13.5991	18.1741
30	1.3499	1.8221	2.4596	3.3201	4.4817	6.0496	8.1662	11.0232	14.8797	20.0855
35	1.4191	2.0138	2.8577	4.0552	5.7546	8.1662	11.5883	16.4446	23.3361	33.1155
40	1.4918	2.2255	3.3201	4.9530	7.3891	11.0232	16.4446	24.5325	36.5982	54.5982
45	1.5683	2.4596	3.8574	6.0496	9.4877	14.8797	23.3361	36.5982	57.3975	90.0171
50	1.6487	2.7183	4.4817	7.3891	12.1825	20.0855	33.1155	54.5982	90.0171	148.4132
55	1.7333	3.0042	5.2070	9.0250	15.6426	27.1126	46.9931	81.4509	141.1750	244.6919
60	1.8221	3.3201	6.0496	11.0232	20.0855	36.5982	66.6863	121.5104	221.4064	403.4288

注：连续复利终值$=e^{rt}$。式中，r 表示年利率；t 表示时间，单位年。例如，以 10%的年利率连续复利，则今天投资 1 元，1 年末的价值为 1.1052 元，2 年末的价值为 1.2214 元。

参考文献

[1] 姜英兵. 高级理财. 北京:清华大学出版社，2012.

[2] 王积田，温薇. 财务管理. 北京：人民邮电出版社，2012.

[3] 斯蒂芬 A. 罗斯，伦道夫 W. 威斯特菲尔德. 公司理财. 吴世农，沈艺峰，王志强，译. 北京：机械工业出版社，2012.

[4] 卢家仪. 财务管理. 北京：清华大学出版社，2011.

[5] 李雪莲. 公司财务学. 上海:科学出版社，2008.

[6] 中国注册会计师协会. 财务成本管理. 北京：中国财政经济出版社，2014

[7] 蒋屏. 公司理财. 北京：清华大学出版社，2013.

[8] 刘力，唐国正. 公司财务. 北京：北京大学出版社，2014.

[9] 周春生. 融资、并购与公司控制. 北京：北京大学出版社，2007.

[10] 赵振全. 公司理财. 北京：高等教育出版社，2011.

[11] 梁莱歆. 公司理财. 北京：清华大学出版社，2008.

[12] 陈雨露. 公司理财. 北京：高等教育出版社，2006.

[13] 理查德 A. 布雷利，斯图尔特 C. 迈尔斯. 公司理财. 方曙红译. 北京：机械工业出版社，2004.

[14] 朱顺泉. 公司金融财务学. 北京：清华大学出版社，2011.

[15] 马忠. 公司财务管理：理论与案例. 北京：机械工业出版社，2009.

[16] 王化成. 高级财务学. 北京：中国人民大学出版社，2006.

[17] 陈玉菁，宋良荣. 财务管理. 北京：清华大学出版社，2008.

[18] 登齐尔·沃森，安东尼·黑德. 公司理财：原理与实践. 崔学刚，译. 北京：电子工业出版社，2008.

[19] 齐寅峰. 公司财务学. 北京：经济科学出版社，2008.

[20] 王化成. 财务管理研究. 北京：中国金融出版社，2006.

[21] 姚海鑫. 财务管理. 北京：清华大学出版社，2007.

[22] 傅元略. 财务管理理论. 厦门：厦门大学出版社，2007.

[23] 欧阳令南. 财务管理：理论与分析. 上海：复旦大学出版社，2005.

[24] 理查德·派克，比尔·尼尔. 公司财务与投资：决策与战略. 孔宁宁，译. 北京：中国人民大学出版社，2005.

[25] 王满. 公司理财学. 大连：东北财经大学出版社，2009.

[26] 孙震丹. 公司理财. 北京：中国人民大学出版社，2012.

[27] 夏洪胜. 公司理财. 北京：经济管理出版社，2014.

[28] 刘扬. 公司理财. 北京：北京理工大学出版社，2015.

[29] 宋效中. 公司理财. 北京：机械工业出版社，2013.

[30] 刘广斌. 公司理财：理论与案例. 北京：化学工业出版社，2015.

[31] 熊楚雄. 公司理财学原理. 上海：立信会计出版社，2010.